JN014138

# 恣意と必然の建築
# 大江宏の作品と思想

石井翔大

鹿島出版会

大江宏（1955～58年頃）

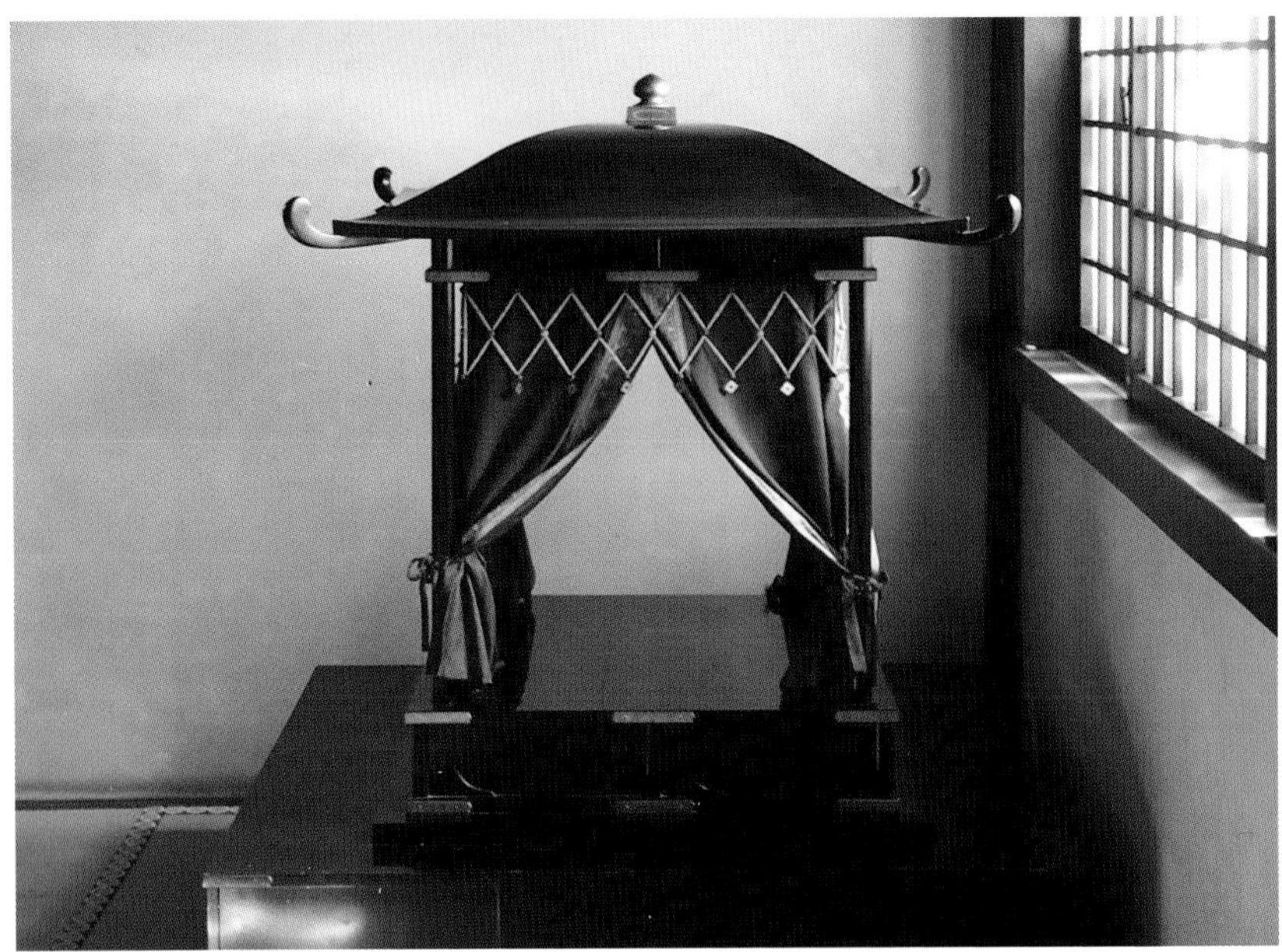

中宮寺御厨子（1940）

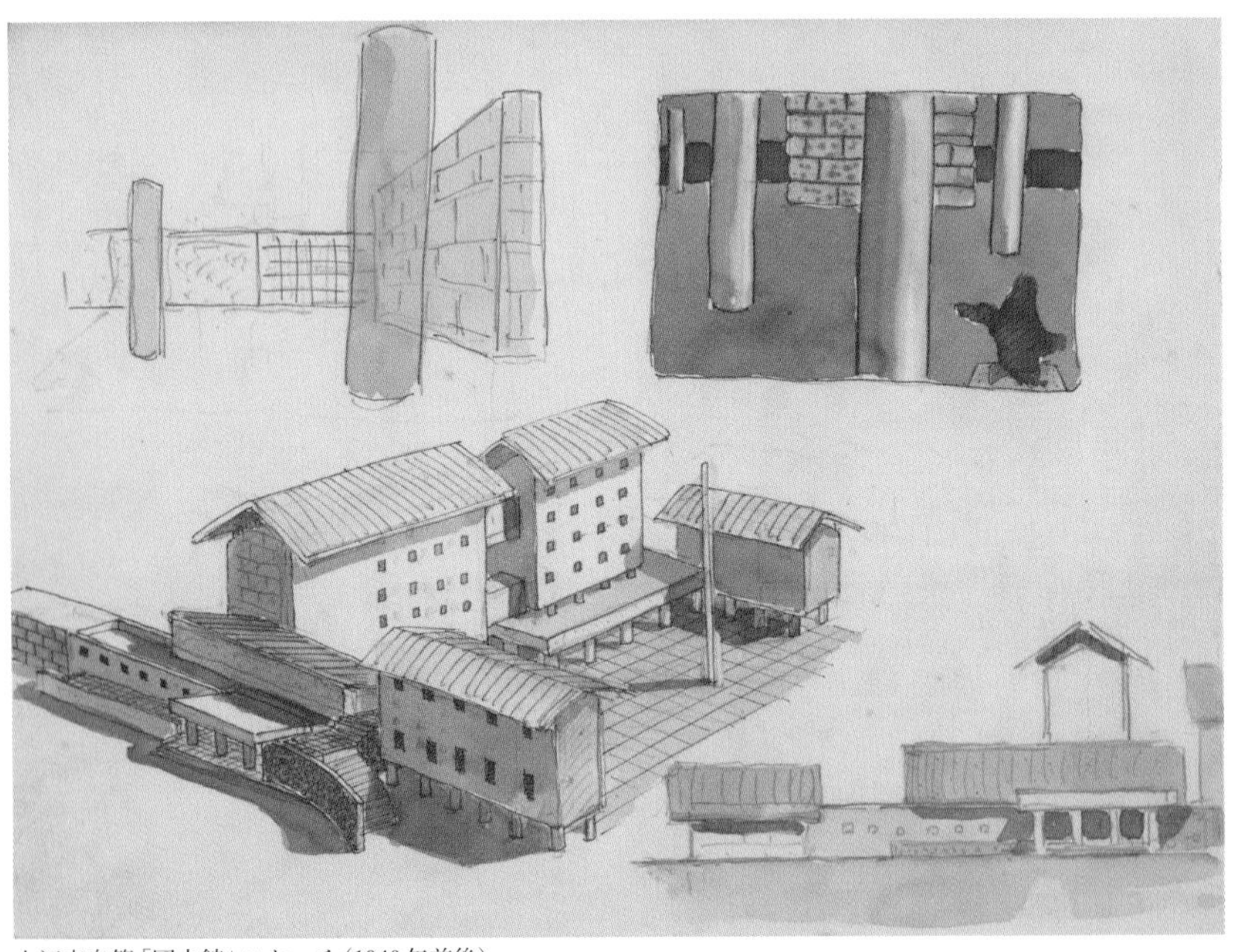

大江宏自筆「國史館」スケッチ（1940年前後）

法政大学55/58年館（1955/58）

大江宏撮影　フィリップ・ジョンソン設計グラスハウスとゲストハウス（1954年海外旅行にて）

梅若能楽学院（1961）　能舞台と見所

乃木神社社殿（1962）

香川県文化会館（1965）

大江宏撮影　サン・サルバドール・デ・バルデディオス教会（1965年海外旅行にて）

普連土学園校舎（1968）

香川県立丸亀武道館（1973）

東京讃岐会館（1972）　ロビー

角館町伝承館（1978） 観光案内ホール

茨城県公館・知事公舎（1974） ホール

国立能楽堂（1983）

宇佐神宮宝物館・参集殿（1985）

大塚文庫（1989）　富士見亭への階段

高山屋台会館（1988）　屋台展示室

# 恣意と必然の建築　大江宏の作品と思想

# はじめに

本書は、建築家・大江宏の作品と言説に着目し、その変遷を検証するものである。

大江宏は、近代建築が忌避した伝統様式や装飾の再評価を伴った〈混在併存〉の原理を標榜し、独自の設計活動を展開した人物として知られる。大江は、大学時代の同級生である丹下健三らが中心となった伝統論争や民衆論、また一九七〇年代から八〇年代にかけて流行したポストモダニズム、あるいはブルーノ・タウトに端を発する日光東照宮蔑視と桂離宮礼賛など、建築界の主流を成す動向に対して常に批判的立場をとる建築家であった。それ故、大江の建築観はこれまで不明瞭、かつ建築界の傍流として、等閑視されてきた節がある。一九六〇年代以降に顕著となる大江の多彩な作風もまた、彼の評価を難しいものとした一因であろう。しかし、大江が自身の作品と言説に一貫して込めていたものは、短絡的な捨象に依拠した一元論に対する批判精神であり、この姿勢は終生変わらなかった。

建築史家の鈴木博之はかつて、大江宏と丹下健三という二つの強烈な個性が描いた軌跡の間に、「現代の日本建築の流れはすっぽりと収まってしまうと言ってもよい」と述べた。[1] メディアを賑わす時流から一歩引いた眼差しをもち、日本建築の正統をその身に引き受けようと試みながら、なお可能な限りの自由さをもって建築のあるべき姿を追求し続けた大江の建築観は、我が国における近代建築受容の一端を知るうえで、改めて注目すべきものである。大江の再評価はまた、丹下を中心に描かれる戦後日本の近代建築史を相対化し得る視座の獲得が期待できよう。

1　鈴木博之「現代日本の建築」『日本の現代建築［1958～1983］』講談社、一九八四年、四―五頁

本書は、大江宏の仕事を通時的に追うモノグラフとして構成している。研究を進めるにあたり、本書ではこれまで未発表であった大江宏関連の一次資料を新たに蒐集、整理のうえ、ふんだんに使用した。具体的には、主要な建築作品の原図、大江自筆のスケッチや書類、大江撮影による写真などである。これら一次資料に加え、雑誌などに発表された大江の言説を網羅的に蒐集、検証することで、未発表資料の分析の裏付けと補完を行っている。資料から見えてくるものは、大江の一貫した姿勢であると同時に、常に自身の仕事を省み、悩み、模索し続けるひとりの人間の姿である。

大江が見せる逡巡は、いかに生きるか、という問いに対する切実な応答でもあった。大江は、期せずして自身の代名詞となった〈混在併存〉からの脱却を志向し始めた時、次のように語っている。

> 世界観や人生観を、何をメディアにしてどう表現するか。それが人間が生きるということの、あるいはそのものなのかもしれない。[2]

本書は、大江の作品と言説の分析を通じて、大江が建築をメディアとして表現した人生観も読み解いていく。それは翻って、現代の私たちの生き方を省みることでもある。

2　大江宏、武者英二「能・建築・文化」『近代建築』一九七三年六月号、近代建築社、四〇―四七頁

# 目次

## 第三章　近代建築に対する執念と疑念　83

# 第一章

# 父の殻の恩恵と桎梏

## 父と子と

大江宏は、一九一三年六月一四日、社寺建築の大家である父・大江新太郎（一八七九—一九三五、図1—1）と、母・きくじ（菊路、雅号：蕉玉、一八八九—一九八一、図1—2）の長男として生を受けた。長男のお産は母親の故郷でという風習に従い、出生地は母・きくじの郷里である秋田県であった。当時、父・新太郎は栃木県技師として日光東照宮および二荒神社の大修繕工事監督の任にあり、日光山輪王寺の所有する安養院（図1—3）を間借りしていた。大江も生後一ヵ月ほどで父のいる日光へと移り、大修繕工事が終了する一九一六年までの約三年間を、この地で過ごした。大江によれば、朱塗りの神橋から長坂をのぼり、安養院へと至るゆるやかな道程、また安養院の庭前に小川が流れていた風景を、おぼろげながら覚えているという[1]。日光は、大江がのちに建築を志して以降、晩年に至るまで幾度となく言及する重要な原風景であった。

大江一家は一九一六年に日光を離れ、東京へ移り住んだ。赤坂台町で数ヵ月過ごした後、文京区小石川原町にある借家へと引っ越した。大江の借家は武家屋敷で、夏目漱石の小説『こころ』に描かれた軍人の家のモデルであったという[2]。大江は小学生の時分、玄関に唐破風が付き、式台があるこの純和風の家が嫌でしょうがなく、瀟洒な西洋館に住む同級生たちに強い憧れを抱いていた[3]。一方、晩年の大江にとって小石川の家は「好むと好まざるとにかかわらず体にしみ込んで」、「好き嫌いを越えて忘れ得ぬ印象となっている」存在でもあった[4]。大江は一九四二年に自邸を建てて独立するまで、この小石川の家で暮らした。家には新太郎に関する資料や蔵書が残されていたが、一九四五年の空襲によって、家とともにその多くが焼失している。

図1-1　幼き日の宏と父、新太郎

図1-2　幼き日の宏と母、きくじ

1　大江宏、宮内嘉久「ある青春—建築的風景一九三〇年代」『風声　京洛便り』第八号、風声同人、一九七九年、一一頁。なお、安養院は今も存在するが、大江一家の暮らした家はすでに建て替えられている。

2　同右、一一頁。大江は文中、『草枕』の軍人の家のモデルと述べているが、『こころ』の誤りであると思われる。『こころ』の「下　先生と遺書」第一〇章では、「私」が小石川を歩きながら借家を探していると、駄菓子屋の上

そんな小石川の家には、大江が幼少の頃より、父と交流のあった建築分野の錚々たる顔ぶれが頻繁に出入りしていた。日本建築史の創始者であり、築地本願寺（一九三四）など実作も多く残した伊東忠太（一八六七―一九五四）、耐震構造学の礎を築き、戦前の建築界を牽引した佐野利器（一八八〇―一九五六）、早稲田大学建築学科の創設に尽力した佐藤功一（一八七八―一九四一）、横河工務所（現・横河建築設計事務所）を長きにわたり支えた中村伝治（一八八〇―一九六八）、東京高等工業学校（現・東京工業大学）建築科教授として教鞭を執った前田松韻（一八八〇―一九四四）らが、主たる客であった。中村と前田は、東京帝国大学工科大学建築学科での新太郎の同級生であり、佐野と佐藤はその一級上にあたる。新太郎と佐野、そして大熊喜邦（一八七七―一九五二）の三名は、一九〇五年に伊東が実施した満州建築調査[5]の同行者であった。佐野と大熊は、父亡きあとの大江を、文部省宗教局奉職へ斡旋したと思われる人物たちでもある。大江は生を受けたその時から、極めて濃厚な建築界の空気に包まれており、のちのキャリアにも影響を与える人間関係が、すでに築かれていたのである。[6]

一九一八（大正七）年、大江は東京女子高等師範学校（現・お茶の水女子大学）付属幼稚園に入園、二年後の一九二〇年に成蹊小学校へ入学した。同級には大正時代を代表する建築家・後藤慶二（一八八三―一九一九）の子息であり、大江の生涯の親友であった後藤一雄[7]（一九一三―一九九五）、また二学年下には当時から親交があったという吉武泰水（一九一六―二〇〇三）など、のちに共に建築へと進む学友がいた。大江は幼少期から手先が器用で、小学四、五年生の頃には通学で利用していた省線電車を登下校の合間に実測し、部品を一から手づくりして模型を完成させたこともあったという。[8]大江は、つくること、絵を描くこと、そして歌うことが好きな少年であった。

さんから軍人の遺族が住まう家を紹介され、ここに下宿するという一場面がある。以降、この軍人の家は物語の主要な舞台となる。

3　大江宏、山口廣「近代数寄屋―建築家の証言1　鍵は一九三〇年代にある」『建築雑誌』一九八二年七月号、日本建築学会、二〇頁

4　前掲注3、二〇頁

5　調査の詳細については以下に詳しい。奥冨利幸「大江新太郎の満洲調査―近代日本の建築の将来を見据えて」『危機における共同性』風媒社、二〇一二年

6　大江宏、大江菊路、大江修他「人物風土記　永遠の建築を追求した優雅なる情熱家　大江新太郎」『建築士』一九六〇年三月号、日本建築士会連合会、三八―四五頁

7　後藤による大江への追悼文では、成蹊での思い出が語られている。後藤一雄「内的風景　大江君と私のことなど」『燎　一つの栞　七号』燎同人、一九八九年、五―九頁

図1-3　安養院

そのような大江に対し、新太郎は建築家を志すよう直接促すことはなかった一方、建築につながるさまざまな教育を施した。例えば、新太郎の仕事場であった明治神宮社殿の工事期間中（一九一五―一九二〇）、大江は父に連れられ何度か現場を訪ねた記憶があるという[9]。日常生活においては、鋸の引き方や金槌の使い方、木材の下地付けや塗りものといった工作に関する職人的な手ほどきに加え、能の鑑賞、茶道や書道、剣道の指導など、日本の伝統に関わる教養に幅広く触れる機会が与えられていた[10]。大江は生涯で四つの能楽堂を手掛け、能の大成者である世阿弥の言葉「離見の見」を好んで引用するなど、能を自身の建築設計の根幹に据えることになるが、しかし未だ幼かった大江にとって能の鑑賞は、小石川の家と同様、「退屈でいやでいやで[11]」しかたがなかったという。

## 原風景としての大正

自身を取り巻く和風の環境に少なからず抵抗感を抱いていた幼少期の大江が惹かれたのは、洋風レストランでの食事や、正月に浅草の映画館で観る年に一度の西部劇、また平和記念東京博覧会（一九二二）の建物群や帝国ホテル（フランク・ロイド・ライト、一九二三）といった、大正ロマンのリベラルな気風を纏う文化や建築であった[12]。西部劇は父・新太郎が好み、大江の二人の弟、透（一九一五―一九五七）、修（一九一七―一九六六）と共に連れて行ってもらったという。晩年の大江は、「西部劇がえらく懐かしい、一生そういうものへの魅力が捨てきれない」、「どこか、私のつくるものの中には、そういうものが、悪漢ロバートとメリーさんの話しみたいなものが入ってこないと、なにか、どうも肌身と離れてしまいそう」であると述べ、後年の建築設計においても重要な経験であったことを証言している[13]。

8　前掲注1、一二頁
9　大江宏『大江宏＝歴史意匠論』南洋堂、一九八四年、一二〇頁
10　前掲注6、一二〇頁
11　前掲注9、一二一頁
12　前掲注1、一二〇―一二一頁
13　前掲注9、一二一頁

図1-4　平和博　第一会場メインゲート

平和記念東京博覧会は、大江が大変気に入り、母・きくじにせがんで何度も訪れた場所である。平和博は第一会場と第二会場に大きく分かれていて、大江は第一会場のメイン・ゲート（図1―4）がもつ「浪漫的なイメージ」[14]が、特に好きだった。第二会場には、動力館・機械館、池の塔など、分離派建築会結成直後の堀口捨己（一八九五―一九八四）が手掛けた建築が複数建ち並んでいた。大江は後年、堀口を生涯で唯一の師と仰ぐが、両者の出会いはもう少し先のことである。

大江は毎年父に連れられて、帝国ホテル（図1―5）で催される子ども向けのクリスマスパーティーに参加していた。当時のホテル社長であった犬丸徹三（一八八七―一九八一）が自ら司会を務め福引きを行う、その空間がもつ「香り、におい、雰囲気の魅力」が、大江にとって忘れがたい原体験となった。[15]

当時の大江は当然ながら、平和博の建築群も、帝国ホテルも、建築として明確に対象化し認識できていたわけではない。あくまで自らの身体を通して、直観的に、空間と形態の特質を捉えていた。何事にも好き嫌いが激しく、一見おとなしそうでいて時に怒りっぽくもあるが、良いと思ったものは徹底的に味わい、自身の血肉とする性分を、大江は物心ついた頃から持ち合わせていた。

## ゲーリー・クーパーの手つきで

大江は一九二六（大正一五）年に成蹊小学校を卒業、同年、成蹊高等学校尋常科へ進学、一九三〇（昭和五）年、同校高等科へ進級した。高等学校時代の大江（図1―6）は、左翼思想に触れ、詩的リアリズムの映画に傾倒し、またダンスホールに通いジャズを嗜む、「モボの

14　前掲注9、二〇頁
15　前掲注9、二一頁

図1-5　帝国ホテル

図1-6　大江宏　高校の頃

典型」のような学生であった。[16] 後藤一雄によれば、当時の大江は名優ゲーリー・クーパーに憧れるあまり、その動作や手つきまでもが似てしまっていたらしい。しかし長身で容姿端麗な大江には、その所作がよく似合っていたという。[17]

大江は高校時代に強い印象を受けたものとして、三枝博音（さいぐさひろと）（一八九二—一九六三）によるヘーゲル哲学の講義、板沢武雄（一八九五—一九六二）の南蛮渡来史に関する講義、また和辻哲郎（一八八九—一九六〇）の著作『日本古代文化』を挙げている。[18]『日本古代文化』は、軽井沢追分の別荘地で大江家との交流があり、後年大江に住宅を依頼することとなる政治家・尾崎行雄（雅号：咢堂、一八五八—一九五四）から読むよう勧められたものであった。和辻の著作では、大江は他に『日本精神史研究』や『風土』などを読んだ。[19]

一九三四（昭和九）年、大江は成蹊高等学校を卒業し、一年浪人ののち、一九三五年四月に東京帝国大学工学部建築学科へ入学した。専攻を選択するにあたり、大江は当初、和辻の著作の影響から「自然科学的理論から歴史を、日本の歴史を突っこみたい」という思いがあり、考古学や地質学、天文学にも関心を抱いていた。[20] しかし、いよいよ大学入学試験の願書を出す段になると、父と同じ建築の道へと進むことを選んだ。大江は当時の心境について、「選ぶなら建築しか無い、という自意識が、潜在的にはもう最初からあったような気もする」と述懐している。[21]

自宅で病床に伏していた新太郎に無事合格したことを宏が報告すると、不合格を報告した一年前と同じく、特に喜怒哀楽も示さず「そうか」、という程度の反応であった。合格発表の翌日、大江宅に来訪した佐野利器はその様子を見かねて、「君、いまの大学はわれわれのころとちがって、なかなか入るというのはたいへんだよ。若い先生たちが競争でなん

16 前掲注1、一六—一八頁

17 後藤一雄「大江君と私のことなど」『燎』第七号、燎同人、一九八九年六月、八頁。大江自身、「モロッコ」（一九三〇年、主演：ゲーリー・クーパー）で映画の虜になったと述べているから、当時の大江の様子は同作を観ると伝わるだろう。

18 前掲注9、三〇頁

19 前掲注1、一八頁

20 前掲注1、一九—二〇頁

21 前掲注1、二〇頁

とか目さきの変った問題を出そうというんで。だから君、これはたいへんたいしたことなんだよ」と宏の肩を持つと、新太郎ははじめて、少し嬉しそうな顔をしたという。[22]
一九三五年六月、長男の進路を見届けて間もなく、大江新太郎は逝去する。宏は建築家として父から直接の薫陶を受けることは叶わなかったが、しかし以後もさまざまなかたちで父の影響を受けながら、建築家への道を歩んでいくことになる。

22　前掲注6、四〇―四一頁

図1-7　大江宏　大学生の頃

## 大学へ

大学での大江（図1―7）の同級生には、のちに我が国を代表する建築家となる丹下健三（一九一三―二〇〇五）、建築評論家として活躍する浜口隆一（一九一六―一九九五）がおり、一級上に夭折の詩人・立原道造（一九一四―一九三九）、一級下には建築計画学を確立する吉武泰水や生田勉（一九一二―一九八〇）らがいた。他大学では、早稲田大学の武基雄（一九一〇―二〇〇五）、日本大学の内田祥文（一九一三―一九四六）とも交流があったという。[23]
当時の東京帝大建築学科の教員陣は、内田祥三（一八八五―一九七二、構造）、岸田日出刀（一八九九―一九六六、意匠）、藤島亥治郎（一八九九―二〇〇二、歴史）、浜田稔（一九〇二―一九七四、材料）、武藤清（一九〇三―一九八九、構造）、平山嵩（一九〇三―一九八六、計画原論）といった顔ぶれで、内田主導のもと、若手教員による新たな教育体制が整い始めた頃であった。[24]
また名誉教授の伊東忠太、関野貞（一八六八―一九三五）、塚本靖（一八六九―一九三七）も大学に部屋を持ち続けており、それぞれ講座を開いていた。大江が在学中特に感銘を受けたのが、この名誉教授たちの講義であった。なかでも伊東の「サラセン建築史」と塚本の「考古学」を、熱心に聴いたという。[25]後年、大江は一九六五年に赴いた二回目の海外旅行以降、

23　前掲注1、二三―二四頁
24　『東京大学百年史　部局史　三』東京大学出版会、一九八七年三月、一一〇頁
25　前掲注1、二三頁

自身の建築にイスラム的モチーフをたびたび取り入れるようになるが、その契機は在学中の伊東の授業にもあったと思われる。

父の影響色濃い日本の伝統的世界で育った大江は、大学入学当初、近代建築に関する知識を全く持ちあわせていなかった。[26] 大江の周りでは、丹下をはじめ大学入学時点ですでにモダニズムのなんたるかを知っていた同級生たちが活発に議論しており、大江は焦燥感にかられながらも、急速に近代建築の受容を開始した。それは大江にとって、「いかに親爺の影響が体にしみこんでるかということを意識させられた」契機であったのと同時に、「いかにしてその影響力から脱出するか」、「親爺の世界を否定するか」という、自身のアイデンティティを問い直す切迫した問題でもあった。[27]

## 惹かれた近代建築

当時、学生たちの間では、*Moderne Bauformen, Architectural Forum, Architectural Record* をはじめとする海外雑誌が強い影響力を持っており、大江も例に漏れず、雑誌から得る情報によって啓発された。[28] 雑誌や学友からの情報に加え、土浦亀城（一八九七―一九九六）の自邸（一九三五）や、堀口捨己の吉川邸（一九三〇）、岡田邸（一九三三）など、日本における近代建築の先駆けといえる住宅作品を、設計者本人の案内で見学する機会もまた、熱心な同級生の手配によって得られていた。これら実作から受けた影響は、岸田日出刀が近代建築について語っていた講義「意匠及装飾」[29] よりもはるかに強かったと大江は述べている。[30]

生田勉著『杳かなる日の 生田勉青春日記 1931～1940』（麥書房、一九八三）には、吉川邸を前に堀口を囲む大学生たちの写真（図1―8）が掲載されている。撮影されたのは一九三七

26　前掲注1、二一頁
27　前掲注1、二六―二七頁
28　前掲注1、二二頁
29　講義内容については、一九三七年に作成された同講義原稿を分析した勝原らの論文に詳しい。勝原基貴、大川三雄「講義原稿「意匠及装飾（形体篇）」（昭和12年）にみる岸田日出刀の建築造形理念　―昭和初期の墓碑・銅像台座の作品と忠霊塔の造形意匠に対する言説に敷衍して―」『日本建築学会計画系論文集』第七八巻第六九四号、日本建築学会、二〇一三年一二月、二五九七―二六〇四頁
30　前掲注1、二三頁
31　大江宏、宮内嘉久「歴史意匠の再構築」『大江宏＝歴史意匠論』南洋堂、一九八四年、一七一頁
32　大江宏「わが軌跡を語る」『別冊新建築日本現代建築家シリーズ⑧　大江宏』新建築社、一九八四年六月、一八六頁
33　浜口隆一「戦時の評論活動」『建築雑誌』一九八五年一月号、日本建築学会、一六頁

年五、六月頃と思われる。左から二人目に大江、二人空けて浜口、堀口、右端に生田が認められる。大江と堀口との出会いは、このような見学会を通してであった。その後も堀口から、亡き父・新太郎が東京帝大建築学科で非常勤講師として受け持っていた「庭園学」の講義資料を貸してほしいと依頼されるなど、徐々にその関係性を深めていった。[31]なお、大江によれば、丹下はこうした見学会にほとんど参加しなかったようだ。[32]学生時代の丹下について、浜口は「みんなに対してリーダーシップをとることは全然なかったね。彼はそういう意味ではものすごくエゴイスティックというのか、われわれを相手にしなかったような感じがしますね」と語っている。[33]技術も理念も未熟な模倣段階にある日本の近代建築、それも住宅から学ぶものなど何もないとの思いが、当時の丹下にはあったのかもしれない。

我が道をゆく丹下の姿勢は、同級生のみならず教員に対しても同様に向けられていた。大江の証言によれば、学生時代の丹下は岸田日出刀の神経を逆なでする言動をたびたびしており、岸田からの信用がなかったという。[34]岸田はのちに丹下を大いにバックアップすることになるが、当初の二人の関係は、決して良好なものではなかった。

話を戻そう。大江が近代建築を学び始めた当初惹かれたのは、リチャード・ノイトラ（一八九二―一九七〇）やヴァルター・グロピウス（一八八三―一九六九）といった、透明性の強い作品を手掛けていた建築家であった。[35]一方、丹下が心酔していたル・コルビュジエ（一八八七―一九六五）には、大江はどうも「感覚的に、ぴったり来ない」ところがあった。[36]丹下と浜口とは「同級生としては親しかった」ものの、「建築という枠のはまったところでは、同調はしなかった」と大江が語るように、[37]評価する建築家にもまた、それぞれの個性が反映されていた。

図 1-8　吉川邸前での集合写真

34　大江宏、長谷川堯「父と子と」『建築をめぐる回想と思索』新建築社、一九七六年、二〇―二一頁
35　前掲注1、二八頁
36　前掲注1、二八頁
37　前掲注31、一六九頁

雑誌*CASABELLA*に掲載されていたイタリアのファシズム建築も、同時期に大江が惹かれた作品群である。「まったく体質的に受け付けなかった」と大江が語るナチス建築とは異なり、イタリアのファシズム建築は、「テラーニとか、かなりレヴェルの高い、ローマの伝統とラテン的明るさを感じさせる作品でやはりそのころのぼくの内心の欲求にどこか響いてくるものがあった」という。[38] 法政大学で教鞭をとった佐々木宏（一九三二―二〇一九）によれば、大江は自作の第1三木ビル（一九五七、図1―9）を設計する際、ここで大江が挙げているジュゼッペ・テラーニ（一九〇四―一九四三）が手掛けたカサ・デル・ファッショ（一九三六、図1―10）を参照したと自ら語っていたようだ。[39]

大学卒業以降、大江は長らく建築作品を手掛ける機会に恵まれなかった。一九五〇年代に入ると、ようやく大江も、乃木神社儀式殿（一九五一、第四章で後述）や法政大学53年館（一九五三、第三章で後述）といった実作を徐々にものにしていく。建築家としてのキャリアを開始した頃、大江は一九三〇年代に抱いた近代建築に対する憧憬を現実に建ち上げることに強い執念をもっていた。カサ・デル・ファッショもまた、大江の憧憬のなかで重要な位置を占めていたと考えられる。

## セピア色のペンとデカダンス

生来の資質と清新の建築思潮との間で葛藤しもがいていた大江だが、一方、同級生の目に映る彼はどのような存在だったのだろうか。丹下と浜口が興味深い証言を残している。

丹下 （前略）東大に入ったらえらく貴公子がいましてね、それが今から考えると大江

図1-9　第1三木ビル

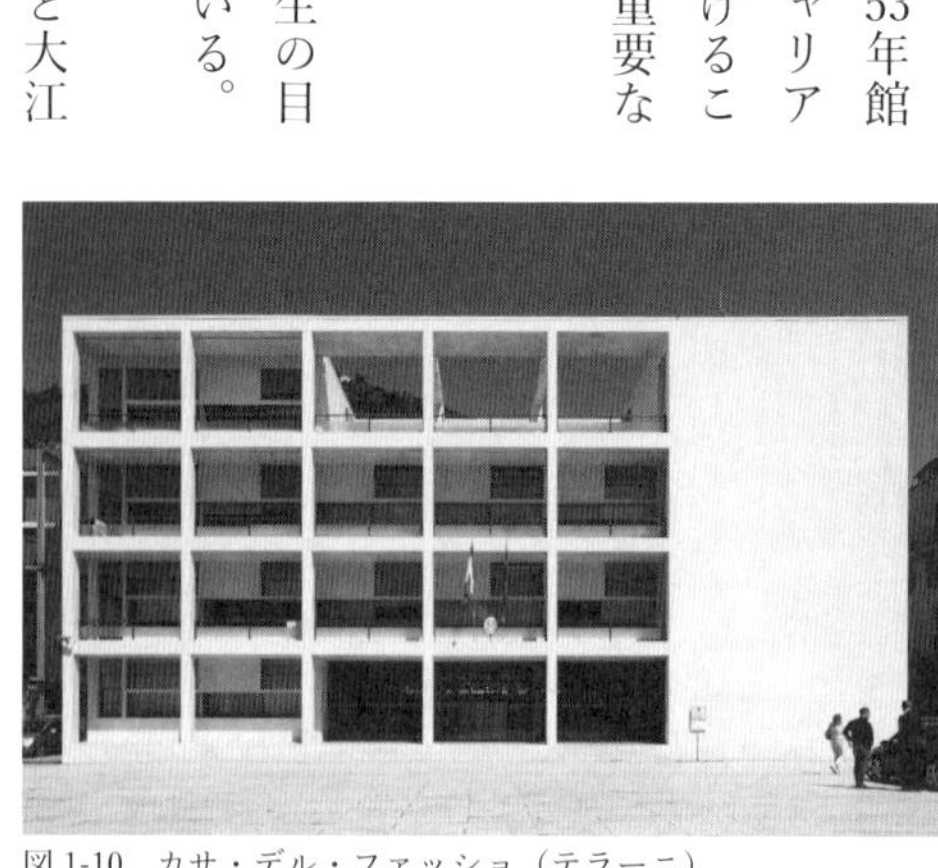
図1-10　カサ・デル・ファッショ（テラーニ）

くんなんです。まず設計の時間になると、セピア色の特別なペンを持ってきて、それでデッサンするんです。それが絵になるわけですね。こういうのがいるんじゃかなわないなと思って、大変ショックでした。そのことはいまでも覚えているほどです。（後略）

浜口　いや、ほんとにそうだ。いまのセピア色のペンは、そういえば思い出すね。やっぱりあれにはちょっとおどかされちゃったね。（笑い）はじめっから特別なムードを持っていたよ。大江さんはコンパとか修学旅行のときに着物を着てきてね。

丹下　そうそう。

浜口　それもりゅうとしたね。（中略）大江さんの家は、大江広元からの家柄だそうでね。そういう意味で、大江さんは身をもって伝統を受け継いでいるんだよね。

丹下　（前略）われわれ学生のころから銀座のバーに飲みに行ったりしていたんですが、彼はあんまり銀座のバーみたいなのは好きじゃないんですよ。お座敷が好きで、（中略）彼はかなり若い頃からお座敷には非常に慣れていて、またお座敷に座るとかっこうついちゃうわけですよ。

浜口　そう、立っていてもかっこうのいい男だったけど、座ってもね。[40]

セピア色のペンを片手に、フリーハンドで細かいディテールまで描く技術を持ち、平安時代末期に遡る血筋を背景とした繊細さと優雅さを湛え、洋装での立ち姿も、和装での座り姿も絵になる貴公子。丹下と浜口の証言から浮かび上がるのは、気負いなく自信と余裕をもって同級生たちの前に立つ（あるいは座る）大江の姿である。彼らには大江の内なる葛

38　前掲注1、二九頁

39　佐々木宏『真相の近代建築　数奇な運命の建築家たち』鹿島出版会、二〇一二年、三八頁

40　丹下健三、浜口隆一「対談　同級生大江宏の横顔」『別冊新建築　日本現代建築家シリーズ⑧　大江宏』新建築社、一九八四年六月、二〇頁

藤は感じられなかったし、大江もまた、自ら語ることはしなかったのだろう。

一九五〇年代、丹下らを中心として伝統論争が巻き起こった際も、大江はほとんど発言せず、大江の事務所所員であった澁谷榮一（一九三〇―一九九九）から立場を聞かれても、一切話に乗ることはなかった。[41]大江は未だ熟慮が重ねられていない段階で物事を安易に単純化し語ることを良しとしなかったし、また大江にとって皮相浅薄と思える議論には与しない慎重さを備えていた。

一方で、大江のそのような態度は傍から見れば煮えきらず、ときに優柔不断と取られることもあったようだ。第二章で後述するように、大江は大学卒業後、文部省で神武天皇の聖蹟調査に関わったり、三菱地所で工場の設計に携わったりと、職を転々とした。丹下は、戦時下に姿勢がはっきり定まらずふらふらしているように見える大江に対して、「おまえ、いいかげんデカダンスを抜け出せ」と釘を刺したという。[42]

周知の通り、丹下は大学卒業後、敬愛するル・コルビュジエに師事した前川國男（一九〇五―一九八六）の事務所に入所し、『国際建築』一九三九年一二月号に発表した論文「MICHELANGELO頌―Le Corbusier 論への序説として」によって、自身の「建築家宣言」[43]を高らかに世へ打ち出した。一九四一年には都市計画を学ぶため大学院へと進学、在学中に大東亜建設記念営造計画設計競技（一九四二）と在盤谷日本文化会館設計競技（一九四三）へ応募し、いずれも一等入選を果たして一躍建築界の中心へと躍り出た。時代が求めるモニュメンタリティ（記念性）にかたちを与え、明確な目標を見据えながら着実にキャリアを積み重ねる丹下から見れば、大江が社会に対して「デカダンス」、すなわち虚無的、頽廃的な姿勢で燻っているように映るのも無理はなかったかもしれない。

41　澁谷榮一、小川淳、川向正人「大江宏　噛んで噛んで噛みしめて味わい出てくる日本的なるもの」『素顔の大建築家たち01　弟子の見た巨匠の世界』建築資料研究社、二〇〇一年、八五頁

42　前掲注34、二四頁

43　丹下健三、藤森照信「コンペの時代」『建築雑誌』一九八五年一月号、日本建築学会、二二頁

大江は、急速に国粋主義の気配が蔓延し、大学の製図室でもモニュメンタリティに関する議論が活発になり始めた一九三〇年代末以降の社会状況に、どうしても馴染めずにいた。一九三七年の夏、それまで建築とは離れたところで親交があった立原道造から、「今こそモニュメンタリテートを鮮明にすべきときだ」[44]と聞かされた際に受けた衝撃を、大江は後年たびたび述懐している。

本郷の喫茶店で立原と話をしていたとき、彼は突然、どうもシンメトリーで、軸線のすっと通ったデザインのほうがいい、と言い出したんだ。ぼくはわりあい帝国ホテルのように曲折したプランが好きで、立原ももともとはそうだった。（中略）その立原がいきなりシンメトリーなんて言い出したからぼくは驚いたね。なぜいいんだって聞いたら、そのほうが潔くて英雄的じゃないかって言うのね、立原が。一つの時代の曲り角ですよ、それは。いま振り返ってみるとね。[45]

軽井沢追分で共に一夏を過ごし、東京では連れ立って絵画を鑑賞し、互いに読んだ小説を勧め合う仲[46]であった立原の変化に、大江はやはり違和感を覚えざるを得なかった。死期の近づく立原が夢想し、野心を抱く丹下が体現した「英雄的」処世は、「どうも闘いというのは苦手」で、「友達同士の競争であろうと、なべてどうも闘いは不得手」[47]であると自認する大江にとって、全く性分に合うものではなかった。

44　大江宏「建築と私—法政大学最終講義」『大江宏＝歴史意匠論』南洋堂、一九八四年、二八頁

45　前掲注1、二四—二五頁

46　大江と立原の交友関係については以下に詳しい。種田元晴『立原道造の夢みた建築』鹿島出版会、二〇一六年、一九四—二二七頁

47　前掲注44、二八頁

## 日光再考

丹下健三に煽られ、立原道造に驚かされた大江だが、浜口隆一からは、「だいたいおまえは保田與重郎も読まなけりゃハイデッガーも知らないじゃないか」と叱責された。[48] 大学卒業前後の頃である。恐らく浜口は、日本浪曼派の思想に共鳴して大江に保田與重郎を勧めたというわけではない。何事も素早くキャッチするアンテナを持ち、極めてクールに時流を見定めていた浜口が、[49] やや浮世離れしているように見える同級生を見かねた末の助言であったと思われる。大江もまた、浜口の言葉に他意を認めなかったのだろう。お叱りを素直に受け止めて、保田をはじめ、亀井勝一郎や芳賀檀の書を読んだ。そのなかで大江の琴線に触れたのが、保田の論考「日光雑感」と「蒙疆」であった。

保田のものでは、《日光》というのと、《蒙疆》、この二つには惹かれるものがあった。日光の要するに全体プランを扱うところ、二荒神域全体の構想としてね。その構成解析は、ぼくのなかで、やっぱりもう一度日光を見直してみようという契機を与えることになった。(中略)作者の意図とは別に、ぼくにとってそれらは、一度否定した親爺の殻を、もう一遍違った次元のうえで見直そうという契機になった。親爺の対象としたものは、修理事業で手がけた日光のあの社殿だけじゃないか、おれがいま見ようとしているのは二荒神域全体なんだ、と。親爺は明治神宮の宝物殿一つをつくったにすぎないじゃないか、こっちはポタラ、紫禁城、あるいは雲崗の石仏まで見てイメージをつくろうとしてるんだぞというようなね[50](後略)

48 前掲注1、一二五頁

49 丹下は藤森照信によるインタビューのなかで、「時流に対して非常にクールに対処していった方でございますか。」との問いに、「ぼくは浜口君がそうだったような気がしますね。」と答えている。前掲注43、一二四頁

50 前掲注1、一二六頁

大学二年の終り頃から、デッサウのバウハウス校舎のような無色透明の近代建築に対してすでに「欲求不満を感じ始めていた」[51]大江にとって、保田の「日光雑感」との出会いは、一度否定した自身のルーツである日光、そして父を、より俯瞰した位置から再び見つめ直す契機となった。それは国粋主義を是認する日本浪曼派的世界観とは無縁であるし、またブルーノ・タウト（一八八〇―一九三八）が開陳した、桂離宮と日光東照宮を対置したうえで前者が示す簡素簡明性にのみ日本建築の正統性があるとする単眼的建築観[52]とも異なる建築観、歴史観の模索の始点であったと思われる。

大江に変化のきっかけを与えた浜口は、のちに大江が自身の建築観を一語に込めた言葉〈混在併存〉を世に問う際の伴走者として、再び重要な役割を果たす。浜口は、丹下にとって今後の進むべき道を示す「方向指示器」[53]であったように、大江にとってもまた、生涯にわたり良き理解者であった。

51　前掲注1、二八頁

52　ブルーノ・タウトはドイツ生まれの建築家。表現主義の代表的作家として知られ、一九三三年から一九三六年までの約三年間、亡命者として日本で過ごした。滞日中は日本建築に関する書籍を次々に発表し、そこでタウトが示した、桂離宮と日光東照宮を対比させて前者を「ほんもの」、後者を「いかもの」とする構図は広く波及し、現代でも強い影響力を持ち続けている。タウトが日本で活動した時期はまさに大江が大学で建築を学び始め、父を失った時期であった。父の仕事であり、自身の原風景である日光を貶すタウトに、大江は終生批判的であった。

53　前掲注43、二五頁

## 卒業論文「建築平面」

一九三七年一二月一七日、大江は卒業論文「建築平面」を大学に提出した。中表紙に記載された氏名から、主査は岸田日出刀、副査は藤島亥治郎であったと考えられる（図1―11）。目次を表1―1に示す。卒論は本文三編と付録からなり、各編は二、三章で構成されている。

内容を見ていこう。論文の目的は、「現代ニ於ル平面ハ建築ヲ構成スル他ノ如何ナル要素ヨリモ緊密ナ接触ヲ社会ニ対シテ持ッテ居ルト考エラレル」との仮説より、日本における建築平面の将来あるべき方向性を示すこととしている。

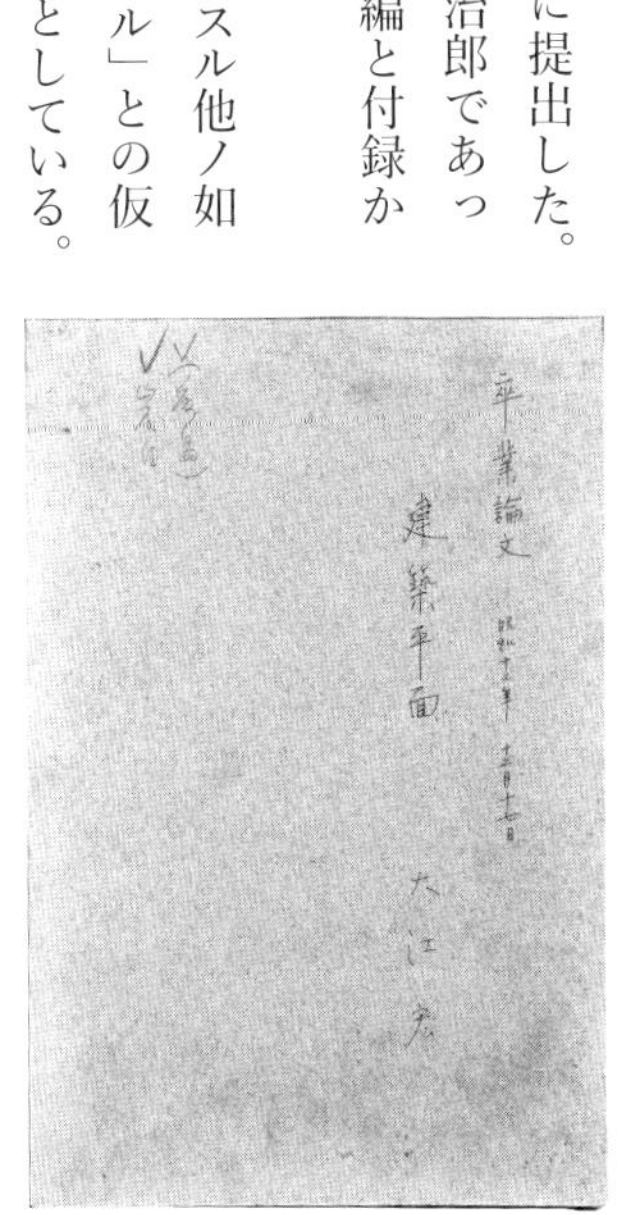

図1-11　卒業論文「建築平面」中表紙

表 1-1　卒業論文「建築平面」目次

第一編　總説
　第一章　建築平面ノ今日
　　第一節　社會ト建築平面
　　第二節　建築ト平面計畫
　第二章　平面計画研究ノ目的

第二編　建築平面史
　第一章　日本
　　第一節　明治維新以前
　　第二節　明治維新以後
　第二章　欧州
　　第一節　19 世紀以前
　　第二節　19 世紀以後

第三編　平面計画
　第一章　平面計画ノ要素
　　第一節　概念的ナ分析
　　第二節　計画技術上ヨリノ分析
　　第三節　平面計畫データノ集録指針
　第二章　平面ノ機能計画操作過程
　第三章　平面計畫ノ将来（特ニ日本ニツイテ）

〔附録〕庭園計畫
　第一節　庭園ノ意義
　第二節　庭園設計ノ今日
　第三節　庭園ノ平面計畫

大江はまず、第一編で問題の所在と目的を述べ、第二編では日本と欧州それぞれの建築平面の歴史を概観し、第三編において、当時の近代建築を対象とした計画学的分析と将来の展望を考察している。頁配分は、第一編七頁、第二編八四頁、第三編一九頁、付録五頁となっており、大江が特に関心を抱いていたのは第二編の歴史パートであったことがうかがえる。第三編は体系立てて論じるという内容ではなく、結論を除いて大部分が箇条書き程度で済まされていることも、その証左であろう。

第二編のなかでも特に重きを置かれているのが、第一章第一節の「明治維新以前」である。頁数は六二頁と、第二編の大半を占める。旧石器時代の竪穴式住居から始まって、平等院鳳凰堂や醍醐寺三宝院、江戸時代の町屋に至るまで、大江が関心を寄せた建築が図版（図1―12～14）を交えて論述されている。ただし、第二編での記述内容は、大江独自の研究に

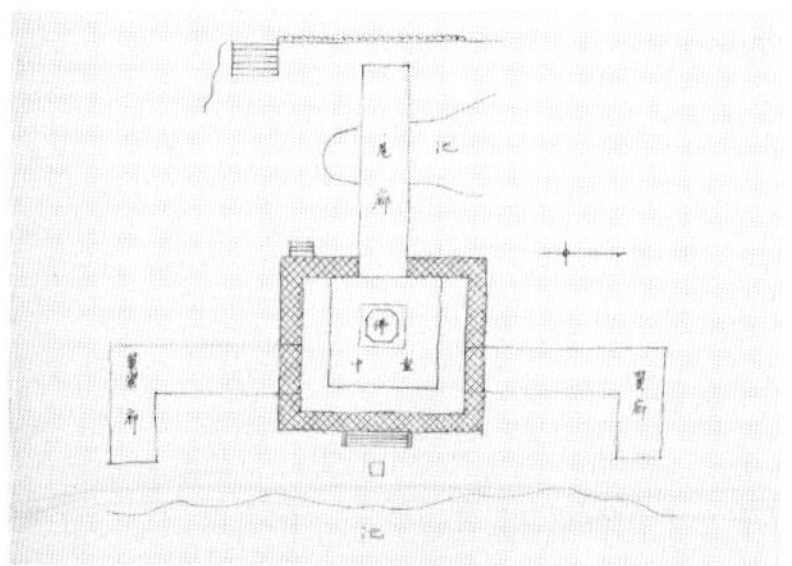
図 1-12　大江自筆　平等院鳳凰堂平面

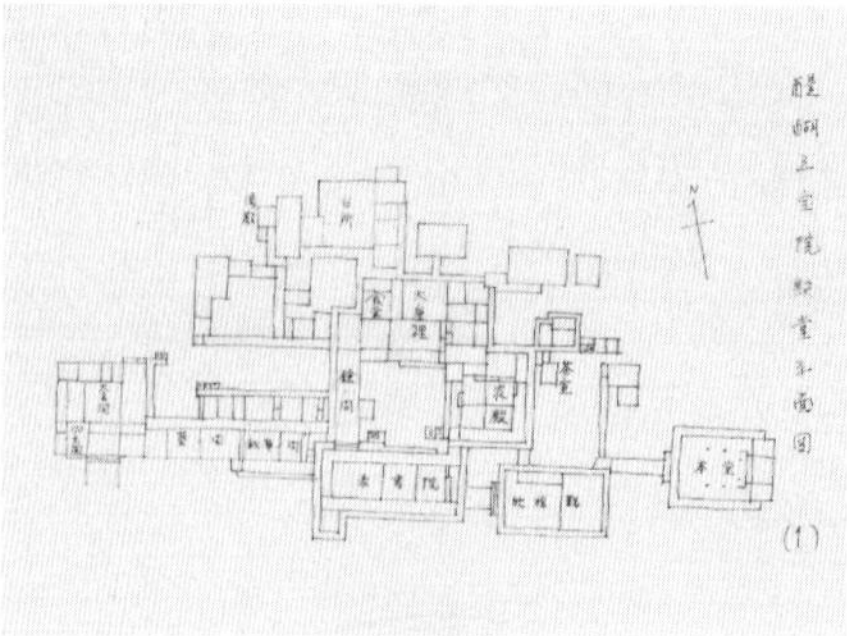

図 1-14　大江自筆　醍醐寺三宝院

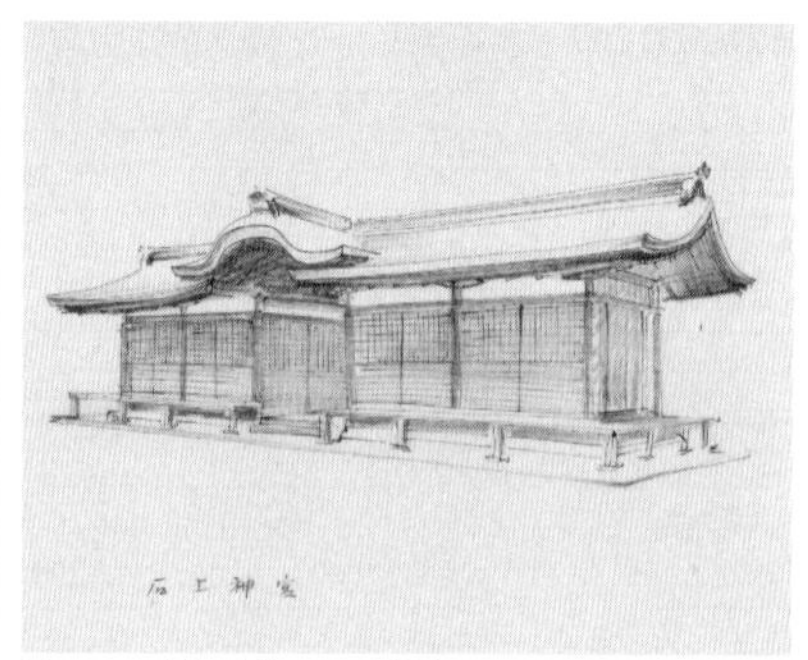

図 1-13　大江自筆　石上神宮

よる新たな知見を述べたものではなく、既往の文献を蒐集しまとめたものであると思われる。例えば、大江が本文中用いている時代区分は、伊東忠太と関野貞の研究をもとに岸田日出刀が作成した「日本建築の時代による分類表」[54]とほぼ一致している。また、欧州の建築平面の歴史の記述では、オットー・ワグナー（一八四一—一九一八）が特別重視されているなど、一貫して岸田の影響が看取される[55]（図1—15）。なお、大江の原点である日光については、全編を通して一度も触れられていない。卒論執筆の時点で、大江が保田の「日光雑感」に触れていたかどうかは不明である。ただ、もし大江が日光再評価の考えをすでに抱いていたとしても、主査である岸田は日光の建築群を「こんな建築は二度と経験したくない」[56]と公言して憚らない人物であったことを踏まえれば、あえて指導教官の意にそぐわないことは書くまいとの判断が大江にあったとしても不思議ではない。

さて、卒業論文のなかで大江の独自性が見出せるのは、その結論部分である。まず第二編第一章第一節の末尾で、大江は西洋建築流入以前の日本建築の平面の特徴として、次の六点を挙げている。

1．elastic（plastic ニ対シテ。）
2．簡單　明快（複雜ニ対シテ。）
3．wide open（shut out,close ニ対シテ。）
4．無造作、無作為（强製(ママ)ナ表象ニ対シテ。）
5．平々坦々的（野心的ニ対シテ。）
6．線的（量的ニ対シテ。）

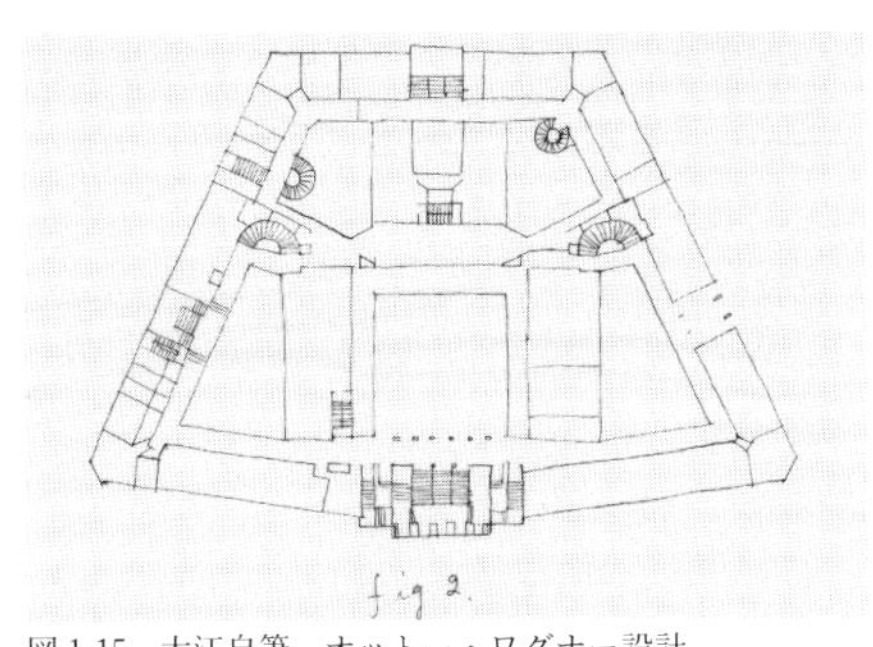

図1-15　大江自筆　オットー・ワグナー設計　ウィーン郵便貯金局　平面図

54　岸田日出刀『日本建築史』雄山閣、一九三二年

55　岸田は一九二七年に『オットー・ワグナー』（岩波書店）を出版するなど、ワグナーについて強い関心を示していた。詳細は以下参照。勝原基貴、大川三雄「岸田日出刀著『オットー・ワグナー』の出版経緯とその意義について」『日本大学理工学部学術講演会論文集』二〇一三年、五七一—五七二頁

56　岸田日出刀『過去の構成』構成社書房、一九二九年、六一頁

大江はこれらの諸特性について、日本における将来の建築設計においても採用すべきであると主張している。建築史家・藤岡洋保（一九四九―）によれば、昭和初期、堀口捨己をはじめとする合理主義を信奉していた日本の建築家たちは、我が国の伝統建築から「日本的なもの」として「簡素」・「単純」・「純粋」といった要素を抽出し、それらが近代建築の呈する諸特性とあらゆる点で類似性を持つことをこぞって言祝いだ。[57] それは明治以来、西欧建築を頂点とする世界建築史の系統樹にあって、取るに足らない枝葉の位置に甘んじていた日本建築が、一転して近代建築の先駆者へと成り上がる蠱惑に満ちた論理の発見であった。ブルーノ・タウトはまさに、この論理の代弁者であったといえよう。

大江が日本建築の平面の特性として挙げた六項目は、「簡素」・「単純」・「純粋」の範疇にほぼ収まっている。合理主義の建築家たちと同様の抽出作業を行っている点で、大江もまた、彼らの影響下にあったといえる。しかし、大江は結論において、抽出された日本建築の特性と、近代建築の特性を同質であると短絡することに、明確に異を唱えているのである。該当部分を、少々長くなるが引用したい。（旧仮名遣いは新仮名遣いへ変更した。傍点は大江による）

> 今日に於ても尚、往々にして、國際建築趣好は、直ちに以て日本建築趣好に相通ずると極言される場合がある。それは簡素であり、開放的であると云う特性を互いに共有して居るが故であると云うのだ。しかしながら、かかる文学的の表現を行う所の文字を共有するからと云って、直にその造形上の感覚も又共有すと早合点してしまう所に、大きな誤りの根本がある。ここでは、その両者の簡素が、如何に性質上相違せるかを述べることは割愛して、それでは、大体、國際建築傾向と、日本建築傾向は、どの程

57　藤岡洋保「昭和初期の日本の建築界における「日本的なもの」―合理主義の建築家による新しい伝統理解―」『日本建築学会計画系論文報告集』第四一二号、日本建築学会、一九九〇年六月、一七三―一八〇頁

度に異って居るかを調べて見よう。——家へ歸えると、米の飯を食い、青疊の上へ、ゆあがりであぐらをかいて居る我々とて、勿論、とんかつを食べ、又、洋服を着て居る。之等は全く、日本人のものになり切って居る。所が、宴會の席上で、骨付きのロースト・チックンを手摑みでしゃぶったり、白晝、眞赤なネクタイで、出掛けたりすることは、相当にあつかましい人でも能うしないのである。これは一見小さな差の様に見えて、実はなかなか大きな相違なのである。

偶々先達て取り入れた欧州の新建築傾向が、我國の風土なり、今日の社会機能なりに偶然一致したからと云って、直ちに、それは日本的であると、かいかぶってしまうことは誤りである。

勿論、形態、傾向を強調するが為に、実用、機能をまで侵害することは、以ての外であるが、今日の実用、機能を充分に満足して、しかも尚、この中に形態、傾向を表現することは、決して不可能なことではないのである。

「我々の平面！しかも現代の！」——日本はそれを要求する。

大江は、日本建築の特性と近代建築の特性とを等号で結ぶことに反駁する根拠として、日常における些細な、しかし根本的な生活様式の差異を挙げている。「日本的なもの」とは何なのか、この難問と向き合ううえで、大江は建築の表層的な形態分析に留まらず、建築に住まう人々のふるまいや心の機微へと目を向けることの重要性を説いた。それはCIAM主導による国際様式が仮定する普遍的人間とは異なる、血の通う個々人への眼差しに立脚している。この点において、大江は多くの合理主義建築家とは異なる視座を、大学卒業の時点で持ち得ていたといえる。異なる存在を単純に同一視しない大江の姿勢が表明された卒業論文には、のちの〈混在併存〉に通ずる建築観が、すでに胚胎されていたのである。

## 卒業設計「工作文化研究所」

卒業論文を書き終えてから約二ヵ月後の一九三八年二月二八日、大江は卒業設計「工作文化研究所」を提出した。この年度の卒業設計では、大江と丹下、そして浜口の三名が、優秀作品に贈られる辰野賞銅賞を同時受賞している。[58]

タイトルが示すように、大江の卒業設計は日本工作文化連盟を念頭に置いて作成されたものと考えられる。日本工作文化連盟とは、一九三六年一二月に堀口捨己や岸田日出刀、市浦健（一九〇四―一九八一）らが中心となり結成された団体である。[59] その設立趣旨は、工業製品から建築、都市計画に至るまで、人間の生活を取り巻くさまざまな「工作文化」に関する共同研究と生産指導を通じて、大衆の啓蒙を行うというものであった。構成メンバーは建築家を中心として工芸関係者も参加するなど多彩であったが、機関誌『現代建築』の発行を除き、大きな活動成果を残すことはなかった。大江は大学卒業からおよそ一年半が過ぎた一九三九年八月付で、同連盟に加盟している。[60] 丹下の加盟はその一ヵ月後である。

大江の卒業設計の原図は、表紙も含め菊判サイズ（縦九三九ミリ×横六三六ミリ）一三枚から構成されている。表紙（図1―16）に記載された目次を表1―2に示す。

原図一枚目「工作文化研究所ノ説明」の内容を確認しよう。まず「工作文化研究所」とは、「我々ノ日常生活ニ直接関聯ヲモツ工作物ヲ取扱フ」場であると簡潔に定義されている。同研究所が扱う「題目」として、「建築」、「交通機」、「都市計画」の三分野が想定されており、

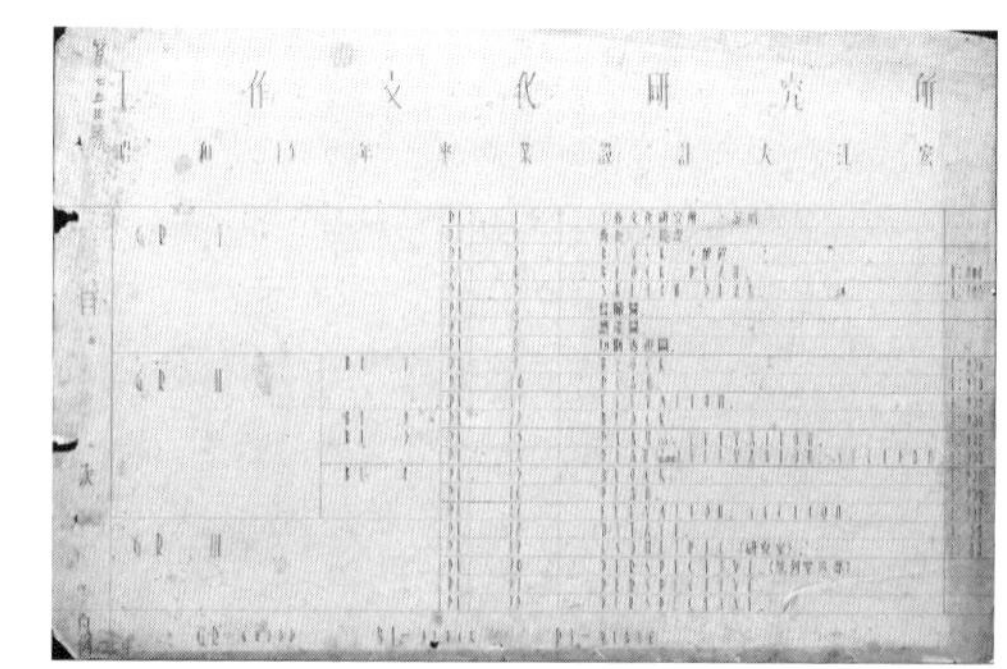


図 1-16　卒業設計「工作文化研究所」表紙

58　辰野賞には銀賞と銅賞があり、最優秀作品である銀賞は入江雄太郎と奥山恒尚の二名が受賞した。のちの建築界への影響力でみれば、銀賞の二人よりも銅賞の三人組が果たした役割が圧倒的である。

59　松井昭光監修、本多昭一著『近代日本建築運動史』ドメス出版、二〇〇三年、六三―六七頁

60　「第二回新会員氏名（八月一〇日迄受付ノ分）」『現代建築』一九三九年八月号、現代建築社、目次前の扉頁

「業務」として次の三項目が掲げられている。

1．設計　並ニ　設計ニ関スル研究ト実験
2．模型製作　ト　実物試作
3．社會及ビ技術課一般ニ対シテノ　工作文化　ニ関スル　宣傳　指導

これらのプログラムは、工作文化連盟の綱領第四項に掲げられた三つの課題、すなわち「研究」、「指導」、「普及」[61]を土台とし、ここに「製作」の要素を加味し作成されたものと考えられる。各業務に対応する具体的な機能は、1に対して研究実験室、2に対して製作工場、3に対してはオーディトリアム、印刷部、陳列館部、写真部が想定されている。

表1-2　卒業設計「工作文化研究所」目次

| | | | | |
|---|---|---|---|---|
| GR Ⅰ | | PL | 1 | 工作文化研究所ノ説明 |
| | | PL | 2 | 敷地ノ現況 |
| | | PL | 3 | BLOCK ノ配置 |
| | | PL | 4 | BLOCK PLAN |
| | | PL | 5 | SKETCH PLAN |
| | | PL | 6 | 鳥瞰圖 |
| | | PL | 7 | 機能圖 |
| | | PL | 8 | 切断透視圖 |
| GR Ⅱ | BL 1 | PL | 9 | BLOCK |
| | | PL | 10 | PLAN |
| | | PL | 11 | ELEVATION |
| | BL 2<br>BL 3 | PL | 12 | BLOCK |
| | | PL | 13 | PLAN(1)<br>ELEVATION |
| | | PL | 14 | PLAN(2 BASEMENT)<br>ELEVATION<br>SECTION |
| | BL 4 | PL | 15 | BLOCK |
| | | PL | 16 | PLAN |
| | | PL | 17 | ELEVATION　SECTION |
| GR Ⅲ | | PL | 18 | DETAIL |
| | | PL | 19 | ISOMETRI（研究室） |
| | | PL | 20 | PERSPECTIVE<br>（陳列室内部） |
| | | PL | 21 | PERSPECTIVE |
| | | PL | 22 | PERSPECTIVE |

※凡例：GR=GROOP（原文ママ）, BL=BLOCK, PL=PLATE

原図二枚目（図1―17）は敷地の説明である。位置は「都市近郊、河川沿岸地帯」、「例へバ多摩川調布附近、又ハ

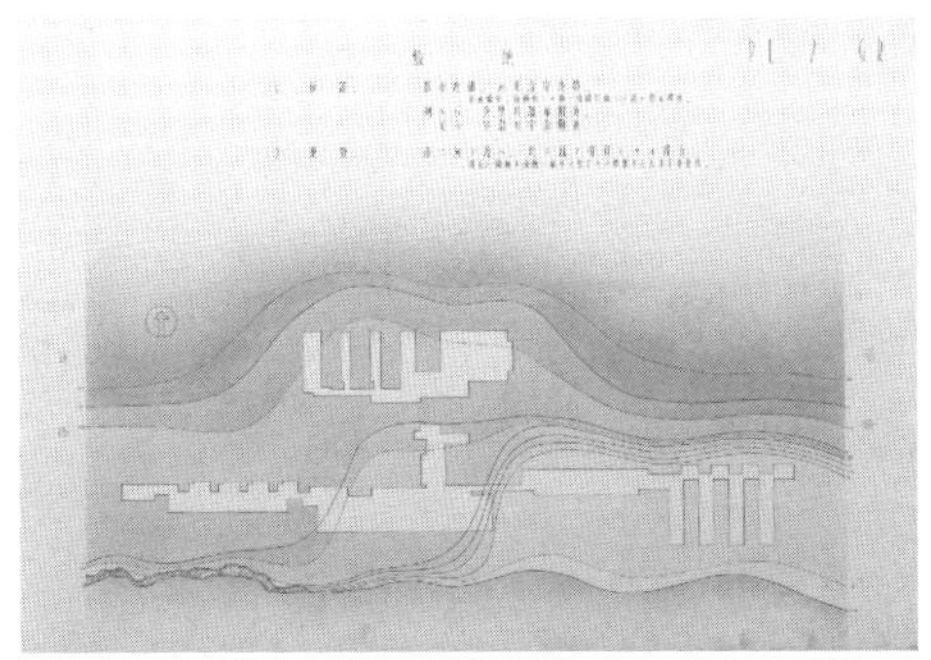
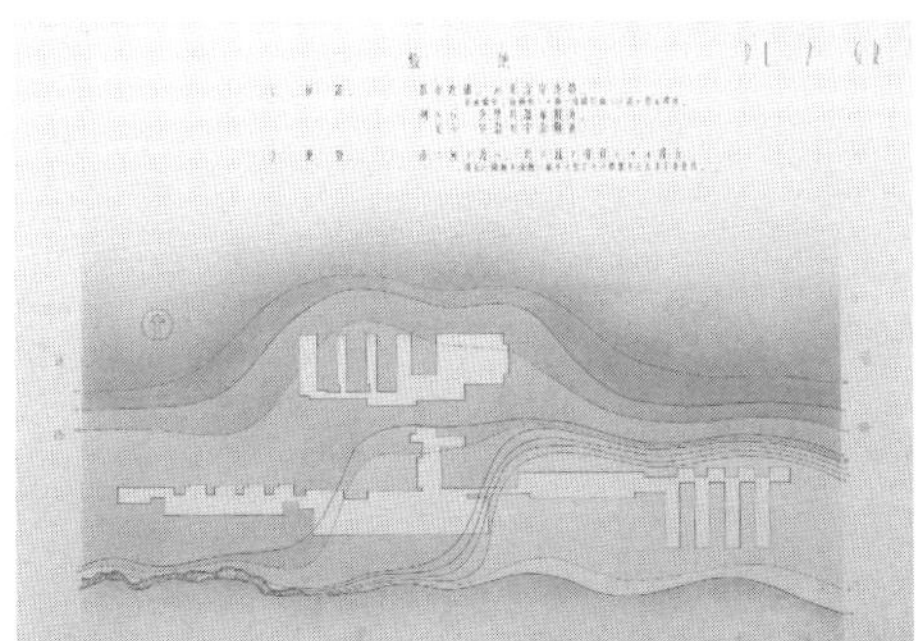

図1-17　卒業設計「工作文化研究所」 PL.2 敷地ノ現況

61　藤井正一郎、山口廣『日本建築宣言文集 復刻版』彰国社、二〇一一年

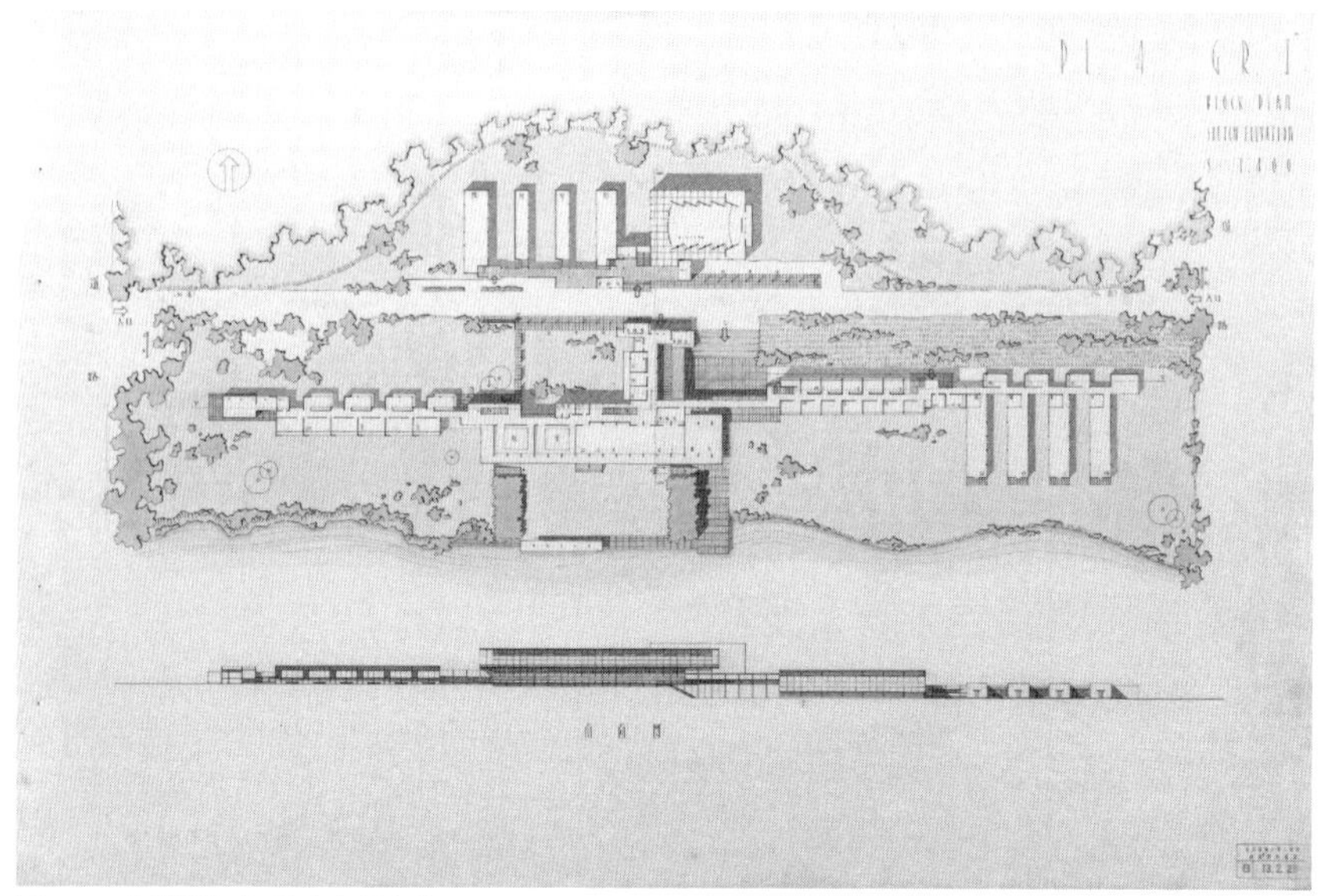

図 1-18　卒業設計「工作文化研究所」　PL.4　BLOCK PLAN

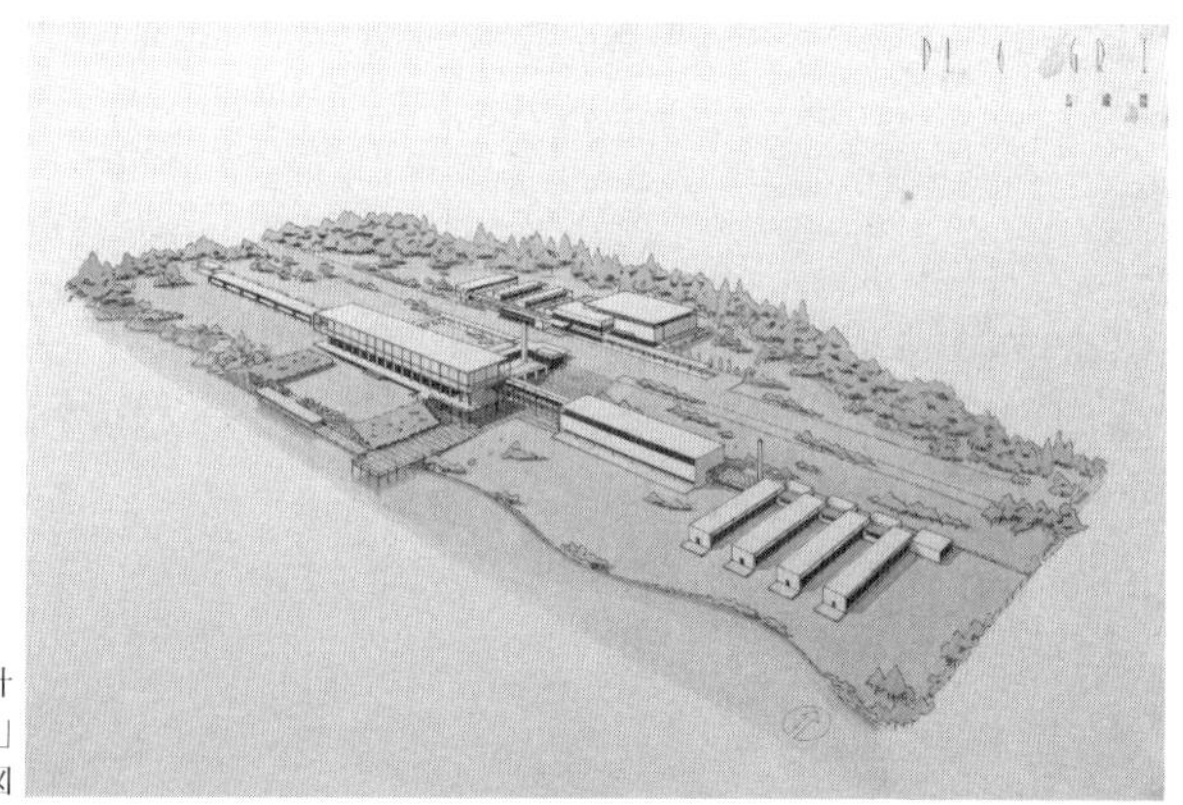

図 1-19　卒業設計
「工作文化研究所」
PL.6 鳥瞰図

図 1-20　卒業設計「工作文化研究所」　PL.21 パース
（左：「BL.2 張出下ヨリ　BL.4 西端ヲ眺ム」、右：「BL.4 Part A ヨリ　BL.2 Part A ヲ眺ム」）

宇治川宇治附近」としている。東京と京都それぞれの可能性を併置しているあたりに、大江の性格が現れているようで興味深い。また地勢は「南ニ河ヲ控へ、北ニ林を背負ヒタル段丘」とし、「帯状PLATFORM」としての建築が構想されている。

原図四枚目の平面図（図1―18）および六枚目の鳥瞰図（図1―19）を見ると、「帯状PLATFORM」の全体像が浮かび上がってくる。まず敷地中央を東西方向へ一直線に伸びる車道があり、これを挟んで南北に、それぞれ建物群が建っている。建物群は大きく四つのブロックに分節されている。車道北側のBLOCK1には一般の人々が利用する「公開部」（オーディトリアム、陳列室、陳列館）があり、車道南側のBLOCK2は「中央部」（メインエントランス、事務室、食堂、談話室、会議室、図書室、写真室他）が据えられ、その両サイドのBLOCK3、4には、専門家らの研究・製作の場である「研究室部第一・第二」（製図室、研究室、実験室、試作工場他）が計画されている。これらの建物群はさまざまなボリュームや形態が与えられ、相互に繋がり連続しながら、敷地の傾斜に寄り添いつつ、東西方向へと拡がっている。

ここで興味深いのは、自由に設定可能な敷地形状に、大江があえて傾斜地を選択している点である。当然ながら、平坦な敷地に比べて設計の難易度は高くなる。実際、丹下と浜口は共に平坦な敷地を想定しており、その上に端正な近代建築を立ち上げている。丹下の「CHATEAU D'ART 芸術の館」（図1―21）はル・コルビュジエの優れた模倣であったし、浜口の「満州國中央火力發電所」（図1―22）は未来派を想起させる遠大なスケールの力強さに漲っていた。両者のパースは正確な透視図法のもと、フラットな地に建築が果てなく連続するかのような表現をとり、普遍性を希求する近代建築の理念に忠実である。

一方、大江の鳥瞰図は、川と林に囲まれた有限の敷地であることが明確に示され、淡い

図1-21　丹下健三　卒業設計
「CHATEAU D'ART 芸術の館」外観パース

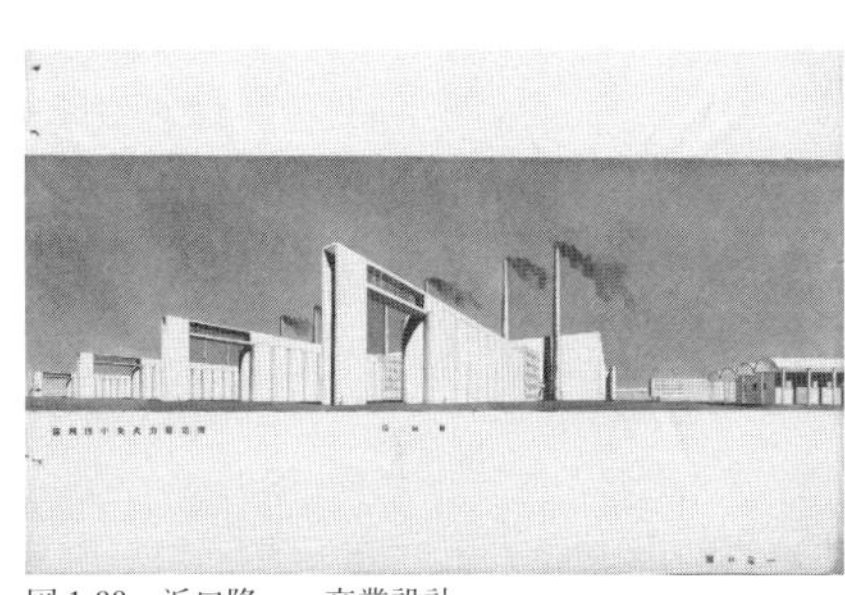
図1-22　浜口隆一　卒業設計
「満州國中央火力発電所」外観パース

水彩の着色も相まって、どこか素朴で親しみやすい佇まいを持つ。ここに建築の威厳を誇示するような意図は感じられない。

あらためて敷地図（図1―17）と平面図、鳥瞰図を見比べると、特定の場所で傾斜が強まるよう、等高線が調整されているのが分かる。特に傾斜が強調されているのは、車道からメインエントランスの「中央部」を通り、南の川へと至る動線の位置である。この動線は、車道と直行しながら、計画全体と敷地とを緩やかに結び統合する重要な役割をもつ。

傾斜する敷地で大江が表現したかったもの、それは、歩を進める人々の眼前に展開される、建築と自然とが織りなすシークエンスの豊かさだったのではないか。卒業論文でも見たように、大江は建築のあり方を、利用する人々の眼差しから考えることを重視していた。先の動線を描いた個別のパース（図1―20）からも、同様の志向が看取される。それは建築の形態を鋭く描写するというよりも、ふと立ち止まった人々の何気ない視線に映る風景を、水墨画のような優しい筆致にのせて描いているように思える。このシークエンスはまた、建築と自然の間を雁行しながら、傾斜に沿って緩やかに上りゆく日光の参道のイメージとも重なるだろう。二荒神域全体を捉えたいとの大江の思いが、卒業設計の敷地設定のうちに、密やかに投影されていたのかもしれない。

図1―20のパースで興味深い点がもう一つある。それは多様な柱が描かれている点である。トラスで組まれた柱、太く短い柱、ひょろひょろ細長い柱。これらはシークエンスにリズムを与える役割を担っているとも考えられるが、それ以上に、のちの大江の建築を予見する要素として重要である。「工作文化研究所」には、この多様な柱の併存も含め、のちの大江の建築作品群を示唆する形態的特徴がいくつか見出せる。以下にそれを列挙したい。

図1-23　卒業設計「工作文化研究所」
PL.20 パース 陳列室内部

図1-24　卒業設計「工作文化研究所」
PL.23 パース BL.2 Part B　南側2階縁側

## (1)　多様な柱の併存

「工作文化研究所」には、先述の通り大きく三種類の柱(図1―25)があるが、特に目を引くのが、複数のパースに登場する細く長い柱である。細長いプロポーションをもつ多様な柱を併存させ、空間に変化を生じさせる手法は、のちの大江作品のほぼ全てに採用されている。特に大江の集大成としばしば指摘されてきた国立能楽堂(一九八三)では、同手法が内部外部ともに多用されているのである(図1―26)。

ちなみに、国立能楽堂の外観にはどこか「工作文化研究所」を思わせる箇所が存在する。国立能楽堂の立面構成は東西南北それぞれで異なるが、そのうち東側の外観(図1―27)に見られる細い柱と白のボリュームの対比、またその上部にセットバックした間隙を設けて

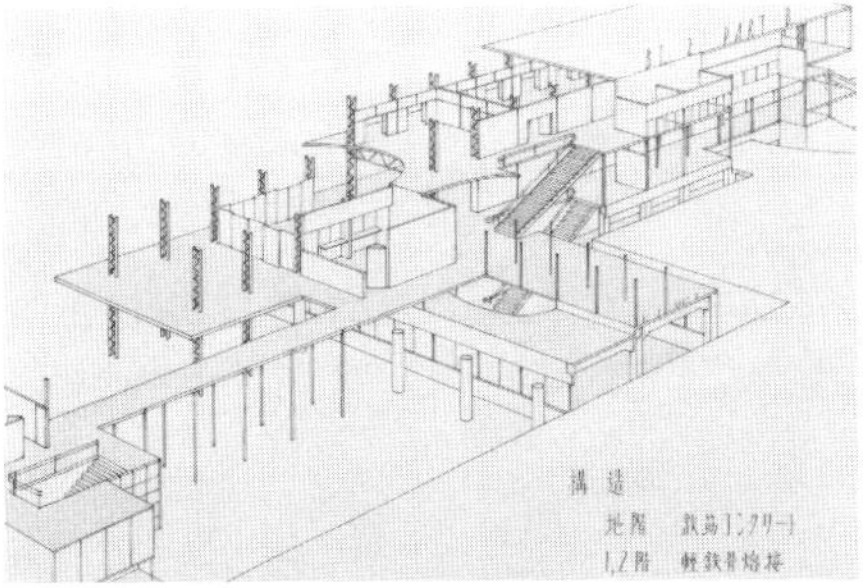

図 1-25　卒業設計「工作文化研究所」
PL.8 切断透視図　部分拡大

図 1-26　国立能楽堂　内観

図 1-27　国立能楽堂　東側外観

図 1-28　卒業設計「工作文化研究所」
PL.19 パース BL-3（研究部）南西角

軒裏の浮遊感を強調する構成は、卒業設計のパースの一枚（図1—28）と非常によく似ている。

## (2) アシンメトリーの平面構成

大江は、法政大学教授退任の折に刊行された記念本『大江宏＝歴史意匠論』（南洋堂、一九八四）のなかで卒業設計について問われた際、次のように述べている。

> 卒業設計はね、何というのかな、およそ軸線もなければ、シンメトリーでもない、いわば醍醐寺三宝院のような、あるいは厳島のような、ね。(62)

醍醐寺三宝院と厳島神社は、ともに卒業論文でも言及されていた建築である（図1—14）。大江にとっての卒業設計の主題の一つは、卒業論文で得た日本建築に関する知見に依拠した、アシンメトリー（左右非対称）による平面構成の具現化であったと考えられる。

アシンメトリーによる平面構成は、大江の初期の代表作である「法政大学市ヶ谷キャンパス計画」（一九五三—一九五八、以降「法大計画」と略す）をはじめ、普連土学園校舎（一九六八）、角館町伝承館（一九七八）、国立能楽堂（一九八三）や大塚文庫（一九八九）など晩年の作品に至るまで大江が一貫して用い続けたものだが、特に「法大計画」の中心である55年館と58年館（一九五五／五八）の平面構成との類似性が、卒業設計に指摘できる。55／58年館（図1—29）は、東西方向を長辺とする緩やかな十字型を示すアシンメトリーの平面構成をもち、十字の交点には学生が自由に利用できる学生ホールが大きくとられ、この校舎の核となっている。また、平面図の上部にある大講堂は、折板構造を模した形態をもっているが、卒

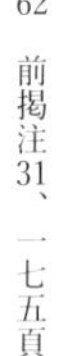
62 前掲注31、一七五頁

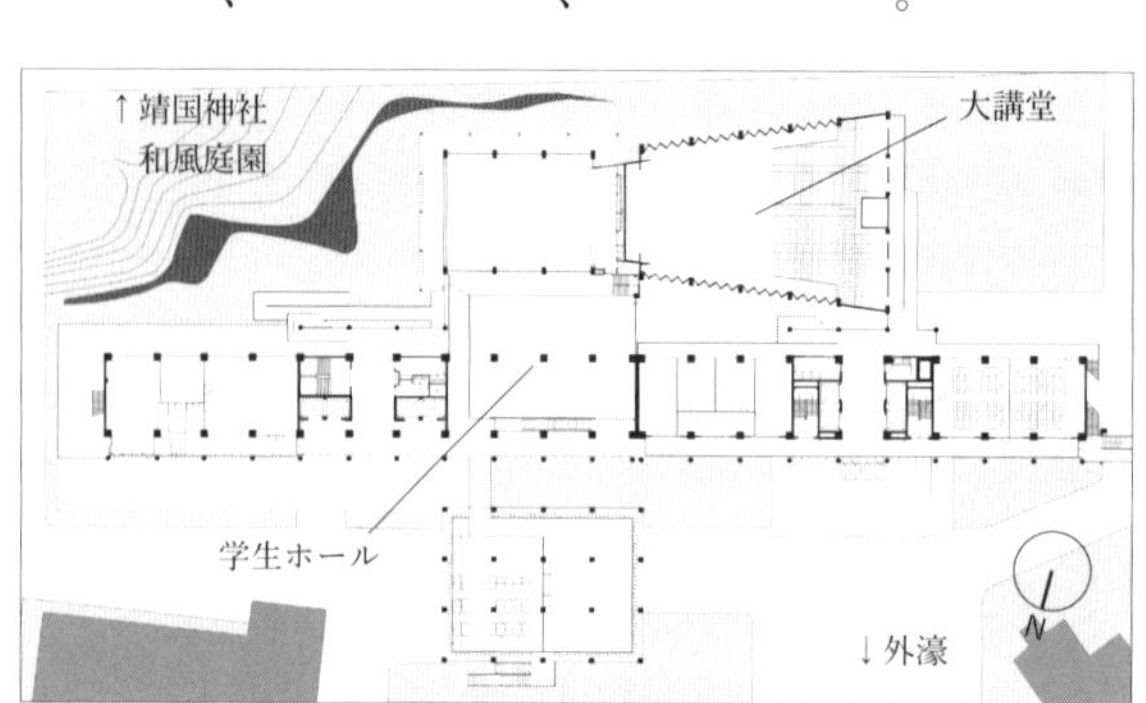

図1-29　法政大学55/58年館　2階平面図

業設計「工作文化研究所」でも、よく似た形態のオーディトリアムが車道北側に計画されている。そして55／58年館の敷地は、北に外濠、南に靖国神社の杜がある緩やかな斜面地である。偶然の一致とはいえ、卒業設計との共通性がここにも見受けられるのである。

### (3) 回廊と中庭による統合

アシンメトリーによる平面構成の中心に大江がしばしば据えるのが、回廊と中庭である。大江建築において、回廊と中庭は各ボリュームや諸要素を統合する存在として機能している。「工作文化研究所」も同じく、四ブロックの中心に回廊と中庭が設けられている。大江の卒業設計の原図には計七枚の手描きパースが含まれているが、そのうち一枚（図1―30）がこの中庭を描いていることからも、大江が回廊と中庭の意匠をすでに重視していたことがうかがえる。先述した55／58年館の学生ホールもまた、回廊と中庭が内部空間として変換されたものとも捉えられよう。

### (4) 繊細な部材による立面構成

「工作文化研究所」の立面構成は、細長い柱を主な要素としながら、格子状のパターンが幾重にも重なるモノトーンの繊細な様相を帯びている。特に食堂やメインエントランスを含む「中央部」であるBLOCK２の南立面図（図1―32、右上）は、大江が最も力を入れて描いたものと考えられる。また「中央部」断面図（図1―32、左上）からは、鉄骨の骨組みの内側に、紙障子が内装として用いられていることが確認できる。大江が卒業設計で試みたのは、近代建築の単純な模倣ではなく、そこに日本建築の要素を加味する思索がなされ

図1-30　卒業設計「工作文化研究所」PL.23 パース　左：BL.3　ヨリ北東ヲ眺ム　右：BL.2　中庭

ていたと考えられる。大江がのちに設計する法政大学55／58年館（図1―31）もまた、そのファサードは障子を想起させる意匠であり、特に58年館の総長室には実際に障子を用いた内装が設えられるなど、卒業設計との連続性をここにも見出すことができる。第三章で後述するように、58年館は大江の建築観が大きく変化し始める契機となった作品である。

「工作文化研究所」の立面のうち、特に日本建築の影響下にあると見えるのが、BLOCK3の南立面図と、BLOCK2の北立面図である（図1―33）。この立面図を描く際に大江が念頭に置いたもの、それは恐らく京都御所の渡廊であったと考えられる。そして、京都御所からの引用は、岸田日出刀の影響を強く受けた結果と思われる。

岸田撮影による京都御所の渡廊を見てみたい（図1―34）。渡廊の立面構成、特に足元長押と地覆長押の間にある格子を枠付ける角柄の意匠は、先の南北立面図の広範にわたって採用されていることが分かる。岸田は、清涼殿北側の東庭を囲むこの渡廊を大変気に入っており、岸田の著書『過去の構成』（相模書房、一九三八）には同部分の写真が一枚、また『京都御所』（相模書房、一九五四）には一六枚掲載され、かつ表紙にも採用されている。

丹下健三は後年、岸田撮影による京都御所の写真について以下のように述べている。

> わたしもまだ学生のころでしたが先生の「過去の構成」には非常に感銘をうけました。とくに大学の先生の室には先生のライカで撮られた御所の一連の写真が引伸されて、パネルに貼ってありましたが、わたしはその写真から強い影響をうけたように思います。[63]

図1-31　法政大学55/58年館

63　丹下健三他「先生を想う（第一座談会）」『岸田日出刀　上』相模書房、一九七二年、二〇六頁

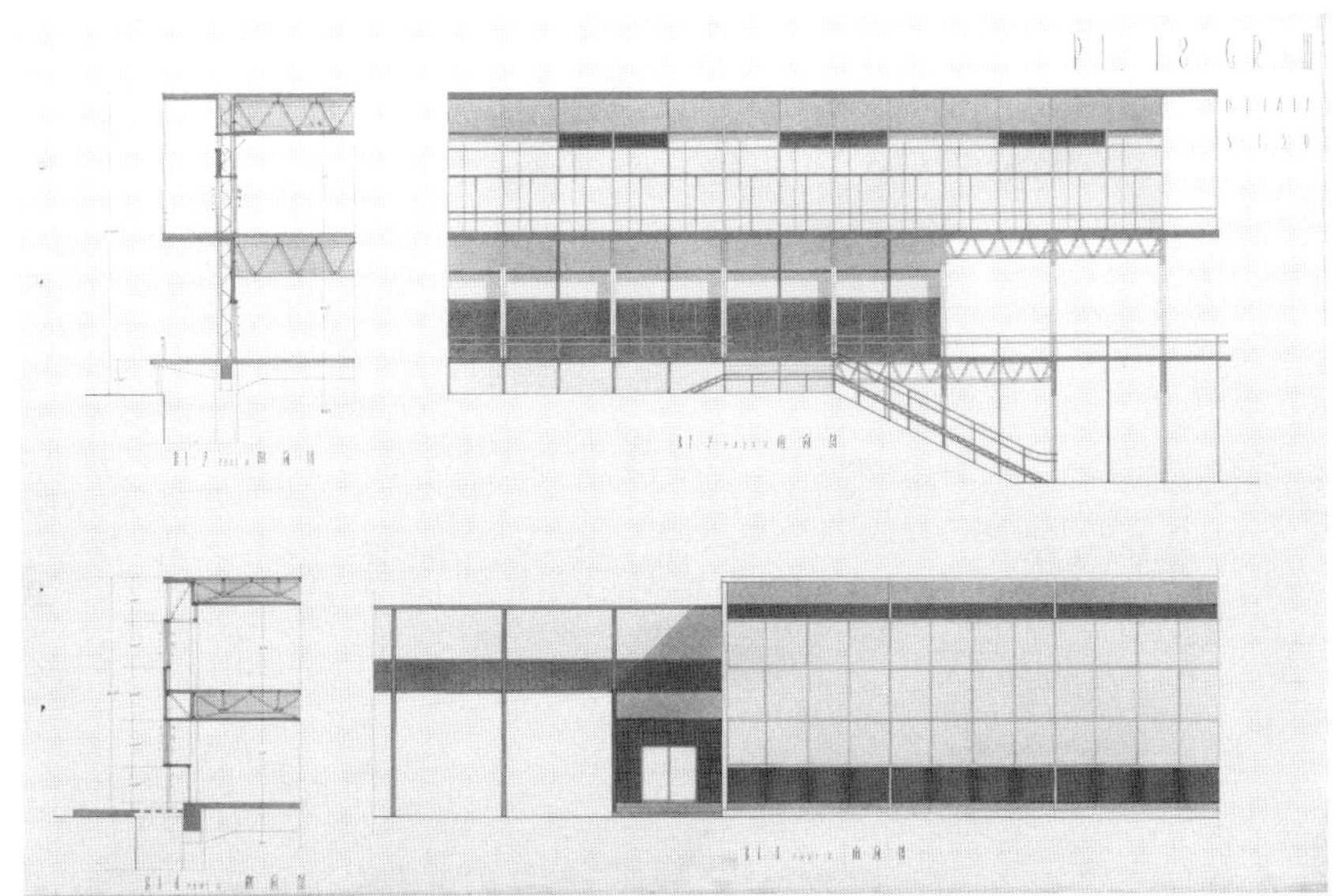

図 1-32　卒業設計「工作文化研究所」PL.18 立面図、断面図

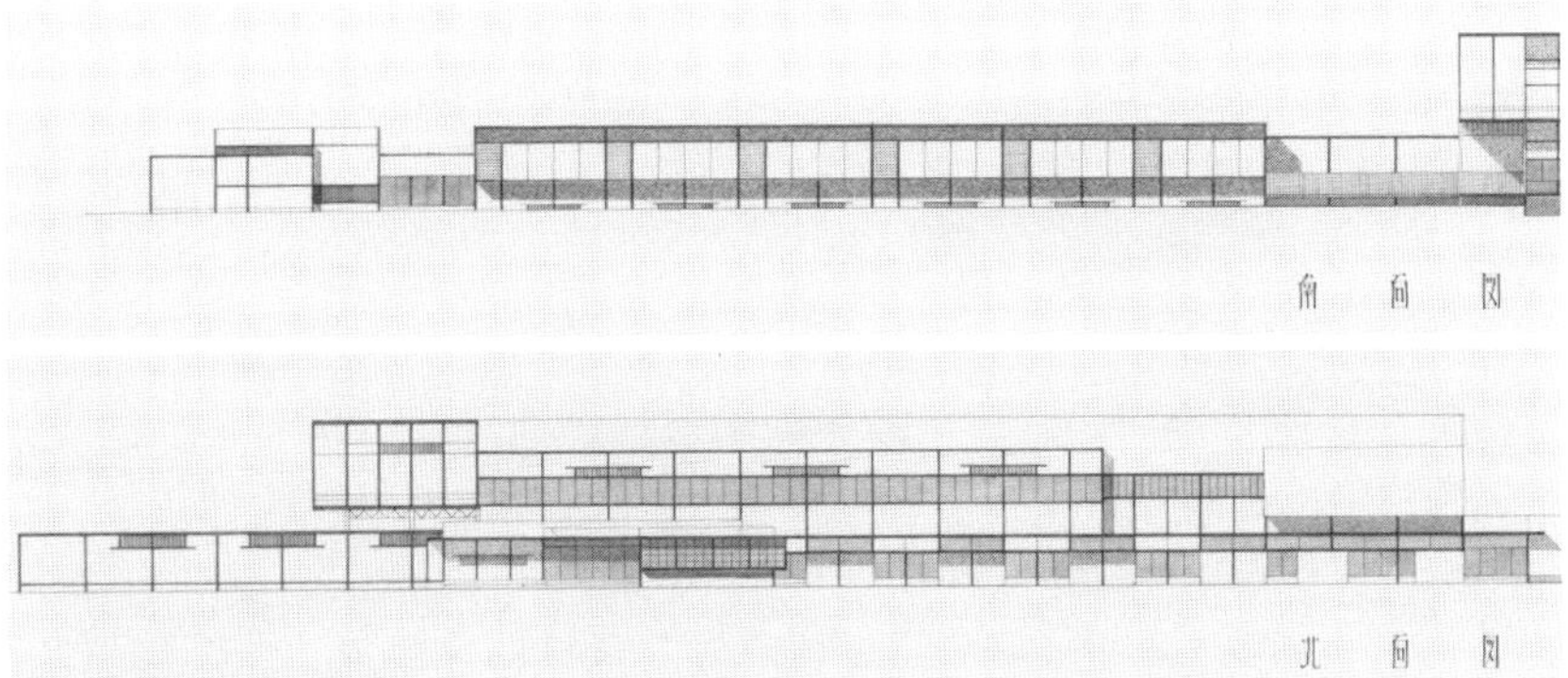


図 1-33　卒業設計「工作文化研究所」PL.13　上：BLOCK3 南立面図　下：BLOCK2 北立面図　部分拡大

図 1-34　岸田日出刀撮影　京都御所の渡廊

岸田の部屋には、丹下の学生時分から京都御所の写真がパネル化され飾られていた。大江もまた、岸田の部屋を訪れ同じ写真を目にし、丹下と同じく感銘を受けたのだろう。大江が『過去の構成』から受けた影響は他にも見受けられるが、これは第六章で後述する。

大江が卒業設計で見せた、日本建築と近代建築の統合への意思（両者の短絡的な同一視でないことは言を俟たない）は、共に辰野賞銅賞を受賞した丹下と浜口が純然たる近代建築の案をつくり上げたのに比して、先見性と独自性を持ち得ていたと思われる。

大江が目指した方向性は、ナショナリズムに迎合するものでは決してなく、あくまで個々の日本人の身体や心に根差した、現代にふさわしい建築のあり方を希求するというものであった。そして大江は生涯、この方向性を見失うことはなかった。

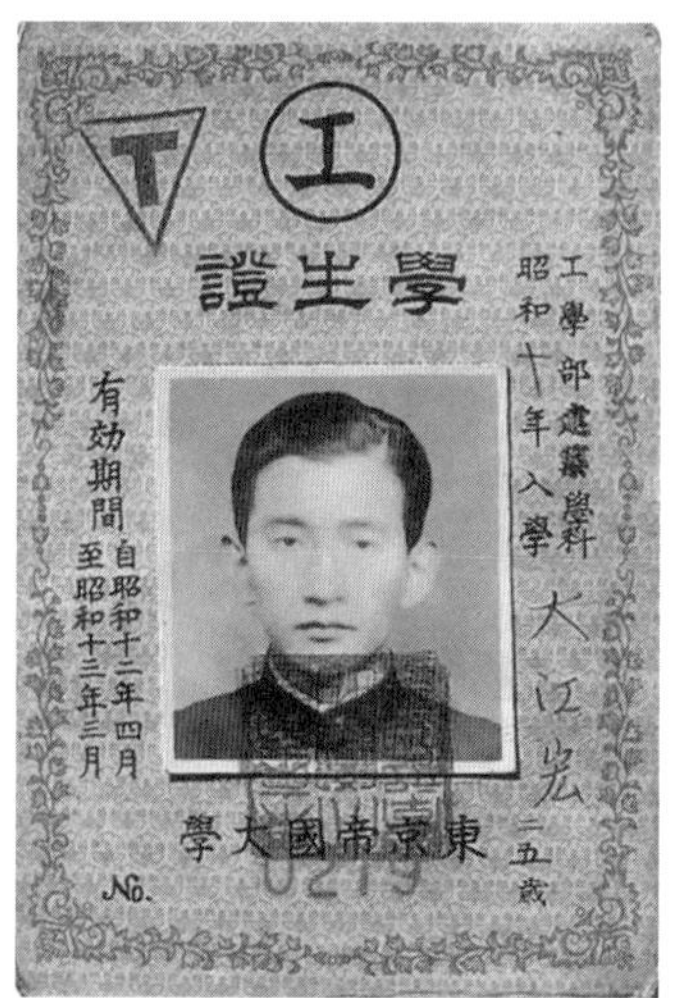

図 1-35　大学最終年度の学生証

# 第二章　戦時下の修練

## 文部省宗教局への奉職

一九三八（昭和一三）年三月、東京帝国大学工学部建築学科を卒業した大江宏は、引き続き建築学の研鑽を積むべく大学院へと進学、浜口隆一と共に岸田日出刀の研究室に所属した。しかし、大江はそのわずか数ヵ月後に大学院を退学、一転して文部省宗教局保存課へ奉職することとなった。この突然の進路変更は大江自身が望んだものではなく、建築学科教室からの指示があったためである。大江はこの指示が、父・大江新太郎と交流の深かった大熊喜邦や佐野利器らが教室に働きかけた結果だろうと推察している。(1)

学生が自身の進路を自由に選択できる現代とは異なり、当時の学生の就職先は全て、大学の教授陣が采配を握っていた。大江もまた、教室の指示に従うのは自然の成り行きであった。とはいえ、一度は決まった進路を指導教官の岸田が覆したこと、またその背後に、佐野らを介して亡き父の影が未だ大きく存在していることに、大江は内心複雑な感情を抱いただろう。後年、大学院の岸田研究室に籍を置いていたことを大江は一度も公言しておらず、唯一浜口の証言(2)が残るのみである。

ともあれ、大江は一九三八年から一九四一年までの約三年間、文部省宗教局保存課に勤務した。文部省宗教局は古建築の保存・修復事業を所管していた部局であり(3)、内務省神社局と共に、当時の伝統建築を担う部局の双璧をなしていた(4)。内務省神社局は、神社建築の造営を管轄としており、新太郎が務めた職場でもあった(5)。大江は、父に通ずる伝統建築への道を、周囲から嘱望されていたといえよう。

大江が配属された保存課は、国宝保存法に関する事務を担う課であった。ここで大江が携わった主な仕事は、紀元二千六百年奉祝記念事業の「神武天皇聖蹟の調査保存顕彰」と、

1　大江宏「わが軌跡を語る」『別冊新建築　日本現代建築家シリーズ⑧　大江宏』新建築社、一九八四年、一八八―一八九頁

2　浜口隆一「戦時の評論活動（わが回想、失われた昭和10年代）」『建築雑誌』一九八五年一月号、日本建築学会、二七頁

3　文部省宗教局は、大正二（一九一三）年に内務省宗教局の廃止にともない設置された部局。昭和一七（一九四二）年に文部省教化局宗教課へ名称変更されるまで存在した。その後も幾度かの名称変更を経て、現在は文化庁文化部宗務課にその業務が継承されている。名称の変遷は文化庁月報平成二五年九月号（No.540）掲載の記事「解説　文部省の宗教局から文化庁の宗務課までの歩み」に詳しい。https://www.bunka.go.jp/pr/publish/bunkachou_geppou/2013_09/index.html（二〇二二年一二月四日閲覧）

4　鈴木博之「大江流―独自の境地を拓く作風」『別冊新建築　日本現代建築家シリーズ⑧　大江宏』新建築社、一九八四年、一八八―二七頁

5　大江新太郎は、一九二六年から病に伏すまでの約四年間、内務省神社局に勤務した。新太郎の経歴は以下に詳しい。『日本の建築［明治大正昭和］　8様式美の挽歌』三省堂、一九八二年

「國史館（仮称）の造営」である。大江が奉職を余儀なくされたのは、この「國史館の造営」が、大江の大学卒業と前後して国家の一大プロジェクトとして立ち上がり、その担い手の一人として、大江に白羽の矢が立ったためである。

「國史館」は、神代から明治時代に至るまでの我が国の歴史を、宝物や史料、絵画、模型などの展示物を通して一望できる博物館として構想されていた。自ずから日本を表象する建築が期待されたために、日本的な建築表現のあるべき方向性を模索していた建築家たちの注目を集めるホットトピックの一つであった。しかし、戦時下の資材統制による影響を受け、結局実現には至らず、その名は仮称のまま露と消えた。

大江建築アトリエ[6]には、大江が文部省で関わった「神武天皇聖蹟の調査保存顕彰」と「國史館の造営」に関する書類や自筆スケッチなどが現存している。これらからは、当時の文部省の内部状況や、大江の建築観をうかがい知ることが可能である。

史料の検討に入る前に、まず大江の進路を大きく変えることとなった紀元二千六百年奉祝記念事業とは何だったのか、その概要と経緯を確認しておこう。

## 紀元二千六百年奉祝記念事業

紀元二千六百年奉祝記念事業は、神武天皇即位紀元二千六百年（西暦一九四〇年、昭和一五年）を記念し催された一連の祝典に併せて、当時の政府が計画した六事業を指す。すなわち、一「橿原神宮境域並畝傍山東北陵参道の拡張整備」、二「神武天皇聖蹟の調査保存顕彰」、三「御陵参拝道路の改良」、四「日本万国博覧会の開催」、五「國史館の造営」、六「日本文化大観の編纂出版」の六つである。[7]

6　大江建築アトリエは、大江宏建築設計事務所を継承した設計事務所である。大江宏の長男である建築家・大江新（法政大学名誉教授、一九四三―）が代表を務めている。

7　『紀元二千六百年祝典記録　別巻』ゆまに書房、二〇〇二年、一八三―一八四頁

皇紀二千六百年にあたる一九四〇年に向けて、日本ではアジア初となる万国博覧会とオリンピックの同時開催の機運が高まるなか、一九三五(昭和一〇)年一〇月一日、内閣に「紀元二千六百年祝典準備委員会」(以下、準備委)が設置された。準備委は官制によらない、いわば首相の私的諮問機関であった。[8]

準備委による三回の総会を経て協議が進められたのち、一九三六年七月一日、官制の公布による正式な行政機関として、「紀元二千六百年祝典事務局」(以下、祝典事務局)と「紀元二千六百年祝典評議委員会」(以下、評議委)が設置、準備委は廃止された。新たに設置された機関のうち後者、評議委は、祝典および各種奉祝記念事業に関する重要事項の調査審議をすることを目的としており、構成委員には準備委員会の大部分が続投、逐一増員もなされた。

建築分野に関わる評議委員としては、伊東忠太、佐野利器、大熊喜邦の三名が、一九三七年九月以降に順次、増員人事で任命されている。[9] 先述の通り、彼らは大江新太郎と深い関わりがあり、大江宏ともしばしば面識があった人物たちである。

一九三六年一一月九日、評議委は第二回総会を開催、紀元二千六百年奉祝記念事業として先の六事業の実施を決議し、同報告を政府に答申した。[10] その後、記念事業の遂行を担う団体として、官民一体の「財団法人紀元二千六百年奉祝会」(以下奉祝会)が一九三七年七月七日に設立、同会の申請により、「國史館の造営」は一九三八年三月二八日に、[11] また「神武天皇聖蹟の調査保存顕彰」は同年六月一七日に、[12] それぞれ文部省への委嘱が内閣総理大臣より認可された。以降、両事業は文部省主導により、実現へ向けて遂行されてゆく。

「國史館の造営」の文部省委嘱と時を同じくして、一九三八年三月、大江は大学を卒業、大学院へと進学した。同年七月、文部省は「國史館の造営」事業のため、宗教局保存課の

8 古川隆久『皇紀・万博・オリンピック―皇室ブランドと経済発展』中央公論社、一九九八年、一〇一頁

9 各人の就任日は以下の通り。伊東忠太(一九三七年九月二九日)、佐野利器(一九三八年一月二一日)、大熊喜邦(一九三九年七月一九日)。大熊は大江の文部省奉職の約一年後に就任していることから、大江の就職を主導したのは佐野であったと思われる。『紀元二千六百年祝典記録　第1巻　第一冊(上)』ゆまに書房、一九九九年、七七―七八頁

10 『紀元二千六百年祝典記録　第2巻　第一冊(下)』ゆまに書房、一九九九年、一四八頁

11 『紀元二千六百年祝典記録　第16巻　第八冊(下)』ゆまに書房、二〇〇二年、二七、三六頁

12 『紀元二千六百年祝典記録　第15巻　第八冊(上)』ゆまに書房、二〇〇二年、一八頁

臨時増員を行っている[13]。大江はこの人事に併せて、佐野らの手配により大学院を退学、同課に技手として就職したものと考えられる[14]。

文部省はこの臨時増員以降、一九三九年三月九日に「國史館造営委員会」を設置するまでの約八ヵ月間、「國史館」に関する目立った動きは見せていない。大江はその間、「國史館」関係の業務から一旦離れ、「神武天皇聖蹟の調査保存顕彰」事業に参加していた。

## 神武天皇聖蹟の調査

「神武天皇聖蹟の調査保存顕彰」事業は、初代天皇とされる神武天皇が奈良盆地一体を統治し、日本国を建国するまでの説話と縁のある地を、文献調査と実地調査により聖蹟と定め、各地に顕彰施設を建設することを目的としていた[15]。

調査の流れを概観しておきたい。まず一九三八年六月より文部省職員による文献調査が開始され、同年一一月より翌一九三九年三月まで、同じく文部省職員による実地での予備調査が行われた[16]。聖蹟候補地がある程度絞られたのち、一九三九年四月から翌一九四〇年五月まで、文部省職員の調査班（調査主任と二～四名の職員で構成）による実地調査、また有識者らで構成された「神武天皇聖蹟調査委員会」による実地調査が、並行して行われた[17]。結果、一九四〇年七月までに、計二一ヵ所の聖蹟が選定された[18]。

大江は、一九三八年六月から始められていた文部省職員による文献調査に、途中から合流したようだ。後年、大江は当時の仕事内容について、次のように振り返っている。

ぼくが就職したところは文部省だったから、もっぱら『風土記』や『続日本紀』や『古

13　前掲注11、三八―三九頁

14　前掲注11、四二―四五頁に、「國史館」に携わった人物の名簿が掲載されている。大江は文部技手として、同名簿に記載されている。

15　前掲注12、六一―六九頁

16　前掲注12、七一頁

17　前掲注12、七二―七六頁

18　前掲注12、一四七頁。橿原宮（かしはらのみや、奈良県）、竈山（かまやま、和歌山県）、菟狭（うさ、大分県）、崗水門（をかのみなと、福岡県）、埃宮・多祁理宮（えのみや・たけりのみや、広島県）、高嶋宮（たかしまのみや、岡山県）、難波之碕（なにはのみさき、大阪府）、盾津（たてつ、大阪府）、孔舎衛坂（くさえのさか、大阪府）、男水門（をのみなと、和歌山県）、雄水門（をのみなと、大阪府）、名草邑（なくさのむら、和歌山県）、狭野（さぬ、和歌山県）、熊野神邑（くまぬのかみのむら、和歌山県）、菟田穿邑（うだのうかちのむら、奈良県）、菟田高倉山（うだのたかくらやま、奈良県）、丹生川上（にぶのかはかみ、奈良県）、鵄邑（とびのむら、奈良県）、磐余邑（いわれのむら、奈良県）、鳥見山中霊畤（とみのやまのなかのまつりのには、奈良県）、狭井河之上（さいがはのほとり、奈良県）の計二一ヵ所。このうち橿原宮と竈山を除く一九ヵ所に顕彰碑が建設され、全て現存している。

語拾遺』などを読んだりして、本郷で近代建築を学習して得たものが一体われわれの建築の風土に対してどんな意味を持っているのか葛藤しましたね。文部省では半年に一度ずつレポートを出せばいいという大変に恵まれた環境にあったけれど、トータルに建築というものを自分でつくり得るような状態にはなかった。(19)

文部省職員による文献調査は、『日本書紀』と『古事記』を主な史料としながら、その他の古文献・研究論考・地方史料等も対象に入れて進められた。最若手の大江は、その他の古文献を中心に、調査を命じられたと考えられる。大学生時代、幼少期より身に染み付いた伝統的素養と対峙しながら、近代建築を必死に我がものとする思索を続けてきた大江は、再び転じて、近代建築とは無縁に思われる日本古代の歴史を学ぶこととなった。大きく揺れ動く環境の変化に、若き大江が葛藤するのも無理はない。同じ頃、同級生の浜口隆一は大学教員となるべく大学院で学び、丹下健三は前川國男のもと建築家としての修行を開始していた。大江の心中には、葛藤とともに一抹の焦燥感も去来していただろう。

時間と給与に余裕がある一方、建築を総体として思考し、実際に設計する機会に恵まれなかった文部省は、大江にとって最善の環境とは言い難かった。しかし結果として、文部省での研鑽は、建築を取り巻く歴史と風土を広く視野に捉えながら、時代の流行にとらわれず、単一の価値尺度に拘泥しない大江の姿勢を強く方向づけることになったといえよう。建築設計には携われなかったものの、文部省での研究対象は、大江にとって元来の関心と大きく重なっていた。和辻哲郎の『日本古代文化』に感銘を受け、日本の歴史を学びたいと考えていた高校時代の望みが、奇しくも文部省への就職で叶ったのである。

19　大江宏、武者英二「併存混合としての日本建築と現代建築」『建築雑誌』一九八一年二月号、日本建築学会、二九頁

地道な文献調査に続いて、大江は実地調査にも同行した。その調査の感想を、大江は次のように述懐している。

元来国史博物館の造営が担当ではいったのですがだんだん資材が苦しくなり始める頃だったので、なかなかそれが実際化しないために、内閣の二六〇〇年記念事業の方を手伝わされました。それは神武天皇の聖蹟を調査して、そこに記念碑を建てて歩く仕事でした。それをいいことにして出張費で神武天皇の歩いた所をずっとくまなく歩いたことが非常に楽しかったですね(笑)。文部省というのはこんな楽しいところか(笑)。全部官費で(笑)、東征の順に歩くのですから、こんな楽しいことはないわけです。そんなことで文部省にはいるようなことになりましたのは、たいへん幸いだったと思います。[20]

神武東征の足跡を辿る旅行は、大江にとって非常に楽しいものであった。大江は当時の思い出を、周囲にもたびたび語っていたようだ。大江から直接話を聞いたと思われる川添登（一九二六—二〇一五）が書き残した以下の文章からは、実地調査を楽しむ大江の様子が生き生きと伝わってくる。

仕事といっても、地方の美術館の調査をし、半年に一本のレポートを提出するだけであったから、呑気なものだった。朝遅く出勤するとすぐに昼休みになり、昼食をとりに近所の食堂に出掛けてゆき、帰ると、歴史や哲学出身の同僚たちが彼の部屋に集ま

20　大江宏、森田慶一、村野藤吾、谷口吉郎、浦部鎮太郎、山口廣、平井聖、長谷川堯「近代建築の歩みを聞く」『建築雑誌』一九七七年四月号、日本建築学会、一三頁

ってきて、ひけどきまで議論をするのであった。彼の部屋は、比較的広いのに、彼ともう一人だけでゆっくりしていたからである。この時期が、大江のこれまでの生涯でもっとも良い時代であったと彼は述懐している。そのうち、あんまりひまだというので神武天皇の聖蹟に記念碑を建てる、という仕事をおおせつかった。（中略）まず日向国宮崎県をおとずれ、福岡を経由し、中国地方を通り、浪華から、紀伊水道を船で東行して、熊野へ上陸して、吉野、そして大和盆地へとはいった。つまり、神武天皇の征東といわれる伝説上の経路を、そのままたどった訳である。熊野から吉野へはいる道は、当時はほとんどひらけておらず、バスも通っていなかった。その深い山々を通って大和盆地へ出たときの感慨は、いまも忘れることができないという。[21]

当時の様子がうかがえる資料として、大江の名が書かれた復命書が三枚現存している（図2―1）。三枚ともはほぼ同内容であり、一九三九（昭和一四）年四月付で文部大臣宛に提出されたであろう復命書の下書きである。内容は、「國史館建設ニ関スル用務ノタメ三月八日ヨリ二十二日ニ到ル十五日間愛知、三重、奈良、大阪、京都、兵庫、廣島ノ各府縣に出張」したことを報告している。大江は神武天皇の聖蹟調査の傍ら、「國史館」の参考となる事例調査も進めていた。これらの復命書は、各地の博物館を実見して回った際のものと考えられる。

復命書には、大江と連名で増田八郎（一八九五―一九四五）の名が記されている。増田は一九二一（大正一〇）年に東京帝国大学工学部建築学科を卒業しており、堀口捨己や山田守ら分離派建築会メンバーの一学年下にあたる。大学卒業後は内務省都市計画課に技手として入省、その後は復興局技師、東北帝国大学の営繕課長兼助教授、富山県および和歌山県

21　川添登『建築家・人と作品　下』井上新書、一九六八年、一一一―一二頁

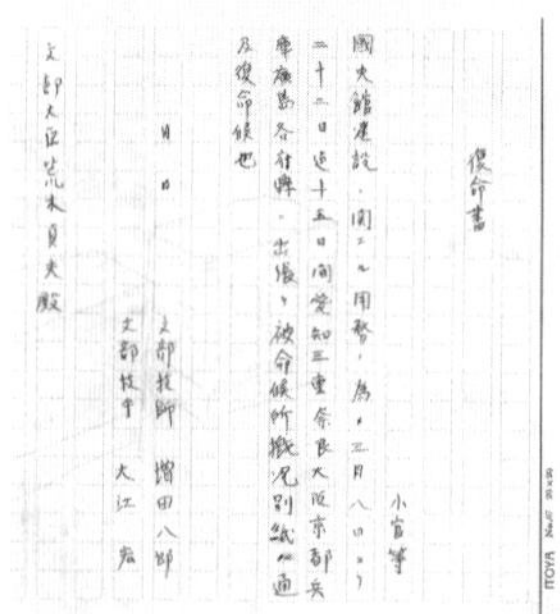

図2-1　3枚の復命書

の営繕技師などを歴任したのち、一九三八年一二月より文部省宗教局技師として、「國史館の造営」を担当した。[22]つまり、増田は大江の直属の上司にあたる人物である。

全くの新人の大江とは異なり、増田は大熊喜邦のもとで富山県庁舎（一九三五）の設計に携わり、自身でも和歌山県庁舎（一九三八）を設計するなどすでに実作をものにした建築家であった。増田は文部省に入省して早々、日本工作文化連盟主催の座談会に参加し、「國史館」の意匠を巡って堀口や山田らモダニズム陣営と激しく論争することとなるが、これについては改めて後述する。

## 実現した聖蹟顕彰碑の意匠

聖蹟調査と並行して、顕彰施設の具体的な内容に関する協議も進められてゆく。一九四〇（昭和一五）年二月一三日、奉祝会は調査委員会を開き、聖蹟に建てる顕彰碑の形状、材料、碑文、書体その他について協議した。同様の協議を四月九日、同月二〇日と重ね、最後となる四回目の一九四〇年六月一日の調査委員会にて、「顕彰碑ノ材料ハ最上等ノ花崗岩トシ、規模構造ハ尊厳ナル聖蹟顕彰碑トシテ相應シク永久保存ニ堪ヘ得ルモノトシ、設計圖及少模型ニ依テ標準型ヲ決定」した。[23]

ここで言及されている顕彰碑の「標準型」の設計者は誰なのか、公式記録である『紀元二千六百年祝典記録』には明記されていない。しかし、大江建築アトリエ所蔵の資料より、設計者は大江宏であったことが確認できるのである。以降、各地の顕彰碑は大江設計による「標準型」をもとに順次建設されてゆき、一九四一（昭和一六）年一一月二九日、広島県の埃宮・多祁理宮顕彰碑前にて、全顕彰碑をまとめた竣工式が挙行された。[24]

22　増田の経歴は以下を参照。堀勇良『日本近代建築人名総覧』中央公論新社、二〇二一年、一二二四頁

23　前掲注12、一四五頁

24　前掲注12、三六五―三六六頁

実際に建設された神武天皇聖蹟顕彰碑を見てみよう。顕彰碑は、四つの部位、すなわち碑石、台石、基壇、石柵から構成されている（図2―2）。顕彰碑は大きく分けて二種類存在し、四つの部位が全て揃っているもの（図2―3）と、石柵が省略されたやや簡易なもの（図2―4）がある。ここでは前者を一般型、後者を簡易型と呼称する。建設された顕彰碑一九基のうち、一般型は一七基、簡易型は二基である。[25]

顕彰碑の意匠は、率直にいって、極めて凡庸である。無装飾かつ簡素であることから、近代建築の理念をその内に見出せるといったような好意的解釈を施すべきものではない。単純な墓碑型に落ち着いた理由は、本事業があくまで聖蹟を定めることに重点が置かれており、聖蹟を指し示す顕彰碑は至ってベーシックなものでよいとの判断が、上層部にあったためと考えられる。新人の大江に設計が任されたこと、また設計者の名が正式な記録に残されていないことが、その証左であろう。それでも、顕彰碑全体のプロポーションは決して鈍重にならず、ある軽やかさをもっている点に、大江らしさが見出せる。上部に向かってやや細まりながら屹立する碑石と、石柵による一定のリズムを刻みつつ広く水平に伸びる基壇との対比は、視覚的にも心地よく、素朴な形態を裏打ちする確かな造形感覚が感じられる。

25　各部材の主要寸法は以下の通り。碑石は、高さが十尺、正面幅は下端が三尺二寸、上端が三尺一寸、側面幅は下端が二尺八寸、上端が二尺七寸。台石は、正面幅が十尺、側面幅が七尺二寸、高さが五寸五分。一般型の基壇は、正面長さが隅束芯々二十一尺、側面長さが隅束芯々十五尺、高さ二尺五寸であり、石柵は高さ一尺八寸。簡易型の基壇は、正面長さが葛石芯々二十一尺、側面長さが葛石芯々十五尺、高さ三尺二寸。各顕彰碑の建設過程の詳細は、前掲注12、一五〇―三五八頁を参照のこと。

## 神武天皇聖蹟顕彰碑の設計過程

顕彰碑の意匠に素朴な案を求められる制約のなかで、大江は自身の提案をささやかに試みていたことが、残された資料から読み取れる。現存する顕彰碑関連の資料全三八点の内訳は、聖蹟碑の形に切り抜かれた図面が六枚（図2―5）、スケッチや図面が描かれた方眼紙・

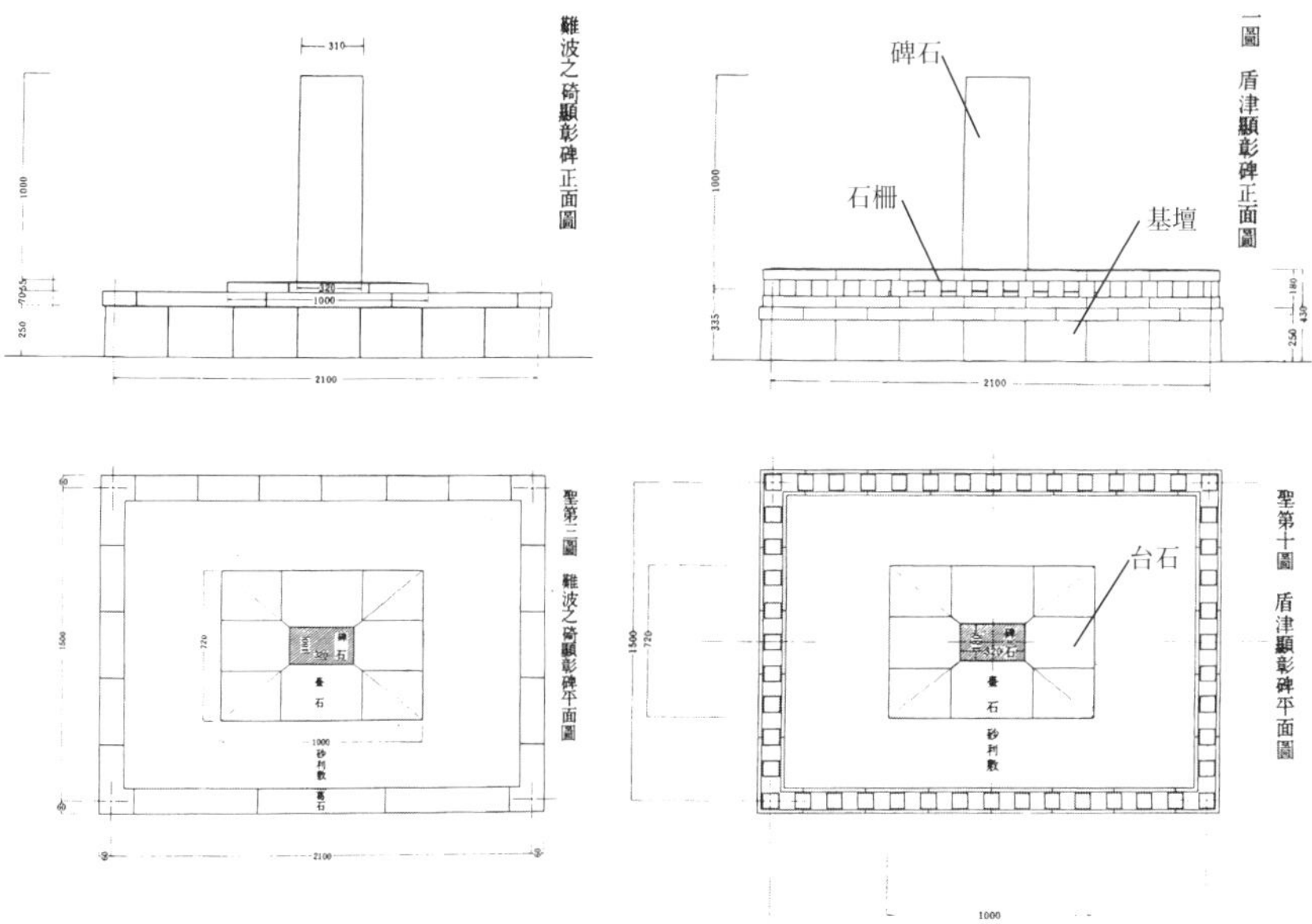


図2-2　実現した顕彰碑二種の立面図・平面図　左：簡易型、右：標準型
（『紀元二千六百年祝典記録』より、筆者加筆）

図2-4　簡易型の顕彰碑（難波）

図2-3　標準型の顕彰碑（鵄邑）

図2-5　顕彰碑の外形に切り抜かれた立面図　左：簡易型　右：一般型

無地の紙のものが三一枚（図2―7～11）、大熊喜邦・佐野利器・増田八郎・大江宏の連名による「神武天皇聖蹟顕彰施設計畫に關する調査報告」が一部（図2―6）である。これらの資料から、聖蹟顕彰碑は大きく四段階を経て最終案に至っていたと考えられる。

最初期の案と考えられるスケッチ五枚のうち主要な二枚を図2―7、8に示す。図2―7は顕彰碑に関する資料のなかで日付が確認できる唯一の資料である。「二月一日（木）」と紙面右上に書かれていることから、本資料は一九四〇（昭和一五）年二月一日（木）に作成されたものであり[26]、先述した一九四〇年二月一三日開催の調査委員会に向けて検討したスケッチであると考えられる。

実現案と比較してみたい。まず先述の日付の下に、「一丈」と記されているのに気づく。これは実現案の石碑の高さ十尺と一致することから、碑石の高さを示すものと考えられ、当初より同規模で設計が進められたことが分かる。一方碑石の形は、無表情な実現案とは異なって、正面に矩形の突出部があり陰影に富んでいる。碑石の底部から頂部にかけて緩やかなテーパーが与えられた実現案に対し、図2―8の案は傾きなく垂直にすらりと伸びる形をもち、より繊細な印象を与える。

台石と基壇の平面形態は、実現案の長方形とは異なり正方形で描かれ、基壇には三段の階段と両開き戸が設けられている。基壇の四周は白砂が敷かれ、白砂を庭が囲み、さらに庭の外側を台形断面の土塁がぐるりと囲んでいる。土塁はまた、二段の階段によって、外部との区切りが明確に示されている。伊勢神宮を思わせる幾重にも重なる区画と二段階のレベル差によって、大江が聖蹟顕彰碑に神聖性を与えようと考えていたことが看取される。

また、図2―8には基壇の幅が実現案より二メートルほど長い九メートルと記されてい

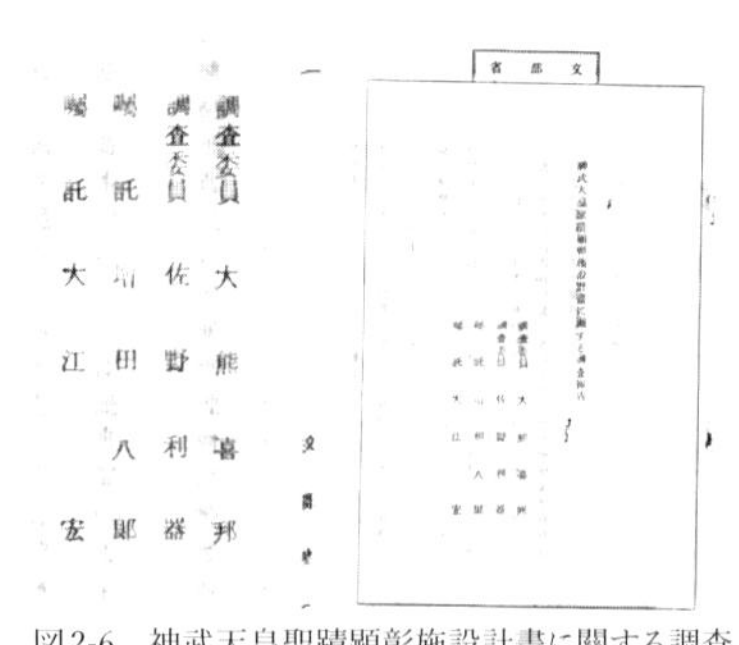
図2-6　神武天皇聖蹟顕彰施設計畫に關する調査報告 表紙　左：部分拡大　右：全体

26　他に可能性が考えられる作成年は一九三九年と一九四一年だが、前者の二月一日は水曜日、また後者の二月一日は土曜日であるため、作成年は一九四〇年であると確定できる。

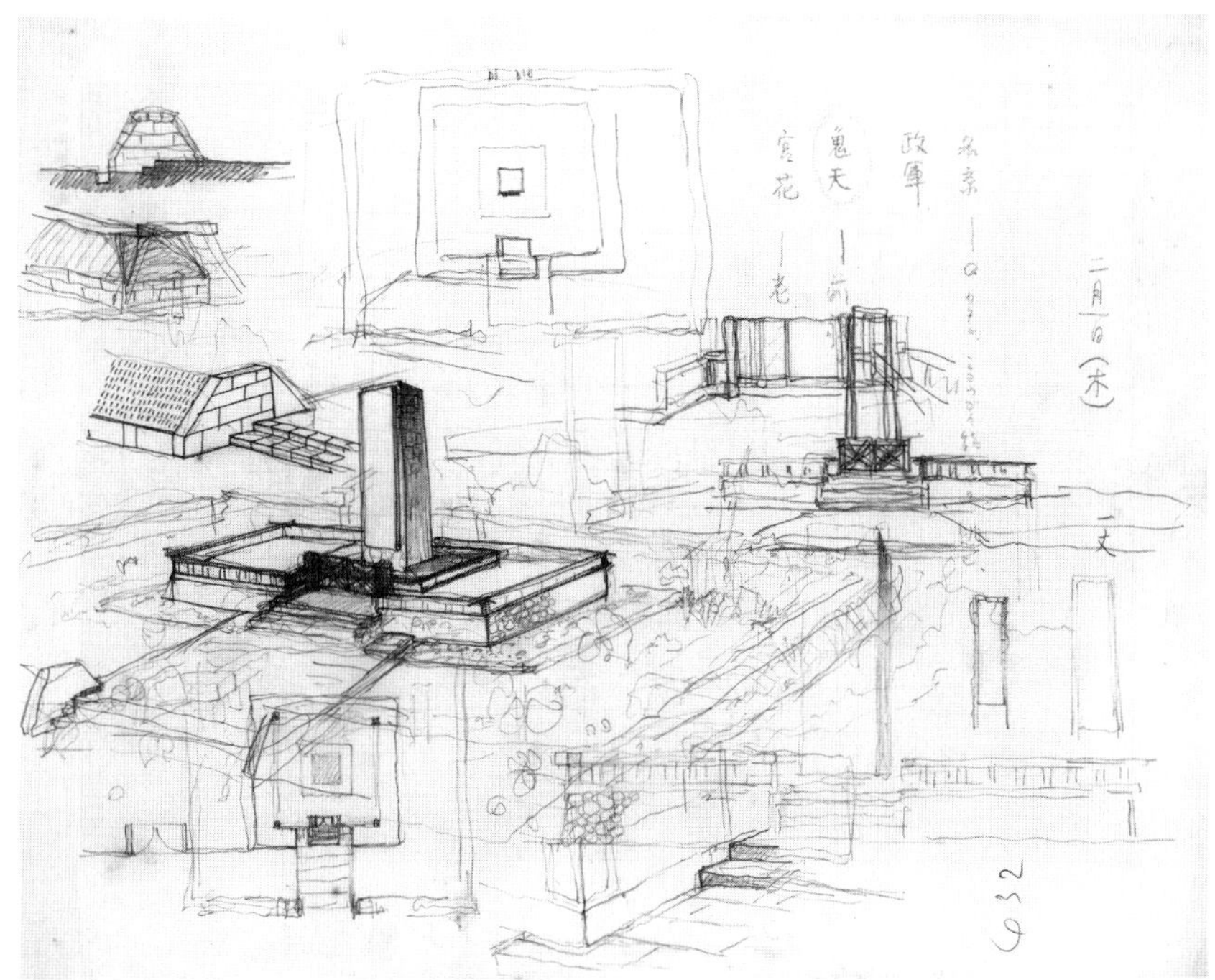

図2-7　顕彰碑　大江自筆スケッチ　最初期案

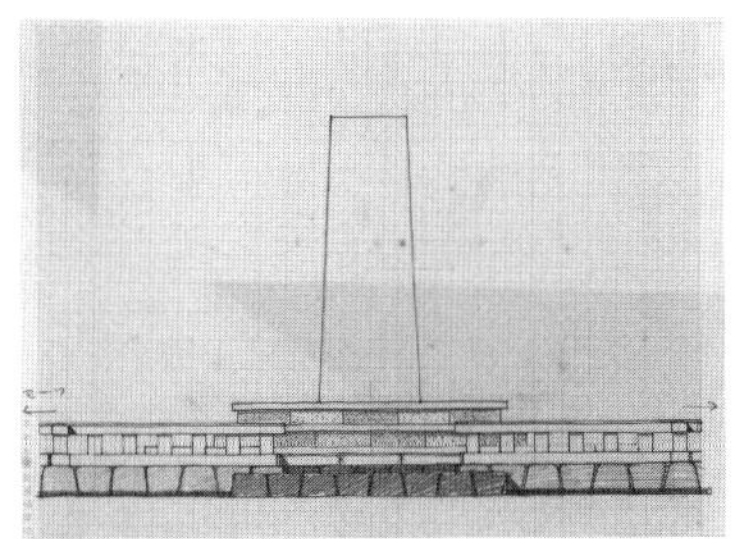

図2-9　顕彰碑　大江自筆スケッチ　第二段階

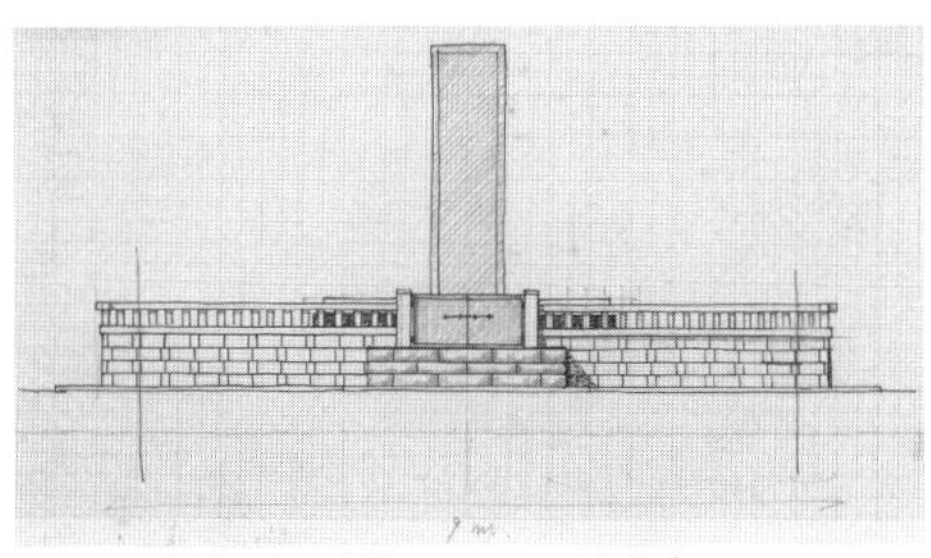

図2-8　顕彰碑　大江自筆スケッチ　最初期案

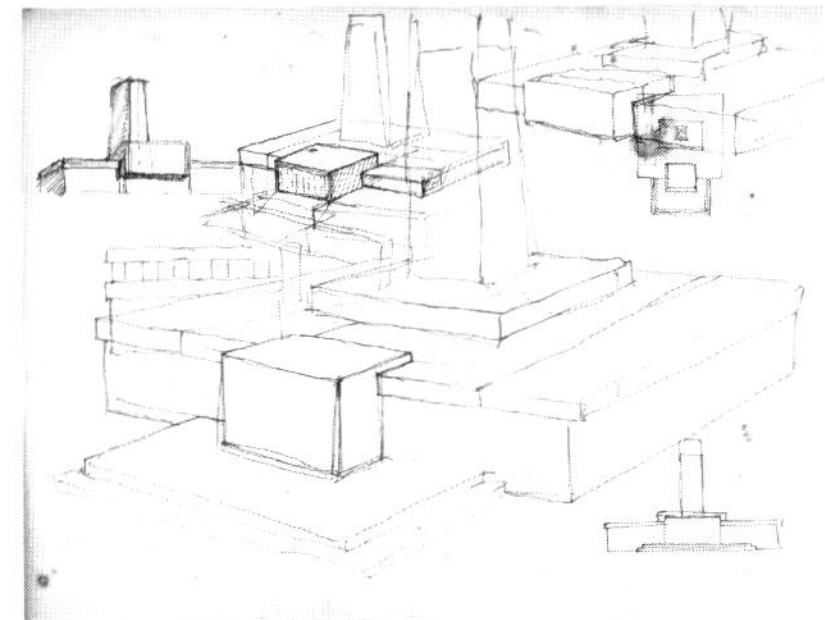

図2-11　顕彰碑　大江自筆スケッチ　第三段階

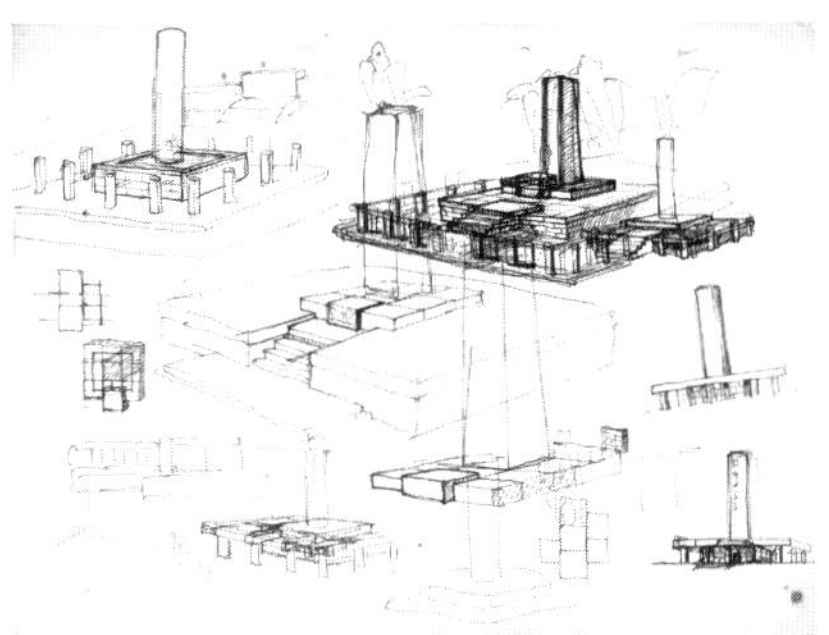

図2-10　顕彰碑　大江自筆スケッチ　第三段階

ることから、外周の囲いは最大でも約二七メートル四方規模と推定され、実現案と比べて広大な計画が思い描かれていたようだ。石柵は各部材の寸法が実現案に比して細く想定されており、大江好みの繊細な造形感覚が垣間見える。

大江デザインによる顕彰碑は、最初期案の時点ですでに控えめな姿形であった。それでも、四度にわたる調査委員会でさらなる簡素化の指示を受けたのだろう。以降、大江案は実現案に向けて、徐々にその特徴も削がれていくこととなった[27]（図2—9〜11）。

案が収束するにつれてラフスケッチはほぼなくなり、寸法を明確にした図面が描かれるようになる。ちなみに、資料のなかには「大江朝臣（あそん）」と記された図面が一枚残されている（図2—12）。大江が自身の名の宏ではなく、姓（かばね）の朝臣を記している点は興味深い。朝臣は、皇室に仕える臣下のなかでも信頼が厚く、功績ある氏族に与えられた姓である。平安時代にまで遡る名家の血筋として、顕彰碑を手掛けるに値する人物であることを誇示しているようだ。大江の名の下には続けて「増田八郎」と書かれていることから、「國史館の造営」事業で大江の上司であった増田もまた、聖蹟碑の設計に関わったようである。おそらく大江の案が固まり、実施設計へと進む段階で、増田が指導と仕上げを担当したのだろう。

第一段階から第四段階に至るまでの設計過程は、当初描かれた大江の構想が、時局の影響により徐々に縮小されていく消極的過程であったといえる。一方で、初期の大江のスケッチから見受けられる大江の意図は、外から内へと徐々に領域を収斂させていく平面計画、また二段階のレベル差による断面計画とを併せたシークエンスの創出が主眼としてあり、顕彰碑を包含する域性の重層化を目していたと考えられる。卒業設計で見たように、建築を体験する人々の心理的変化を重視する大江の志向性は、簡素な聖蹟顕彰碑のうちに

27　詳細は以下を参照。石井翔大「大江宏設計　神武天皇聖蹟顕彰碑の設計過程—文部省技手時代の大江宏の設計活動に関する研究その1」『日本建築学会計画系論文集』七四七号、二〇一八年五月、九四九—九五五頁

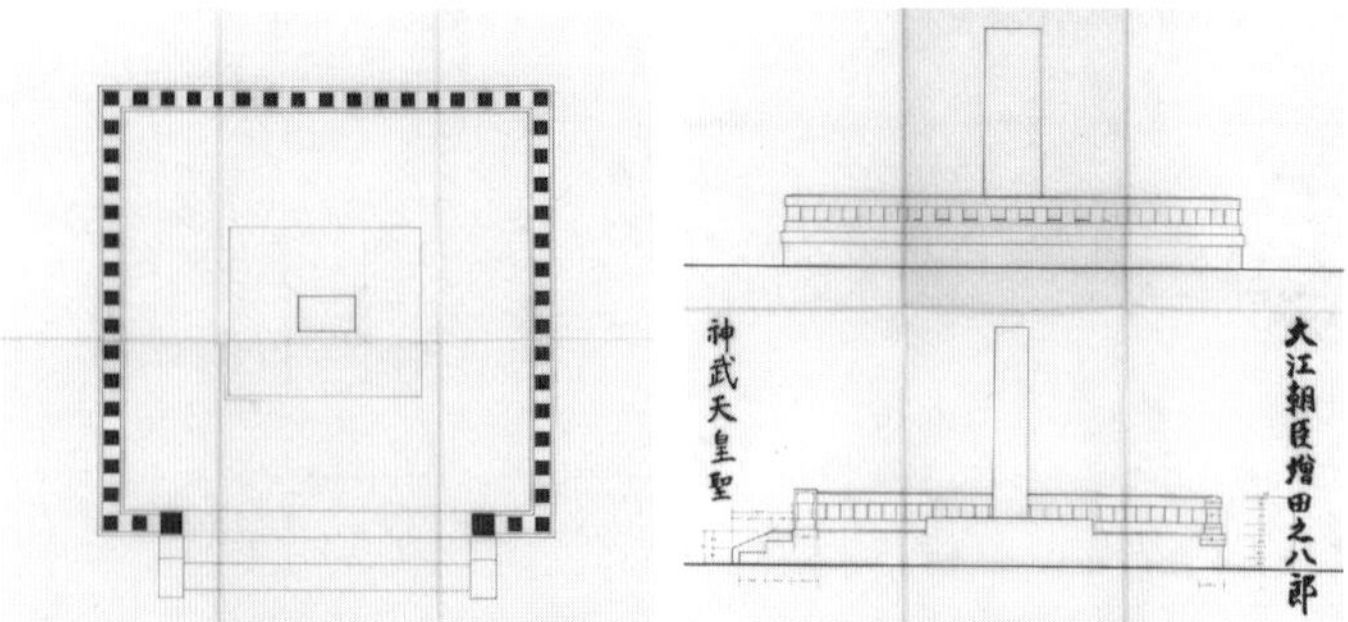

図2-12　顕彰碑　第四段階　右：平面図　左：立・断面図

も、明確に表れていたのであった。

## 「國史館の造営」事業

続いて、大江が神武天皇聖蹟顕彰碑と並行して関わった「國史館（仮称）の造営」事業の経緯をみていく。「國史館」は当初、万国博覧会の中心施設として計画されていた「建國記念館」を移築のうえ、他の新築建物と合わせて実現する予定であった。[28] しかし、一九三八（昭和一三）年七月五日に万国博覧会開催の一時延期が閣議決定されて以降、「國史館」は「建國記念館」から独立した別個の建物として、計画が進められることとなる。

一九三九年三月九日、文部官僚や有識者らで構成された「國史館造営委員会」が、文部省内に設置、官制が公布された。[29] 建築分野からは、伊東忠太、内田祥三、大熊喜邦、佐野利器、佐藤功一といった重鎮の面々に加えて増田八郎も名を連ねている。委員会設置の時点で、大江が文部省に奉職してからすでに八ヵ月が経過していた。ようやく大江に与えられた本来の仕事が始まるかに思われたのもつかの間、「國史館」の建設予定地として候補に挙がっていた旧帝国議会議事堂跡地（現在は経済産業省の庁舎が建っている）の使用が確定に至らず、また時局の影響により物資の統制が厳重となったこともあり、同委員会の実際の開会はさらに遅れた。

第一回委員会が開かれたのは、設置から約九ヵ月後、一九三九年一二月八日であった。[30] 第一回委員会で文部省は、「國史館」の事務委嘱を受ける以前から専門家の意見を取り入れ作成していた「國史館造営要項案」を、委員たちに提示した。[31] 同要項案には、「實施設計ハ公募競技ニ附シ其ノ當選圖案ニ準據シ又ハ之ヲ参酌シテ作成ス」[32] とあるので、「國史館」の意

28　前掲注11、二六頁

29　前掲注11、38頁

30　前掲注11、四五頁

31　前掲注11、四五頁。なお、ここで言及されている「専門家」が誰かは明記されていないが、造営委員会に名を連ねる伊東らの面々だろうと思われる。

32　前掲注11、四七頁

匠は、公募の設計競技で決定する方針であったことが分かる。現存する資料では「國史館建築設計図案懸賞競技規程案」と題された書類が一部、また同タイトルが記された大江自筆の下書きが一部残っているため、大江は設計競技規程案の作成に携わったと考えられる。

第一回委員会から約一年後、一九四〇年一一月二九日に第二回委員会が開催、計画予定地は未だ確定されていなかったが、「國史館」の計画自体はより詳細になり、文部省より「國史館施設内容要項案」が配布された。同要項案と同じ内容の大江自筆資料が三点存在し、うち一点では、諸機能の室数や面積、坪単価が詳細に検討されている（図2―13）。

一九四一年一月一七日には第三回委員会が開催、前述した「國史館造営要項案」と「國史館施設内容要項案」の両者を統合した「國史館造営要項（案）」が、文部省より配布された。同要項案においても、公募による設計競技で意匠を決定する旨が引き続き明記されている。[33]しかし、この時点でも未だ敷地は決まっておらず、「國史館」という仮称も確定には至らないまま、戦局は悪化の一途をたどった。当初の予定であった一九四二年六月竣工の目処も立たなくなり、ついには文部省・奉祝会・祝典事務局の三者合意のもと、本事業の延期が決定された。[34]以降、設計競技の実施も公表されず戦後を迎え、本事業は立ち消えとなった。

## 「國史館」の屋根をめぐる論争

実現することのなかった「國史館」だが、建築界では国家の一大プロジェクトとして注目を集めた。一九三〇年代当時、名古屋市庁舎（一九三三）や軍人会館（一九三四）、東京帝室博物館（一九三七、現：東京国立博物館、図2―14）といった日本趣味の建築が、各地で立て続けに建設されていた。ここに挙げた例はいずれも、設計競技を経て意匠が決定されたも

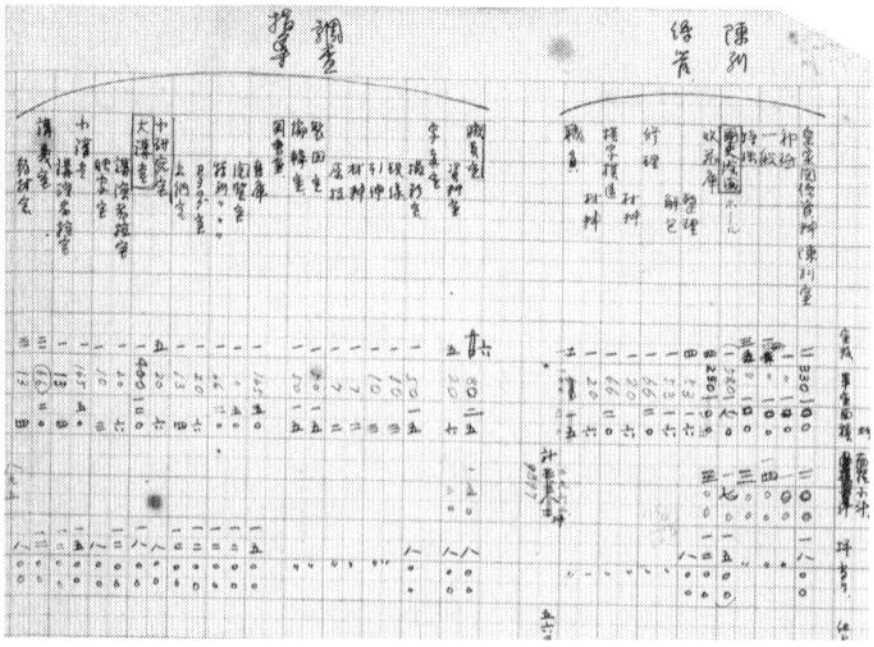

図2-13　國史館施設内容要項案　大江自筆資料（部分）

33　前掲注11、四七頁。以降、設計競技を行う方針が変更されたことを示す公式な記録は、管見の限り確認できない。

34　前掲注11、七九―八一頁

35　「座談會・新日本工作文化建設の爲に」『現代建築』一九三九年二月号、六九―八四頁および三月号、一〇五―一二一頁、日本工作文化連盟

のである。「國史館」の一部となる予定であった「建國記念館」もまた、一九三七年に設計競技が実施され、日本趣味案が入選作の座を独占する結果となった（図2―15）。

日本趣味とは、主に城郭や社寺建築を想わせる瓦屋根を戴いた建築の意匠を指す。いわゆる帝冠様式も、その一部である。当時のモダニズムを信奉する建築家たちは、日本趣味の建築を徹底して批判した。伝統建築を模した屋根や装飾によって日本を表現する設計手法は、過去に安直に帰依した悪しき堕落であり、現代的意義は何もないとして忌避されていたのである。「國史館」もまた、同様の手法によって建設されることを、彼らは危惧していた。

そんななか、一九三八（昭和一三）年十二月二一日、学士会館にて日本工作文化連盟主催による座談会「新日本工作文化建設の爲に」が催された。雑誌『現代建築』では、この記録が二号にわたって掲載されている[35]。出席者は、連盟会員から市浦健、上野伊三郎、岸田日出刀、蔵田周忠、関野克、藤島亥治郎、堀口捨己、山脇巌ら一一名。会友からは、小坂秀雄、丹下健三、浜口隆一、森田茂介ら六名。外部からの招待者として足立康、板垣鷹穂、遠藤新、高山英華、山田守、増田八郎ら一〇名という錚々たる顔ぶれであった。大江宏は、なぜかこの座談会には出席しなかったようである。題目は個別の建築作品に関するものから、「大陸の都市計画」や「都市防空防火」など多岐にわたった。「國史館」は、第一生命館や東京帝室博物館に続いて議題に取り上げられた。

まず司会の岸田より増田に、「國史館といふものが、聞く所によると此軍人會館様式といふもので造られるといふ噂がある様でございます。丁度増田さんが御見えになつて居りますが、一體どんなものが出来るのでせうか?」と問いかけると、増田は次のように応答した。

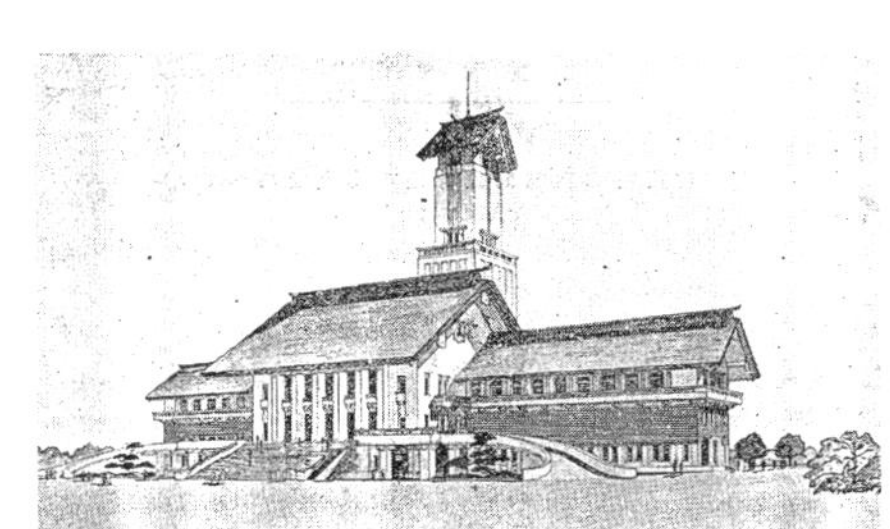
図2-15　日本萬國博覽會建國記念館懸賞設計當選圖案 一等　高梨勝重案

図2-14　東京国立博物館　（旧称：東京帝室博物館）

私は長らく地方に居りまして、約二週間前に國史館のしごとを受持つ様になりましたので其以前の國史館の經過は、まだ深く呑み込めない。（中略）現在の所國史館建築の議は、建てると云ふ事は勿論決つて居りますが、どう云ふ風に行くか、實際確定しては居りません。國史館と云ふものゝ名稱もまだ仮稱でありまして、實際どう云ふ風に落着くか分かりません。（中略）今の所は私としましてはあれこれと頭の中でイメージをまとめ様として居る程度でありまして、具體的にどう斯うと云ふ事を申上げられないのでありますが、今藤島さんの御話にあつた様な、屋根がのつかる建物になるでしょう。私自身としては、國史館には屋根のあつた方がいゝと思つて居ります。

端的で誠実な返答である。先にも述べた通り、増田は一九三八年一二月に和歌山県を離れ、「國史館」担当として文部省に入省したばかりであった。わずか二週間後の座談会の時点では状況を把握できていないのも無理はないし、そもそも「國史館」の全体像自体、未だ曖昧な状態であったことはすでに見た通りである。それでも、増田は「國史館」には屋根が載るだろうと予告した。これを聞いた建築家たちは、増田に強く反発する。

まず岸田に振られた小坂が、「あゝ云ふ形式の屋根をのせると云ふ事は、機能的に障害を生ずる」、「あつさり安直に過去の日本的建築様式を借りて來ると云ふ事は断じて宜しくないと思ひます」と口火を切る。増田は応じて、屋根があるから機能を害するということはないと述べ、むしろ昨今の新しい建物に見られるような「木造で陸屋根を作るのが餘程おかしいじやないかと云ふ氣持が致します」と問題提起している。

実際に陸屋根の木造住宅を手掛けていた堀口はこれに反応し、「構造上工合が悪くてもそれが必要ならばやらなければなりません。それが建築の進歩を促す原因だと思ひます」と反論、庭を持ち得ない狭小住宅で屋上を利活用することの意義を強調した。また「國史館」の意匠についても、「どう云ふ性質の建築になりますにしても、世界性を帯びた現代日本の象徴でなくてはならず、観光的に歐米人におもねる如き、又支那人の中華意識をほこらせる如きお寺屋根式のものになることを斷乎として排さなければなりません」と語気を強め、ナショナリズムに傾倒しつつあった自身の建築観を披瀝している。

堀口に続いて山田からは、「大體わかる建築家の議論はこの際軍人會館様式であつてはならないと云ふことになつてゐる様ですが、今晩增田さんにお願したいことは職を賭しても間違つた事はやらないと云ふこと丈であります」とやや脅迫じみた台詞が発せられた。

さすがに增田も腹に据えかねたのか、「私お引受することは出來ません」と山田の申し出をはっきり拒絶している。続けて、近く「國史館造営委員会」が立ち上がり、伊東や佐野、大熊、内田らが関与することを通達した。伊東らは当時の主だった設計競技の審査員を歴任するなかで、日本趣味案を当選作とする一方、モダニズム案は冷遇していた経緯がある。そのため、モダニズム陣営にとって彼ら老大家は、目の上のたんこぶのような存在であった。「相当によく人が選んであるらしい」との山田のぼやきを聞き流しながら、增田は伊東ら建築界の重鎮たちに対しても「自分の意見は忌憚なく申上げるつもりでございます」と述べ、あくまで自分の意志で、「國史館」に屋根を採用することを宣言した。

参加者の論難は、想像以上に增田を疲弊させたのだろう。「今日の座談會はまだ國史館が出来ない内に注文をつけて置こうと云ふやうな形ですがうつかり出て来た私の不覚であるかも知れません。皆様の御注文のところはよく伺つて置きます」と增田が議論に区切りをつけると、司会の岸田がこれを受けて「この問題は少し長くなりましたし、屋根ばかりに停滞するといけません」と終止符を打ち、座談会は次の話題へと移った。

以上見てきたように、当時のモダニストたちの屋根に対する嫌悪感は凄まじいものがあった。対して増田は、構造如何に限らず建築に屋根を載せることは「常識的な事」という認識であった。もちろん増田も、陸屋根を良しとする最新の動向は把握していたし、自身が手掛けた鉄筋コンクリート（以下ＲＣと表記）造の和歌山県庁舎では陸屋根を採用していた。堀口が主張した木造陸屋根の意義にも、一定の理解を示している。しかし、世に流行る木造陸屋根の実態は、単に「陸屋根にしたいからと言ふのが大部分」であると喝破し、自身の設計経験からも、やはり木造は勾配屋根がある方が良いとの主張を決して曲げなかった。

「國史館」の屋根についても、増田は東京帝室博物館のような「日本的、東洋的、國粋的若くはやまとぶりと言ふ前振れで竣工したものが、其が甚だおかしなものである様に私も思ひます」と述べ、「今自分の頭の中でイメージを作つて居るのは、少くとも例のあれでないものにし度いと云ふ欲望を持つて居ります」と座談会で発言していた。つまり増田は、日本趣味建築の屋根に対する違和感についてはモダニストたちと共有していたのである。それでもなお、増田は「國史館」に屋根を付けるべきだと判断し、これまでの日本趣味建築とは異なる新たな屋根の表現を模索しようとしていた。堀口らには堀口らの、増田には増田の信念があったのである。

増田は「國史館の造営」事業が延期となったあと、軍事保護院の技師を兼務し、負傷した軍人を収容する病院の設計等に携わったという[36]。しかし次第に結核を患い、増田が思い描いた新たな屋根の表現は実現しないまま、終戦後間もなく、この世を去った。

36 「和歌山県庁舎設計者　増田八郎の履歴書」『和歌山県立文書館だより』第五五号、二〇一九年七月、二―三頁

## 六つの「國史館」計画案

建築界での論争と前後して、各委員会と文部省では「國史館」の具体的な計画内容の検討が進められた。公的文書に記録されている限りでは、「國史館」の計画案は左記の六つが確認できる。

「國史館建設計畫案（文部省案）」一九三六（昭和一一）年四月(37)
「紀元二千六百年奉祝記念國史館建設計畫案（幹事案）」一九三六年四月(38)
「國史館建設ニ關スル件」一九三六年一一月(39)
「國史館造營要項案」一九三九（昭和一四）年一二月(40)
「國史館施設内容要項案」一九三九年一二月(41)
「國史館造營要項（案）」一九四一（昭和一六）年一月(42)

いずれも文章のみで構成されており、具体的な図面やスケッチは作成されていない。ただし、「國史館施設内容要項案」を除く五つの計画案には、建築の意匠に関する文言が確認できるため、「國史館」にどのような建築が求められていたかを知ることが可能である。作成順に、各計画案の意匠に関する文言を確認していきたい。

まず一九三六年四月二二日に準備委で提出された「國史館建設計畫案（文部省案）」では、「鐵筋コンクリート造地下一階地上二階」建てで「外形ハ國史館ニ相應シキ簡素ナル様式ヲ選ブコト」とある。暗に日本趣味が含意されているが、明言はされていない。

一方、同日に提出された「紀元二千六百年奉祝記念國史館建設計畫案（幹事案）」では、「様式ハ鐵筋混凝土造トシ可及的我國古來ノ建築様式ヲ採リ入ルルコト規模ハ長サ凡ソ百間・幅二十間位、地階（事務室・研究室等ニ充ツ）ノ外二階建トスルコト」とし、明確に日本趣味

37　前掲注11、一五―一九頁
38　前掲注11、一九―二二頁
39　前掲注11、二三―二六頁
40　前掲注11、四七―四八頁
41　前掲注11、四八―五二頁
42　前掲注11、五三―五八頁

の様式の採用を促す記述となっている。

一九三六年一一月二日に評議委で提出された「國史館建設ニ關スル件」では、「地下一階・地上一階鐵骨鐵筋コンクリート造・日本様式ヲ加味シタル建築トス」、「屋根ハ特ニ日本様式ヲ採用セルモノヲ設ケ國史館ニ相應シキモノタラシムルコト」と記されている。屋根の意匠に特に日本趣味を求めている点で、前述の二案より具体性が増していることが分かる。

一九三九年一二月八日に「國史館造営委員会」で提出された「國史館造営要項案」には、「造営ノ趣旨及目的ニ鑑ミ雄建ニシテ荘重ナル記念建造物タラシム實施設計ハ公募競技ニ附シ其ノ當選圖案ニ準據シ又ハ之ヲ参酌シテ作成ス」とあり、直截に日本趣味を求める文言は確認できない。一九四一年一月一七日に同委員会に提出された「國史館造営要項（案）」は、「國史館造営要項案」の上記文言のうち「造営ノ趣旨及目的ニ鑑ミ」が削除され、以下同文となっている。

## 「國史館建築設計図案懸賞競技規程案」の内容

「國史館」の要綱案は一九四一（昭和一六）年にようやく定まったものの、時局の悪化に伴って、設計競技の実施も公表されないまま、戦後を迎えた。それ故、設計競技の募集要項は公式記録の『紀元二千六百年祝典記録』にも掲載されておらず、詳細はこれまで不明であった。しかし、大江建築アトリエには「國史館建築設計図案懸賞競技規程案」と題された書類一部（図2—16）、また同タイトルが記された大江自筆の下書きが一部（図2—17）残されており、文部省内で検討されていた募集要項の詳細を知ることが可能である。

「國史館建築設計図案懸賞競技規程案」は全五章から構成されている。[43] すなわち「第一章

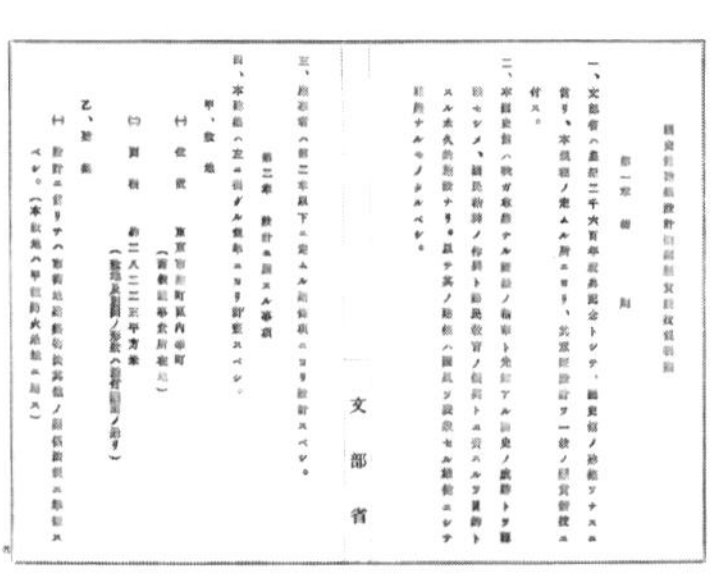

図2-16　國史館建築設計図案懸賞競技規程案

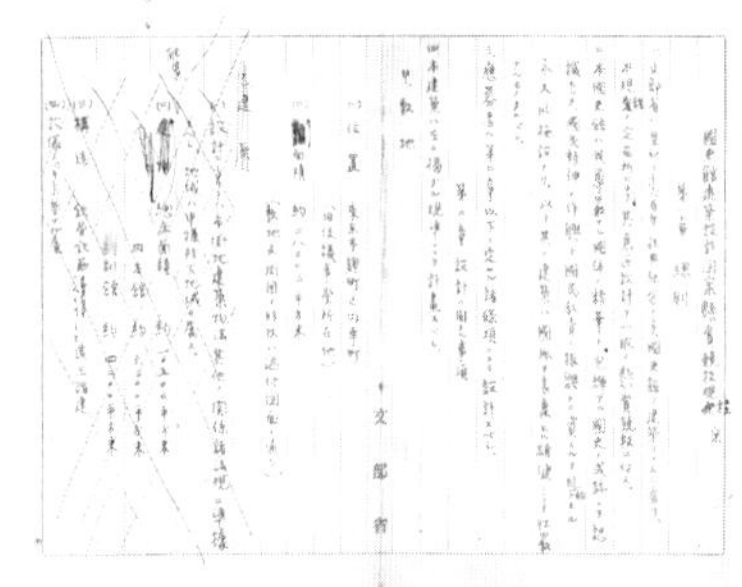

図2-17　同右規程案　大江自筆下書き

総則」、「第二章設計ニ關スル事項」、「第三章募集ニ關スル事項」、「第四章審査ニ關スル事項」、「第五章賞金其他ニ關スル事項」である。各章を構成する項は、全章を通じて一から二九までの通し番号が振られている。内容を詳しく見てみよう。

「第一章総則」では一〜三項が記されている。これらのうち、建築の意匠に関する規程が記されているのが第二項である。第二項には、「本國史館ハ我ガ尊厳ナル國體ノ精華ト光輝アル國史ノ成跡トヲ認識セシメ、國民精神ノ作興ト國民教育ノ振興トニ資スルヲ目的トスル永久的施設ナリ。以テ其ノ建築ハ國風ヲ表象セル雄健ニシテ荘厳ナルモノタルベシ」とある。「國風ヲ表象」という文言から、國史館の意匠には日本趣味が求められていたことが分かる。

「第二章設計ニ關スル事項」では四項のみが記されている。その内容は、敷地や床面積、構造、主要な室一覧、総工費など、設計する上での基礎的情報である。興味深いのは、第二章の最後の一文に、「●注意(千木、葛魚木ヲ使用ス可カラズ)」と記されている点である。規定案のなかで、意匠に関する具体的な要求が記された文言は、先の第一章第二項以外にはこの一文のみである。第二章における他の文言と比較して、やや唐突に挿入された感があるこの一文は、当時「國史館造営委員会」の委員でもあった佐野利器の意向を反映したものと考えられる。「國史館」は当初、万国博覧会の中心施設として計画されていた「建國記念館」を移築・合併し、実現される予定であった。「建國記念館」の設計競技は一九三七年九月に告知され[44]、同年一一月に当選案が発表されている[45]。この設計競技の審査員長が、佐野利器であった。『建築雑誌』一九三七(昭和一二)年一二月号には、当選案の紹介とともに佐野の審査評が掲載されている。その中で、佐野は以下のように述べている。

43　規程案の全文は、筆者の博士論文『大江宏の建築観の変遷に関する研究』法政大学、二〇一八年、一一二―一一六頁に掲載している。

44　「日本萬國博の建國記念館設計圖案懸賞募集規定發表さる」『建築雑誌』一九三七年九月号、日本建築学会、七一―七二頁

45　「日本萬國博覽會建國記念館懸賞設計當選圖案」『建築雑誌』一九三七年一二月号、日本建築学会、九―一一頁。なお、本設計協議については以下に詳しい。樫村芙実、光井渉「設計競技応募案からみた一九三〇年代における日本趣味建築の意匠的展開　「日本万国博覧会建国記念館設計競技」を中心として」『日本建築学会計画系論文集』第八〇巻　第七一五号、日本建築学会、二二〇一―二二〇九頁

日本精神を象徴したる荘厳雄大なる者たるべしといふ規定であつて、元來非常に難しいものである上に、その用途も陳列室、講堂その他各種に亘つてゐるので、應募者は傳統的な藝術を如何に取扱つて雄大にするかと言ふ事で苦心した事と思ふ。（中略）從來も日本精神を強調した設計の懸賞募集は少くなく、そういう場合寺院又は城郭のものは多かつたが、神社のものは尠かつた、それが今回は流石に神社の心持を體して研究したものが相當に多く目についた。（中略）一括して断らねばならぬ事は、當選作中にも千木、勝男木を屋根に用ひたものがあつたが、これは神社でなければつけない。便化されねばならぬものだが、無くとも形をなすものであり、審査には之を無いものとして扱つた。(46)

佐野は、日本精神を体現する建築の意匠として、城郭や寺院よりも、神社をモチーフにした作品が増加傾向にあることを好意的に評価していた。一方で、神社以外の建築に千木や勝男木を用いることには否定的であり、使用するにしても「便化」する必要があるとの認識を持っていた。ここで佐野がいう「便化」とは、単純化や抽象化といった意味合いをもち、明治から昭和半ば頃までの図案教育で使用されていた言葉である。佐野がそれらを「無いものとして」扱ったと述べているように、「建國記念館」設計競技の入選案には、千木や勝男木をそのまま採り入れた案が複数確認できる（図2―18）。続く「國史館」の設計競技でも、応募者が同様の傾向に沿った作品を提出することは容易に予想されただろう。その事態を避けるため、規程案では事前に、千木と勝男木の使用を禁じたものと考えられる。

大江が残した「國史館」のスケッチ群には、後述するように勾配屋根を用いた案が多数

46 「日本萬國博覽會建國記念館懸賞設計當選圖案」『建築雑誌』一九三七年一二月号、日本建築学会、八頁

確認できる。一部には神社を想起させる切妻屋根も用いられているが、千木や勝男木が描かれたものは存在しない。大江もまた、佐野の意向を考慮しながら、自身の案を検討していたのであろう。

一方、屋根の勝男木を無きものとせず、「便化」によって後年新たな意匠の創作を成し遂げたのが、丹下健三であった。一九四二（昭和一七）年に実施された大東亜建設記念営造計画競技設計の一等案において、丹下は千木を省略しながらも、勝男木を屋根に穿たれた天

図2-18　日本萬國博覽會建國記念館懸賞設計當選圖案
上：二等一席、高梨勝重案　中：三等三席、永井孝直案
下：選外佳作、山本延次案

窓へと変換し、自身の設計に取り込んでいるのである（図2―19）。日本建築学会主催であるこの設計競技の運営は、学会内に設置された大東亜建築委員会のうち、建築様式を議論する第四小委員会が担った。審査員を務めた岸田日出刀や前川國男をはじめとして、丹下自身もまた、この小委員会のメンバーであった。[47] そして佐野利器は、小委員会の母体である大東亜建築委員会の長の座にあった。丹下は当然、小委員会での議論を通して審査員たちの趣向を熟知していたし、さらにその上にいる建築界の大ボスたる佐野への目配せも忘れなかっただろう。前川は審査評のなかで、丹下案を「よく申せば作者は賢明であつた、悪く申せば作者は老獪であつた。いづれにせよ此の作は金的の狙ひ打ちであつたと申してよいと思ふ」[48] と、やや不本意ながらも評価せざるを得ない心境を吐露している。丹下案はまさに、モダニズムを信奉する建築家たちにも、また日本趣味の建築を良しとする佐野ら老大家たちにも訴求力を持ち得る妙案であった。

「國史館」設計競技の規程案に戻り、第二章の他の文言を確認する。敷地は、「東京市麴町區内幸町（舊假議事堂所在地）」とあり、ここに「本館」と「別館」の二棟を計画することが想定されている。またその配置は、「大略敷地圖中ニ示セル位置ニ設ケ」ることが求められている。ここで言及されている敷地図と思われる青焼図が、二枚現存している。いずれも、紙面上部に「秘」と押印されているから、文部省内の関係者にのみ共有されていた資料であることが分かる。

図2―20に示した青焼図には、敷地に平等院鳳凰堂を想起させる平面形態をもつ一棟が記載されている。一方、図2―21では、図面の上から大江の手によると思われる加筆修正が鉛筆で施されており、日の字を横に倒したような、中庭を二つもつ平面形態へと変更さ

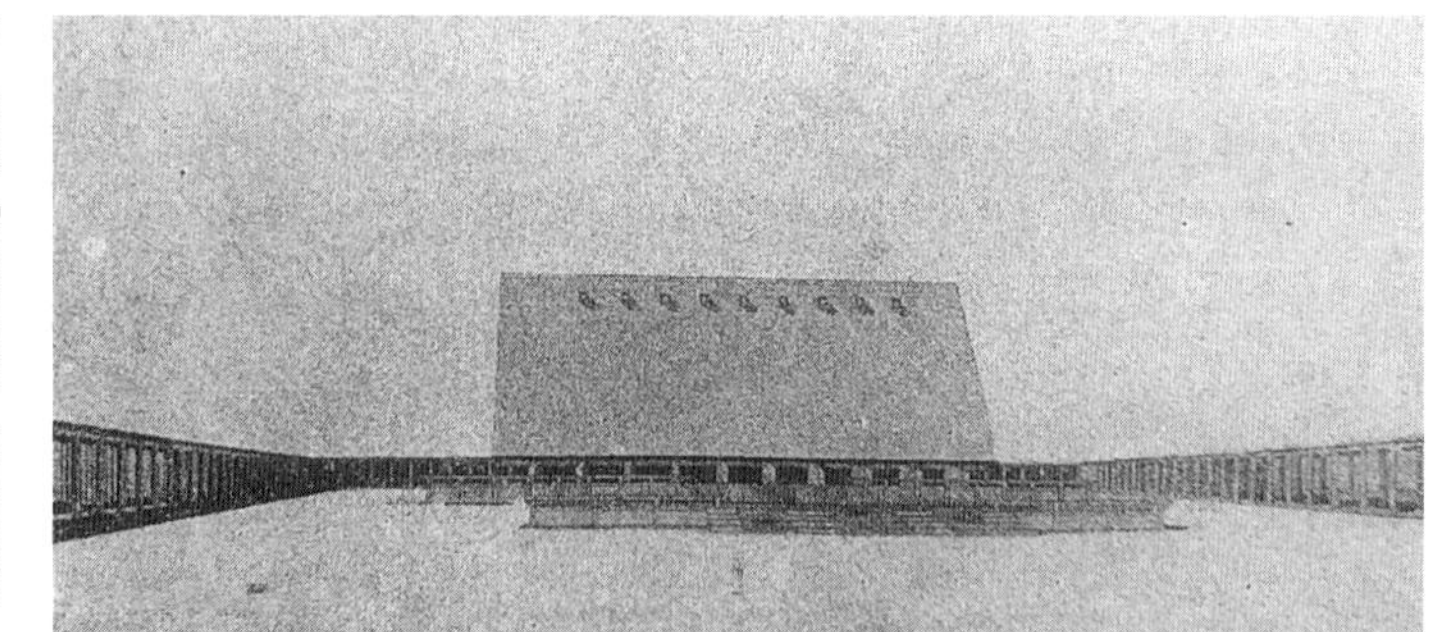
図2-19　丹下健三　大東亜建設記念営造計画競技設計一等案　透視図

47　松隈洋『建築の前夜　前川國男論』みすず書房、二〇一六年、三三〇―三三一頁
48　前川國男「競技設計審査評」『建築雑誌』一九四二年一二月号、九六〇頁

れている。また、「別館」が図中左下に追加されているのが確認できる。したがって、「建國記念館」より独立した「國史館」の当初の計画は、まず「本館」一棟のみで想定されており、途中から「別館」を加えた二棟案に変更されたものと考えられる。

当時の多くの設計競技では、標準型となる平面図が予め募集規程に示されており、応募者は基本的にこれに則ることが通例であった。「國史館」も同様に、敷地図と合わせ各階の参考平面図が応募者に配布される想定であったことが、規程案に記されている。大江はこの標準型の検討も担当していたようである。図2―21に描かれた別館の平面形態は、ル・コルビュジエ設計による国際連盟本部設計コンペ案（一九二七、図2―22）の一棟とよく似ている点で注目に値する。大江は実質のデビュー作である「法政大学市ケ谷キャンパス計画」の初期計画案において、同様の平面形態を採用しているが（第三章で後述）、大学生時代に学んだＣＩＡＭへの憧憬[49]が、「國史館」の平面計画においても看取される。

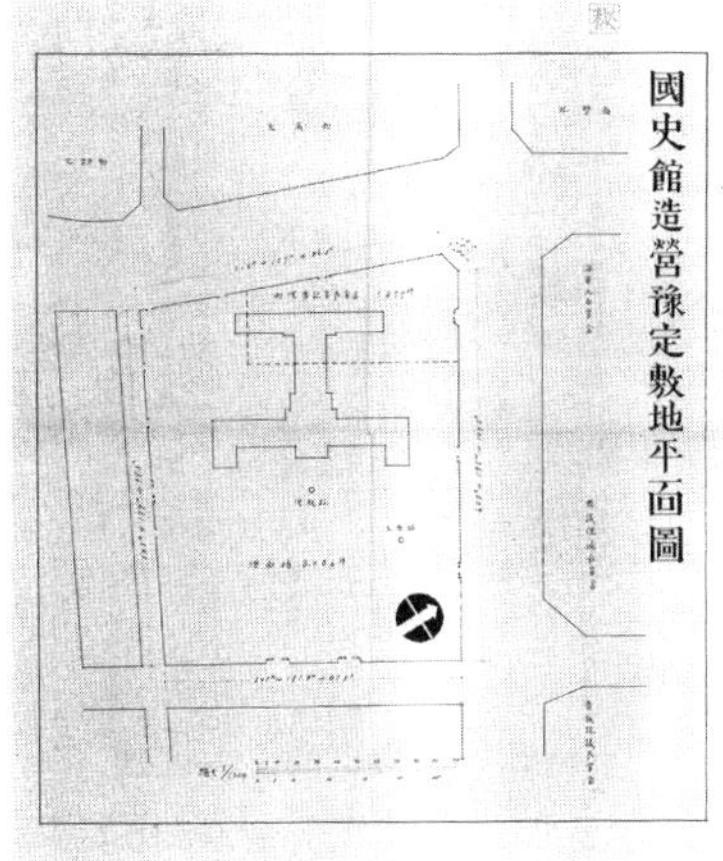

図2-20　國史館造営予定敷地平面図

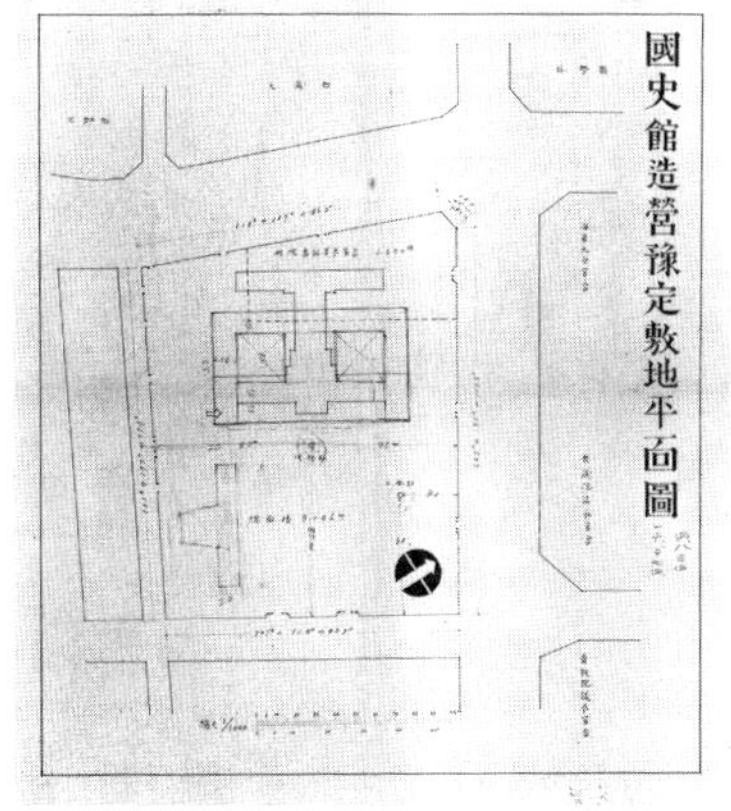

図2-21　國史館造営予定敷地平面図　大江加筆

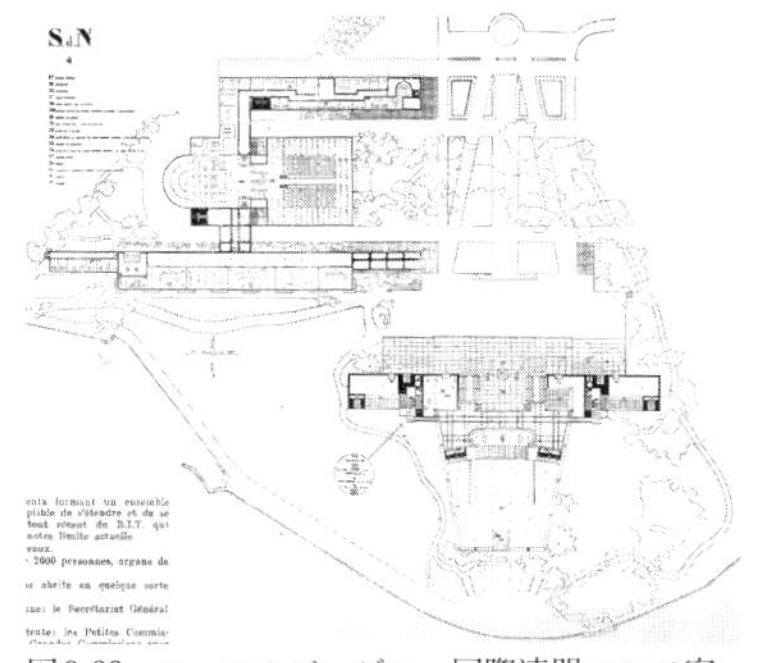
図2-22　ル・コルビュジエ　国際連盟コンペ案

49　「五〇年代の前半期における私には、建築的志向としていわばＣＩＡＭへの憧憬と情熱みたいなものに支えられていたのが、五〇年代の末ごろから混迷しはじめるわけです。」大江宏「建築家の原点を語る」『新建築』一九七三年四月号、新建築社、二三七頁

「第三章募集ニ關スル事項」では五〜一四項が記されており、提出すべき図面と書類の一覧が提示されている。「第四章審査ニ關スル事項」では一五〜二〇項が記されている。第一六項が審査員を列挙する項にあたるが、ここは空欄となっている。しかしながら、「國史館造営委員会」の委員には、伊東忠太、内田祥三、大熊喜邦、佐野利器、佐藤功一といった面々が名を連ねているため、彼らが審査員を担う予定であったとみるのが自然であろう。「第五章賞金其他ニ關スル事項」では二一〜二九項が記されており、賞金額や当選案の諸権利扱いについて明記されている。

以上、規程案は「國史館」の名称と敷地、そして審査員の確定を除き、ほぼ完成していたとみてよい。大江建築アトリエには、大江が描いた「國史館」のスケッチが多数残されているが、これは大江が規程案作成の仕事の合間、一九三九（昭和一四）年末から一九四一（昭和一六）年始めにかけて、自主的に描いていたものと思われる。つまり、神武天皇聖蹟顕彰碑と同様に「國史館」の設計を大江が全て任されていた、というわけではない。[50] 積み上げた準備作業が徒労に終わることを予感しながら、大江は建築への渇望を、まだ見ぬ「國史館」のスケッチのうちに、繰り返し塗り込めたのであった。

## 大江自筆「國史館」スケッチの分析

「國史館」のスケッチに表現された大江の建築観とはどのようなものか。描かれた建築の平面形態を手掛かりとしながら設計案の変遷過程を検証することで、その意図を読み解きたい。スケッチ全一〇五点を分析した結果、大江が思い描いた「國史館」は大きく四つの案に分類することが可能と考えられる。[51] 以下では、各案を推定される時系列順に追いなが

50 藤森照信は「國史館」の設計競技が実施されなかった理由として、文部省内ですでに大江宏が設計していたからであると述べているが、これは実態とは異なると考えられる。丹下健三、藤森照信『丹下健三』新建築社、二〇〇二年、五五頁

51 各段階の内訳は左の表の通りである。その他に分類したものは、屋根形状やエントランスなど部分検討がされておりどの段階か判別できないもの、またダイアグラムを用いて諸機能の構成を検討しているものなどが含まれる。

表2-1 「國史館」スケッチ内訳

| 案No. | 呼称 | 点数 |
|---|---|---|
| 1 | 鳳凰堂型 | 18 |
| 2 | 日の字型 | 18 |
| 3 | 本館分棟型1 | 28 |
| 4 | 本館分棟型2 | 9 |
|  | その他 | 32 |

ら、それぞれの代表的なスケッチを取り上げ、その特徴を述べる。

### (1)　鳳凰堂型

四つの案のうち最初期のものと考えられるのが、平等院鳳凰堂に似た平面をもつスケッチ一八点である。これらは先述の敷地平面図に描かれた標準型に従って作成されたものと考えられる。特徴がよく分かるスケッチを図2―23、24に示す。いずれ

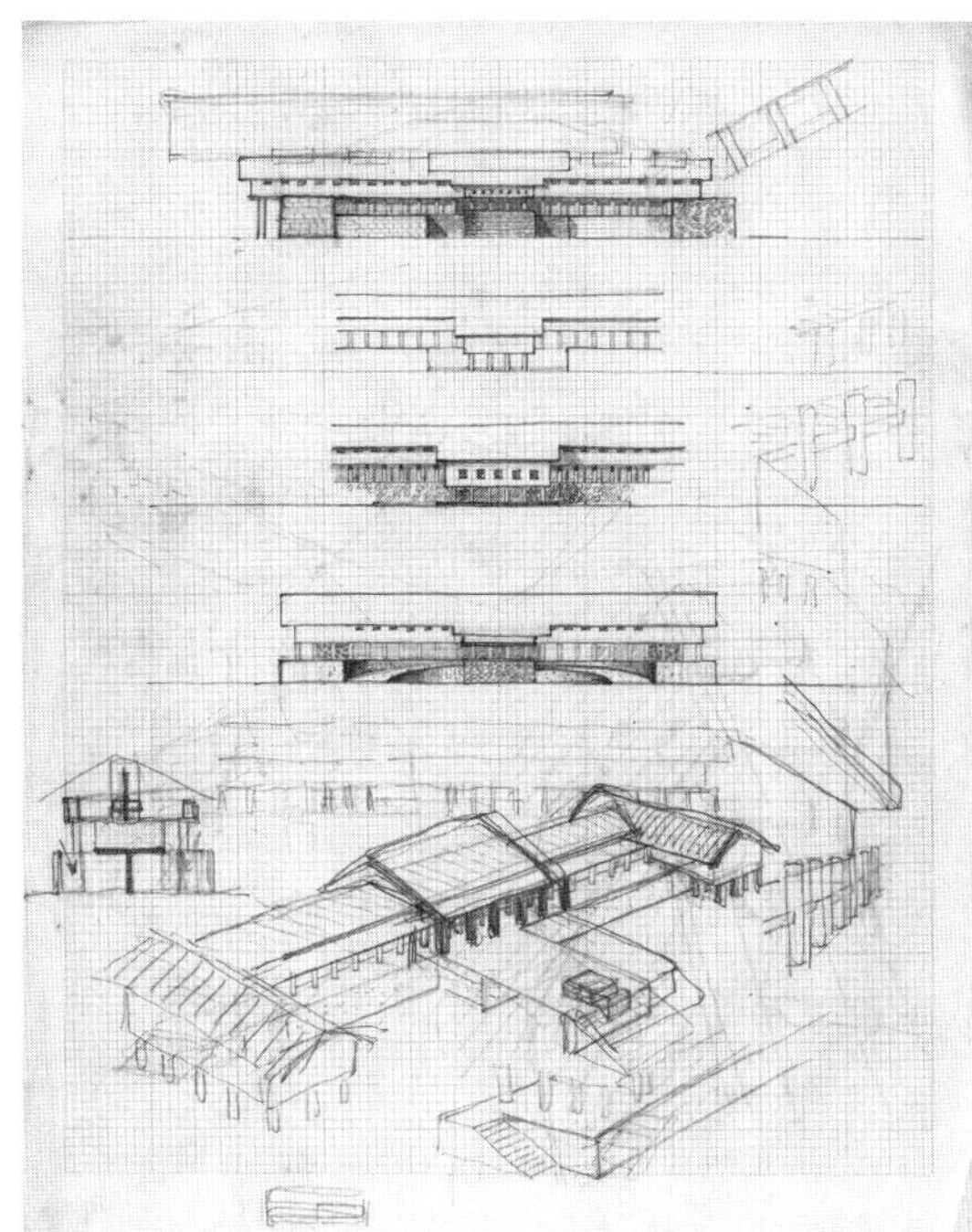

図2-23　「國史館」第一段階スケッチ　勾配屋根案

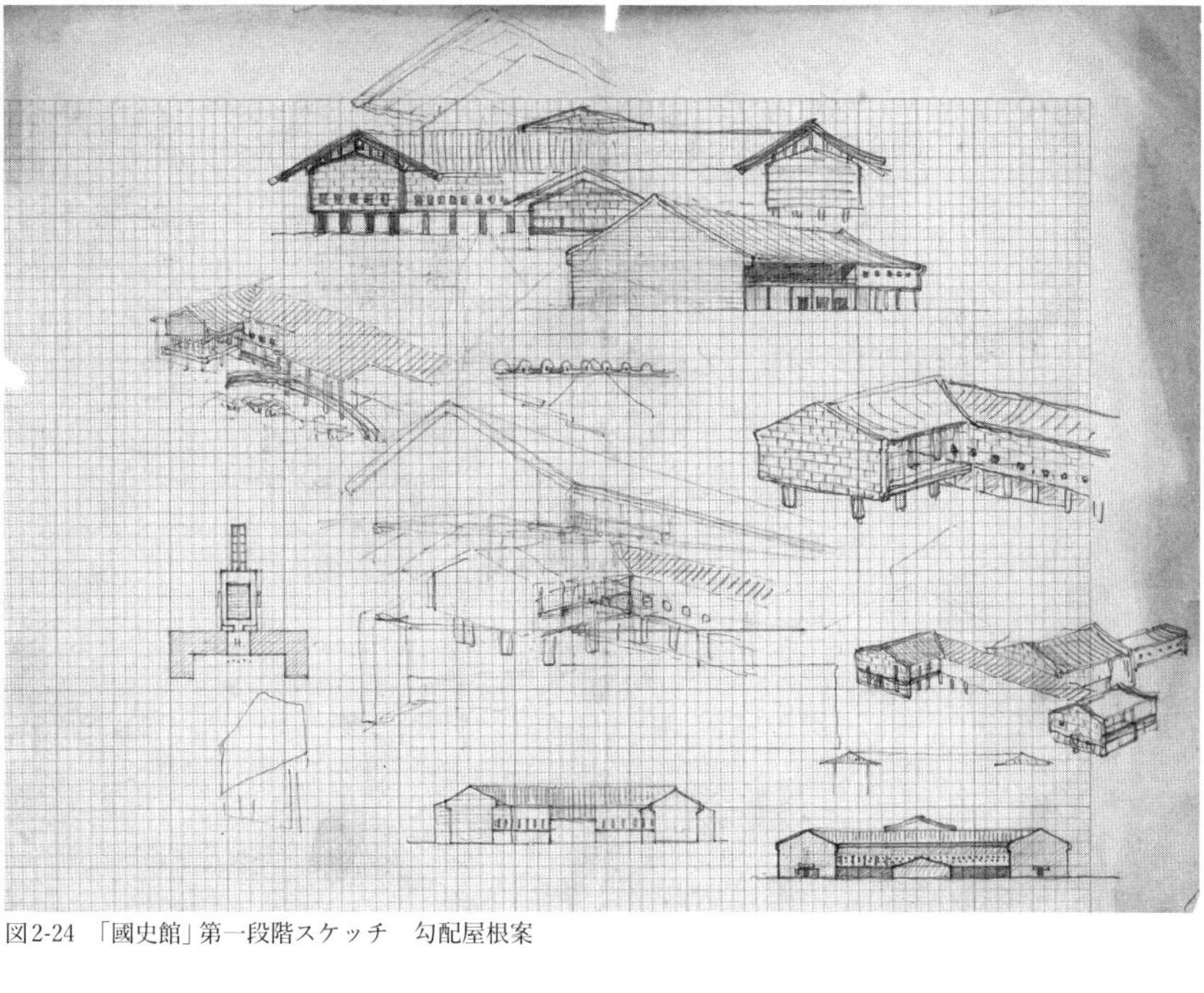

図2-24　「國史館」第一段階スケッチ　勾配屋根案

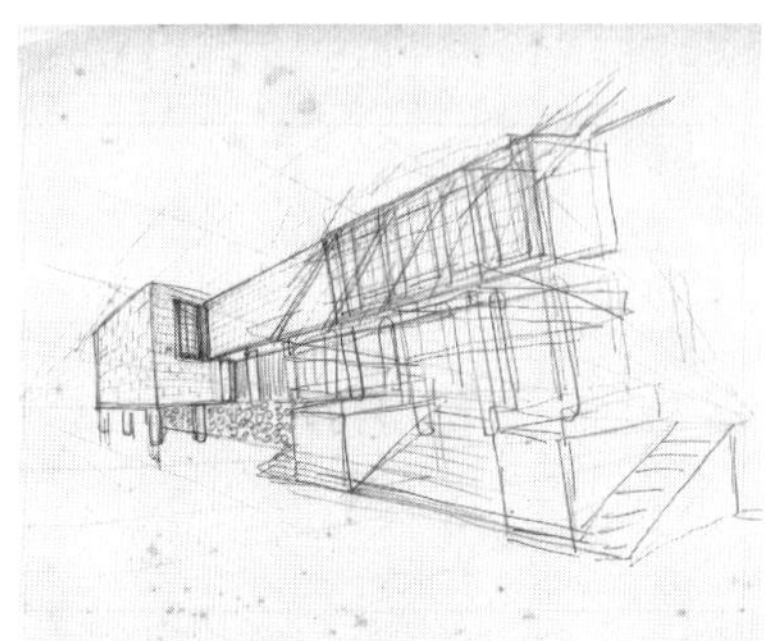

図2-26 「國史館」第一段階スケッチ
勾配屋根案とモダニズム案の併存

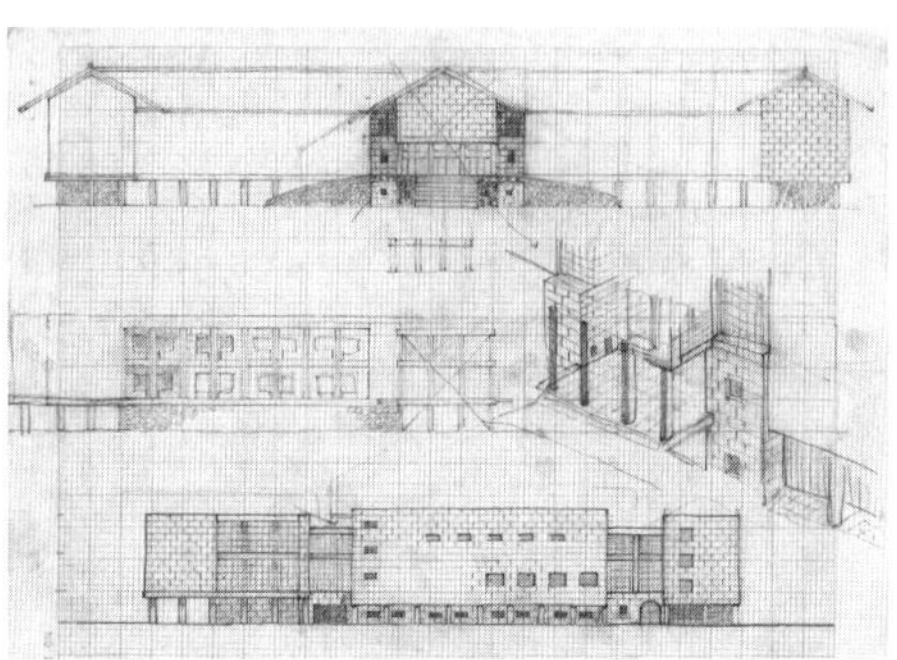

図2-25 「國史館」第一段階スケッチ
勾配屋根案とモダニズム案の併存

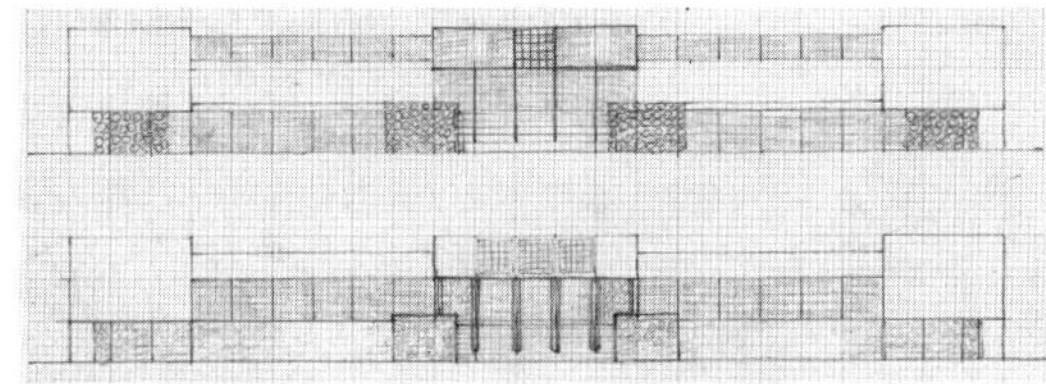

図2-27 「國史館」第一段階スケッチ モダニズム案

図2-28 前川國男「東京帝室博物館」コンペ案 透視図
（『国際建築』1931年6月号）

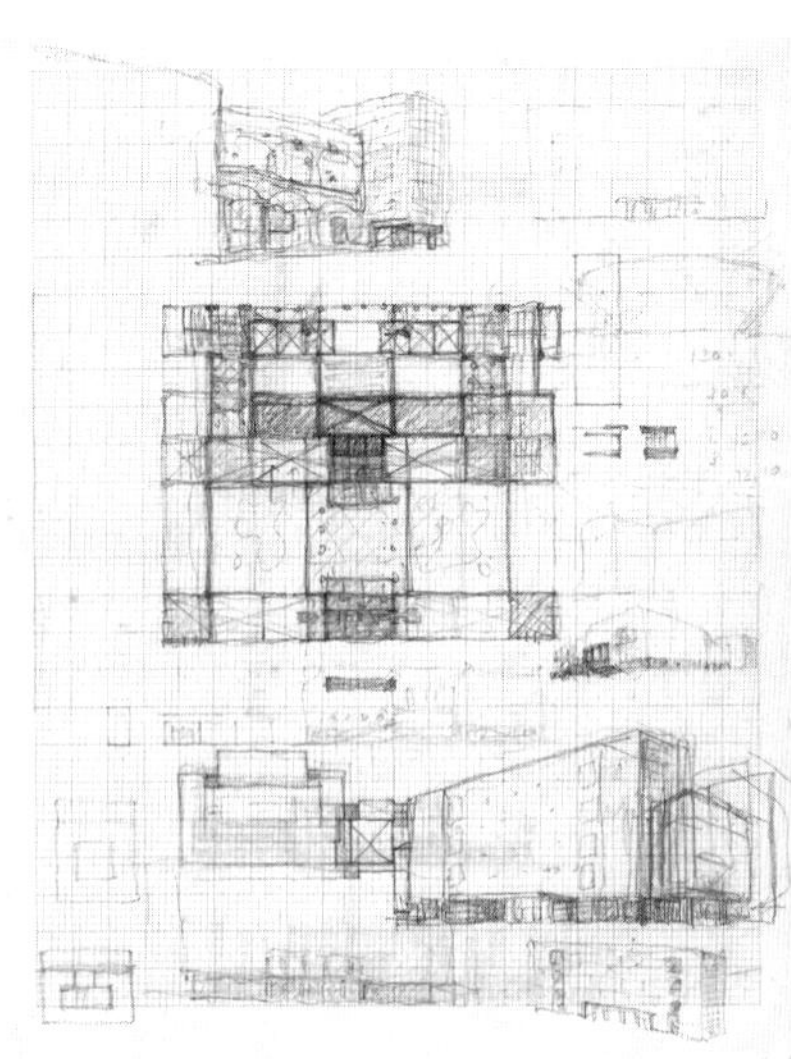

図2-30 「國史館」第二段階スケッチ

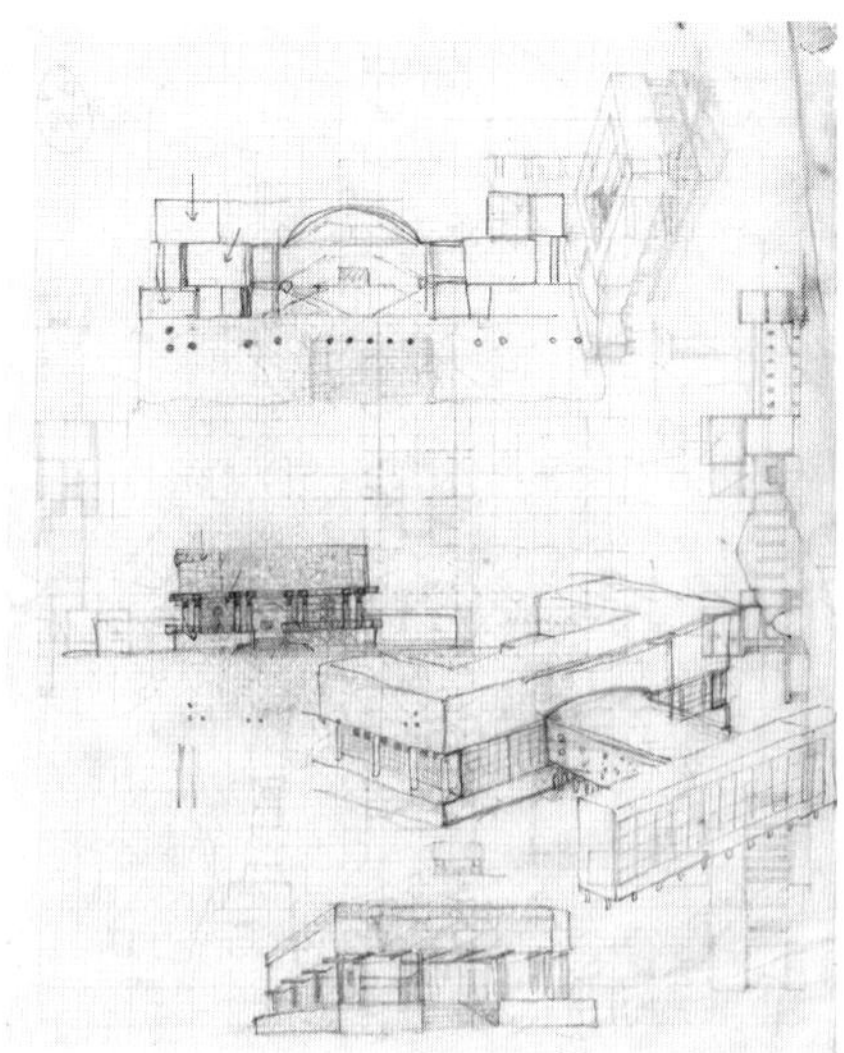

図2-29 「國史館」第一段階スケッチ モダニズム案

も建物全体にわたって勾配屋根が採用されているが、千木や勝男木、大棟端部の鳥衾（とりぶすま）といった装飾は排している点で、「建國記念館」設計競技入選作ほか日本趣味の建築とは異なる抽象性を帯びている。屋根の勾配は緩やかであり、神社や寺、城郭というよりは蔵造を想起させる形をしている。また屋根が描く線は、わずかに反りやむくりがあるものと直線的なものが並行して検討されているのが分かる。大江は終生、屋根の描く曲線に強いこだわりを持っていたが、「國史館」スケッチ群では反りやむくりを持つ屋根は徐々に減り、直線的な屋根に収斂していく。図2―23では建物全体を一つの屋根で覆う案が描かれているが、巨大で立面の変化に乏しいとの判断があったためか、複数の屋根が折り重なる案が残されていく。屋根によるボリュームの細分化も、大江がよく好む手法である。

興味深いのは、大江が勾配屋根の案に加えて、陸屋根によるモダニズムの案も併せて検討していたことが確認できる点である。該当するスケッチを図2―25、26、27、29に示す。図2―25、26は両案が折り重なって描画されており、まさに案が併存していたことを伝えている。第一段階のスケッチの内訳は、勾配屋根案一一点、モダニズム案二点、両者が共に描かれたもの四点、平面図のみで屋根形態が不明のものが一点である。

細長い柱によって浮遊するボリュームが特徴的な図2―27のスケッチは、前川國男の東京帝室博物館コンペ案（一九三一、図2―28）を直接参考にしたとみてよいだろう。ここに大江のオリジナリティは見出されない。しかし、大江が描いたモダニズム案のなかでも、装飾的要素のない簡素簡明なスケッチはこの一枚のみで、以降は徐々に、モダニズムの範疇を逸脱する形態操作が加えられていく。例えば図2―30に示したスケッチは、第一段階から第二段階への移行を示す資料である。ここには、西洋の様式建築にしばしば見られる双

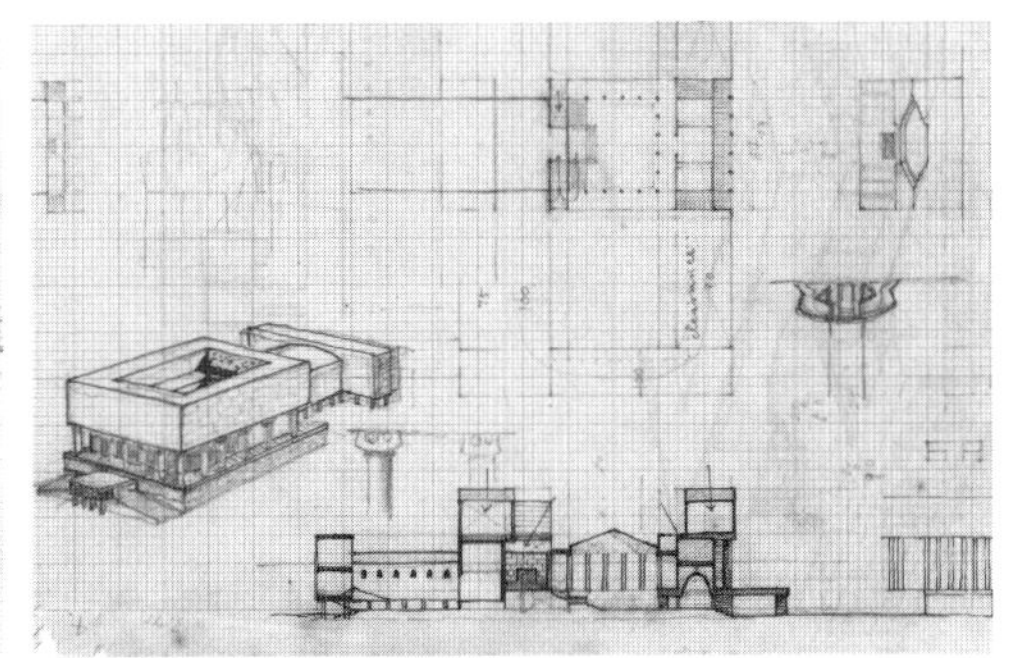
図2-31　「國史館」第二段階スケッチ

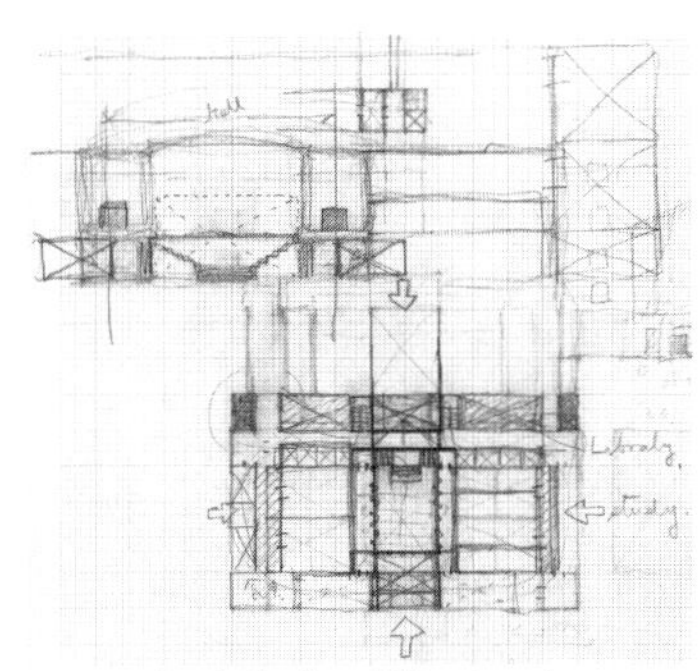
図2-32　「國史館」第二段階スケッチ

子柱がピロティに用いられており、その柱頭には日本の出桁造を想起させる横材が挿入されている。両者とも、一般的なモダニズム建築には見られない意匠である。特に横材は上部のボリュームから外部方向へ突出していて、建築全体の印象を日本的なものとしている。この手法は丹下がのちに香川県庁舎（一九五八）で創出した、RCによる垂木の表現に通じる形態操作であるといえよう。

## (2) 日の字型

第二段階のスケッチは、敷地平面図（図2—21）で確認した、日の字型の平面形態を示すものである。該当するスケッチは計一八点あり、全て陸屋根のモダニズム案で描かれている。特徴的なスケッチを図2—30〜33に示す。これらの資料からは、大江が第一段階に引き続き、モダニズム案に様式や装飾の要素を取り込む方法を試行していたことが見受けられる。例えば図2—30の上部にあるパースでは、どこかロマネスク様式を想わせるヴォールトが三つ並んで描かれていたり、図2—31（この図は図2—29の裏面に描かれている）の断面図ではやや丸みを帯びた尖頭アーチが見受けられ、その上にはアールデコ調の柱頭のスケッチが添えられているなど、多彩な様式イメージが大江の内に展開していたと考えられる。

平面構成と外観のスケッチが大多数を占める第一段階に対して、第二段階では、図2—31にみられるような断面構成を検討する図が多く描かれている。特に大江が関心を集中させているのが、建物の中心に配置されたホールと、その前室であるホワイエの意匠である。ホワイエはいずれのスケッチも列柱が両サイドに立ち並び、その先にホールへと続くシンメトリーの階段が描かれている。ここには大江が大学時代惹かれたというイタリアのファ

図2-34　大江宏　醍醐寺霊宝館収蔵庫

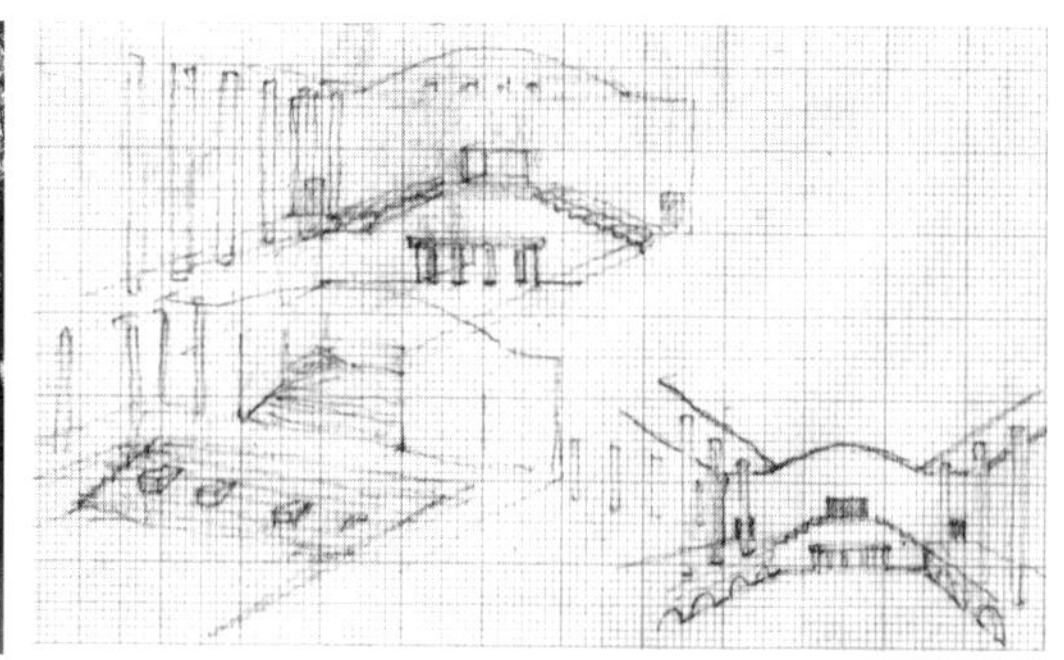
図2-33　「國史館」第二段階スケッチ　ホワイエの検討

シズム建築とも似た志向性が見受けられるだろう。つまり大江は第二段階のスケッチにおいて、モダニズムの設計手法に基づきながら、モダニズムが否定した建築のモニュメンタリティを獲得し得る造形を模索していたと考えられる。

### (3)　本館分棟型（シンメトリー）

本館分棟型（シンメトリー）と名付けた第三段階に該当するスケッチは計二八点と、全段階のなかで最も多い。平面構成は鳳凰堂型をベースとしながら、本館を分棟形式によって構成する試みがなされている（図2―35、36）。陸屋根のモダニズム案で一貫していた第二段階に対して、第三段階の案は全て勾配屋根で描かれていることから、大江は第一段階で描いた二種の屋根それぞれに平面構成の異なる案を分岐させ、ほぼ同時に検討していたとも考えられる。

第一、第二段階では本館のみの意匠を検討していた大江だが、第三段階では広く敷地全体の構成へと意識を向け始めていることが、図2―35のスケッチより指摘できる。建築はシンメトリーの構成をもち、門や塀をも含めた総体としてモニュメンタルな形態を志向していたと考えられる。中央のボリュームは明らかに、大江新太郎設計による醍醐寺の蔵（一九三五、現存）を引用している。大江は後年、新太郎の蔵に接続するかたちでほぼ同じ形の収蔵庫（一九七九、図2―34）を設計するが、そのイメージは「國史館」の設計でも一度取り組んだものであった。蔵の前面には神明造を想起させる（しかし千木や勝男木は省略されている）エントランスが描かれ、第一、第二段階に比べて建築の中心軸がより強調されている。

第三段階から、大江は水彩によるスケッチを描くようになる。図2―36に描かれた「國

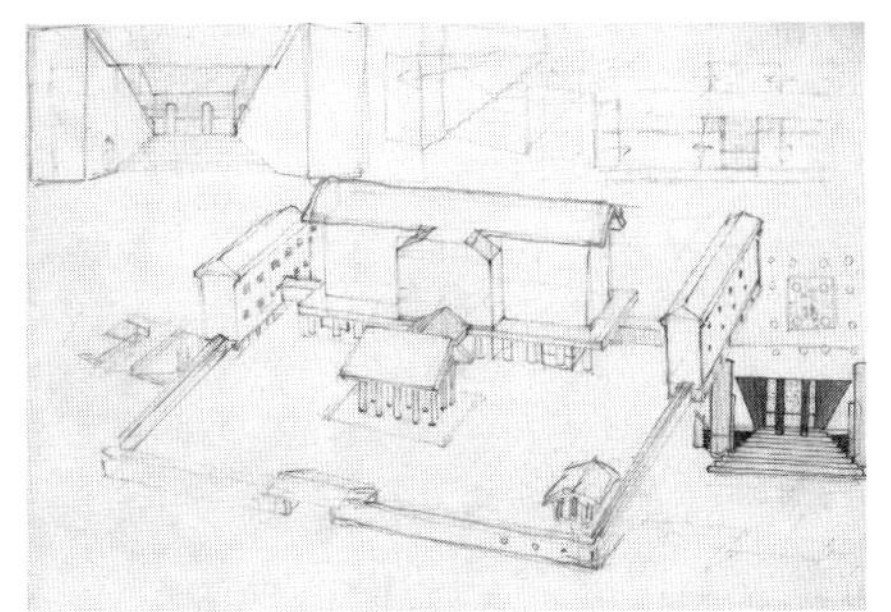
図2-35　「國史館」第三段階スケッチ

図2-36　「國史館」第三段階スケッチ（水彩着色）

史館」は、一点透視による求心的な構図ながらもどこか素朴で静謐な佇まいであり、人々を圧するような荘厳さは感じられない。右側に描かれた三本の柱（浜口隆一の卒業設計の影響が見える）も相俟って、その姿はどこか村野藤吾（一八九一―一九八四）による宇部市民館（一九三七）も想わせるが、大江がスケッチの中に描こうとした「國史館」のモニュメンタリティは、大江の嫌ったナチス・ドイツの建築が体現したそれとは性質の異なるものであったといえよう。つまり「國史館」とは、日本という国の文化の歴史を記念する建築ではあっても、日本という国家の権力を記念するものではないという大江の認識が、この淡いささやかなスケッチから感じられるのである。

### (4) 本館分棟型（アシンメトリー）

第四段階は、第三段階のシンメトリーの構成が崩され、アシンメトリーの平面形態となった段階である。該当するスケッチは九枚確認されている。いずれのスケッチも、実現へ向けて案を具体的に検討し収斂させるというよりは、自身の内に浮かび上がる空間のイメージや建築の佇まいを、思いつくままに描いているように見受けられる。第三段階までたびたび使用されていた方眼紙が、ここに至ってほと

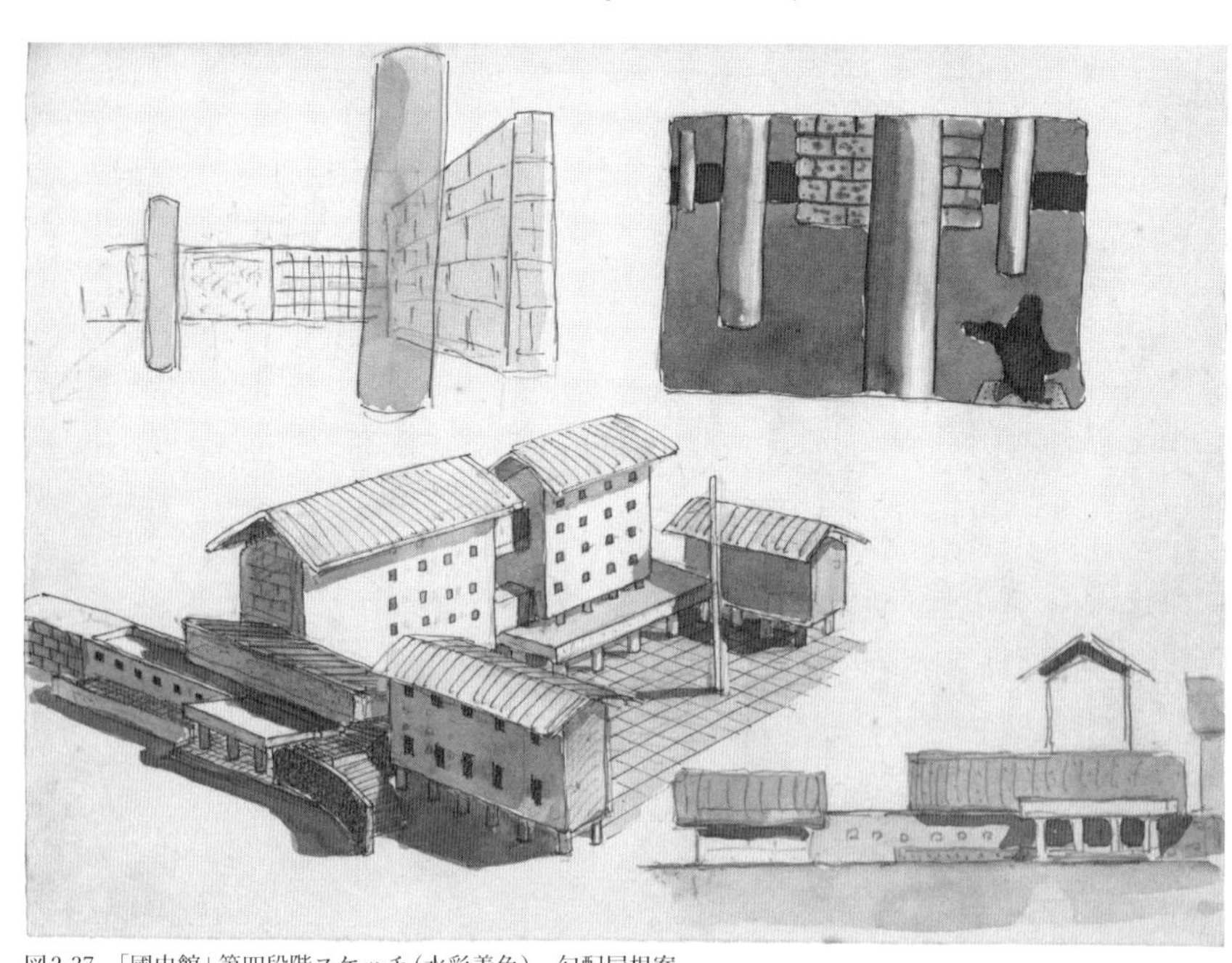

図2-37 「國史館」第四段階スケッチ（水彩着色） 勾配屋根案

んど用いられていないのも、その証左であろう。おそらく大江はこの時すでに、「國史館」の実現が難しいことを知っていたと思われる。

第四段階の中でも大江が最も気持ちを込めて描いたと思われる一点が、図２―37のスケッチである。ここでは第三段階にあった中心軸が弱められるとともに、建築のモニュメンタルな性格も薄まり、低層部と高層部のリズミカルなボリューム配置による自由な造形が志向されている。ボリュームの操作というモダニズムの手法に則りながら、勾配屋根による表現の模索がなされたとみてよいだろう。注目したいのは内観スケッチに描かれた柱である。壁と距離を取りながら、柱が空間の中をゆらゆらと漂う様は夢幻的ですらある。ここに描かれた柱と壁の併存関係は、後の大江建築を特徴づける重要なモチーフの一つである。

第四段階に至って、陸屋根のモダニズム案も一枚、水彩のスケッチが描かれているのは興味深い。図２―39のスケッチにある、石積みの壁面を持つ低層と真っ白な豆腐状の高層の対比的構成、また正方形のポツ窓などはル・コルビュジエのスイス学生会館（一九三二）の裏立面を想わせる。スイス学生会館は、大江の実質的なデビュー作である法政大学53年館（一九五三）のモデルと考えられる作品である。

以上、「國史館」スケッチの変遷とその特徴を分析してきた。その過程からは、大江が勾配屋根案とモダニズム案を並行して検討していたこと、また千木や勝男木のような直ちに日本建築を想起させる装飾は排する一方で、西洋建築を想わせるヴォールトや双子柱、アールデコ調の柱頭など、多様な様式を建築に内包する試行がなされていたことが明らかとなった。「國史館」のスケッチは、大江がこの頃すでに、近代建築のドグマ、すなわち建築

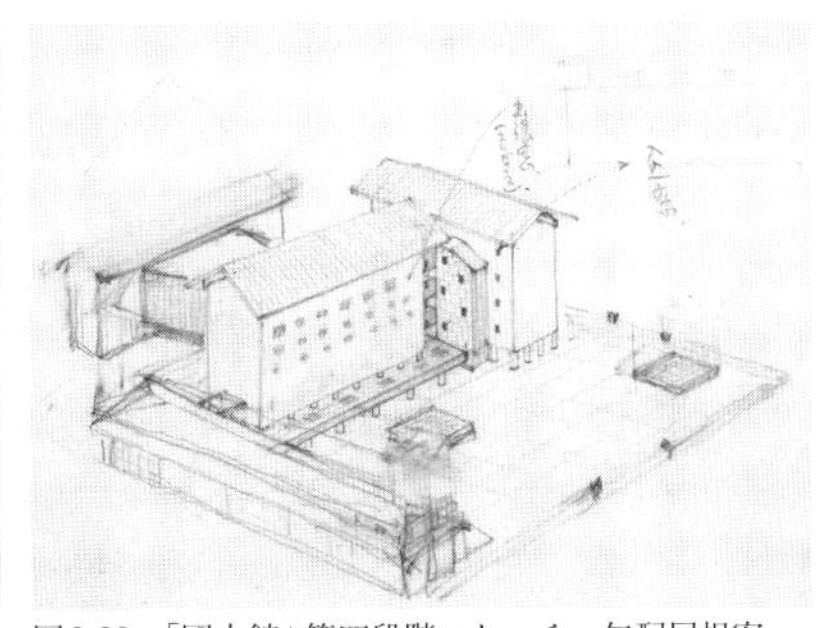

図2-38　「國史館」第四段階スケッチ　勾配屋根案

図2-39　「國史館」第四段階スケッチ（水彩着色）モダニズム案

から過去の様式や装飾、勾配屋根を排除せねばならないといった教条主義から一定の距離を置いていたことを示す重要な資料である。ここにはまた、後年の大江が駆使した設計手法や建築観に通ずる、歴史と意匠に対する大江の自由な姿勢の萌芽を見出すことができる。

### 三菱地所への転職

「國史館の造営」事業に尽力した大江であったが、一九四一年には文部省を辞し、建築設計の実務を求めて三菱地所株式会社建築課へ入社した[52]。転職のきっかけは、当時三菱地所の技師長兼常務取締役であった藤村朗(一八八七―一九六三)から、声掛けがあったためである。藤村は一九一一(明治四四)年に東京帝国大学工科大学建築学科を卒業、まもなく三菱合資会社に入社し、各役職を歴任したのち三菱地所取締役社長まで上りつめた人物である。大江の父・新太郎とも親交があり、新太郎を岩崎小彌太邸(一九二八)の設計者として三菱内で推薦したのが藤村であった。ここでもまた、父の交友関係が宏の進路を導いたことになる。

三菱地所に入所して半年間、大江は特に仕事を与えられず、過去の図面を参照したり、珈琲を飲みながら上司の話に付き合ったりと気ままな時間を過ごした。大江が初めて設計を担当したのは、荻窪の三菱銀行の独身寮(現存せず)であった。以降、大江は日本各地で三菱関係の寮や工場の設計に携わりながら、実務のいろはを習得してゆく。

### 三菱製鋼迎賓館

三菱での担当作品のなかでも大江が特に印象深く述懐しているのが、三菱製鋼迎賓館

52 前掲注1、一八九頁
53 前掲注1、一八九頁

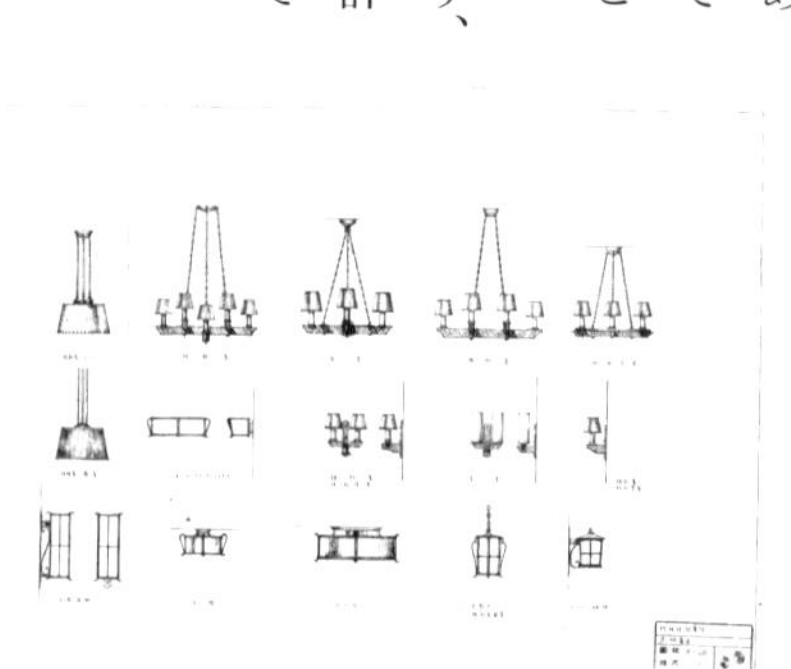

図2-40　三菱製鋼迎賓館　照明器具図

（一九四二）である。[53] 本作は平壌の大同江沿岸に実際に建設されたが、現存しているかは不明である。大江は日本から現場へと幾度も足を運び、建築はもちろんのこと、什器から食器に至るまでデザインしたという。現在、三菱地所設計にはこの迎賓館の原図が一部残されている（図2―40～43）。

特徴を見てみよう。煉瓦造りの二階建て、全体の意匠は西洋風の様式で統一されているのが分かる。平面計画は伸びやかなアシンメトリーの構成で、玄関から広間、談話室へと至る動線は雁行している。

外観を特徴づけるのは複雑に架かる屋根、そして談話室と食堂を取り巻くベランダである。ベランダの列柱にはそれぞれ扁平アーチが架かっており、同様のアーチは玄関前のポーチにも用いられている。

図2-41　三菱製鋼迎賓館　立面図

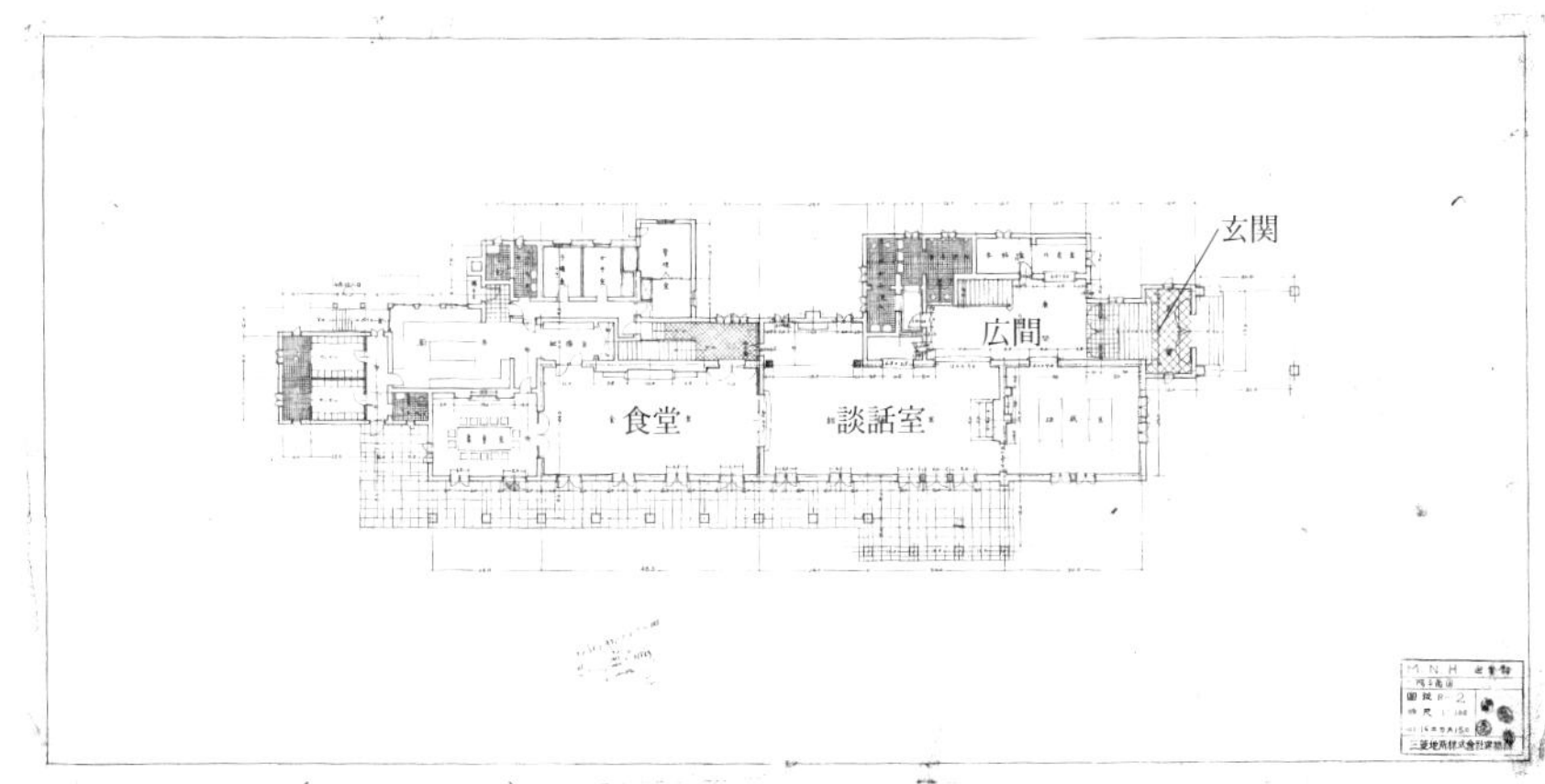


図2-42　三菱製鋼迎賓館　1階平面図（一部加筆）

扁平アーチはさらに内部空間でも多用されていて、特に広間と談話室をつなぐ開口部（図2―43左下の展開図）は、二階へ続く階段と吹抜けとの関係も相まって、後年に大江が設計した茨城県公館・知事公舎（一九七四）ホールの開口部（図2―44）と非常によく似ている。

大江はなぜ、モダニズムでもなく、和風でもない洋風の建築を設計したのか。大江は迎賓館の設計について、次のように述べている。

大江　迎賓館なんていうのは純然たるヨーロッピアンスタイルで、しかもれんが造でアーチを組むのがえらくおもしろくて、というのをいまでも覚えていますよ。

――そのところの感覚がどうもよくわからないのですけれども、当時大和魂などといわれたり、建築的にも帝冠様式が出てきていたわけですが、そういうのでやれというこことはなかったのですか。

大江　いや、藤村さんには「おまえの自由にやれ」といわれただけです。

――それで、洋風でやって別にとがめ立てとか、チェックはなかったのですか。

大江　それはまったくなかったですね。（中略）建築様式的にどうのこうのということは一切なかったです。[54]

大江が「ヨーロッピアンスタイル」で迎賓館を設計した理由、それは会社から指示を受けたのではなく、あくまで自身の欲するところに従った結果であった。小学生の頃、友達が住む瀟洒な洋館に強い憧れを抱いていた大江は、ここでその憧憬を、自身の手で具現化する喜びを謳歌していたのかもしれない。建築史家の井上章一によれば、戦時下の日本で

54　前掲注1、一八九頁

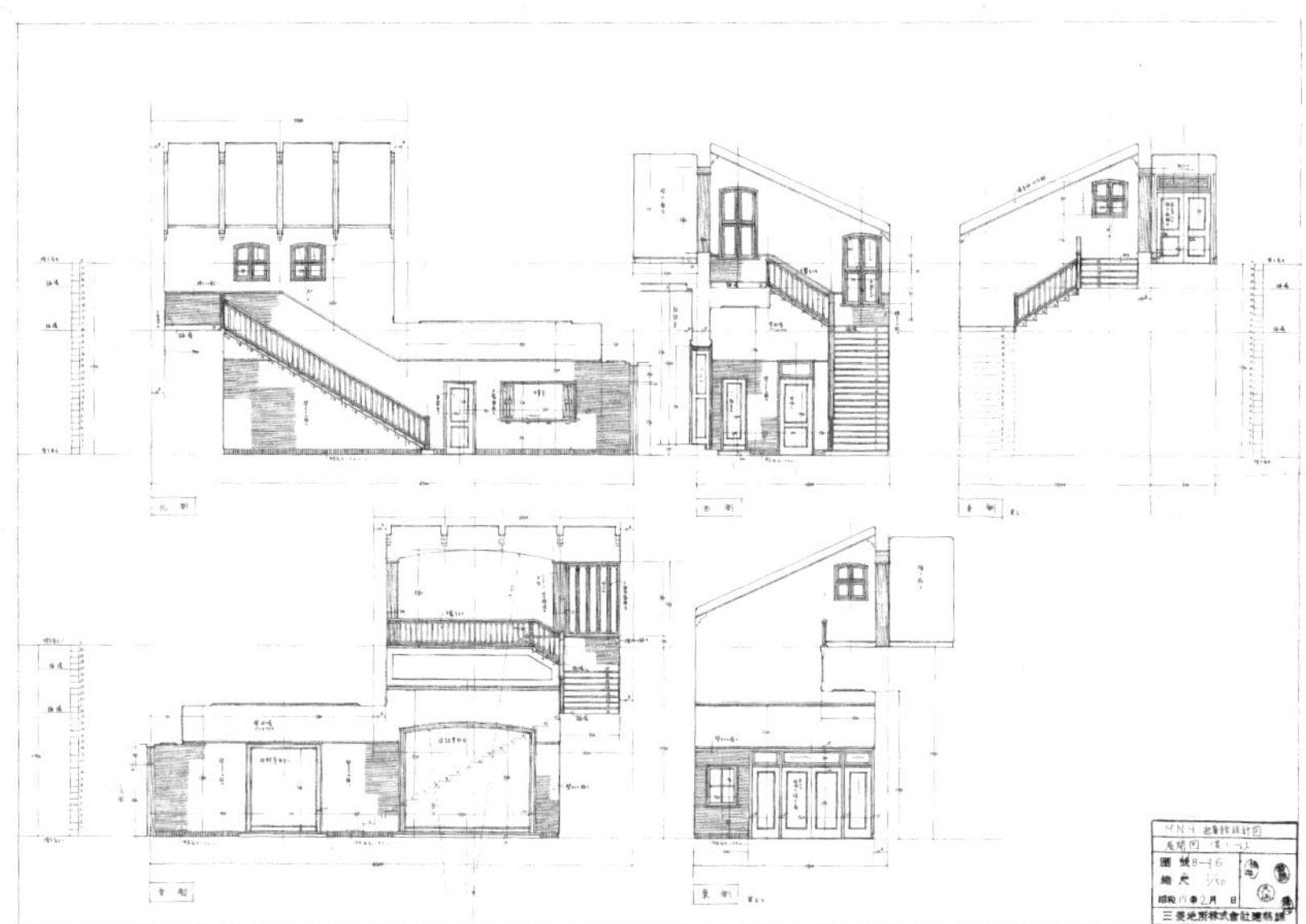


図2-43　三菱製鋼迎賓館　広間　展開図

図2-44　茨城県公館・知事公舎　ホール

は、イタリアにおけるファシズム建築の奨励や、ナチス・ドイツによるバウハウス弾圧のような、時の政府主導による建築意匠に関する強制力は存在せず、帝冠様式などはあくまで世論に対する建築界の自発的な迎合であったと指摘されている。(55)同様の実態は、迎賓館にまつわる大江の証言からもうかがえるだろう。

図面をみると、作図された日付は一九四一(昭和一六)年九月一五日であったことが分かる。つまり大江が迎賓館の図面を描いたのは、「國史館」のスケッチを描いていた頃から一年も経っていない時期にあたるのである。大江は、一九六〇年代以降の作風の広さからしばしば難解な建築家であると指摘されてきたが、すでに一九四〇年代の時点で、同様の幅の広さが現れていたのは興味深い。モダニズムも、和風も、洋風も自在に設計に盛り込む大江の姿勢には、彼のある特質がよく表れているだろう。つまり大江は、同級生の丹下や浜口がその内に抱いていたような、世論や流行を敏感に察知し、社会の最前線を切り開くという意識にのみ拘るのではなく、あくまで自身の関心に従って、良きものを追求するという行動原理を持っていたのである。大江の建築が、往々にして新しくもなく、かといって古くもない、どこか時間を超越した魅力を現在もなお持ち得ているのは、大江のこの性分にその多くを依っていると思われる。

55　井上章一『アート・キッチュ・ジャパネスク――大東亜のポストモダン』青土社、一九八七年

## 尾崎咢堂邸と大江宏自邸

大江は文部省や三菱地所での仕事を通じて研鑽を積むのと同時に、個人で引き受けた仕事もいくつか手掛けている。中でも重要なのが、尾崎咢堂邸、大江の自邸、そして中宮寺御厨子の三作である。

図2-45　大江宏自邸(1942年竣工当時)

尾崎咢堂邸（一九三九）は大江が大学在学中に設計依頼を受け、卒業の翌年に竣工した木造住宅である。依頼主の尾崎咢堂は「議会政治の父」とも呼ばれる政治家であり、藩閥政治や軍閥政治に異を唱え、議会制民主主義の確立に尽力した人物である。尾崎家と大江家は家族ぐるみの付き合いであった。父を失った大江のことを、尾崎も気にかけていたのだろう。大江も尾崎の期待に応えるよう、現場の大工に直接指導を受けながら、泊まり込みで仕事に打ち込んだ。大江は本作で初めて、建築のつくり方を一から一〇まで自らの身体を通し学ぶ体験を得たのだった。

敷地である逗子の披露山は、尾崎が一九二七（昭和二）年から亡くなる一九五四（昭和二九）年まで過ごした地である。現在この敷地はすでに人の手を離れ荒れ果てており、大江設計の咢堂邸も現存していないが、[56]近くには尾崎行雄記念碑が立ち、往時を偲ばせている。

大江は一九四一（昭和一六）年に結婚し、これを機に小石川原町の家から独立、弟の透と共同で世田谷区に敷地を取得して、各々が自邸を設計した。[57]宏の自邸（図2―45、46）は、モダニズムでもなく、かといって和風でもない、アメリカ南部のコロニアル風住宅であった。外壁の羽目板には白いペンキが塗られ、ユッカの木が植えられた庭に向かってパーゴラが軽やかに伸びる。一方、屋根には瓦が載っており、全く和風の要素がないわけではない。この自邸もまた、三菱製鋼迎賓館と同様、時流に乗らず自身の関心に忠実に設計を行う大江の姿勢が見出せる。戦時下の統制により一五坪以下で設計されたが、戦後は子どもたちの成長に合わせて断続的に増改築が加えられた。現在の姿は当時の面影をほとんど残していないが、大江設計による家具はいまも大事に使用されている。

56　大江新による尾崎咢堂邸の実測図面が以下の資料に掲載されており、その姿を想像することが可能である。また大江新によれば、宏が設計したのは既存建物の増築だったのではないかという。大江新「大江宏の初期作品―大串純夫邸、尾崎咢堂邸、自邸、三菱製鋼迎賓館」『住宅建築』二〇一四年一〇月号、九八―一〇三頁

57　大江宏、大江透「小住宅試作二題」『建築世界』一九四三年二月号、八―一二頁

図2-46　大江一家　自邸居間にて

## 中宮寺御厨子

中宮寺御厨子（一九四〇、図2―47）は、大江が文部省在籍時に設計した作品である。無名の大江にこのような仕事が舞い込んだのは、やはり父に端を発する巡り合わせであった。

一九四〇（昭和一五）年、中宮寺の蔵から飛鳥時代の誕生仏が発見され[58]、これを収める御厨子を制作しようという機運が関係者のなかで高まった。和風建築の大家たちが設計者の候補に挙がるなか、大学を卒業してまだ間もない大江を推薦したのが、日本美術史研究者の菅沼貞三である[59]。菅沼は、大江の伯父で西洋美術史研究者であった澤木四方吉の弟子にあたり、大江とも西洋建築の話をたびたびする間柄であった。

菅沼が大江を推薦したのは、そうした縁故に加えて、大江の建築家としての素質を彼の仕事から見出したためである。中宮寺の誕生仏が見つかる前年の一九三九年、大江はバチカン宮殿内の博物館に贈られる伊勢神宮の模型制作に携わった。ことの発端は一九三五（昭和一〇）年五月、来日したドイツの民俗学者、ヴィルヘルム・シュミットが伊勢神宮を詣でた際に感銘を受け、神宮の模型をバチカンへ奉遷したいと熱望したことに始まる。シュミットはカトリック神父でもあり、日独伊の協力関係のさらなる高揚に資することを目したのだった。これを受けて、我が国では国際文化振興会の主導により各方面へ折衝が進められ、三井財閥創業者一族の三井高陽が費用を持ち、宮大工の小林平治郎が制作を引き受けることとなった。完成した模型は木曽檜の白木造り、横幅四尺、高さ三尺五寸の大きさで、釘は一本も使われなかったという[60]。

大江にもこの話が来たのは、伊勢神宮に関する資料提供を求められたためである[61]。大江の父、新太郎は、一九二九（昭和四）年に行われた伊勢神宮昭和初年式年遷宮（第五八回）の主

58　発見された誕生仏は戦後の混乱で失われたため、代わりとなる誕生仏を彫刻家の平櫛田中が新たに制作し、大江設計の御厨子に収められた。大江と平櫛はこの後も関係が続き、二つ目の中宮寺御厨子（一九六四）、平櫛の自邸である九十八叟院（一九六八）、ウォーナー博士像覆堂（一九七一）で協働している。詳細は以下を参照のこと。種田元晴、石井翔大「大江宏の屋根―「ウォーナー博士像覆堂」と「日本武道館」設計案」『二〇一一年度日本建築学会大会学術講演梗概集』建築歴史・意匠、日本建築学会、二〇一一年九月、二〇九―二一〇頁

59　前掲注1、一九〇頁

60　伊勢神宮の模型に関する詳細は以下を参照した。「伊勢神宮の模型ローマへ奉遷　盟邦の熱望に應へて」『読売新聞』一九三九年六月二九日朝刊、七頁

61　前掲注1、一九〇頁

任技師であった。[62] 息子である宏は当然、神宮の資料を亡き父から引き継いでいると見込まれたのだろう。大江は、資料の読み込みや模型用の図面作成などで協力したものと考えられる。模型はバチカンへ輸送される前に上智大学で一般公開され、大江はその際に菅沼を案内した。菅沼はこれをよく覚えていて、御厨子の設計者に大江を推したのだった。

そうして大江が設計した御厨子は花御堂と名付けられ、一九四二（昭和一七）年から制作が始まり、一九四七（昭和二二）年に寄進された。[63] 高さは伊勢神宮の模型と同じ三尺五寸である。屋根裏の格天井には一〇センチ四方の花の絵が二五枚（図2―48）張られており、その作者は横山大観や川合玉堂といった錚々たる顔ぶれである。[64] これまでもたびたび語られてきた通り、中宮寺御厨子は、大江宏の建築の原点として注目に値する。御厨子の典雅な曲線を描く方形屋根、[65] 屋根を支える四本の細長い丸柱、台座にあしらわれた抑制の効いた装飾などは、来たる大江の作品群の特徴を予見するものであり、その造形は高度な水準で洗練されている。

図2-47　中宮寺御厨子

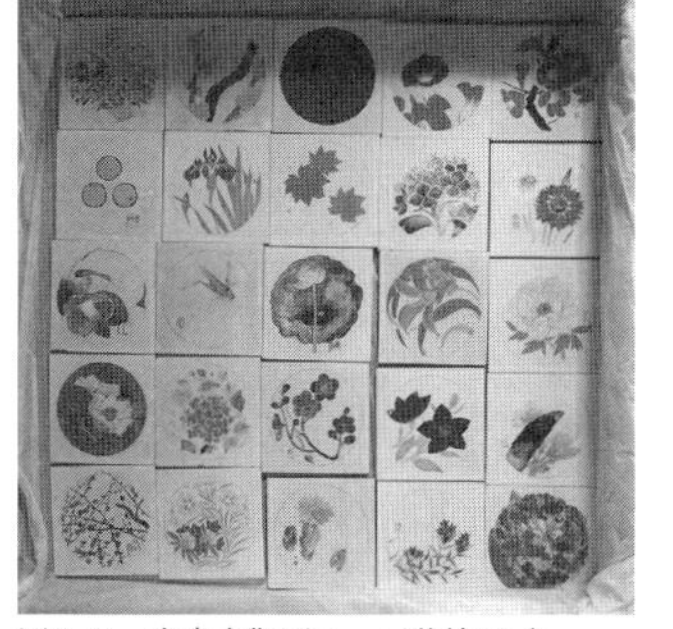
図2-48　中宮寺御厨子　天井絵25点

62　前掲注5、一九四頁

63　「一九　花御堂」『大和いかるが　中宮寺の美』中宮寺門跡、一九八八年、四六―四七頁

64　二五名の画家は以下の通り。横山大観、竹内栖鳳、川合玉堂、西山翠嶂、上村松園、川村曼舟、榊原紫峰、入江波光、菊池契月、福田平八郎、結城素明、鏑木清方、小林古径、前田青邨、安田靫彦、西沢笛畝、小杉放菴、長野草風、広島晃甫、荒井寛方、山口蓬春、吉村忠夫、中村岳陵、川崎小虎、橋本明治。前掲注62、四七頁

65　佐藤竜馬は、この屋根が法隆寺夢殿の厨子から範をとった可能性を指摘している。『日本建築の自画像　探求者たちのもの語り』香川県立ミュージアム、二〇一九年、一七六頁

## 二枚の写真

宏の子息である大江新によれば、一九五〇年代の大江自邸の居間には、中宮寺御厨子の写真、そしてギリシア彫刻の写真が、二枚並べて飾られていたという。彫刻はルドビシの玉座、その左側面に刻まれたフルートを吹く巫女（図2—49）であった。理性的で正確な人間描写を基本としつつも、その身体や髪、布地の描く曲線は、どこか御厨子の屋根とも通じる艶やかさを湛えている。自身の創作の原点である御厨子の隣に、大江はなぜこの彫刻の写真を置いたのか。

連想されるのは、やはり父・大江新太郎のことである。新太郎は、「希臘羅馬時代の家具」と題した卒業論文を執筆しており、ギリシア時代の家具に施された装飾について深い見識をもっていた。(66) 宏にもまた、その魅力を大いに語っていたことだろう。ルドビシの玉座は、そうした対話のなかで宏の脳裏に刻まれたに違いない。社寺建築の大家でありながら、西洋建築の礎であるギリシア文化にも精通していた新太郎の背中を、宏は間近で見続けていた。東洋と西洋、その双方に広く眼差しを向けながら、大江宏は自身の建築観を鍛え上げていく。中宮寺御厨子とルドビシの玉座は、大江にとって日々立ち返るべき原点であった。

図2-49　ルドビシの玉座　フルートを吹く巫女

66　新太郎の卒業論文の一部は、『建築雑誌』に発表されている。大江新太郎「希臘羅馬時代のフハーニチュアー」『建築雑誌』一九〇五年七月号、日本建築学会、七〇—七三頁

# 第三章　近代建築に対する執念と疑念

## 法政大学へ

終戦後間もない一九四六年、大江は周囲の反対を押し切り三菱地所を退社、心機一転、弟の透、修と共に大江建築事務所を設立した。晴れて独立を果したとはいえ、当時の混乱を極めた社会状況のなかでは当然仕事が舞い込むこともなく、大江兄弟は自前でプレハブ住宅のようなものを設計して売ったり、新宿歌舞伎町再開発事業に関わるなどして細々と食い扶持をつないでいた。日の目を見ない生活を一年ほど続けた頃、大江は大学時代の恩師の一人である平山嵩より、法政工業専門学校建設科（法政大学建築学科の前身）が新設されるので、そこの教授職に就かないかと誘いを受けることになる。大江は平山の打診に二つ返事で応じ、一九四八年、法政工業専門学校建設科教授に就任、建設科の創設メンバー[1]として、教育体制の構築に心血を注いでいく。

法政工業専門学校の立地は千葉県習志野にあり、校舎は老朽化した旧騎兵学校校舎を転用したものであった。その索漠たる風景は強烈な衝撃をもって大江の記憶に刻まれた。自邸がある世田谷からは交通の便も悪く、最寄りの津田沼駅から校舎へは五キロも歩かねばならなかった。大江は自ずと、遅刻の常習犯になっていった。それでも、帰路はいつしか学生たちと共に歩き語らうことが慣習となり、教室での授業とは異なる個対個の親密な交流が生まれた。それは大江にとっても学びある時間であったという[2]。

一九五〇年四月、法政工業専門学校は新制大学工学部に昇格を果たし、教育の拠点を習志野から市ヶ谷へ移転する。このとき大江もまた、工学部助教授へと肩書を変えた[3]。

法政大学市ヶ谷キャンパスの敷地は、北に外濠の水面、南に靖国神社の緑が広がる緩やかな斜面地にある。一九二〇年に現在の敷地の一部が購入されて以降、徐々に拡張を繰り

1　専任教員は大江と田中（江國）正義の二名、兼任教員は森井健介（一八八七―一九七六）と池辺陽（一九二〇―一九七九）の二名が、創設時の講師陣であった。法政大学建築学科の歴史は以下に詳しい。『法政大学工学部建築学科五〇年の歩み』法政大学工学部建築学科創立五〇周年記念事業実行委員会、一九九八年

2　大江宏「追想」『法政大学工学部報　法政大学創立１００年』法政大学工学部、一九八一年

3　大江が教授から助教授へ降格しているのは、専門学校から大学への昇格に伴い、兼任教員であった森井健介を教授として迎えたためである。大江が再び教授となるのは一九五三年からである。

図 3-1　戦前の法政大学市ヶ谷キャンパス

返しながら、今もなお法政大学が本拠地としているキャンパスである。大江は、仕事場が都心に移ったことをさぞ喜んだだろう。しかし当時の市ヶ谷キャンパスは、決して満足いく教育環境とはいえない状況にあった。第二次世界大戦による凄惨な火の手は、法政大学の学び舎にも及んでいたためである。

## 市ヶ谷キャンパスの歴史

少し時間を遡り、市ヶ谷キャンパスの歴史を概観したい[4]。

一九二一年竣工の第一校舎を皮切りとして、市ヶ谷キャンパスには一九三〇年頃までに五つの校舎が建ち並び、狭隘な敷地ながらも学生たちの活気に満ちていた。当時の大学の顔であった校舎が、第一校舎（図3―1中央）である。卒業式などの記念写真は、この校舎のエントランスに架かるアーチのもとで撮影するのが慣わしであった。木造モルタル地上三階地下一階建ての延べ一二八八坪、三階に大講堂を擁し、慎ましやかな意匠ながら大学の威厳を誇っていた。しかし、一九四五年五月二六日の東京大空襲によって、木造の第一校舎と第二校舎はともに焼失する。終戦後間もなくキャンパスの復興工事が開始されたものの、両校舎の跡地には木造二階建てのバラック校舎が建てられるに留まり、最盛期の活気は見る影もなかった（図3―2）。大江が職場を移した頃の市ヶ谷キャンパスは、未だ戦火の爪痕から癒えず、再起への次なる一手が待ち望まれる段階にあったのである。

大学の象徴足り得る校舎が不在のなか、一九五〇年六月、経済学者の大内兵衛[5]（一八八八―一九八〇、図3―3）が法大総長に就任する。大内は直ちにキャンパスの再建を宣言し、その担い手として、まだ大きな実績を持たない大江に、全体計画の立案と遂行を託した[6]。大

4　法政大学の歴史は以下を参照した。『法政大学の一〇〇年〈1880―1980〉』法政大学、一九八〇年

5　元東京大学経済学部教授。一九四九年に東大を定年退官後、一九五〇年法政大学総長就任。キャンパス再建の宣言がなされた、大内総長就任の辞（一九五〇年九月二一日）は、以下に全文が掲載されている。大内兵衛『現代／大学／学生』法政大学出版局、一九六七年、八三―九四頁

6　大江に白羽の矢が立った経緯は以下に詳しい。大江宏、吉武泰水、大内兵衛、中川秀秋、田熊福七郎「座談会　学校建築について　気持よく学ぶには！」『法政』一九五三年五月号、一三―一四頁

図3-2　1952年頃の法政大学市ヶ谷キャンパス

学を卒業してから早一二年、ようやく大江は、自らの責任において建築の全体性を一から構築し、広く世に問う機会を得た。大江は大内を、その人格、識見ともども一級の存在として信頼し、尊敬していたという。大内の期待に答えるべく、大江は持ち得る全力をもって、この仕事に打ち込んだ。

## キャンパス再建への課題

大江に課せられた問題は、マスプロ教育に対応可能な校舎を、厳しい予算と限られた敷地のなかでいかに実現するかという難問であった。当時の日本の社会状況は、一九五〇年に始まった朝鮮戦争の軍事特需を契機として復興へと大きく舵を切り、一九五〇年代半ばを過ぎると高度経済成長期を迎えて所得が増加、雇用も拡大し、高等教育への要請が高まっていた時期にあたる。法政大学もまた、一九五〇年に施行された私立学校法に基づき、財団法人から学校法人へと組織を再編するとともに、敷地を拡充しながら学生数を伸ばすことで、大学運営の確立を目指していた[7]。

新校舎の設計を開始する上で大江が選択した方向性、それは「國史館」のスケッチに描いたような和風建築ではなく、三菱製鋼迎賓館のような洋風建築でもない、純然たる近代建築の理念に基づいた、新たな大学像の実現であった。一九五八年に完成をみた大江設計「法政大学市ヶ谷キャンパス計画」[8]（以降「法大計画」と呼称する。図3―4）は、高層建築による大学校舎の先駆けとして国内外で高い評価を受け、日本建築学会賞作品賞、文部大臣賞芸術選奨、日本建築業協会賞を受賞した。大江は本作によって、名実ともに日本を代表する建築家の一人として、その地位を確かなものとする。

図3-3　大内兵衛と大江宏

7　『法政大学百年史』法政大学百年史委員会、一九八〇年

8　法政大学に大江が設計した一連の校舎群には正式な総称がない。大江が本作で第一〇回日本建築学会賞作品賞（一九五八年度）を受賞した際のタイトルは「法政大学」だが、本書では混乱を避けるため「法政大学市ヶ谷キャンパス計画」と呼称する。

9　大江宏「わが軌跡を語る」『別冊新建築　日本現代建築家シリーズ⑧　大江宏』新建築社、一九八四年、一九二―一九三頁

10　大江宏「建築家の原点を語る」『新建築』一九七三年四月号、新建築社、二三七頁

「法大計画」は、一九五一年から一九五八年までの足掛け約七年、三期に分けて段階的に設計、建設が進められた。これは復興半ばの社会状況にあって、資財確保が困難であったためである。結果、一九五一年の時点で一度完成をみていた全体計画は、七年のうちに生じた建築界の新たな動向や大江自身の内的変化によって、さまざまな設計変更が加えられた。

「法大計画」の設計期間中、大江の建築観に特に大きな影響を与えたのが、一九五四年に大江が初めて赴いた海外旅行での体験である（第四章で詳述）。大江は社寺建築の大家である大江新太郎を父に持ち、幼少期から茶道や能楽など日本の伝統文化に親しむ一方、一九三五年に東京帝国大学工学部建築学科へ入学後は近代建築の理念を受容し、その理解を深めた。大江によれば、自身の内にある二つの側面、すなわち伝統に根差した体質と近代建築への信奉とは長く分裂した状態にあったが、この一九五四年の海外旅行を境として、近代建築に対し徐々に疑念を抱くとともに、両者の分裂の解消を模索し始めたという[9]。一九六六年に発せられた〈混在併存〉の概念は、その模索の中で見出した結論であったと大江は述べている[10]。

したがって、海外旅行に前後して計画された「法大計画」の校舎群は、近代建築の理念を信奉しつつも徐々に疑念を感じ始め、

図 3-4　1970 年代の法政大学市ヶ谷キャンパス（筆者加筆）

のちに〈混在併存〉へと至る大江の建築観の萌芽が、実現した建築に、あるいは設計途上の図面に、具体的な形態をもって表現されていると考えられる。

本章では、大江の建築家としての実質的なデビュー作である「法大計画」に着目し、現存する図面資料の蒐集・分析を通じて、一九五〇年代の大江の建築観の変化を検証していく[11]。

## 実現した「法政大学市ヶ谷キャンパス計画」

まず一九五八年に完成した「法大計画」の全容を確認しよう。

「法大計画」は、竣工年順に53年館（一九五三）、55年館（一九五五）、58年館（一九五八）、第Ⅱ58年館（一九五八）の計四作から構成されている。各校舎の名称は竣工年を表しており、一九五四年の海外旅行以前に設計が完了していたのが53年館と55年館、旅行以後に設計変更が加えられたのが58年館と第Ⅱ58年館である。いずれの校舎も、基本的に近代建築の手法に則り設計されている。画一的になりがちな近代建築の造形言語を駆使しながらも、校舎ごとに多彩な表情が与えられている点に、大江の設計手腕が見て取れる。

各校舎の配置計画（図3—5）は、靖国神社がある南側の敷地境界線に沿いながら東西方向へ伸びやかに連続し、全体としてアシンメトリーの構成をもつ。三角形の敷地形状を巧みに活かし、各所に多様なかたちの外部空間がつくり出されている。なかでも58年館と靖国神社の間に設けられた和風庭園は、学生の憩いの場として大江が特にこだわり設計したものである。58年館二階東端にあった総長室からの眺めもよく、大内兵衛の名から取った「大内山庭園」の愛称で親しまれた。また外濠に対して大きく引きが取られたアプローチ

11　「法大計画」に関する図面資料として、法政大学施設部所蔵の意匠図（青焼き図）一八七枚と、大江建築アトリエ（旧：大江宏建築事務所）所蔵の意匠図（原図、青焼き図）五二四枚を新たに蒐集した。これら計七一一枚を年代順に整理し、通し番号を付したうえで分析を行った。以下では主に配置図と平面図に着目し、「法大計画」の設計過程を読み取る上で重要と考えられる図面九枚と、文献資料から確認された配置図一枚、パース一枚を用いて検証を進める。各図面の詳細と通し番号の付け方については以下を参照のこと。石井翔大、種田元晴、安藤直見「大江宏設計「法政大学市ヶ谷キャンパス計画」の設計過程　建築家・大江宏の建築観の変遷に関する研究　その1」『日本建築学会計画系論文集』第八二巻第七三八号、二〇一七年八月、二一三一—二一四一頁

空間は緩やかな上り勾配の広場となっており、大学紛争の時代を迎えるまでは柵もなく人々を優しく迎え入れるおおらかさを湛え、法政大学の自由な校風と結びついていた。

四つの校舎うち、「法大計画」全体の中核をなすのが、55年館と58年館である。これらの校舎には、教室、食堂、学生ホールといった学生のための空間から、事務室、教授室、理事室、総長室といった教職員用の諸室まで、主要な機能が全て集約されていた。両校舎の主屋は全長一二〇メートルに及ぶ長大なカーテンウォールによって一体的な表現となっているが、しかし58年館の内部空間には、後述するように海外旅行後に生じた大江の建築観の変化が、校舎の至るところに刻みこまれている。

実現した「法大計画」の大まかな全体像を確認したところで、以下では「法大計画」の設計期間を三期に分け、各期で設計された校舎および全体計画に大江が込めた意図の変遷を時系列順に追っていく。特に「法大計画」の中心である55年館と58年館の平面構成が、各期でどのように構想されていたかに着目したい。各期の年代として、まず第一期は、大内総長がキャンパス再建を宣言した一九五〇年九月から53年館が竣工した一九五三年二月。第二期は一九五三年三月から55年館が竣工した一九五五年二月。第三期は一九五五年三月から第Ⅱ58年館が竣工した一九五八年八月までとする。

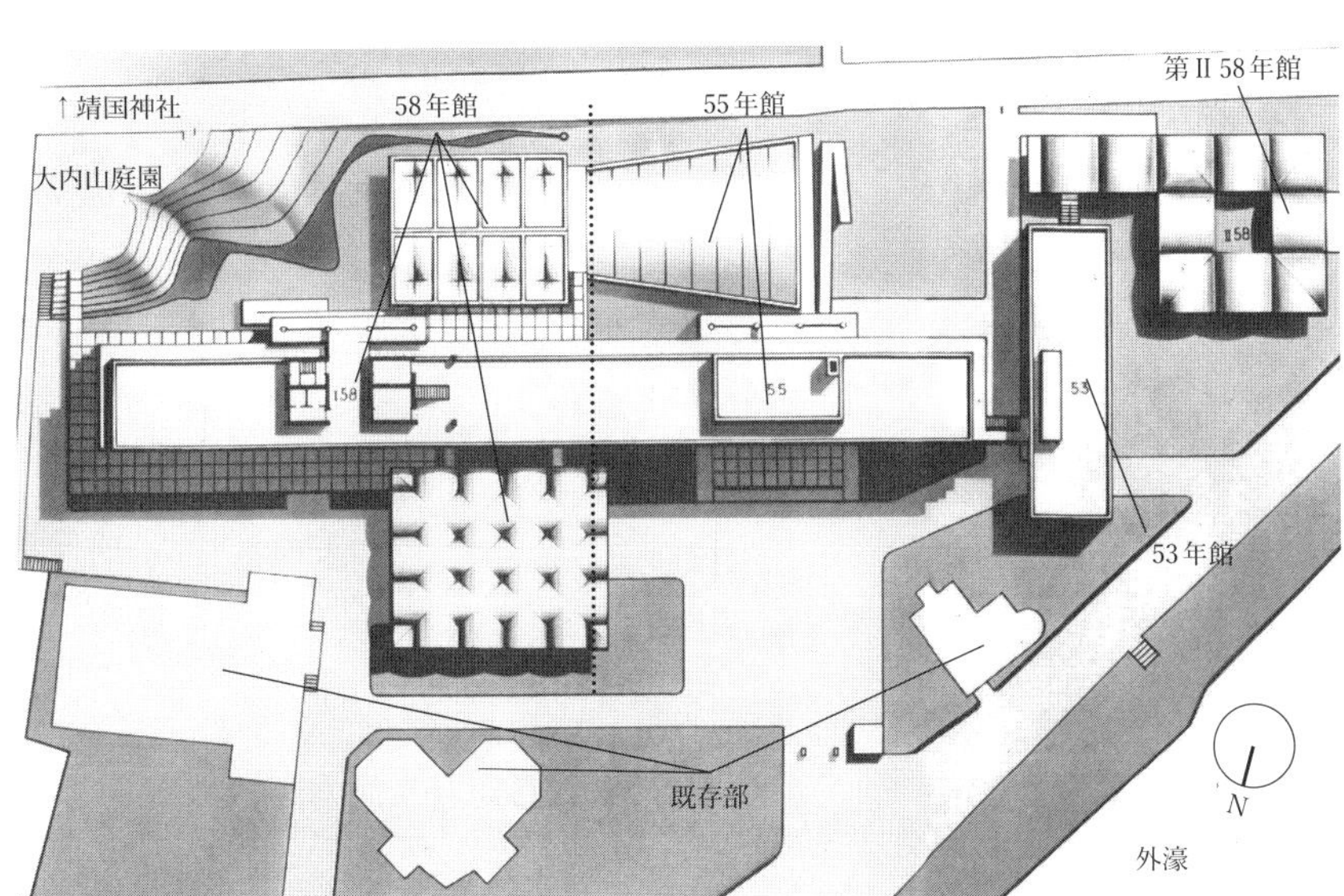


図3-5　法大計画　配置図（竣工パンフレットより　筆者加筆）

## 第一期：53年館—幾何学形態によるヴォリューム群と軸線の創出

### (1) 53年館

「法大計画」の嚆矢として、第一期に実現した校舎が53年館である（図3―6）。一九五二年一月着工、一九五三年二月に竣工した。鉄骨鉄筋コンクリート造（以下SRC造と表記）地下一階地上六階建て、大学院用の校舎として、ゼミ室、教授室、図書室が計画されている。

53年館には、一階エントランス部分のピロティ、四周に設けられたキャンティレバー、東西のファサードを覆うガラスのカーテンウォール、均質な内部空間（図3―7、8）など、近代建築の主要な形態的特徴がふんだんに散りばめられている。53年館が竣工した頃、市ヶ谷周辺はまだ高層建築もなく木造住宅が広がる素朴な町並みであった。突如現れたネオンサイン輝く近代建築に人々は驚き、まるでホテルのようだと話題になったという。大江は後年、53年館の設計当時を振り返り、「多年にわたって悲願しつづけてきた西洋近代を、その申し子たる近代建築をこの地・日本に再現したいとする執念を、ここに現実に果たす時がきたという気負い」を抱いていたと述べている。[12] 竣工から二十年以上経てもなお熱を帯びる大江の言葉からは、大学生時代からの宿願であった近代建築を、ようやく自らの手で実現できたことの喜びがいかに大

図3-6　53年館

きかったかが伝わる。

53年館の竣工パンフレットに書かれた大江の設計要旨[13]によれば、53年館の設計はあくまで機能性、合理性を重視し工業化を追求した結果であって、美しさは二の次であったという。また、建築を解く上で「地方的な條件」はさして問題ではなく、「國際的な條件」の重要性が格段に増している点が、昨今の建築の特徴であると大江は続ける。

53年館の竣工パンフレットも含めて、一九五三、四年頃に発表された大江の言説はいずれも、個別の特殊性は国際性や普遍性をもって乗り越えられるといったインターナショナル・スタイルの教条を、そのまま引き写した言葉が並んでいる。前川國男をはじめとする同時代の主導的建築家たちと同様に、大江もまた、喫緊の課題であった建築の工業化に取り組む姿勢を強く打ち出していた。戦時下の諸活動に顕著に現れていた、時流とは距離を取りつつ己の信ずるところを追い求める大江生来の志向は、「法大計画」のスタート時点では影を潜めていたといえる。

機能性と合理性を重視したという53年館であったが、しかしその実態はやや無理が生じていたようだ。機能的に特に問題となったのは、全面ガラスによるカーテンウォールである。近代建築を日本に根付かせるとの大義のもと設計されたカーテンウォールだったが、西面に大きく取られたガラス面は、室内にブラインドを取り付けた以外は太陽光への対処がなされておらず、空調設備も十分には整っていなかった。結果、夏の室内環境は極めて劣悪なものとなった（この状況は、本作が解体される一九九五年まで続いた）。53年館が抱えるこの問題に対して、浜口隆一をはじめ方々から強い批判が寄せられる顛末となった[14]。

「執念」を込めたがゆえの無謀によって手痛いデビューを果たした大江は、続く55年館

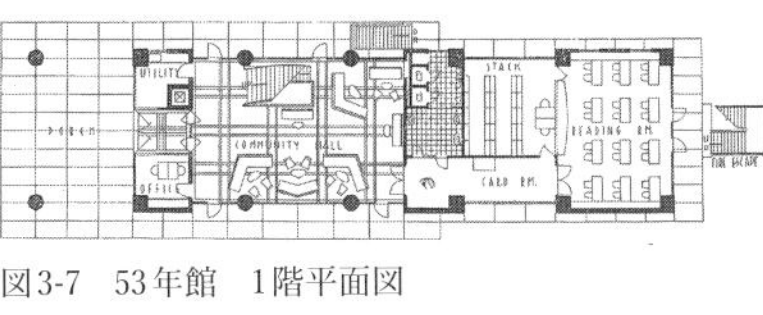

図3-7　53年館　1階平面図

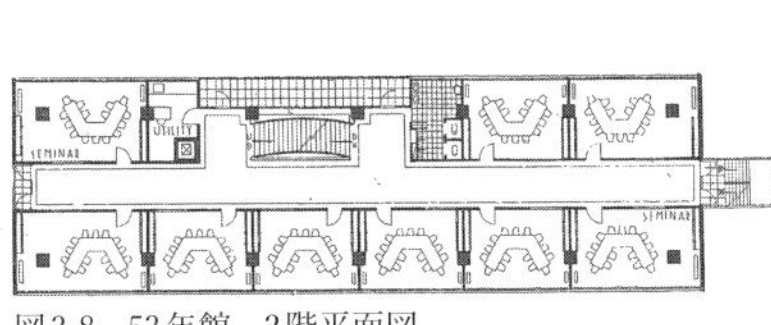

図3-8　53年館　2階平面図

12　大江宏「ものつくりの正体」『建築文化』一九七五年四月号、彰国社、五〇頁

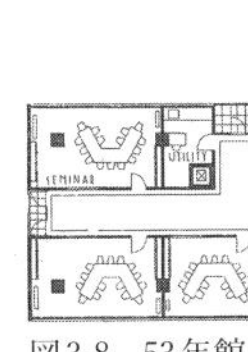
13　大江宏「設計要旨」『法政大学大学院』大成建設株式会社、一九五三年二月、二頁

14　53年館に対する批判は以下にまとめられている。『国際建築』一九五三年八月号、四九—五三、六〇—七〇頁

のカーテンウォールで、53年館の全面ガラスとは異なる方向性を打ち出すことになる。

### (2) 全体計画

第一期の「法大計画」の全体計画が初めて確認できるのは、53年館建設中に発行された法政大学の機関誌『法政』一九五二年八月号所収の大江の記事[15]である。ここには「法大計画」の全体模型の写真が掲載されている。同じ模型を撮影した鮮明な写真を図3－9に、また配置図を図3－10に示す。第一期で計画されていた校舎は、配置図に記載された番号順に、1．大学院棟(53年館)、2．講義室棟(のちの55年館と58年館)、3．図書館(実現せず)、4．大講堂(実現せず)、5．体育館(実現せず)の計五棟である。

第一期の全体計画において、注目すべき特徴は三つある。

一つ目は各校舎のかたちである。校舎はそれぞれ立方体、扇形、カテナリー曲線のヴォールトなど、いずれも明快な幾何学ヴォリュームで構想されている。校舎は互いに独立しつつも緩やかに連続した関係性をもつ配置構成である。先述したように、第一期で建設された53年館は、近代建築の形態的特徴が多く盛り込まれた校舎であった。第一期の全体計画もまた、ギーディオンが近代建築の特徴として挙げる「建築的空間概念に十分な交響楽的演奏を与えているヴォリュームの間の相互作用[16]」を、キャンパス全体で実現することに狙いが置かれた、正しく近代建築のセオリーに準拠した計画であった。

二つ目に、キャンパスを貫く二本の軸線が挙げられる。一本目は建築の形態による軸線である。配置図をみると、講義室棟と図書館の二棟が、T字状に接続されることでシンメトリーの平面形態を構成しているのが分かる。この操作によって、校舎の中心を貫く軸線

図3-9 「法大計画」第一期全体模型

15 大江宏「大学院の建築について」『法政』一九五二年八月号、法政大学、二五頁

16 ジークフリート・ギーディオン著、太田實訳『新版 空間 時間 建築1』丸善、一九六九年、一九頁

をつくり出すことが意図されていたと見てよい。二本目は、正門から講義室棟のメインエントランスへと伸びる軸線である。こちらは外構の直線道路によって、その設計意図が明示されている。いずれの軸線も、キャンパスにモニュメンタルな性格を与えることが意図されていたと考えられる。第一期で見出せるこの軸線への意識は、続く第二期の全体計画でさらに強まっていく。

三つ目の特徴として、性格の異なる二種類の歩路の併存が挙げられる。講義室棟南側のオープンスペース（図3―10上部）では、ゆるやかに蛇行した歩路が各校舎を繋いでいる。対して講義室棟北側では、縦横斜めに走る直線的な歩道が設けられており、両者の間で歩行空間の性質に差異を与えようとする意図がうかがえる。

講義室棟の表裏で異なる性格の空間を併存させるという志向は、実現した「法大計画」にもさまざまなかたちで受け継がれていく。例えば南面と北面で異なる意匠が採用された55年館および58年館の立面[17]や、第三期で58年館の一部として実現した和風庭園に、同様の意図を読み取ることができる。異質な体系の併存という点において、これらはのちの〈混在併存〉の概念を予感させる特徴である。

### (3)　55年館（第一期案）の平面形態

第一期の全体計画に基づき設計された、のちの55年館にあたる校舎の平面図が残されている（図3―11、12）。

注目したいのは、一階平面図（図3―11上）の左端にある一スパンである。このスパンは講義室棟（図3―10の2番）全二一スパンのうち、ちょうど中心に当たり、講義室棟と図書館

17　石井翔大、安藤直見、種田元晴「近代建築の立面構成に関する研究　法政大学55／58年館におけるケーススタディ」『日本建築学会大会学術講演梗概集』F―2、二〇一一年七月、二一一―二一二頁

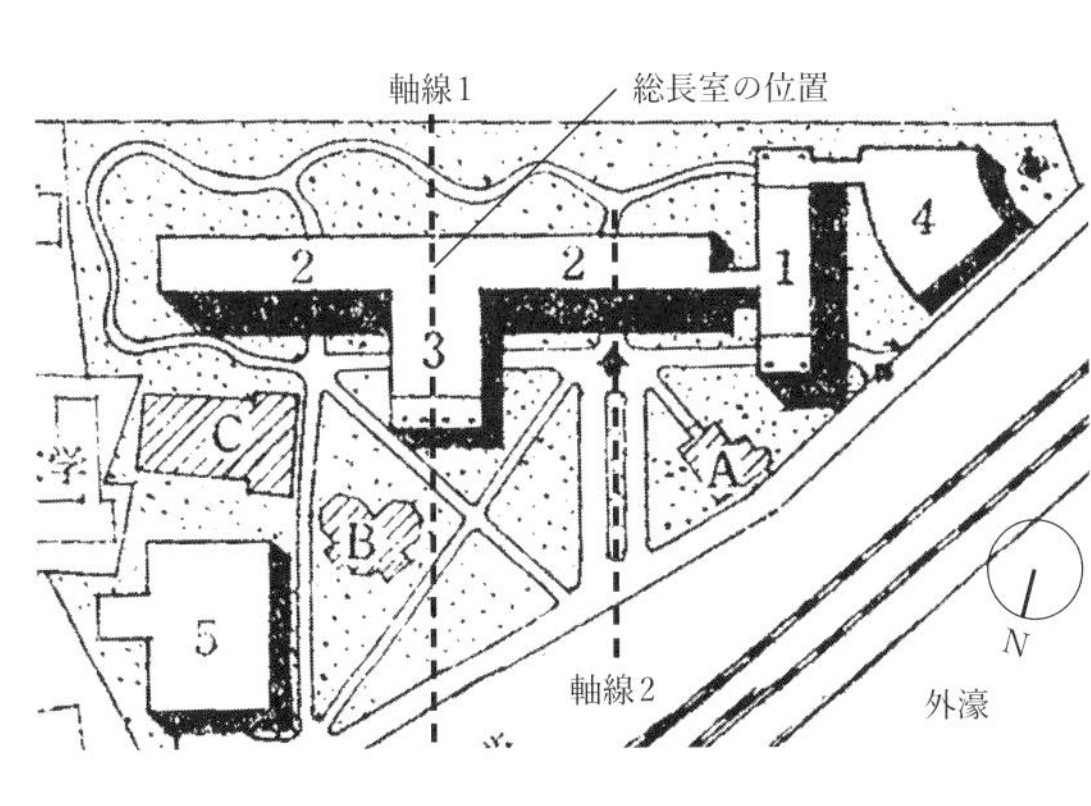


1：大学院棟（53年館）
2：講義室棟（のちの55/58年館）
3：図書館
4：大講堂
5：体育館
A,B,C：既存部

図3-10
「法大計画」
第一期全体計画
配置図

が構成するシンメトリーの軸線上にある。実現した「法大計画」では学生ホールが置かれた位置に相当するが、第一期の時点では、未だ学生ホールは存在していない。

学生ホールの代わりに講義室棟の中心に計画されているのが、総長室である。大学における権威の象徴である総長室が、シンメトリーを形成する建築の中心に位置づけられるという一元的な平面構成は、旧来のモニュメンタリティを体現する建築的特質を踏襲した結果であるといえよう。

ここでいうモニュメンタリティとは、建築が表象する記念性である。国家や団体、個人の権威、あるいは社会的集団で記憶すべき歴史的出来事などが記念の対象とされ、西欧においては記念碑や宗教建築、市庁舎建築においてモニュメンタリティが表現された。その表現手法は往々にしてシンメトリーの威圧的形態をとる。建築は遍く市民の生活に奉仕すべきとする理念を掲げるモダニズム建築家たちにとって、旧来の建築が表象する権威的モニュメンタリティは、装飾や様式とともに、建築から排除されるべき概念の一つであった。

一方で、ル・コルビュジエ設計によるムンダネウム(一九二九)やソビエトパレス(一九三二)のように、近代建築の設計手法に則りながら記念性を追求した試みはすでに一九二〇年代末からなされており、日本でも忠霊塔設計競技(一九三九)や、丹下健三が一等を勝ち取り名を馳せた大東亜建設記念営造計画競技設計(一九四二)などを舞台として、モダニズム建築家たちによる記念性獲得の試みが展開された。大江もまた、「國史館」の計画に携わるなかで、建築が担う記念性について思索を巡らしていたことは想像に難くない。

「法大計画」の設計期間中、大江自身が「モニュメンタリティー」という語を用いたのは58年館発表時の言説が初出だが、それ以前からも「学校の威厳」や「象牙の塔」といった言

18　大江宏「大学の建築」『法政』一九五四年一二月号、法政大学、二三―二五頁

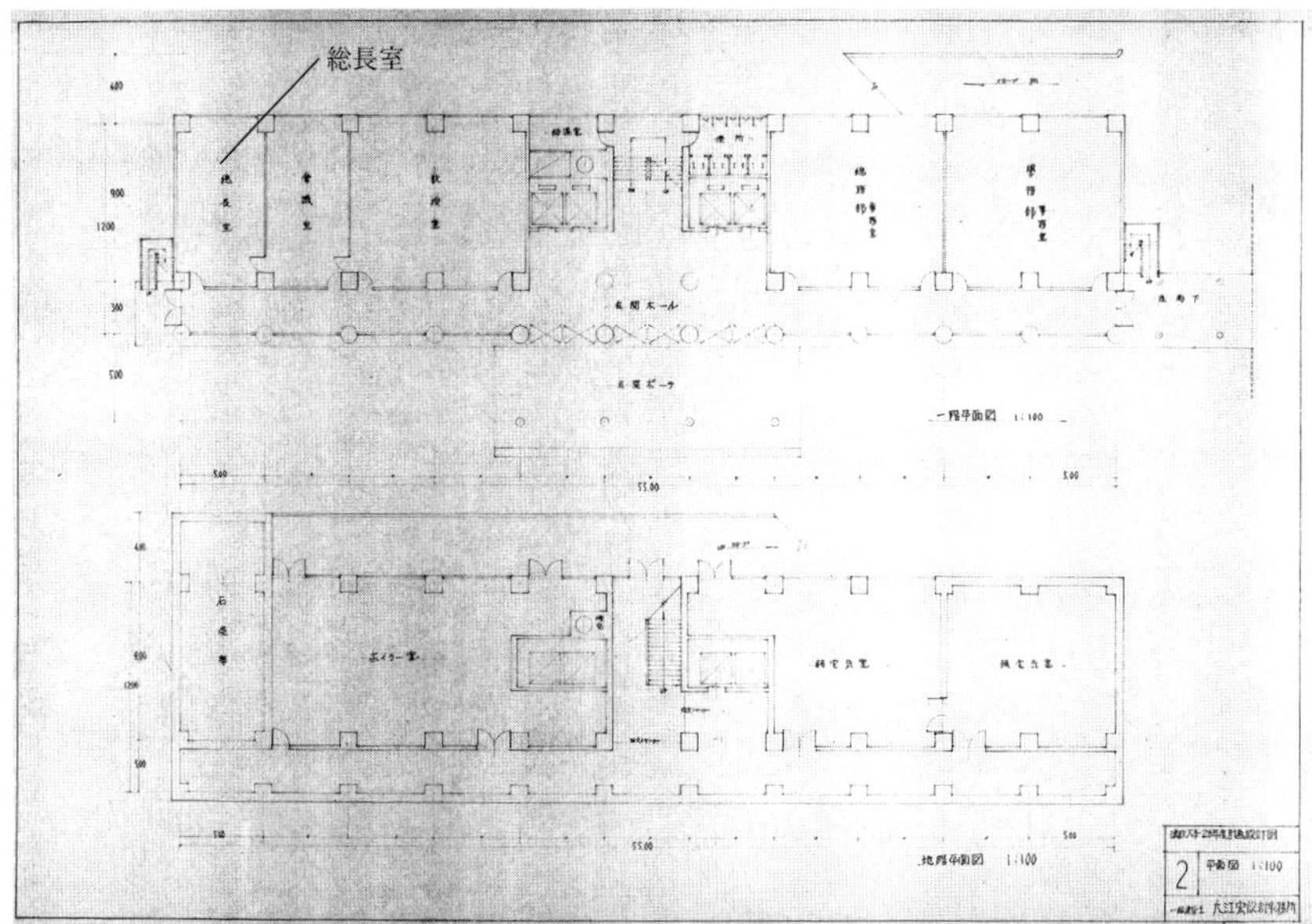

図3-11　「法政大学28年度計画設計図」1階（上）・地階（下）平面図（1953年1～4月、筆者加筆）

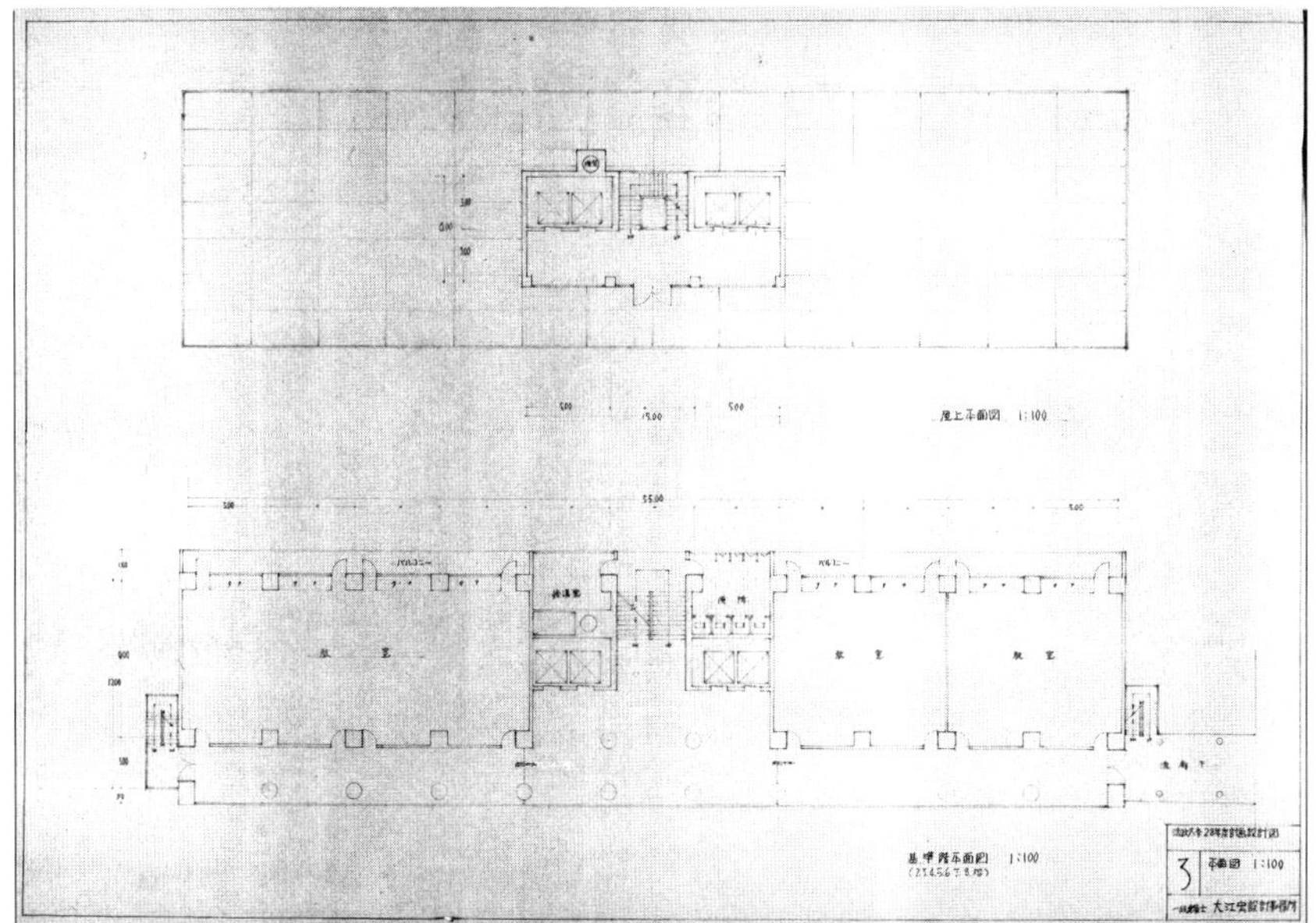

図3-12　「法政大学28年度計画設計図」屋上（上）・基準階（下）平面図（1953年1～4月）

葉をたびたび用いていることから、[18]大江の心中には、大学のモニュメンタリティの問題が長く内在していたことが見受けられる。

「法大計画」におけるモニュメンタリティに関する問題は、記念すべき対象は何か、またどのような形態によってそれを表現するかの二点に集約される。

第一期時点での大江の回答は、前者については総長を頂点とする大学の権威、後者についてはシンメトリーをなす校舎の平面構成がつくり出す軸線によって、これを表現するというものであった。第一期の「法大計画」から看取できる、権威を象徴するという旧来の建築的特質は、つづく第二期にも色濃く継承されていく。

## 第二期：55年館――バタフライによる軸線の強化

### (1) 55年館

第二期に実現した55年館（図3―13、14）は、53年館の竣工から七ヵ月後の一九五三年九月に着工、一九五五年二月に竣工した。SRC造地下一階地上七階建て、高層の講義室棟と低層の大教室の二棟から構成されている。講義室棟の平面計画は基本的に同一プランの繰り返しとなっており、53年館に引き続き、機能主義・合理主義に基づいて設計された校舎である。

55年館の最も特徴的な意匠は、北立面のカーテンウォールである（図3―15）。スチールのマリオンとサッシュによる黒のフレームに、白のアスベストパネルと窓ガラスが帯状に連なっており、軽やかで繊細な佇まいを実現している。より詳細に立面構成を見ると、まず太い垂直のマリオンが二本、一本、二本、一本と連続し、立面全体の基調をなしている。マリオンの間に二本のマリオンの位置は、六メートル間隔の柱のスパンと一致している。マリオンの間に

図3-13　55年館　北側外観

図3-14　55年館　南側外観

は、三分割のパネルと二分割の窓が併存し、互いに異なるリズムを水平方向に刻んでいる。カーテンウォールは三階から七階までを覆っており、二種類の階高（三、四階の四九五〇ミリと、五、六、七階の三三五〇ミリ）を内包しているが、立面の全体性は崩れていない。大江は階高の差異を、窓ガラスの段数と細いパネルによる最小限の操作によって、意匠上巧みに解決しているのである。同一部材を用いながら、画一的ではない豊かな複雑性を内包する緻密な設計が、55年館のカーテンウォールには込められている。

55年館のカーテンウォールは竣工当初、三、四階部分の窓ガラスに挟まれた細いパネルが黄色に塗られており、「デ・ステイル」メンバーの画家、モンドリアンの抽象絵画を想起させる意匠であった。南側外観の開口部に使用されているパネルもまた、赤や緑といった原色が一部使われていた。しかし58年館の竣工後、これらの色は全て白で統一され、カーテンウォールは抽象絵画から一転して、日本建築の障子を想わせる意匠に変更されることとなる。この色彩変更にもまた、大江が近代建築に疑念を抱き、日本の伝統へと眼差しを向け始めた建築観の変化が見出せる。

カーテンウォールの背後には、幅三メートルと広く取られた廊下があり、カーテンウォールから少し間をおいて、円柱が立ち並んでいる（図3―16）。円柱に挟まれた空間には大江設計のベンチが備え付けられ、廊下は移動空間であると同時に滞留の場として考えられている。

円柱は外部からもガラス越しに目視でき、立面構成の重要なアクセントとなっている。カーテンウォールで覆われていない一、二階では、この円柱が外部に現れており、その存在感が強調されている。この操作によって、円柱は一階から七階まで連続しているような

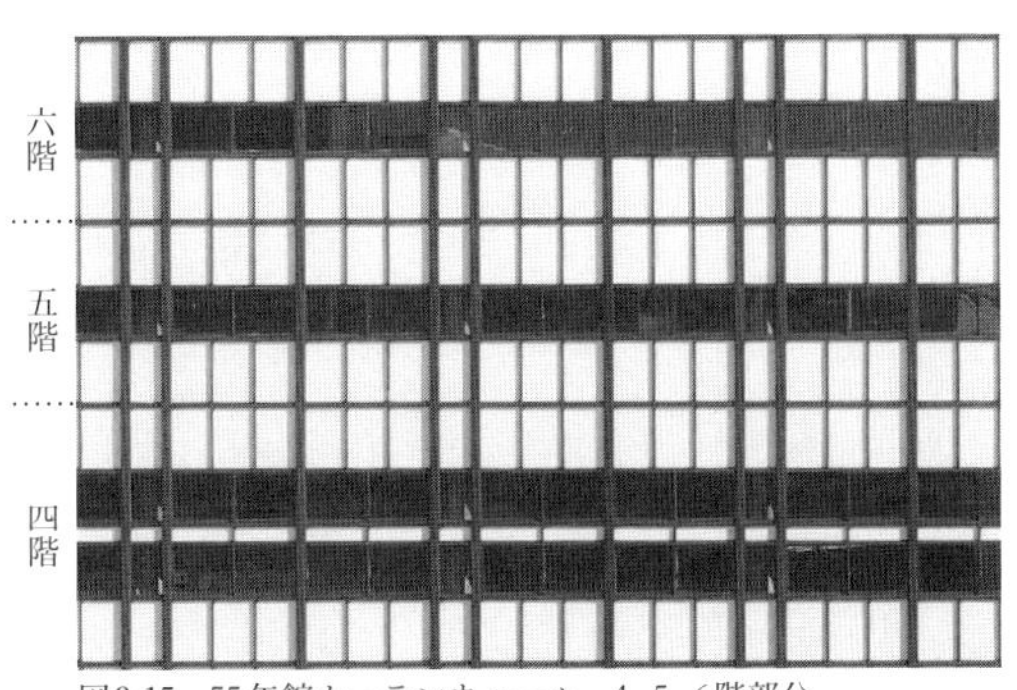

図3-15　55年館カーテンウォール　4、5、6階部分

図3-16　55年館廊下

視覚効果が生じ、建物全体に浮遊感を与えることに成功している。53年館のピロティを支えていた円柱がφ九五〇ミリと太く、高さ方向は一階分止まりで視覚的に鈍重だったのに対し、55年館の円柱はφ六〇〇ミリと細くなり、より大江好みの細長いプロポーションが実現されている。

カーテンウォールによる繊細な北立面に対して、南立面はコンクリート打放し仕上げの骨組みを現しにしたブルータルな表情である(図3—14)。全ての教室から南面に設けられたベランダへ出ることができ、またベランダはスロープによって一階から七階まで結ばれている。回遊性を生み出し、大人数の移動を効率的にさばく機能を担うこのスロープが、力強い外観を決定づけているのである。スロープは中央三スパンを往復しながら各階を繋いでいるが、立面図(図3—17)を見ると、階によってスロープの傾きや間隔が異なっていることが分かる。これは55年館の階高が四種類(一階三八〇〇ミリ、二階三三〇〇ミリ、三～七階は先述の通り)あることに起因する。階高の差異を感じさせない形態操作が加えられていた静的な北立面に対して、南立面は極めて即物的かつ動的なかたちである。実際にスロープを歩くと、上階のスラブが頭すれすれまで迫る箇所があるなどシークエンスに緩急があり、近代建築が陥りがちな単調さから脱し得た多様な空間体験が生まれている。対照的な二つの立面が一つの建築のうちに同居している55年館は、ほぼ単一のルールに則った立面をもつ53年館と比較して、大江がより多元的な建築のあり方を模索した結果といえよう。

ところで、今では大学教室の代名詞となっている連結椅子(図3—18)だが、これは大江が家具メーカーの寿商店(現：株式会社コトブキ)と共同で、「法大計画」のためにデザインしたものである。記念すべき最初の採用例が、55年館の教室であった。木の柔らかな表情を

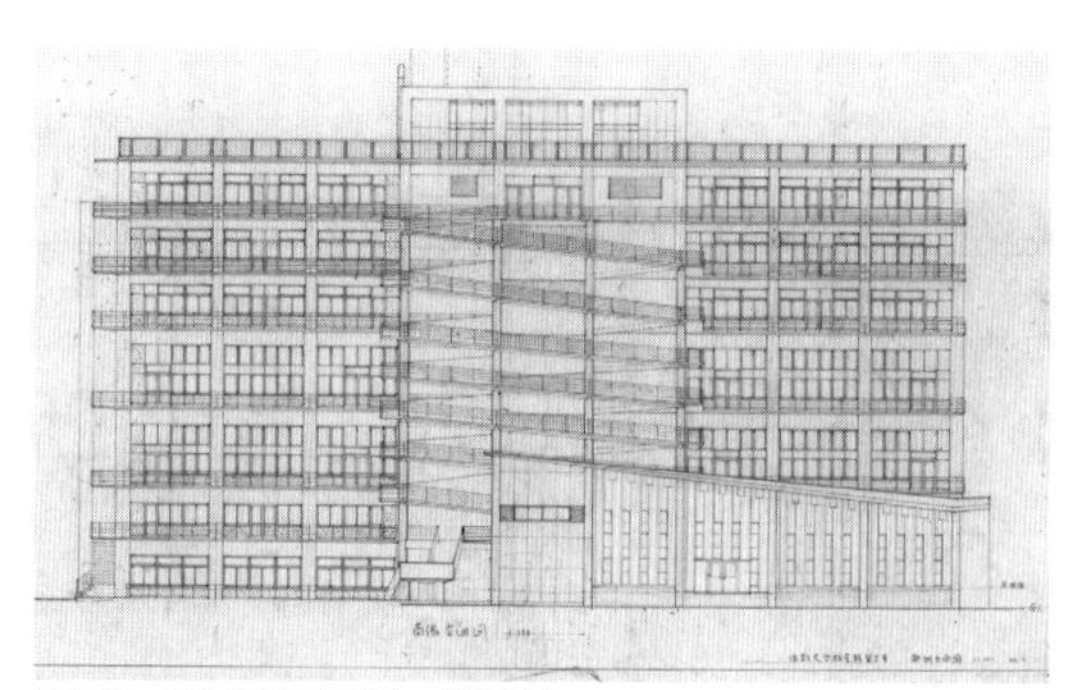

図3-17　55年館南立面図　部分拡大

持ちながら、跳ね上げ式の座面によって合理的に学生を収容できる本作は評判を呼び、全国の大学校舎に普及して現在に至る。法政大学のみならず、日本中の大学生の原風景に、大江はかたちを与えたのだった。

さて、55年館竣工パンフレットの設計要旨[19]によれば、大江は本作の設計にあたって、三つの目標を立てたと述べている。第一に、計画は「使用上無駄なく、能率的である事」、第二に、構造はコンクリートに「今日世上一般に用いられて居るものより二割程高い強度のもの」を使用して「地震に対する強度と経済性」を増大させること、第三に、建築材料は「素材そのものの本来の持ち味を、できるだけ傷めずに、そのまま露わに生かして置くことの三つである。また建築の表現に関しては、「強いて見かけをとりつくろうとか、威厳をつけ加えようとか云う事は何等意識的に考えず、唯専ら、上の基本的な3つの目標を追求して、そこに自ら生まれ出て来た内部的な成果をそのまゝ外側にまで押し出した姿が、55年館の建築となつた」と述べ、あくまで機能性・合理性から導き出された意匠であることを強調している。ここで大江が校舎に「威厳をつけ加えよう」とは考えなかったと述べている点は注目に値する。というのも、第二期の全体計画では、むしろその反対の方向性を持つ形態操作が加えられているからである。

### (2) 全体計画

第二期の全体計画を図3―19に示す。作成日は記されていないが、計画状況から一九五四年四月[20]～一九五五年二月頃のものと考えられる。

第二期に建設された55年館と既存部は実線で描かれ、将来計画の図書館（実現せず）、大

図3-18　「法大計画」の連結椅子

19　大江宏「設計要旨」『法政大学55年館』大成建設株式会社、一九五五年、二頁

20　新建築一九五四年四月号に、当時の全体計画を示す図が掲載されている。しかし図中には、後の第II 58年館となる校舎が描かれていない。一方図3―19の全体計画には同校舎が描かれているため、新建築掲載の全体計画より後に作図されたものと考えられる。大江宏「法政大学校舎実施案」『新建築』一九五四年四月号、新建築社、三一―三三頁

講堂（実現せず）、のちの58年館と第Ⅱ58年館にあたる校舎の四棟は破線で描かれている。

第一期案からの主要な変更点は以下の三点が挙げられる。

①体育館が消滅

②大講堂が体育館跡地に移動

③敷地南側のオープンスペースに二つの大教室が新設

これらのうち注目されるのは三つ目の変更点である。第一期ではゆるやかに蛇行した歩路が描かれていた位置に、台形の平面形態をもつ二つの大教室が新設されている。これらのうち一つは、55年館の一部として実際に建設された。これら二つの台形の大教室は、互いに向かい合う配置となっており、蝶の羽を思わせるかたちを構成している。以降、この向かい合う二つの台形が採用された全体計画をバタフライ案と呼称する。[21]

### (3)　バタフライ案の平面形態

現存する図面中、唯一バタフライ案の詳細が確認できるのが、「法政大学建設計画」と題された図面一式である。55年館着工の約四ヵ月前、一九五三年五月四日に作成されたものである。地階から七階まである平面図のうち一、二階平面図を図3―20、21に示す。

向かい合う二つの台形によって全体計画に生じた顕著な特徴が、

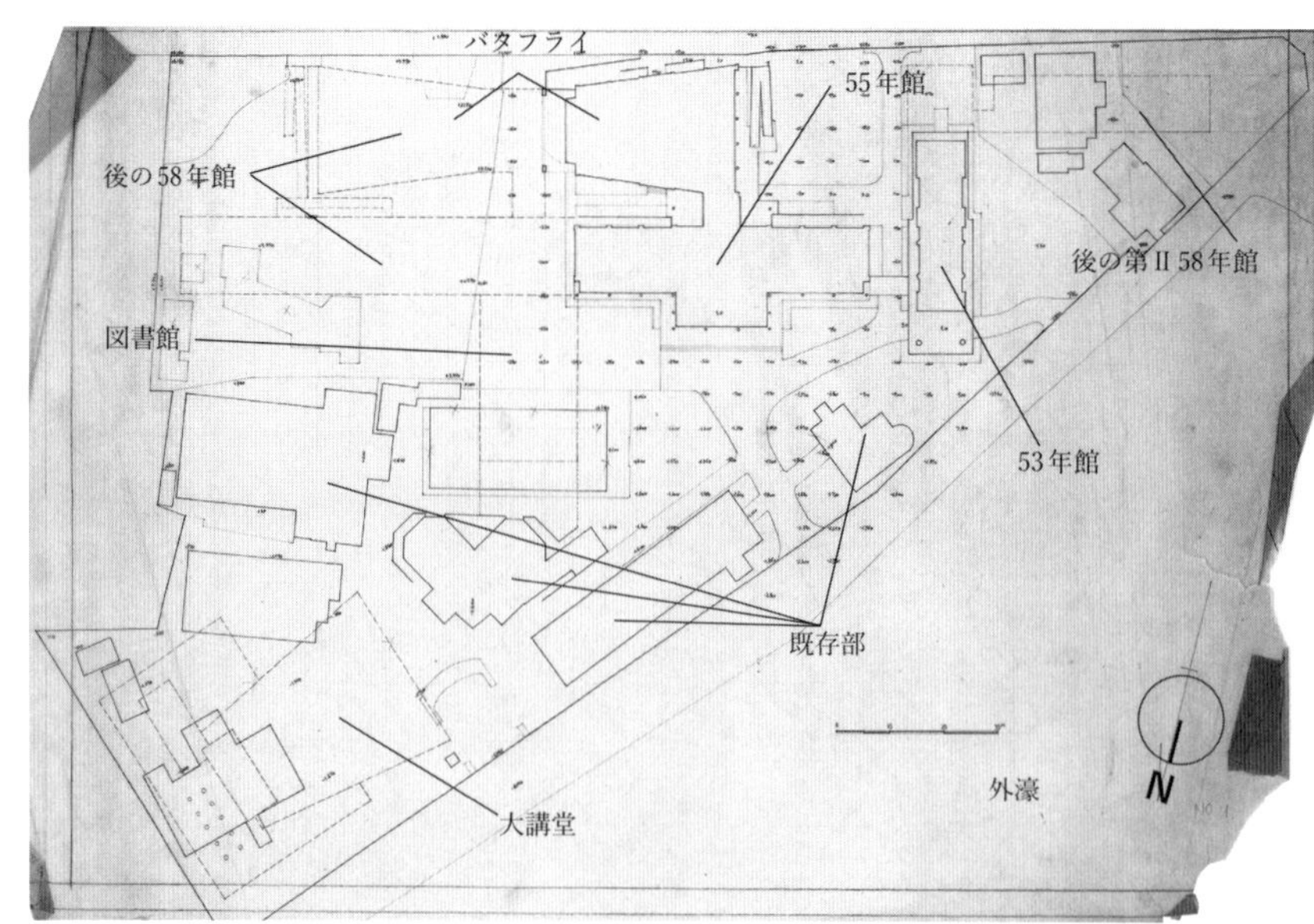

図3-19　「法大計画」第二期全体計画　配置図（筆者加筆）

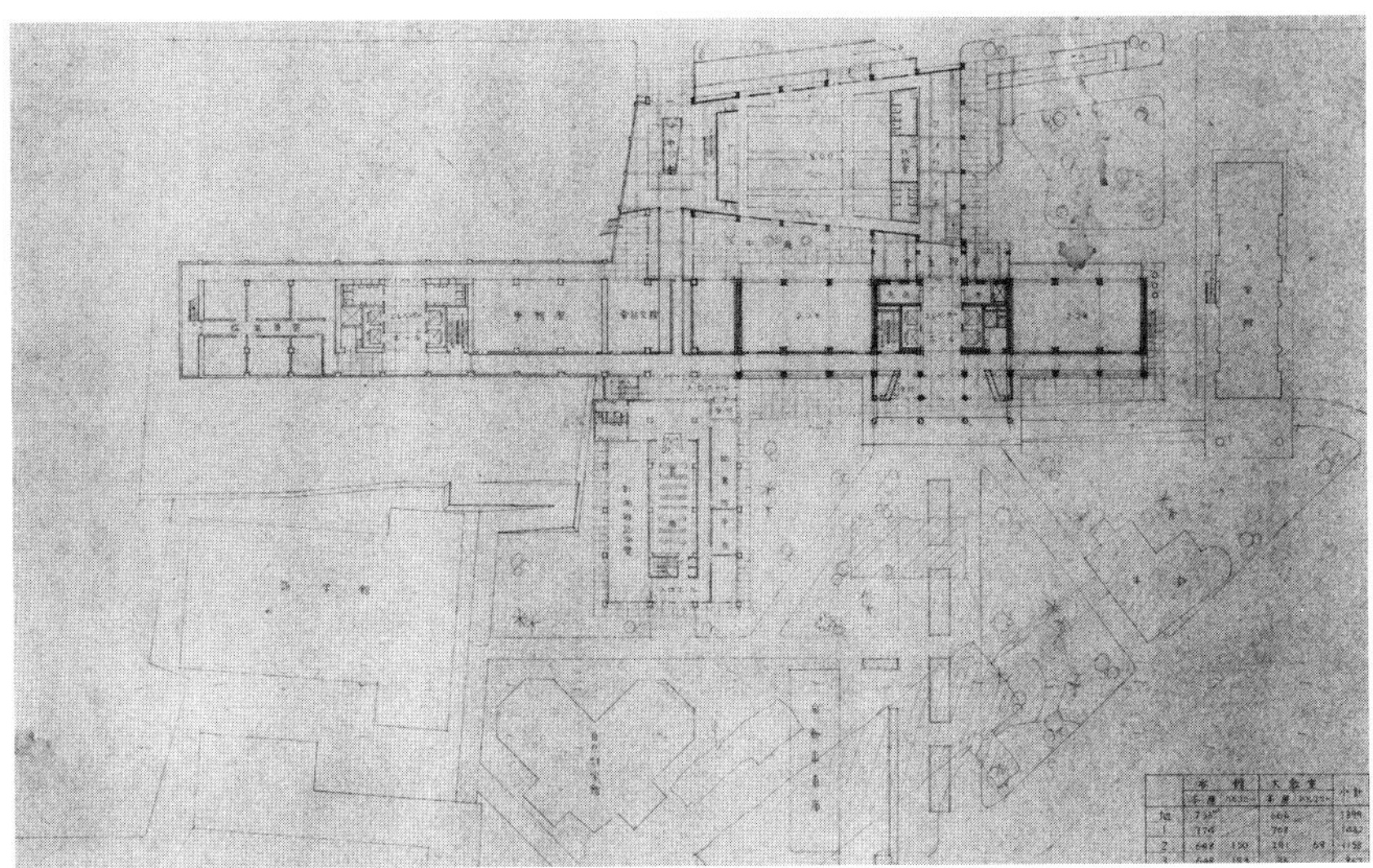

図3-20　「法政大学建設計画」1階平面図

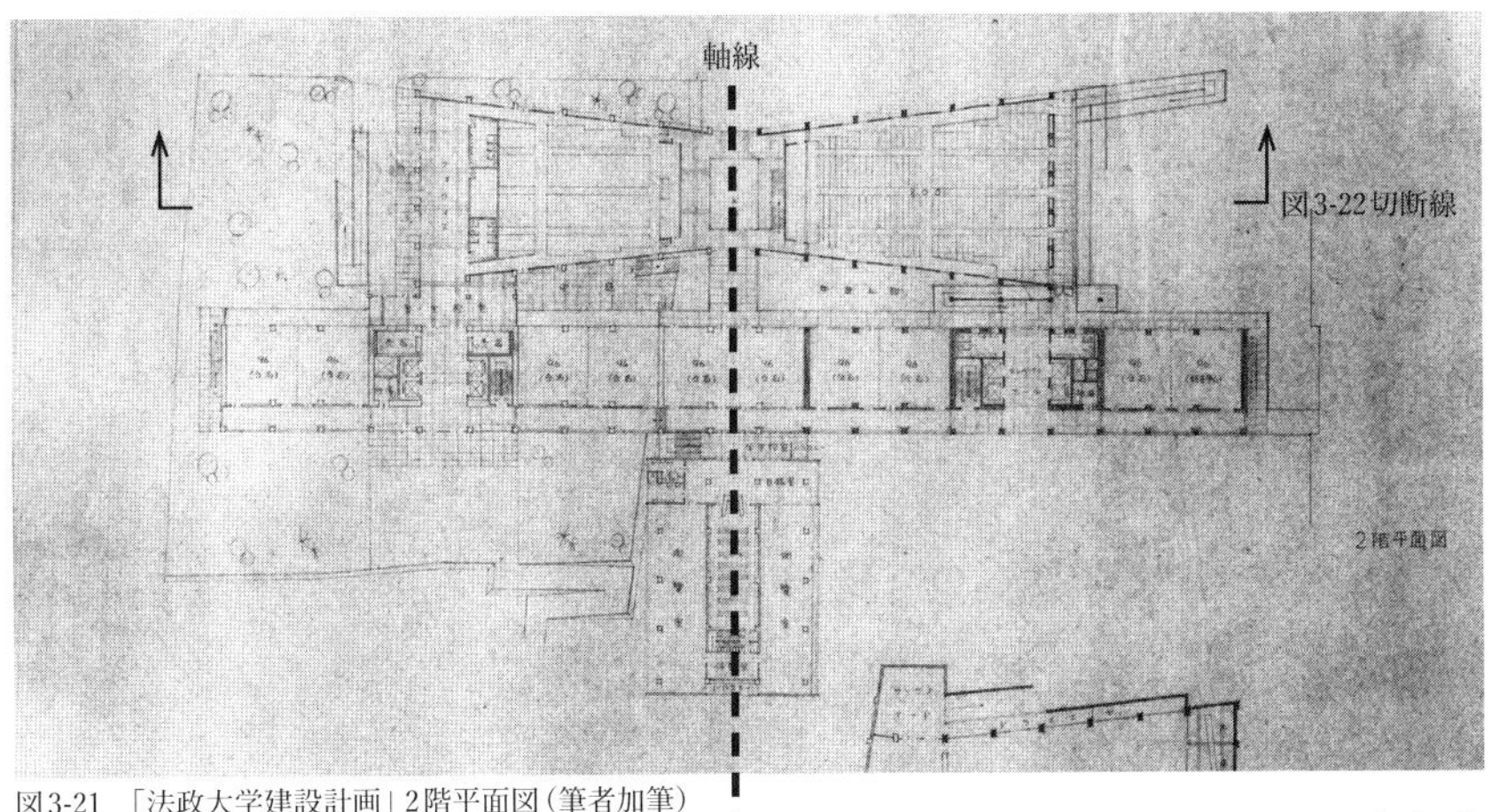


図3-21　「法政大学建設計画」2階平面図（筆者加筆）

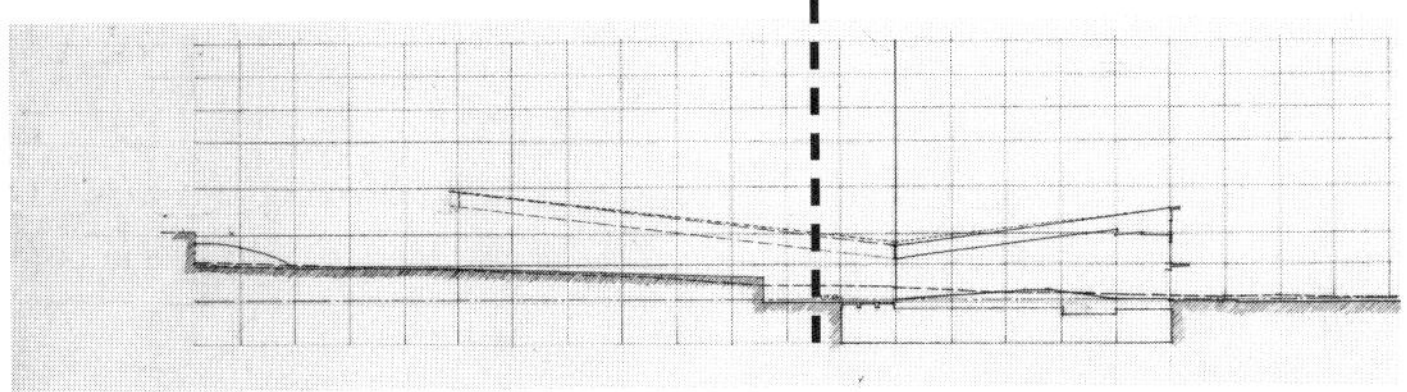

図3-22　「法大計画」バタフライ部分　断面構成（筆者加筆）

21　担当した元所員の澁谷榮一は、この向かい合う講堂を「バタフライ」と呼称している。『素顔の大建築家たち01』建築資料研究社、二〇〇一年、六五頁

キャンパスを貫く軸線である。すでに第一期において、講義室棟と図書館によるシンメトリーの平面構成から垣間見えていた軸線創出への志向は、バタフライの追加によって、さらに鮮明になっている。

バタフライによる軸線創出の主眼は、大学のモニュメンタリティを、校舎の形態、特に平面形態によって表現することにあったと考えられる。

第一期・第二期の「法大計画」で大江が見せる、軸線の創出に対する積極的な姿勢は、大学生時代に一級上の立原道造から聞かされた「建築はシンメトリーでなくては英雄的ではない」、「今こそモニュメンタリテートを鮮明にすべきだ」という主張に衝撃と反感を覚え、[22]自身の卒業設計においてもアシンメトリーの複雑な構成を採用していた当初の大江の志向とは真逆のものである。なぜ大江は、このような方向転換を行ったのか。その背景には恐らく、大江と同級であった丹下健三の存在があると考えられる。

第二章で述べた通り、丹下は戦時中の一九四二年に大東亜建設記念営造計画競技設計一等入選案で注目を浴び、一躍建築界の最前線へ躍り出た。[23]大江が「法大計画」に取り組んでいた頃、丹下はやはりコンペで一等当選した廣島計画[24]が、一九五五年の竣工に向けて建設中であった。丹下によるこれら二作品に共通する特徴として挙げられるのが、向き合う二つの台形、すなわちバタフライの平面形態による軸線の創出と強化である[25](図3―23、24)。

大東亜建設記念営造計画競技設計一等入選案では、建築を囲む塀によってバタフライが形成され、二つの台形の中心を通る軸線が企図されている。軸線の先に想定されているのは、日本を象徴する霊峰、富士山である。

一方廣島計画では、外構の歩路によってバタフライが形成されている。広島平和会館原

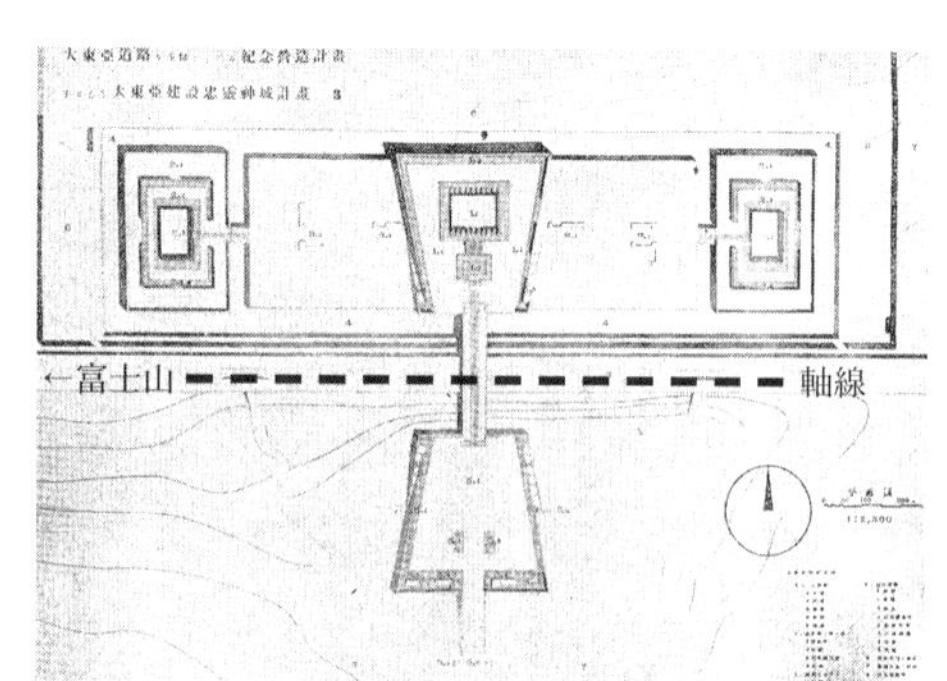

図3-23　大東亜建設記念営造計画 競技設計一等入選案

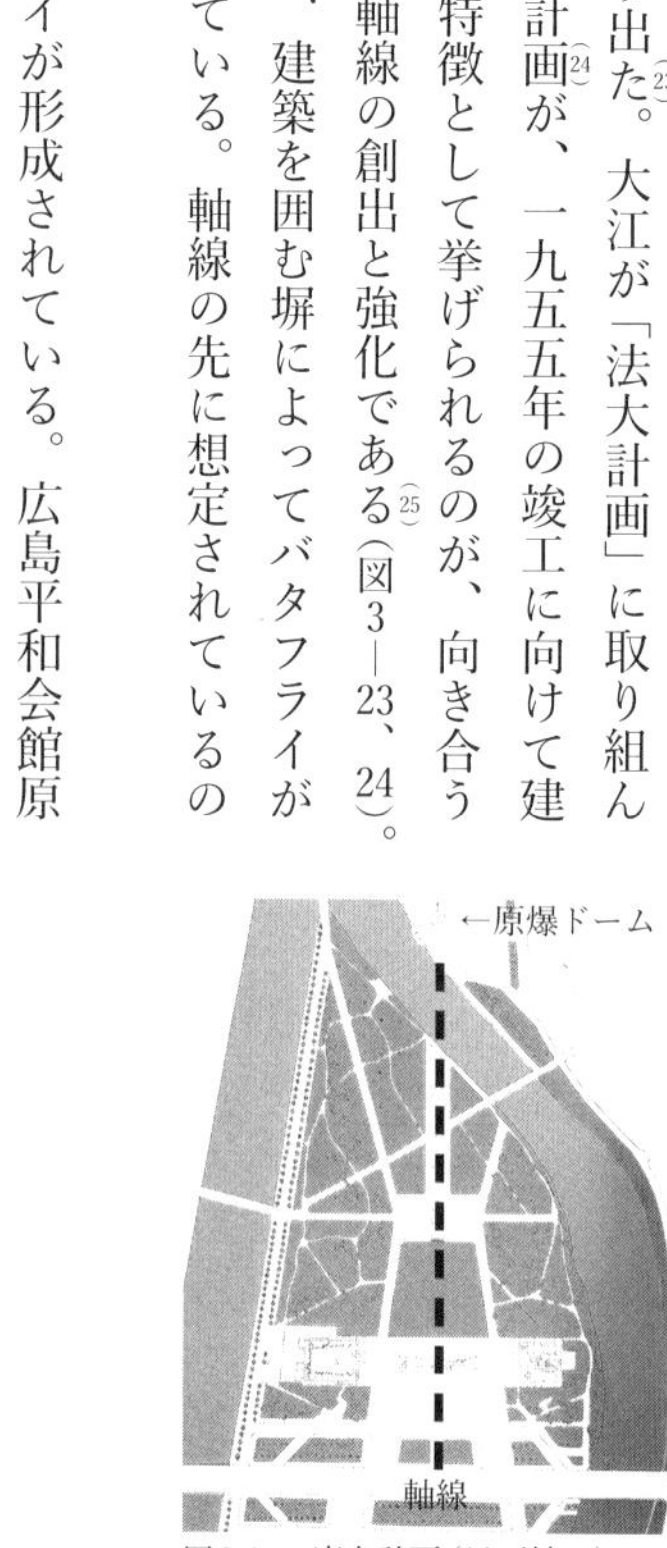

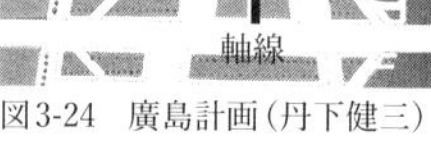
図3-24　廣島計画（丹下健三）

爆記念陳列館（一九五二、現・広島平和記念資料館本館）を始点として記念碑を通過し、原爆ドームへと至る軸線が、このバタフライの歩道によってさらに強調されているのである。丹下自身は、これらバタフライを「つづみ型」と呼称している。[26]

本来記念性とは相性の悪い近代建築の理念と形態言語に依拠しながらも、戦中、戦後と時勢に求められたモニュメンタリティに対し丹下が提示した鮮やかな回答は、広島と同じく、戦火により甚大な被害を受けた法政大学市ヶ谷キャンパスの再興を一任された大江にも、強い影響を与えた可能性がある。第一期「法大計画」の軸線上には、一階に大学の権威の象徴である総長室が置かれていた。つづく第二期のバタフライ案における一階の中心は、軸線を強調する通路へと置き換わっている。各階の図面中、総長室と明記された室は確認できないが、一方で二階平面図に描かれた室は全て「将来事務」と記されているため、これらのうち軸線上の中心位置を占める室が総長室であるとみるのが、バタフライによる平面形態の変化の傾向からも妥当と思われる。なお、第一期の全体計画で確認した、正門から伸びる直線道路の軸線もまた、第二期において継続して採用されている（図3―20）。

### (4)　バタフライを崩す断面形態

バタフライの平面形態によってシンメトリーが形成される一方、バタフライの断面図（図3―22）を見ると、逆にシンメトリーを崩す特徴が見受けられる。図中右側の実線部分五スパンが55年館の大教室にあたり、左側の点線部分八スパンが、第三期に増築予定である二つ目の大教室と中庭である。増築予定の大教室は、55年館の大教室に比べて三メートル程高い位置に計画されており、平面形態とは対照的に、アシンメトリーの断面形態をもっ

22　大江宏『大江宏＝歴史意匠論』南洋堂、一九八四年、二八、一七五頁

23　丹下健三「大東亜建設記念営造計画　競技設計一等入選案」『建築雑誌』一九四二年一二月号、日本建築学会、九六三―九六五頁

24　丹下健三、浅田孝、大谷幸夫「廣島計画」『新建築』一九五四年一月号、新建築社、一一七頁

25　石井翔大、安藤直見「近代建築の平面形態に用いられる台形に関する研究」『日本図学会春季大会学術講演論文集』日本図学会、二〇一二年五月、二一―二四頁

26　丹下健三は藤森照信、松葉一清との鼎談のなかで、廣島計画に見られる向かい合う二つの台形を「つづみ形」と呼び、この形を好んでいる旨を述べている。続けて丹下は「戦争中のコンペでも使っているんです。このつづみ形を使うと、敷地のネットワークができて、さらにセンターができるということが、だんだん分かってきましてね。」と述べており、軸線創出の担い手として、向かい合う二つの台形が用いられていたことがうかがえる。丹下健三、聞き手　藤森照信・松葉一清「焼け野原から情報都市まで駆け抜けて」『建築雑誌』一九八六年一月号、日本建築学会、一九頁

ていることが分かる。

両者の高低差は、敷地の起伏に起因するものである。市ヶ谷キャンパスの敷地は、西から東へ緩やかに上る傾斜地であり、敷地内の最大高低差は約六メートルある。特に敷地東端では勾配の変化が著しい。大江は第三期で、この敷地形状を活かした和風庭園を計画することになるが、バタフライという形式性の強い平面形態を採用した第二期においても、敷地形状を計画に取り込むという場に即した配慮が断面上でなされたことがうかがえる。

軸線の創出を第一義とする一方で、大江はシンメトリーの形式にのみ拘泥していたわけではなかった。この点において、第二期の「法大計画」は、第一期から続く一元的路線の延長上にありながらも、より多元的な計画へと変化する第三期の予兆が、バタフライの断面形態に、また55年館の南北で異なる立面構成に見出すことができる。

バタフライ案は、「法大計画」の全設計期間のなかでも最長となる、一九五三年五月から少なくとも第三期初頭の一九五六年三月までの約三年間にわたり、基本路線として扱われたと考えられる。[27] 55年館は本案に則り、バタフライの片割れとして実現した。一方、建設が予定されていた講義室棟全二一スパンのうち、55年館として実現したのは九スパンのみであり、校舎の中心に何を置くかという課題は第三期へと留保された。一九五四年の海外旅行を経て「法大計画」の大きな方針転換が試みられた第三期では、第二期で見られた萌芽を残しながら、残り一二スパンの設計によっていかに軸線を崩すか、また大学のモニュメンタリティを改めて何に求めるかに、設計変更の主眼が置かれることになる。

27　「法政大学建設計画」(図3―20)が描かれた一九五三年五月から、バタフライ案が最後に確認できる大江自筆パース(図3―25)の作成日一九五六年三月まで。

28　大江宏「大学の環境と建築」『法政』一九五六年四月号、法政大学、二八―二九頁

29　大江宏「建築と私―法政大学最終講義」『大江宏＝歴史意匠論』南洋堂、一九八四年、三七頁

30　第三校舎は一九二七(昭和二)年竣工のRC造、地下一階地上五階建て。設計は司法省の山下啓次郎である。戦後は第一校舎と名を変えた。二〇〇七年に解体されるまで八〇年間にわたり市ヶ谷キャンパスの歴史を見守り続けた校舎であった。なお、第四校舎(六角校舎、一九二八)の設計は山下と同じく司法省の蒲原重雄である。

31　前掲注28

## 第三期：58年館─軸線の解体、多元的建築へ

### (1)　大江宏自筆「法大計画」パース（一九五六年三月）

図3─25は『法政』一九五六年四月号に掲載された「法大計画」のパースである。[28] 図右下には「Hiroshi Oe 1956 Mar」とあるため、一九五六年三月に大江宏自身が描いたものと確認できる。大江が「法大計画」全体をどのような視点で捉えていたかを伝える図である。

第二期の全体計画と比較すると、まず敷地の靖国神社側（図中左側）では、軸線創出のためのバタフライを形成する大教室が未だ健在であることが確認できる。海外旅行から帰国後の大江が陥っていた、「方向転換しようにも、具体的に何がどう狂っているのかがわからない」[29]状態が、58年館着工の七ヵ月前に至って未だ継続していたことを示していると考えられる。一方で、外濠側（図中右側）に講義室棟と接する位置で計画されていた図書館棟はなくなり、バタフライを貫く南北方向の軸線が弱められる結果となった。図書館棟の新築計画が取りやめとなったのは、戦前から残る既存校舎の一棟、第三校舎[30]をリノベーションし、図書館として利用することになったためである。このリノベーションも、大江事務所が設計を担当した。

バタフライの軸線が弱まった一方、図書館棟の空いたスペースには、講義室棟と並走する幅員の広い直線道路が描かれており、南北方向に変わって東西方向の軸線が新たに意識されていたとも見える。このパースに添えられた大江の言説には、学生の多様な生活を支えるための大学校舎を志向する意志が述べられているが、[31] しかしパースからは学生たちの生活の様子はうかがえず、あくまで建築の外形が主題とされ、閑静な市ケ谷の地に屹立する「法大計画」の荘厳さが表現されている。第二期の大江が見せた、建築の形態によるモニュ

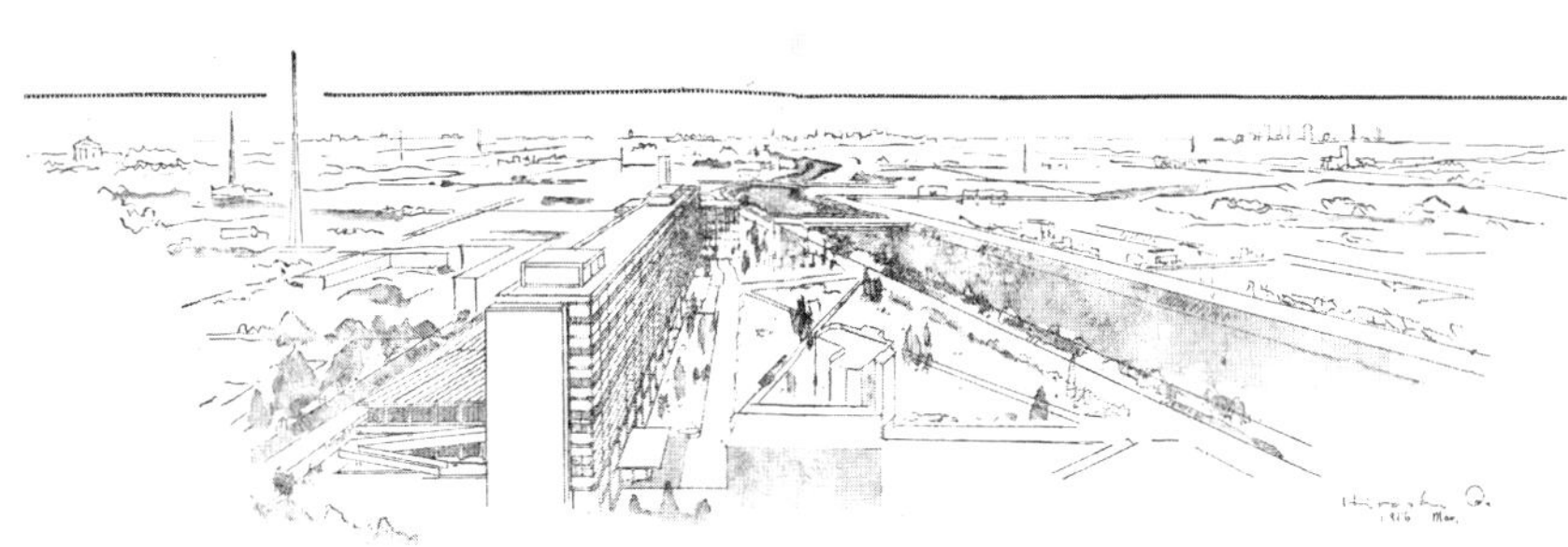

図3-25　大江宏自筆「法大計画」パース

メンタリティの創出を求める方向性の延長上に、未だ大江の意識が留まっていたといえる。

## （2） 法政大学校舎第二期許可申請（一九五六年七月）

パースの次の段階を示す図面が、一九五六年七月作成の「法政大学校舎第二期許可申請」である[32]（図3―26）。この図面に至って、バタフライを形成していた大教室は白紙となり、シンメトリーの平面形態による軸線の強度は大きく減じている。

二階平面図（図3―27下）をみると、総長室の位置が、校舎の中心ではなく東端に移動していることが確認できる。第一期以来「法大計画」に内在していた、建築形態により権威を象徴するという旧来の建築的特質からの脱却が、ここに図られたと見てよいだろう。なお、校舎の中心に当たる室は、二階が会議室、一階は無記名となっており、学生ホールはまだ存在していない。

この図面で新たに追加された要素が、講義室棟一階外濠側（図3―26左下）に付加された二室である。55年館の平面と比較すると、ちょうど凹と凸の反転関係にあるため、この操作もまた、平面形態の相対化によるシンメトリーからの脱却の試みと考えられる。シンメトリーと軸線の解体が進む一方、一階のスパン割を見ると、間に中心となる三スパンを挟みながら、既存の55年館九スパンと左右対称の位置に同じく九スパンが描かれており、シンメトリーの平面形態は完全には失われていない[33]。

## （3） 法政大学58年館計画設計図（一九五六年七月）

「法政大学校舎第二期許可申請」からさらに変化を見せる図面が、同じく一九五六年七

32　図面タイトルの「第二期」とは、55年館と58年館を一体の建築と見做し、前者を「第一期」工事、後者を「第二期」工事と表現していたためと考えられる。またタイトル末尾には「許可申請」と書かれているが、実際には申請に使用されず、大江事務所で保管されていたものと思われる。

33　実現案の58年館は、学生ホール部分の四スパン、エレベーターや階段等コア部分の三スパン、事務室部分の五スパンの複合体である（図3―35）。ただし五スパンの端部にあたる一スパンは、58年館に隣接する形で図書館（鬼頭梓、一九八〇年）が建設された際に失われた。

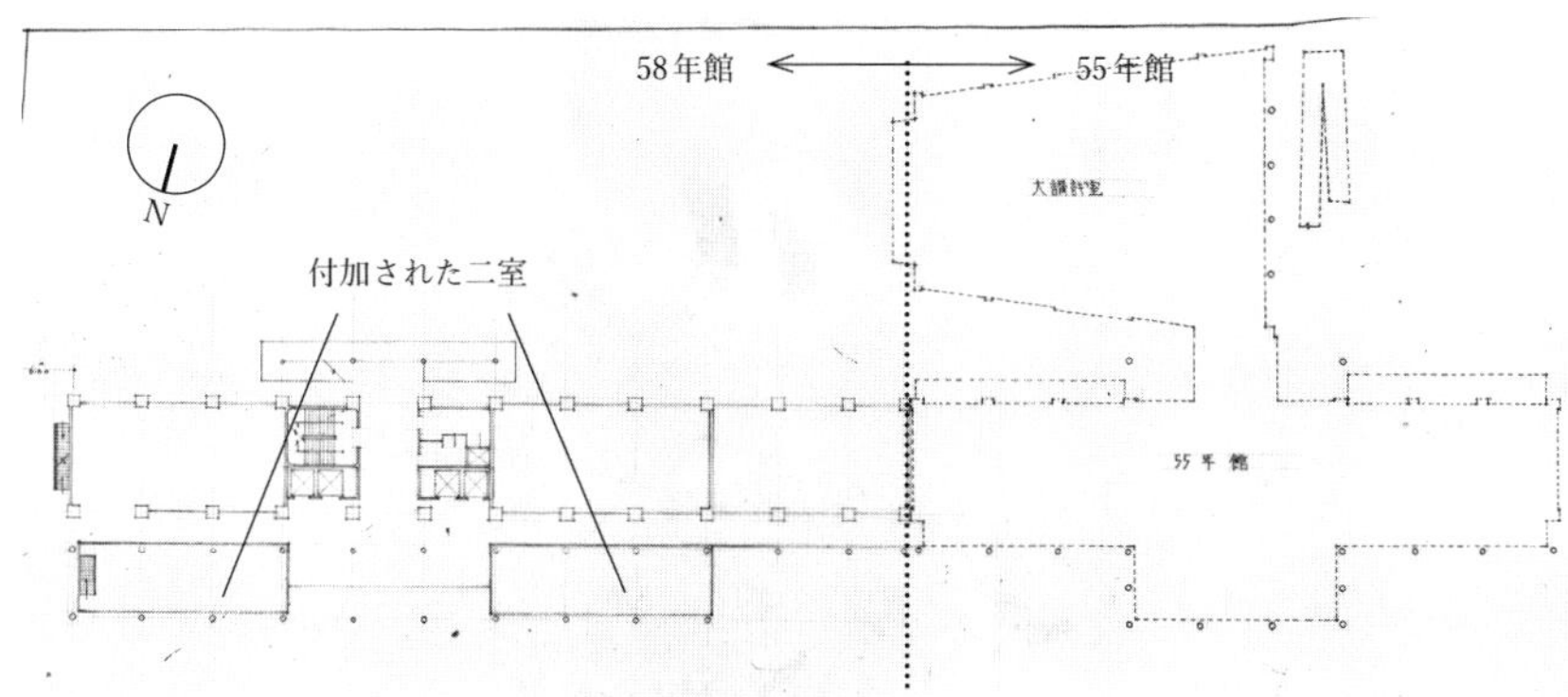


図3-26 「法政大学校舎第2期許可申請」配置図（筆者加筆）

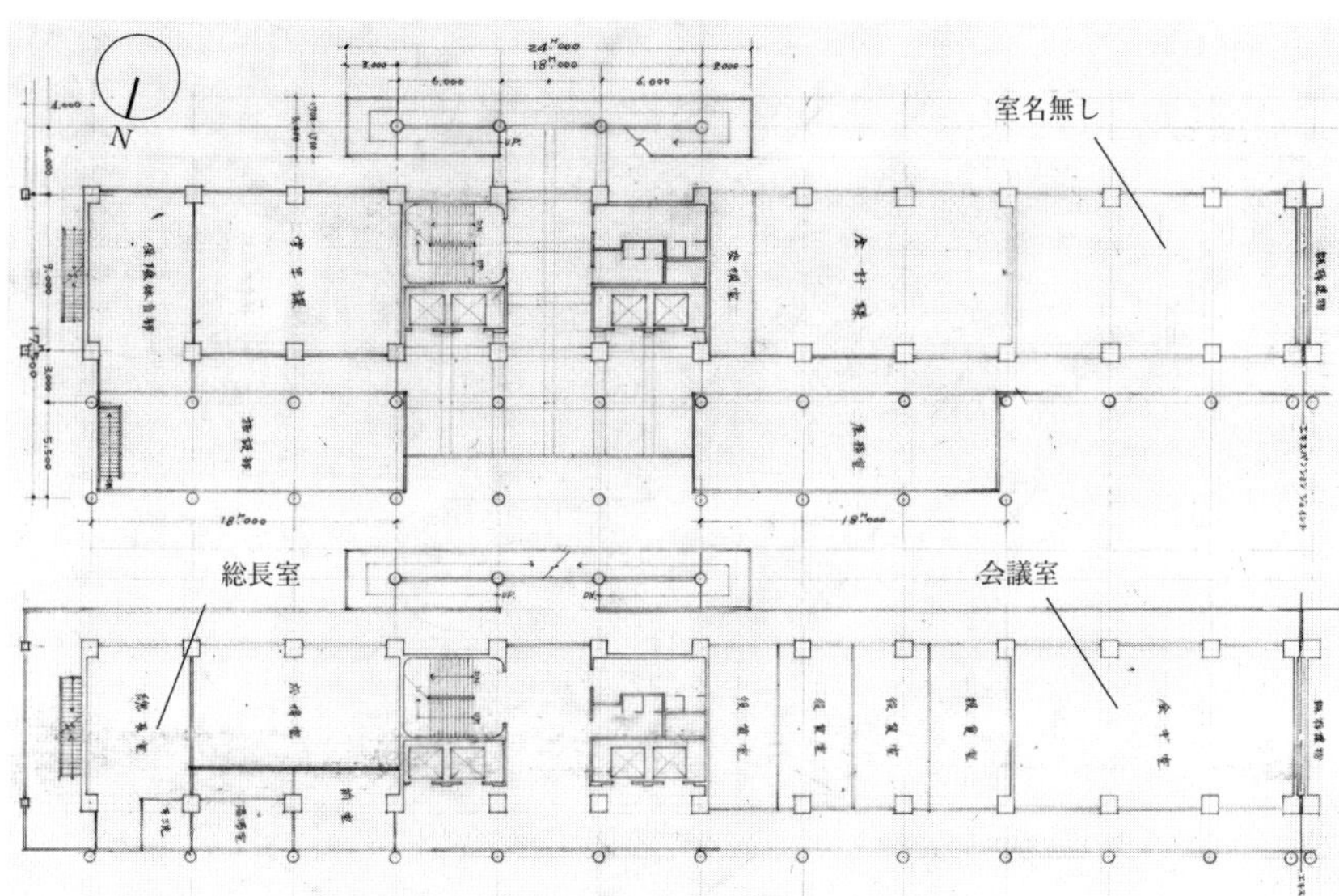


図3-27 「法政大学校舎第2期許可申請」上：1階、下：2階平面図（筆者加筆）

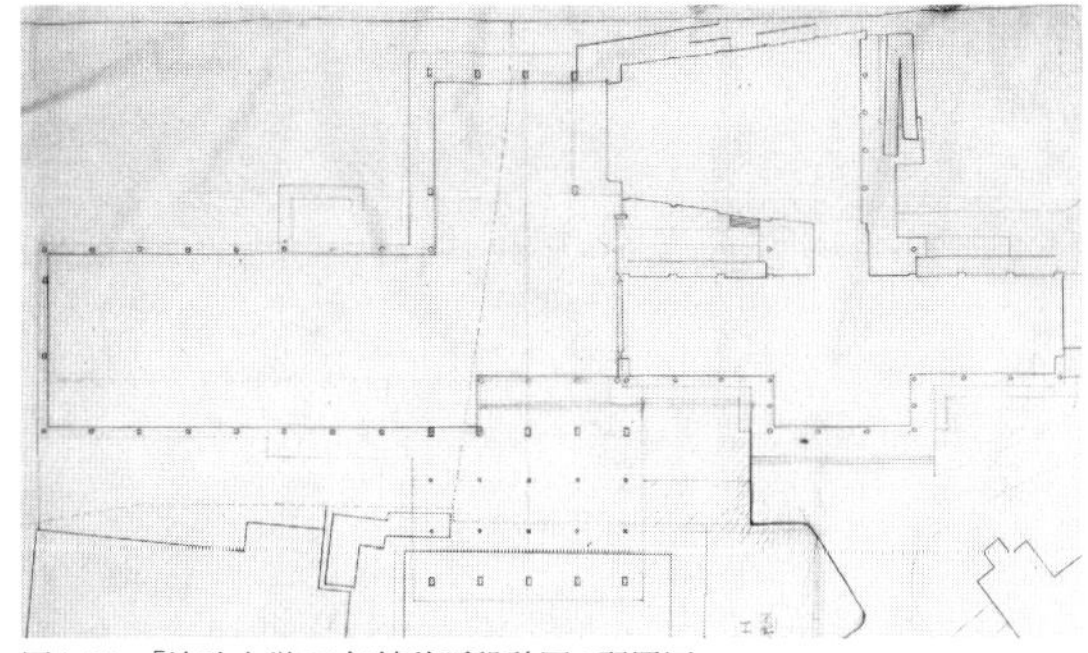

図3-28 「法政大学58年館計画設計図」配置図

月に描かれた「法政大学58年館計画設計図」である（図3―28）。上記の名称が記された図面はこの配置図一枚のみである。58年館の平面形態が現状とほぼ同じ姿で描かれていることから、58年館の設計変更の主眼である学生ホールも、この時点ですでに検討されていたと考えられる。[34] 学生ホールの計画は、海外旅行より帰国してから一年と一〇ヵ月の歳月が流れ、58年館着工まであと四ヵ月と迫った時点でのドラスティックな変更であった。[35]

図3―26では残存していた校舎の中心に位置する三スパン分の室は、南北に連続する四スパンの帯状空間へと変更されている。また58年館一階は、図3―26で付加された二室がさらに拡大し、主屋をぐるりと囲む下屋のような空間に更新されており、55年館と比較して一回り大きい平面形態となっている。以上の操作によって、第一期案以来のシンメトリーによる一元的平面形態と軸線は解体され、法大計画はアシンメトリーの多元的平面形態へと変化した。第一期、第二期とエントランス部分の外構を貫いていた歩路の軸線もまた、ほぼ同時に消去されたと考えられる。

### (4) 58年館・第Ⅱ58年館

第三期で実現した58年館（図3―29）は、55年館竣工の翌年一九五六年一一月着工、一九五八年五月に竣工した。SRC造地下一階地上七階建て、高層のA棟（講義室、学生ホール、総長室他）とシェル屋根をもつB棟（教授室、大教室）、C棟（集会室、学生ホール）の計三棟からなる。58年館と並行して第Ⅱ58年館（図3―30、SRC造、地下二階地上三階建て、研究室棟）も一九五七年一一月に着工、一九五八年八月に竣工し、ここに「法大計画」は完成をみた。「法大計画」において、58年館と第Ⅱ58年館が果たしている造形上の役割を見てみたい。

34　学生ホールが確実に描かれた図面は、一九五六年八月二七日作成の展開図である。

35　53年館解体（一九九五年に実施）の決定を機に法政大学工学部建築学科の有志で行われた座談会の記録中に、58年館の現場所長を担当した竹波正洪による以下の証言が残されている。建設が始まってもなお、最後まで大江が学生ホールと総長室の設計変更に拘っていた様子がうかがえる。

「竹波　いろいろ面白いことがありました。先生が設計変更したいというので、58年館の2階はコンクリートを打たずに、上の階を先に打っていったんです。

司会　鉄骨だけで。

竹波　工期調整のために、Iビームで補強を入れて（笑）。私、現場にいまして、昼休みに裏のほうで55年館を見ていましたら、先生がちょうど来てジーッと見ておられるので、（中略）「先生、何かお考えがあるんでしょう」といったら、「いろいろ設計に不満があるんだ」とおっしゃるんです。「あとで詳しくお聞きしますが、先生のご趣旨に沿うように私は努力してみますから」とお話ししました。2階の後打ちが始まったのはそれからなんですよ（笑）。総長室やなんかがあるところですね。」

「法政大学のキャンパスを語る会」一九九三年八月一一日（水）午後四時～六時三〇分、場所：法政大学市ヶ谷キャンパス80年館七階大会議室、出席者：竹波正洪（元大成建設、現場所長）、青木繁（法政大学教授（当時））、山田潤（元大江事務所所員、設計担当）、梅崎星果（元大江事務所所員、設計担当）、大江新（法政大学教授（当時））、司会：猪野忍

図3-29　58年館　奥：A棟　手前：B棟

両作品の外観から読み取れる意図、それは「法大計画」を構成する各校舎のかたちの、徹底的な相対化である。

例えば一二〇メートルにおよぶ主屋の長大なカーテンウォールが刻む直線のリズムに対しては、あえて破調をきたすような曲線を描く交差ヴォールト屋根のB棟が前面に配置されており、さらにこのB棟も突出した存在とならないよう、やや異なるかたちのヴォールト屋根をもつ第II58年館が離れた位置に置かれ、相互の形態的な均衡が保たれている。

55年館と58年館を比較すると、両者では塔屋のかたち、スロープの始点と終点の空間構成、階段室、天井の張り方、各所の色彩などさまざまな点が異なる意匠となって

（建築家）、小川格（南風舎、編集者）、企画：金子泰造（元大江事務所所員、建築家）

図3-30　第II 58年館

おり、唯一共通するのはカーテンウォールのみであるといっても過言ではない（図3―31～33）。

55年館と58年館の相違点で特に興味深いのは、打放しコンクリートの表現における差異である。55年館では、構造の柱と梁は一体の存在として面一面で接合されているのに対し、58年館の柱梁は、互いに独立した部材を組み合わせたかのような段差が与えられており、陰影に富むその表情は木造建築を想起させる。特に交差ヴォールトの58年館B棟は、ピロティのスレンダーな柱や二階のベランダを取り巻く手摺、また屋根を支える井桁状の梁などが顕著な例である。

58年館竣工パンフレット掲載の設計要旨[36]において大江は、「法大計画」について「先づ出発点が建築の機能性と合理性を最高度に尊重しようとするところにおかれたために、所謂「学校らしさ」と云うような旧来の観念は、これを一応乗り越えた所から設計が始められました。」と述べ、機能主義・合理主義に基づいた53年館と55年館が、現代の新たな大学建築として一定の成果をあげたことを述べる。

しかし大江は続けて、「一方、「学校建築」は今なお一つのモニュメントでありたいとする人間の欲求は昔と少しも変わらない願いです。ところが近代建築は本来建築が強く持っていたところのモニュメンタルな性格を今大方は失ってしまったようです。それは唯単に能率的で衛生的なだけでは、それがいかに高度に充足されていたとしても精巧な機械であり得ても、人間のためのモニュメントとはなり得ないと云うことです。」と述べ、近代建築が失った特質として「モニュメンタルな性格」の重要性を主張する。

このような問題意識のもと、58年館では、「高度に機能的であると同時に、建築から失わ

36　大江宏「設計要旨」『法政大学58年館』大成建設株式会社、一九五八年、四頁

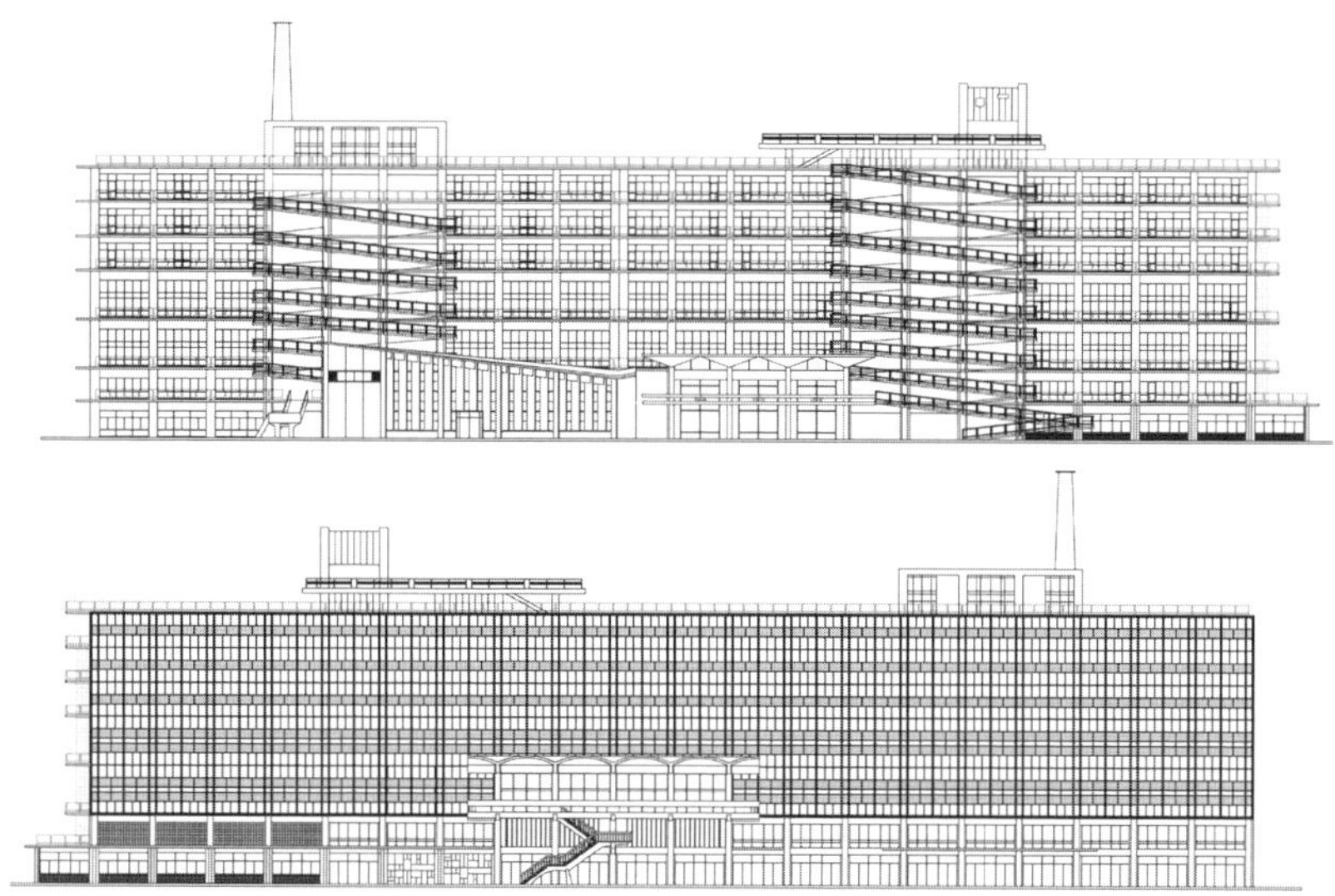
図3-31　55/58年館　南北立面図

れたモニュメンタリティーを再び積極的にとり戻したいと願うことがこの大学建築の課題となりました。」とし、一方で「古代の神殿や墳墓は、神の力、支配者の権力を強大に象徴しましたが、現代の人間にとってその種のモニュメンタリティーは全く意味を持ち得ません。」との認識を示す。そして現代の大学建築が負うべき「モニュメンタリティー」とは、「学生も、先生も、すべての人々を含めて大学と云う一つのコミュニティーを構成する人間の集団そのもの」にあるとし、「コミュニティーの持つ迫力が自ら発する強烈なイメーヂによって、現実の造型にまで高められます。」と大江は結論づける。

第三期に至って、大江は「法大計画」を、旧来の権威を象徴する

図3-32　58年館　色ガラスブロック窓

図3-33　58年館　廊下

建築ではなく、人間のためのモニュメント足り得る建築とすることを志向した。それは近代建築が旨とする機能性や合理性の追求では獲得し得ない、人々の精神の拠り所としての建築にほかならない。

講義室にできるだけ多くの学生を詰め込み、教員から一方的に知識を伝えるマス教育の必要性を認めたうえで、それでもなお、教員と学生、あるいは学生同士による個対個の双方向性を持つ濃密なコミュニケーションから得られる学びを、大江は重視した。そのような学びを喚起し、醸成する確かな空間が、大学のなかに明確に位置付けられるべきである。大江は「法大計画」の棹尾を飾る58年館の設計を通して、そのように主張したのである。昨今、日本含め世界各地の大学では学生の個対個の自発的な学びを促進させるアクティブ・ラーニングの重要性が認識され、専用の校舎やスペースがキャンパス内に新設される事例が増加しているが、大江が「法大計画」に込めた教育理念と実現した空間は、まさに時代を大きく先取りしていたといえよう。

### (5) 「モニュメンタリティー」を表現した学生ホール

大江の設計意図が明快に表現された場所が、58年館中央部で南北に連続する幅四スパンの帯状のスペースである。このスペースは三層からなり、一階にピロティと学生ホール、二階に集会室、地階に売店と食堂が計画されている。これらのうち、大江の理念を体現する最も重要な空間が、学生ホールである(図3—34)。

58年館の学生ホールは、学生たちが思い思いに自由に過ごせる二層吹抜けの余暇空間である。現在では一般的となった学生のためのオープンスペースの先駆けであった。55年館

図3-34　58年館　学生ホール

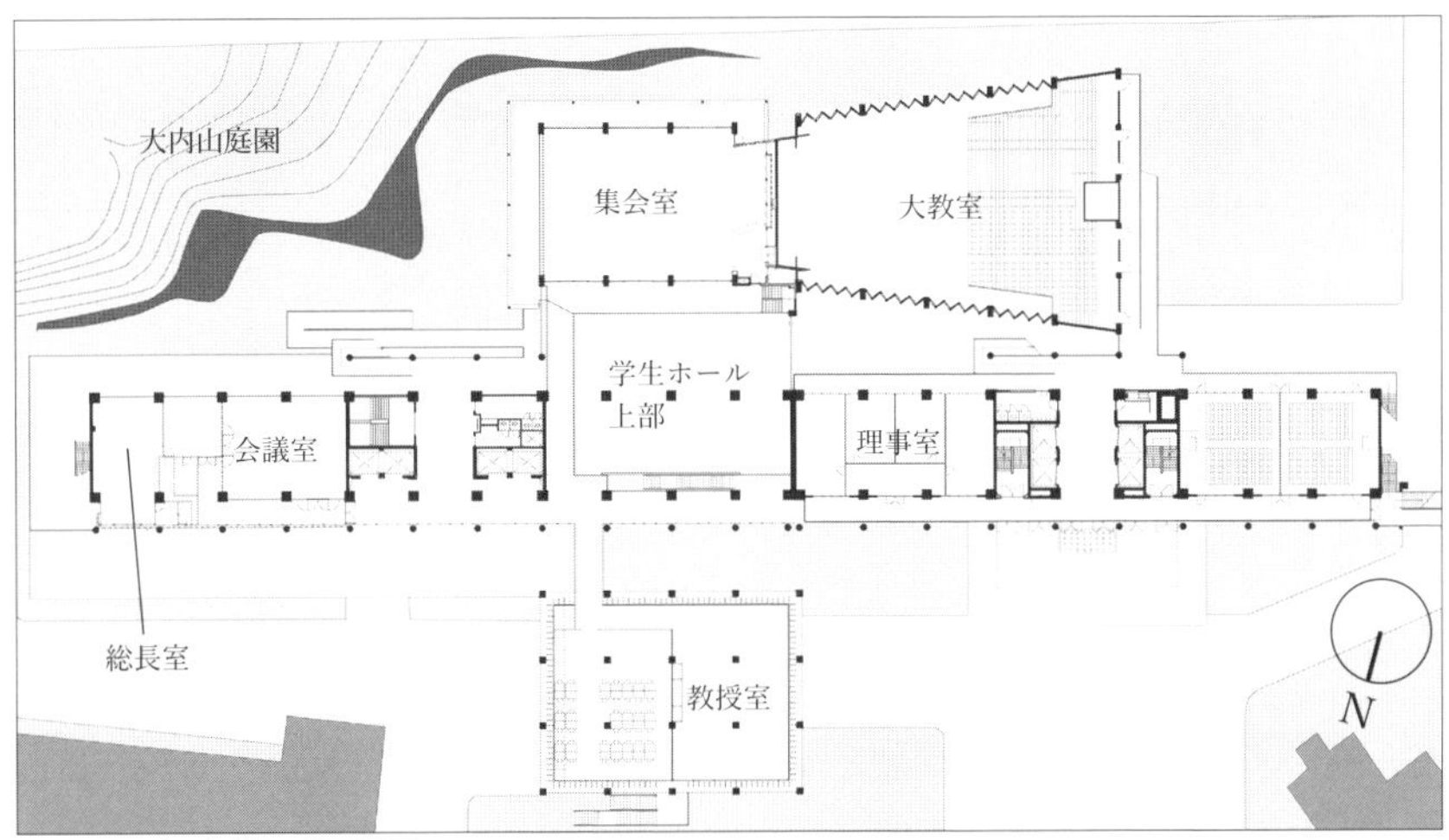

図3-35　55/58年館　2階平面図

と58年館の二階平面図（図3―35）を確認すると、両者を一体の校舎と見た際、学生ホールはちょうど中心の位置に計画されている。また、学生ホールの二階周囲には廊下を介して教授室、理事室が近接して配置され、廊下の延長上には総長室も置かれており、学生ホールから各所へスムースにアクセスできるようになっている。当時を知る教員によれば、学生と教職員との何気ない対話が、実際にこの学生ホールで生まれていたという。学生ホールは、学生のみならず大学を構成する人々全体のフラットな「コミュニティー」を形成する場として設計されたのである。それは戦後民主主義の理念を明快に具現化した空間であったといえる。

　学生ホールの一階は、58年館の一部として大江が手掛けた大内山庭園（図3―36）に面しており、ガラス戸を開放すれば内外が連続した一体的空間として利用できるようになっている。後年の大江の述懐によれば、学生ホールと和風庭園はともに、一九五四年の海外旅行に起因する「私の内的変化を密かに表している」ものであり、特に学生ホールは、「南禅寺の伽藍を、いわばインターナショナルの定義からいえば異質のものを心中密かなモチーフ」にしたという[37]。

　学生ホールは、託された機能に加えて、その表現にも、普遍性ではなく特殊性を積極的に盛り込むことが意図されていた。例えば学生ホールの仕上げには、煉瓦、コンクリートブロック、色ガラスなど多様な素材と色彩が混在しており、一つとして同じ壁面は存在しないし、格天井を思わせる梁からいくつも吊るされた瓢箪型の照明器具からは、妖艶な怪しさすら醸し出されている。当時の所員であった澁谷榮一は、58年館を設計変更する際、大江から「ドロドロしたものでいこうや」と指示を受けたという[38]。大江は58年館において、

37　大江宏『別冊新建築 日本現代建築家シリーズ⑧ 大江宏』新建築社、一九八四年六月、八三頁

38　前掲注21

39　大江は58年館建設中に発表した文章の中で以下のように述べている。ここで用いられる「混沌」という言葉は大江最晩年の言説でも登場する（第六章後述）。「学生の生活を受け止め得る場としては、もっと何か耐え支え得る分厚さや、割り切れない混沌ささえ、ときとして必要なのだろう。その混沌さや、重厚さが、厳しく格調づけられてゆくところに、学生や、また人びとの心にじかに触れる建築の力がはじめて与えられるに違いない。」大江宏「学校建築の反省」『建築文化』一九五七年四月号、彰国社、九頁

単純には割り切れない、時として曖昧模糊な複雑さをもって、人間の多様な生活を包含する建築のあり方を希求した。学生ホールには、のちの〈混在併存〉に通ずる、近代建築の教条から逸脱しようとする大江の明確な意志が込められているのである。

大江は、58年館の設計変更の方向性がある程度定まった一九五七年四月に発表した論考[39]において、近代建築に対する批判を展開している。大江はここで、多くの近代建築が「人びとの心に直接訴える力を失ってしまった」状態にあると述べ、いくら建築ジャーナリズムが近代建築の新しさや正しさを主張したとしても、一般の人々には目新しさによる一時的な感動を呼ぶに留まり、心からの深い共感や賛同は得られていないと厳しく問題提起している。やはりここで大江が重視しているのは、建築を利用する人々の心である。建築分野のなかで閉じた議論のもと流行の造形を追い求めるのではなく、使い手の心を重視すべきとする大江の主張からは、卒業論文から続く彼の一貫した姿勢が見出せる。

近代建築に対する執念から始まった「法大計画」は、海外旅行に端を発する疑念を内在させた多元的建築群へと帰結した。58年館で示された方向性は、一九六〇年代の作品でさらに展開されていくことになる。

図3-36　58年館　大内山庭園とC棟

# 第四章

# 目にした世界、省みた日本

## 学校建築の第一人者

法政大学の一連の校舎によって、大江宏は建築家としてのキャリアを華々しく開始した。「法大計画」と前後して、大江は東洋英和女学院の小学部（一九五四）や短期大学（一九五九）、また香川県立丸亀高等学校（一九六〇）などの校舎を立て続けに手掛けている。いずれの作品も、コンクリート打放しによる端正な近代建築であった。

一九五〇年代も終りを迎える頃、大江は学校建築の第一人者となっていた。[1] 傍から見れば、実践と教育を両輪とするプロフェッサーアーキテクトの道を、順風満帆に歩んでいるかに見えただろう。しかし当の大江は、モダニズムに依拠した建築観の再検討を迫られ、強く葛藤していたのであった。葛藤の契機となったのは、一九五四年に赴いた海外旅行である。

晩年の回想によれば、この旅で大江が得たものは、「端的に言えば「唯一で確実なもの」として存在していた筈のヨーロッパ世界が、実際には唯一でもなく、しかも決して確実な有りようで存在しているわけでもない、それをこの目で見た時のたとえようもない驚きと、今まで殆ど知るよしもなかった別の世界が、ある一本のはっきりした線を境にして奥深く広がっていることの発見という、この二重の驚き」（傍点は大江による）であった。[2] しかし、帰国直後の大江は未だ「何か、どこかがおかしい」といった曖昧な感情を抱くに留まっており、問題の輪郭が「明確に近代建築への疑いという形」をとり始めたのは一九六〇年頃のことであったという。[3]

一九六〇年代は、大江にとって転機となる作品が続く豊穣の季節である。特に六〇年代初頭に大江が設計した梅若能楽学院（一九六一）と乃木神社社殿（一九六二）の二作は、現代の建築設計において木の表現はいかに可能かという問いに対する、晩年まで続く大江の模索

1　一九六二年、大江は博士論文『大学の成立と発展—大学の計画を導く理念の探究』を東京大学に提出、工学博士の学位を授与された。本論は大きく二編からなる。第一編は人類の誕生から始まり、文字や政治組織の発明を経てヨーロッパ文明が成立するまでを概観し、そこで生まれた大学の理念を論じている。第二編では転じて日本における大学の発展過程を論じ、最後に自身の実践として「法大計画」と東洋英和女子短期大学を取り上げ、次のように述べている。「大学の活動に於て、またその建築的構成に於て、常に中心となる可き最も重要な場であって、しかも現代大方の大学がこれを欠除しているところの場、則ち学生の個人的人間関係成立を眼目とし、且つ学生の有機的集団意識の成立のために専用の建築空間、それを私は現代の大学のコミュニティーと呼ぶ。大学の空間的構成に於て、これがすべての重心であり、他の部分はこれを中核として従属的に建築的均衡を保ち得るのである。」また、大江はこの「中核」の空間が大学の精神的、象徴的な「モニュメンタリティ」をも持つとし、時計台や正門などによってつくり出されていた既往の大学のモニュメンタリティを凌駕するものであると述べている。

2　大江宏「日本建築学会大賞　建築設計・建築論・建築教育における一連の業績」『建築雑誌』一九八八年七月号、日本建築学会、六六—六七頁

3　大江宏、宮内嘉久「歴史意匠の再構築」『大江宏＝歴史意匠論』南洋堂、一九八四年、一八五頁

の端緒であったといえる。その模索はまた、かつて大学で学び、一九五〇年代を通して実践してきた近代建築の理念を相対化する作業であるとともに、父から我が身に受け継いだ伝統と再び向き合うための視座を定める過程でもあった。

本章では、大江が近代建築に疑念を抱く契機となった第一回海外旅行がどのような体験であったのか、また帰国後の大江が徐々に認識するに至った近代建築の問題の所在はいかなる側面にあったのかを、大江の言説と資料をもとに検討したい。また、胚胎した疑念を乗り越えるべくさまざまな模索が展開された初期の代表作として、梅若能楽学院、乃木神社社殿の二作を取り上げ、これらの建築に大江が込めた設計意図を読み取っていく。

## 第一回海外旅行

大江は一九五四年三月から九月までの約半年間、当時大江の事務所所員であった高瀬隼彦（一九三〇―二〇一八）と共に、北南米、西欧など計一四ヵ国を訪れた。具体的には滞在順に、アメリカ、カナダ、ブラジル、アルゼンチン、ウルグアイ、セネガル、フランス、イギリス、スウェーデン、デンマーク、ドイツ、スイス、イタリア、ギリシアである。[4]

大江の渡航の公的な業務は、一つは堀口捨己設計によるサンパウロ日本館（一九五四）の現場監理（ブラジル）、もう一つは吉阪隆正（一九一七―一九八〇）がのちに設計することとなるヴェネチア・ビエンナーレ日本館の敷地確認（イタリア）であった。大江建築アトリエには、大江が現地で撮影した写真のポジフィルムが一七九枚現存しており、旅の様子をビジュアルでうかがい知ることができる。[5]また、高瀬作成による旅行記録ノート（図4―1）が一冊残されており、各国での詳細なスケジュールや出会った人々の氏名を確認することが可能である。

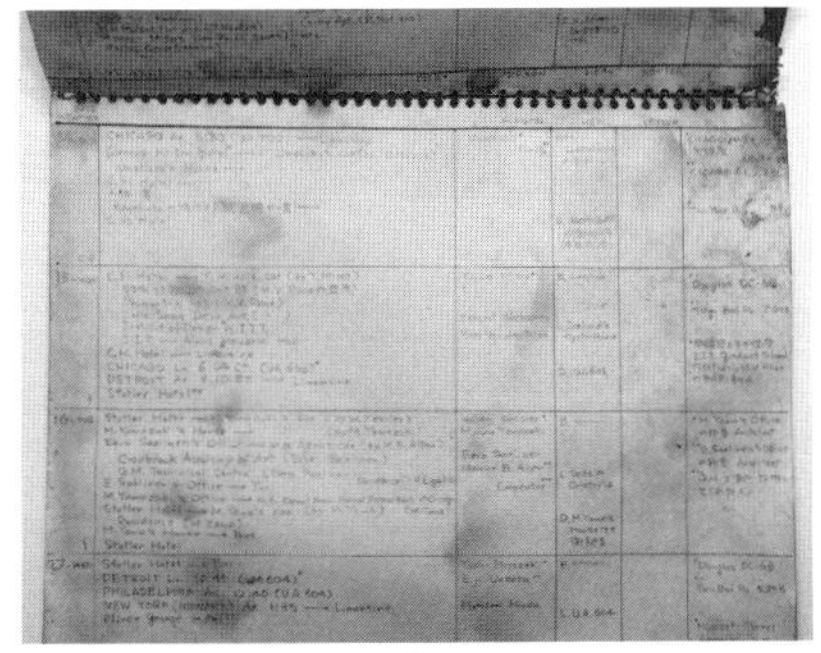
図4-1　高瀬作成の旅行記録ノート

4　前掲注3『大江宏＝歴史意匠論』一二八―一二九頁および、大江宏「ぶらじる通信―守られている選擧の公約」『法政』一九五四年七月号、法政大学、五〇―五一頁を参照。

5　写真の内訳は、アメリカ三五枚、ブラジル一五枚、北欧・イギリス四三枚、フランスやイタリア等南欧五七枚、ギリシア二九枚である。一七九枚の内、明確な場所が筆者で判断できないものは、大江新氏による分類を参考とした。なお、一九五〇年代に大江が各雑誌で発表した記事には、大江自身で撮影したと思われる写真がいくつか掲載されている。それらの中には上記一七九枚に含まれないものも確認できるため、撮影された全写真のポジフィルムは保存されておらず、現在までにある程度の枚数が紛失していると考えられる。

以下では、半年間に及ぶ海外での大江の足取りを追いながら、大江が自身の建築観を再検討する契機となった出来事を、時系列に沿って見ていきたい。

## アメリカへ

一九五四年三月一一日(木)一六時二〇分、大江と高瀬は家族に見送られながら、羽田空港を飛び立った。搭乗した飛行機はカナダ太平洋航空三〇八便、最初の目的地はアメリカである。しかし生憎の悪天候のために、飛行機はその二時間後、三沢基地に一時着陸した。将校宿舎で一夜を過ごしたのち、翌一二日(金)九時五〇分、同便は再びアメリカを目指し、三沢基地から離陸した。中継地のアンカレジに到着したのは現地時間の同日一三時半頃、約二〇時間に及ぶフライトであった。座面に強ばるからだを休ませる間もなく、一時間後には再び離陸、途中カナダのバンクーバーに立ち寄って市中見物をしたのち、アメリカ西海岸のロサンゼルスに着いたのは夜中の二三時であった。

一三日、大江はロサンゼルス市内の散策も程々に、夜には同市を発っている。アメリカ大陸をわずか一二日間で横断する旅程は、極めて慌ただしかった。一四日の朝、次の目的地であるシカゴに到着した大江らは、現地で洗濯屋を営む日系一世のウメクボ一家による歓迎晩餐会に招かれている。中華料理に舌鼓をうち、大江はやっと一息つくことができた。

一夜明けて一五日にはシカゴ市内を車でまわり、竣工後間もないレイク・ショア・ドライブ・アパートメント(一九五一、図4―3)などを見学した。イリノイ工科大学では、近代建築の巨匠の一人であるミース・ファン・デル・ローエ(一八八六―一九六九)との面会が叶っている。のちにボストンで会うこととなるヴァルター・グロピウス(一八八三―一九六九)と

図4-2　大江撮影
飛行中の眼下風景

図4-3　大江撮影　レイク・ショア・ドライブ・アパートメント

ともに、二人の巨匠は事前に日本で学んだ通りの存在として、すなわち近代建築の理念の体現者として、大江の目に鮮やかに映った。ミースとグロピウスは、自身が在籍する大学の校舎をそれぞれ手掛けたことで知られる[6]。日本では未だ先行事例のない近代建築による大学キャンパス計画を設計中であった大江にとって、彼らの実作には大いに勇気づけられたに違いない。帰国直後に発表した文章のなかで、大江は両者の大学校舎について、「ミースも、グロピウスも近代建築への所信と主張を各々の大学の建築の中に思い遺す所なく注ぎ込んで、実に快心の作とも云う可き鮮やかな出来栄え」であると評し、校舎に「充満する近代の理想」は、これこそ現代の大学にふさわしい性格であると絶賛している[7]。一九五四年の海外旅行は、大江にとって近代建築への疑念を抱く契機であったと同時に、近代建築が目指す清新な理想を、己の身体を通じて再認識する重要な機会であった。

イリノイ工科大学では、ミースの他にコンラッド・ワックスマン（一九〇一―一九八〇）とも会っている。ワックスマンはスペース・フレームの第一人者であり、一九五五年一一月に来日した際は、大学院生を主な対象とするワックスマン・ゼミナールが、東京大学を中心に催された。ゼミの参加者には若き日の磯崎新、川口衞、榮久庵憲司、松本哲夫や佐々木宏らがおり、後年の丹下による大阪万博お祭り広場（一九七〇）を準備した場としても知られる。大江とワックスマンはこの来日時に再会しており、スペース・フレームの模型を前に対話する二人の写真が残されている（図4―4）。

大江はその作風から、新しい構造形式への関心が薄いとみられる節があるが、そうではない。大江は一九六三年に行われた日本武道館の指名設計競技で、ワックスマンのスペース・フレームから着想を得たと思われる大屋根の案（図4―5）を設計していた[8]。不透明な

6　大江が見学したのは、ミースによるイリノイ工科大学の一連の建築（クラウンホールは当時まだ竣工していない）と、グロピウスによるハーバード大学のグラデュエートセンター（一九五〇）である。

7　大江宏「大学の建築」『法政』一九五四年一二月号、法政大学、二三―二五頁

8　種田元晴、石井翔大「大江宏の屋根―「ウォーナー博士像覆堂」と「日本武道館」設計案」『二〇二一年度日本建築学会大会学術講演梗概集』建築歴史・意匠、日本建築学会、二〇二一年九月、二〇九―二一〇頁

図4-4　ワックスマンと大江宏

投票経緯によって大江は惜しくも次点となったが、[9] もしこの案が実現していたなら、のちの大江の建築家としての方向性も大きく変わっていたかもしれない。

ミースとワックスマンに別れを告げ、大江はその日のうちにデトロイトへと移動している。ホテルで一泊したのち、一六日朝にはミノル・ヤマサキ（一九一二—一九八六）の事務所所員が、ホテルまで車で迎えに来てくれたようだ。ヤマサキの自邸に一度寄り、今度はヤマサキの運転で、エーロ・サーリネン（一九一〇—一九六一）の事務所を訪ねた。続いてサーリネンのGMウォーレンテクニカルセンター（一九五六）の建設現場や、エリエル・サーリネンのクランブルック・アカデミー・オブ・アート（一九三二）、フランク・ロイド・ライトの住宅[10]などを見学している。夜はふたたびヤマサキの自邸に赴き、夕食をご馳走になった。

ヤマサキ邸は、デトロイト中心部からやや離れたトロイ村にあり、古い農家を改装したものであった。都市の喧騒から離れ、緑に囲まれた心地よい空間のなかで嗜む食事は、大江にとって忘れがたい記憶となった。大江は晩年、「てる子夫人の手料理の味が今だに忘れられない」と、ヤマサキ邸での豊かな時間を懐かしそうに振り返っている。[11] 大江の訪問後まもなく、ヤマサキは神戸アメリカ総領事館（一九五六）の仕事を受けることとなり、たびたび来日するようになった。大江とヤマサキは日本でも家族ぐるみで会い、親交を深めたのであった（図4—6）。

ところで、大江の同行者であった高瀬隼彦は、帰国してから数ヵ月後には再び渡米しヤマサキの事務所へ就職、四年間にわたり籍を置くことになる。まだ二五歳であった高瀬を、ヤマサキはアパート探しからスーパーマーケットの買い物に至るまで親身になって世話をし、自邸での食事や映画鑑賞にも誘ってくれたという。[12] 高瀬は一九六四年以後ロサンゼル

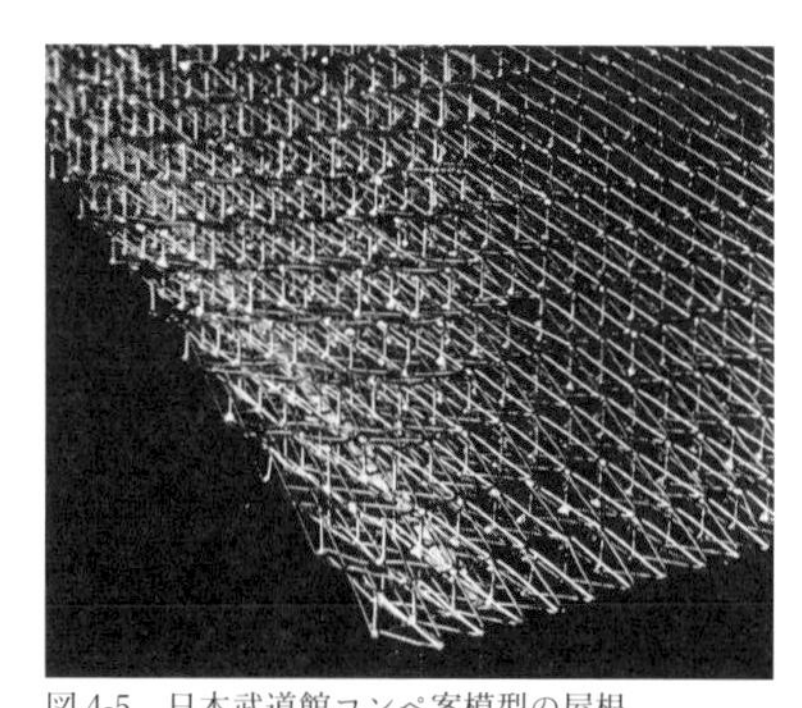

図4-5　日本武道館コンペ案模型の屋根

図4-6　ミノル・ヤマサキ（右から二人目）と大江宏

スに活動拠点を置き、カジマインターナショナル取締役を務めるなど日系社会の建物を多数手掛けた。大江とともにヤマサキ邸で過ごしたひと時は、高瀬にとってその生涯を決定づける一日となった。

一七日、大江はデトロイトを発ち、フィラデルフィアを経由してニューヨークへ到着した。一泊して翌一八日にはアメリカ在住の芦原義信（一九一八―二〇〇三）と合流、当時芦原が勤めていたマルセル・ブロイヤーの事務所を訪ねている。メトロポリタン歌劇場ではオペラ「カヴァレリア・ルスティカーナ」と「道化師」を観劇した。

一九日はMoMAの中庭に建設中であった書院造の松風荘の現場を見学、設計者として現地入りしていた吉村順三（一九〇八―一九九七）と面会している。前後して、大江はニューヨークを代表する高層ビル群を見て回った。エンパイア・ステート・ビルディング（一九三一）、ロックフェラーセンター（一九三九）、ＳＯＭのリーバ・ハウス（一九五二）や、ウォレス・ハリソンらによる国際連合本部ビル（一九五二、図4―7）などである。旅の中で、大江が最初に強く拒否反応を示した建築が、この国連ビルである。大江には、この建物が「一見してくだらなく」思えた[13]。その理由は、本来であれば積み上げられるべき大理石が、外観妻面に取ってつけたようなモザイクとして貼られている点にあった。素材の質感が商業的記号に堕している点に、大江は嫌悪感を抱いたのであった。大江は一九六〇年代以降、多様な様式や装飾を自身の作品に盛り込むようになるが、そこに用いられる素材には、虚栄心が透けて見えるような取り扱いは徹底して退けられている。特に木材の種別は貴賤にこだわらず、木の質感をいかに引き出すかを第一義として考えていた。大江の作品にラワンが多用されているのも、素材の市場価値ではなく質感そのものを重視した結果であったといえよう。

9　東風亘、吉田研介「日本武道館」『建築設計競技選集 1961―1985』メイセイ出版、一九九五年、八〇―九二頁

10　高瀬のノートでは「Residence(F.R.Light)」とのみ記載されており詳細は不明だが、立地と竣工年から、恐らくAffleck House（一九四〇）ではないかと思われる。

11　大江宏「推薦のことば」『ミノル・ヤマサキ建築作品集』販促用冊子、淡交社、一九八〇年

12　高瀬隼彦「推薦のことば」『ミノル・ヤマサキ建築作品集』販促用冊子、淡交社、一九八〇年

13　堀口捨己、大江宏、吉村順三「欧米の近代建築と各国の伝統」『国際建築』一九五四年一一月号、美術出版社、一五頁

図4-7　大江撮影　国連ビル

国連ビルに幻滅したのち、大江は気を取り直すように再びメトロポリタン歌劇場へと足を運び、「椿姫」を観て一日を終えた。

## フィリップ・ジョンソンとの出会い

三月二〇日、大江にとってこの海外旅行における一つ目のターニングポイントが訪れる。フィリップ・ジョンソン（一九〇六―二〇〇五）との出会いである。大江はジョンソンのオフィスに面会の申し出をしたところ、ジョンソンから自邸にくるよう提案があり、ニューヨークからやや離れた避暑地であるニューキャナンへと車で向かった。高瀬に加え、芦原も伴っての訪問であった。この時点で大江はまだ、ジョンソンを著名なキュレーターあるいは美術批評家と認識するに留まっており、建築家としての彼に特段の期待は抱いていなかった。[14]

ジョンソンが所有する二万平方メートルもの広大な敷地（後年さらに五倍近くまで拡張された）にたどり着き、車で門をくぐると、緑に囲まれた緩やかな斜面を下る道が、斜め方向に続いている。木々の間を一〇〇メートルほど走ると右手に視界が開け、そこには斜向かいに建つグラスハウスとゲストハウスが、美しい背景のもと佇んでいた（図4―8、9）。車を降り、グラスハウスへと歩き始めると、時を同じくしてジョンソンもまた、グラスハウスの入口から大江らの方へ、ゆっくり歩を進めている。道半ばでジョンソンに出迎えられた大江は、彼の建築家としての「資質の並々でない事」を瞬間に感受し、来訪前に抱いていた認識を改めるとともに、知性に満ちたその「典雅な姿」に、畏敬の念を抱いたという。[15]

門から家主との挨拶へ至る一連のシークエンスによって、大江はジョンソンのうちに「露地を中門にまで出迎える茶会の亭主」と通ずる「間（ま）」の哲学を見出し、また同時に、「日

図4-8　大江撮影　グラスハウス（右）とゲストハウス（左）

14　大江宏「併存混合としての日本建築と現代建築」『建築雑誌』一九八一年二月号、日本建築学会、二九―三一頁

15　大江宏「建築家フィリップ・ジョンソン」『現代建築家シリーズ　フィリップ・ジョンソン』美術出版社、一九六八年、九頁

16　前掲注14、三〇頁

17　同右

本が普遍であるということさえも成り立ち得るんじゃないか」という漠とした予感が脳裏をよぎった[16]。それは大江自身の原風景である日光をも喚起するイメージの連鎖であった。大江は後年、ジョンソンがたびたび用いる「プロセッション（Procession）」という言葉を引いて、ジョンソンとの出会いを次のように述懐している。

よくいう間合い。ジョンソンはプロセッションという言葉を好んで使うが、その辺でぼくはジョンソンに最初に親近感を覚えた。（中略）ミースやグロピウスと会っても、自分が日光で育ったということとは全くつながらなかったのが、ジョンソンと会ったとき重なってきた。（中略）日光はまさに二荒山域全体から、松並木までも含めてプロセッションですよ。構成も決して一時的な構成ではない。しかも全体を流れる、気配が、気配というのは人間と建築を結び合わせる直接のジョイントで、その気配が人間がどんどん時間的にも、空間的にも移動していくのに従って、からんでくる[17]。

大江は58年館の設計変更で、人々が歩を進めるにつれ経験する心理的変化を重視した建築設計を志向した。大江が日光を評価する理由は、東照宮をはじめとする建築群と、周囲の自然が一体となった、二荒山全域に展開されるシークエンスの妙にあった。ジョンソンのいう「プロセッション」もまた、建築単体の問題ではなく、その周辺環境も含めた場全体におけるシークエンスを主題としている点で、大江と呼応するものがあったのである。なお、文中で使われる「間」や「気配」は、大江が近代建築からの脱却をはかる際に手掛りとした重要な概念だが、これらについてはまたのちに触れることとしたい。

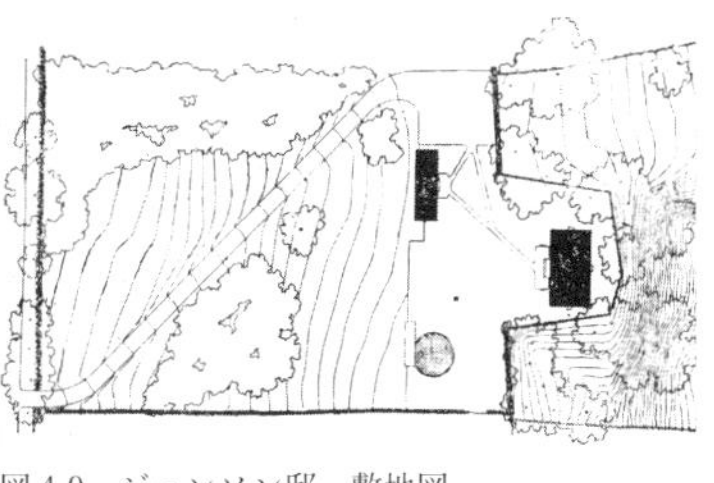
図4-9　ジョンソン邸　敷地図

図4-10　大江撮影　グラスハウス　内観

ところで、大江が先の引用箇所でジョンソンと日光を関連付けて言及している点は重要である。この記述は単に大江の主観的な連想にのみ基づくものではない。なぜならジョンソンその人が、日光を高く評価する稀有な建築家の一人であったからである。雑誌『建築』一九六二年五月号のフィリップ・ジョンソン特集に寄せた論考のなかで、ジョンソンは次のような一節をしたためている。

ゴシック期、クラシック期は力強い時期だった。極東の建築のあるものも、同様に力強かった。日本の建築では、日光の複合体（東照宮）が好きだ。熟しすぎてはいるものの、それより以前の時代の寺院からひきつがれず、伝統的な様式の頂点に立つものである。ある枠のなかで変動する連続、これが私には理想的に思われたのだ。(18)

ジョンソンは、日本建築の中でも特に日光に好感を抱いていた。彼が評価したのは、建築単体としての日光ではなく、建築と周辺環境をも包含した「複合体」としての日光である。大江が日光を評価する際の視点を、ジョンソンもまた共有していた。過去の伝統様式に縛られ過ぎず、しかし一方で建築のあるべき「枠」を外さない日光の全体像に、ジョンソンの建築観が共鳴したのである。

日本で論考を発表した同月、ジョンソンはアメリカでも、日光を評価する言説を発表している。週刊誌*Nation*一九六二年五月一九日号に掲載された書評がそれである。書評の題材とされたのは、ヴァルター・グロピウス、丹下健三、石元泰博の共著、『桂　KATSURA日本建築における伝統と創造』（造形社、一九六〇）であった。近世の建築である桂離宮を、

18　フィリップ・ジョンソン「近代の終焉」『建築』一九六二年五月号、青銅社、二一―二三頁

モダニズムの眼差しで鮮烈に切り取った石元の写真がよく知られた本書だが、ジョンソンは書評のなかで、桂と対をなす存在として日光を持ち出し、前者よりも後者を評価する自身のスタンスを明快に提示している。

日光にはいっさいがあり、桂は無である。桂は貧しい田舎家の単純素朴を装った住まいであり、日光は歴史に現われたいっさいの墓所のうちでもっとも偉大でもっとも豪華、もっとも複雑でもっともゆたかなものである。（中略）日光は階段と中庭、門、寺院の連続体であり、それが世界でももっとも雄大な風景のなかに構想されていることは万人の認めざるを得ないところであろう。（中略）グロピウスが混乱と見るところはわれわれにゆたかさとも映るところであり、彼が独善と見るところはわれわれに壮大とも見えるところである。（中略）ぜひこの『桂』の一本を購って写真を眺められるがいい。しかしそこに写されざる、また書かれざる日光を見て、死ね！[19]

皇族の別邸でありながら、「単純素朴」の貧しさを装う桂離宮の欺瞞を指摘し、一方で山と建築とが織りなす雄大な構想のもと、時の覇者の墓所にふさわしい豪華絢爛の造形を追求した日光が帯びる複雑性を「ゆたかなもの」と捉え、称揚する。ここには明らかに、のちに「ポストモダニズム」と総括される方角へと針路を定めたジョンソンの意図が読み取れる。周知の通り、フィリップ・ジョンソンはキュレーターとして時代の傾向を敏感に読みとる能力が群を抜いて長けており、自身もまた旗振り役として時流そのものを生み出しながら、同時に己の作風をも柔軟に変転させることのできる特異な建築家であった。モダ

19　書評の和訳は以下に掲載されている。フィリップ・ジョンソン著、横山正訳「西の趣味と東の原型」『フィリップ・ジョンソン著作集』A.D.A. EDITA Tokyo、一九七五年、一九〇―一九五頁

ニズムからポストモダニズム、果てには脱構築主義へと移りゆく彼の作風に一貫性を見出すことは難しい。このような一筋縄ではいかない人物が、タウトやグロピウスらの手垢が付いた桂離宮ではなく、劣位に置かれて久しい日光を称賛したのも、一九六〇年代初頭にあって反近代に傾きつつある世相を読んでの鮮やかなポジショントークであった一面はあるだろう。しかしながら、ジョンソンの日光評価は決して表層的なものではなく、日光が総体としてもつ構造の重層性を的確に読み取る識見に基づいていた点において、大江はジョンソンを高く評価したのである。大江は『現代建築家シリーズ フィリップ・ジョンソン』のなかで、ジョンソンについて「東照宮を広大な二荒神域全域の中に見る事の出来る卓越した識見の持主であり、日光を正確に評価しうる真に建築的専門眼を有する数少ない建築家の1人である」と評し、続けて「タウトをはじめかつて日本建築の価値を専ら「簡素」と「合理」の度合だけで測ろうとした内外数々亜流の有識者達に比べて、ジョンソンは多元的な視野から現象的に建築を捉える事の出来る幅広い世界観を備えた高度の建築家である」と、この上ない賛辞を送っている。[20] 大江が終生を通してこれほどまでに尊敬の念を顕にした建築家は、ジョンソンを除いては堀口捨己くらいである。

ここで補足しておかなければならないが、大江がジョンソンと出会った一九五四年時点で、ジョンソンがすでに日光を評価していたかは不明である。また、帰国直後の大江の言説にはジョンソンに言及しているものが見当たらないため、大江のジョンソンに対する評価は、帰国から十数年の時を経て徐々に高まったものと思われる。なお、ジョンソンが日光を評価していたことが確認できる最初の記録は、ドナルド・リチーの回顧録による一九五八年のジョンソン来日時のエピソードである。[21] リチーによれば、一九五八年にジョ

20 前掲注15、一二頁

21 Richie, Donald, *The Japan Journals: 1947-2004*, Stone Bridge Pr. 2005.9, p.87

ンソンとリチーらが京都の醍醐寺三宝院を訪れた際、修復中であった五重塔が新たに朱・白・緑に塗られているのに対してジョンソンが好感を示した所、周囲からは芳しくない反応を返されたという。ジョンソンは気にせず続け、「これこそ日本人が受け継いできた、また受け継ぐべき伝統であって、日光が奈良より優れている理由がここにある」と述べたのであった。五重塔の評価から、東照宮の色彩や装飾もまた、ジョンソンの評価対象に含まれていたと思われるのは興味深い。また、建築写真家の二川幸夫(一九三二―二〇一三)によれば、ジョンソンが初来日した際、日本で何が一番面白かったかを彼に問うと、「日光東照宮が抜群だ」と語ったという。[22]「初来日」の具体的な時期は明記されていないが、遅くとも一九五八年であったことはリチーの記録からも確かだろう。ジョンソンの日光評価が、伝聞や写真上の理解ではなく、実際に現地へ足を運んだ上でのものであったことが知れる貴重な証言である。これは想像でしかないが、グラスハウスでの一連のシークエンスと日光が重なったことを、もし大江がジョンソン本人に直接伝えていたのだとしたら、ジョンソンの日光に対する関心を喚起したのは、あるいはこの若き旅人の言葉であったかもしれない。

### ゲストハウスの衝撃

ジョンソンとの挨拶を終え、大江は二棟の家をしばし見学した。本人は明言していないが、大江はここで、一九六〇年代以降に展開する自身の設計手法の方向性を左右する重要な示唆を得たのではないかと思われる。大江に強い影響を与えた可能性がある作品、それは有名なグラスハウスではなくもう一方、斜向かいに建つゲストハウスである。

ゲストハウスは一九四九年、グラスハウスに一足先駆けて竣工した。これはゲストハウ

22　「ジョンソンといえば、彼が初めて日本に来たときに、何がいちばんおもしろかったかを聞くと、日光東照宮が抜群だとあの明晰なおじさんが発言したことがあって、「へぇー」と思ったことがありました。長い間、日光の価値というものは認められていませんでした。あれは特殊で、日本建築史の中でも、あのクリカラモンモンは一体どういうふうに解釈すればいいのかとぼくらは思っていたわけですが、一種独特のジョンソン流の見方だとは思いますけれど、やはりわれわれとは違う見方がある。」斎藤裕『建築のエッセンス』A.D.A.Edita Tokyo、二〇〇〇年、二三五頁

スが、グラスハウスの機械室としての役割を担っているためである。一見煉瓦造を思わせる外観だが、実際は木造となっている。内部空間は三つの客室が片廊下でつながれたシンメトリーの平面構成をもち、サンタ・マリア・デル・フィオーレ大聖堂から着想を得たという丸窓が、各室に開けられた。大江来訪の前年にあたる一九五三年にはジョンソンの設計によってリノベーションされ、三室あった客室のうち二室が統合、ジョンソン自身の寝室へと生まれ変わっている。ここで着目したいのが、この寝室である（図4—11～13）。

詳しく見てみよう。まず寝室の壁面は、煉瓦の仕上げと丸窓を覆い隠すように、微かにピンク色を帯びた艶やかな布地が全面を覆っている。また、壁からセットバックして入れ子状に配置された天蓋が新たに設えられており、そのかたちは双子柱とアーチを併せもつ優雅な交差ヴォールトである。天蓋裏のトップライトからは柔らかな光が降り注ぎ、壁面の彫刻を妖しげに浮き上がらせる。空間が総体として醸し出す雰囲気は極めて官能的である。化粧（煉瓦と布地）による構造の隠蔽、天蓋の装飾的取り扱い、様式建築に範をとる造形言語の引用（双子柱とアーチ）、そして空間を充たす魅惑的叙情性。ジョンソンの寝室に見出せるこれらの操作と性質は全て、近代建築のセオリーに対する痛烈な批判精神に立脚している。未だ近代建築が隆盛を極めていた一九五三年にあって、ジョンソンはすでに、自身の箱庭で叛逆の狼煙を上げていたのである。

大江は、グラスハウスを体験した後、この寝室へと足を踏み入れた。

> ジョンソンに会ったのは、彼が盛んに作り始めるようになってからまだ数年しか経っていない時期ですよね。日本を出かけるちょっと前にグラスハウスが雑誌に紹介され

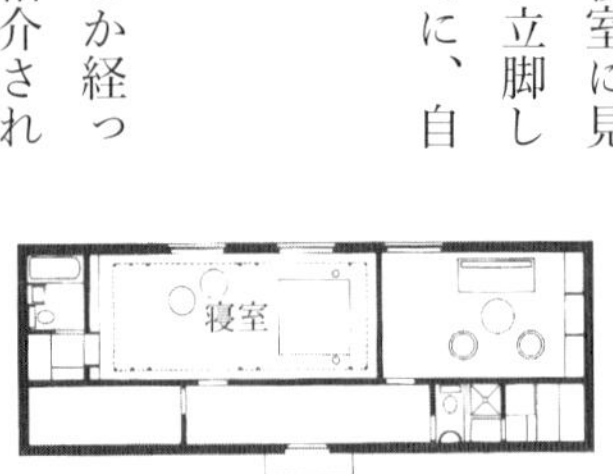


図4-12　ゲストハウス　平面図

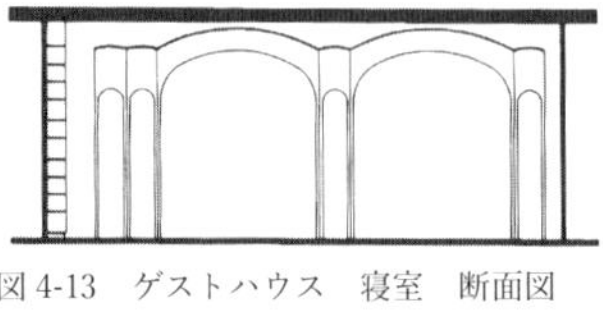

図4-13　ゲストハウス　寝室　断面図

図4-11　ゲストハウス　寝室（フィリップ・ジョンソン）

ていたことぐらいしかしらずに、ぼくは行ったわけなんだ。それまでジョンソンという人は美術評論家であると思っていた。

ぼくはちょうどゲストハウスができた直後に行ったんですね。グラスハウスしか知らなかったのに、行ったらゲストハウスがあった。ゲストハウスは非常に閉鎖的で窓なんてありはしない。ゲストルームの寝室はトップライトから光を採っている。(23)

大江自身がゲストハウスに言及したのは、帰国から二七年を経た一九八一年になってからである。右記の通り、それもゲストハウスの特徴を淡々と述べるのみで、どのような評価を下したかは語られていない。一方で、一九五四年当時に大江事務所所員であった澁谷榮一が、興味深い証言を残している。(24) 澁谷によれば、帰国後の大江は双子柱とアーチの表現に強い関心を示し、ことあるごとに実作へ盛り込もうとした。モダニズムとは相容れない表現に澁谷ら所員は反発し、「先生、そんなことやったら駄目だ」と大江を押し止めるのに苦労したという。先述の通り、双子柱とアーチは、ゲストハウスの寝室に採用されているかたちである。所員による防御が長く続いたのか、大江の作品に「双子柱」が登場するのは初回の海外渡航から一七年後のウォーナー博士像覆堂（一九七一）においてである。双子柱はその後もたびたび使用され、最晩年の作の一つである三溪記念館（一九八八、図4－14）でも採用された。アーチは戦前の三菱製鋼迎賓館（一九四二）ですでに使用されているが、戦後では普連土学園校舎（一九六八）が初出となった。双子柱とアーチが揃い踏みしたのは角館町伝承館（一九七八）においてである。

一九六〇年代後半以降、大江は自身の設計手法を説明する際、「野物と化粧」という言葉

23　前掲注14、三〇頁

24　澁谷榮一、小川淳、川向正人「大江宏　噛んで噛んで噛みしめて味わい出てくる日本的なるもの」『素顔の大建築家たち01　弟子の見た巨匠の世界』建築資料研究社、二〇〇一年、七八頁

図4-14　三溪記念館

を好んで用いた。すなわち、力学的要素を担う構造＝野物と、表層的要素を担う装飾や仕上げ＝化粧とを、主従なく等価な存在と捉え、かつ両者を肌分かれさせずリンケージさせながら設計を行う手法である。「野物と化粧」の概念は、大江作品においては主に化粧としての木架構と、野物としてのRCの入れ子構造によって表現されることが多い。ゲストハウスの寝室に見受けられる、構造の内側に入れ子状に架構を挿入する手法は、香川県文化会館など大江の代表作の数々を特徴づける入れ子構造と通じているのである。付け加えれば、壁と柱がやや距離をおいて併存するそのあり方も、まさに大江好みである。

近代建築の教条に捉われず、自由かつ優雅にふるまうジョンソンの姿に、大江は感化されるものがあったのではないだろうか。建築がもち得る雑多で豊かな要素を否定し、過度な先鋭化の上に成り立つ近代建築の自縄自縛の貧しさを、大江はゲストハウスの寝室から学んだと考えられる。

大江らが去ったその日の夕刻、ジョンソン邸には次の客人たちが集まっていた。その顔ぶれは、ゴードン・バンシャフト（バンシャフトは早めに到着したらしく、大江は彼と会っている）、ジョン・ヨハンセン、I・M・ペイ、ポール・ルドルフ、エーロ・サーリネンといった錚々たる建築家の面々であった。彼らが一堂に会したのは、完成したゲストハウスのインテリアを皆で見学しながら、これからの建築の方向性を議論するためである。モダニズムから明らかに逸脱しているその空間と議論に、I・M・ペイは「何てことだ、一体何が起ころうとしているんだ？」と戸惑った。対してジョンソンは、「これぞ新しい古典主義のはじまりだ」と語ったという。[25] ジョンソンは、大江を自邸に招いたまさにその日、近代建築から

25　マーク・ラムスター著、松井健太訳『評伝フィリップ・ジョンソン　20世紀建築の黒幕』左右社、二〇二〇年、三一九—三二〇頁

離陸し、のちのポストモダニズム建築へと向かう道筋を、確かに脳裏に描いていたのであった。ゲストハウスをジョンソンの案内で見た大江もまた、彼からヴィジョンの一端を聞かされていたとしても不思議ではない。

建築批評家のマーク・ラムスターは、ジョンソンらがゲストハウスに集まり議論した一九五四年三月二〇日を、「ポストモダニズムという運動の起源」と位置づけている。[26] 極東から訪れた若き建築家は、期せずしてポストモダニズムの夜明け前の空気を、その身に大きく吸い込んだのであった。

26　同右

ジョンソン邸を後にした大江は、芦原の案内でブロイヤー邸Ⅰ、Ⅱなどを訪ねたのちボストンへ移動した。翌二一日には槇文彦（一九二八―）と合流、MITとハーバード大学のキャンパスをまわっている。その後、グロピウス夫妻を彼らの自邸（図4―15）に訪ねたが、ジョンソン邸のような感動はなかったようだ。他にもいくつかの住宅を見学して、大江は深夜にニューヨークへ戻った。ブラジルへのフライトを翌日に控えた二二日、大江は製図用具を購入したのち、アメリカでの最後の夜を、カーネギーホールでのニューヨーク・フィルの演奏で締めくくった。

## 堀口捨己設計サンパウロ日本館の現場監理

第一回海外旅行における大江の公的業務の一つは、堀口捨己設計によるサンパウロ日本館（一九五四、図4―16、17）の現場監理であった。同作は、一九五四年にブラジル・サンパウロ市で開催された同市創設四〇〇年記念博覧会の出展作品として設計された。会場は、

図4-15　大江撮影　グロピウス自邸

約一二〇ヘクタールの広大な敷地をもつイビラプエラ公園である。敷地の中心部には、オスカー・ニーマイヤー設計による複数のパヴィリオンと、それらを繋ぐ巨大な屋根が、強烈な存在感を示していた。一方、堀口のサンパウロ日本館は会場の周縁部、ユーカリの木によって隔絶された閑静な池の畔に、小ぶりの木造二階建て、数寄屋造で建てられた。

日本館の計画は、現地の日系人コミュニティによる要望と寄付金によって進められた。堀口もまた、その会合の出席者であった。日本では建築家や美術家による会合が数回行われた。設計者を選定するにあたって、堀口は当初、若手の建築家を数名推したようだが、建物に加え日本庭園も設計要件に含まれていたことから、堀口が適任であるとの周囲の声が強かった。堀口は一旦この要請を持ち帰ったものの、ニーマイヤーの「烈しい表現」と対峙する勇気が持てず、いかにして断るべきか、半年ほど考えていたという。そんな折、堀口は大江宏と浜口隆一から「心からの励まし」を受け、大江の助力を得ることを条件に、ようやく日本館の設計を引き受けたのだった。[27]

堀口は当初、日本館を、鉄やガラス、コンクリートによる陸屋根の数寄屋として構想しており、規模も実現案の倍あった。しかし、資金不足により徐々に計画は縮小、材料も木となり、現在の姿へと落ち着いた。[28] 日本館建設用の木材は、あらかじめ日本で仮組みしたのち、現地へ輸送された。庭園の石組も同様に、堀口の指示によって大江立ち会いのもと全て並べられ、これを高瀬隼彦が精密な実測図におこしたのち、現地へ送られた。石の総重量は約六〇トンに及んだようである。材料とともに、日本からは棟梁一名、左官職人一名が渡伯し、大江のもとで現地の職人たちを指揮した。

大江は三月二三日にニューヨークを発ったのち、ベネズエラを経由して二四日にサンパ

図4-16　サンパウロ日本館

27　堀口捨己「さんぽうろ・いびらぷえら公園の日本館設計について」『国際建築』一九五三年一二月号、二七―二八頁

28　堀口捨己「数寄屋造と現代建築について　サンパウロ日本館の写真にそえて」『建築文化』一九五六年一月号、彰国社、三二頁

ウロへ到着、翌二五日には早速敷地を視察している。ここから七月二七日までの約四ヵ月間、大江は事務所と現場を往復する日々を過ごした。それは直接の師を持たなかった大江にとって、ひとりの建築家を徹底的に学ぶ初めての機会であった。現場監理を通じて堀口捨己の思考をなぞる日々から得たものを、大江は次のように語っている。

ぼくは疑いもなしに、堀口先生が日本建築の中に近代建築の精神を非常にシャープに表現しておられるという意識で堀口先生の作品を見ていたわけですね。ところが、実際に体験的に堀口先生のものをつくるということを通じて接してみると、そう単純なものじゃないということがわかったわけですよ。堀口先生ご自身が意識されていたかどうかは別としてね。つまり、ぼくは疑いもなしに、堀口先生は日本建築の中にも近代建築をすっぽりと完全に読み取って、取り込んでおられるとばかり思っていたけど、堀口先生は表にはださないけども、内心、それには徹し切れないところがあった、それが私には非常に印象として残っているんです。なかなかこれは言葉で言い尽くせないのですが、それは真理ですよ。(29)

堀口の有名な言葉に「様式なき様式」がある。すなわち様式とは、建築設計に先立ってあるものではなく、あくまで要求される機能や目的、材料の構法から導き出された形態によって、必然的につくり出されるものであるという思想が、「様式なき様式」である。一九三九年の初出から晩年に至るまで、堀口はこの概念を自身の建築観の根幹として提示し続けた。(30) 明治大学の一連の校舎（図4―18）のようなＲＣ造の建築も、また八勝館御幸の

図4-17　サンパウロ日本館　大広間

29　大江宏「わが軌跡を語る」『別冊新建築　日本現代建築家シリーズ⑧　大江宏』新建築社、一九八四年六月、一九二頁

30　藤岡洋保によれば、堀口は「様式なき様式」の初出である言説「新時代建築の神話其他」を、晩年の著書『堀口捨己作品・家と庭の空間構成』（鹿島研究所出版会、一九七八）に再録するにあたり、タイトルを「様式なき様式」に変更している。藤岡は、この点において堀口が「様式なき様式」を自身の「建築家としての活動の中で最重要のテーマとして位置付けていた」と指摘している。『堀口捨己の「日本」―空間構成による美の世界』彰国社、一九九七年、一〇四頁

間（一九五〇）やサンパウロ日本館のような木造の日本建築も、自身が手掛けた建築はいずれも近代建築の精神に則った等価な存在であるというのが、堀口の基本的な姿勢であった。

大江もまた、このような堀口の建築観を踏まえた上で現場監理に臨んだのである。しかし、実際に大江が見出したのは、彼自身の言葉とは矛盾する、堀口のある種の迷いであった。

僕は、原理的に近代建築の中で育った。その中で、一貫して僕の師匠は堀口捨己であったということ。と同時に、堀口先生がそれを最後まで抽象化し切ってしまうようなところまでは進まれなかったというそのことのほうが、堀口先生が私にとっての最大の師匠であることの所以になっています。つまり、先生の残された矛盾のほうに……。だから、私に関する不審というかな、判らないことというのは、堀口先生から教えられたところによっている。堀口先生が果たしてそう思われたかどうかはともかくとして、以心伝心というか、問わず語りのうちにサンパウロで僕が堀口さんのものを再体験してみて得たことはそれで、それが堀口先生から頂いた最大のものですね。[31]

日本の伝統と近代建築の統合をいち早く試みていた堀口捨己が見せる矛盾。日本建築の特性を抽象化しきらず、一歩手前で踏みとどまっている堀口の逡巡をこそ、大江は自身にとって重要な示唆に富む問いとして受け取った。

## 伝統論争に対する大江の姿勢

第一章で確認したように、大江は近代建築と日本建築とを、ある一側面だけに着目して

図4-18　明治大学和泉キャンパス第二校舎（堀口捨己）

31　大江宏、磯崎新「伝統様式を再構築する姿勢と方法」『建築文化』一九八四年一月号、彰国社、三三―四〇頁

短絡的に等号で結ぶことに批判的であった。日本建築には、抽象化し切ることのできない固有の要素がある。それは日本に住まう人々の生活様式に深く根差すものでありながら、近代建築の理念とは相容れない不純物として排除されているように、大江には思われた。

大江の帰国直後の一九五五年から『新建築』誌上で展開された伝統論争もまた、問題設定が過度の抽象化・単純化に根差している点で、大江には全く乗れない話題であった。[32] 実際、大江は論争の主役となった丹下健三や白井晟一のような目立った発言はしなかったこともあり、伝統論争の文脈で大江が言及されることはほとんどない。しかし、大江は控えめながらも、伝統に対する自身の立場を当時からすでに表明していたと考えられる。

きっかけは、池辺陽が伝統論争のさなか発した、サンパウロ日本館に対する痛烈な批判である。池辺は『新建築』一九五五年六月号掲載の論考のなかで、日本館を「全く創造的なものがない」、「現代の時代の苦しみが全く反映されていない美しい亡霊」などと厳しい言葉で切り捨て、堀口の伝統に対する姿勢を退嬰的であると断じた。[33] 池辺に対する堀口の反論が発表されたのは翌年、『建築文化』一九五六年一月号であった。[34] 同号に、大江も小文「古典の創造的昇華」を寄せている。[35] 大江の伝統に対する考えが読み取れるのは、この小文である。

内容を見てみよう。大江によれば、日本の伝統建築には「思いがけない数数の清純さが見出されると同時に、雑多な混迷、たとえば因襲にこびりついた脂のようなものをいくらでも見つけ出す事ができる」という。しかし、日本の伝統建築が尚も海外から高い評価を得る理由は、「優れた建築家の言葉や、優れたカメラの目を通じて、（中略）日本の建築が含むさきの雑物や、脂のようなものは、多かれ少なかれ濾過され、昇華されて」紹介されてきたためであると指摘する。続けて、「われわれはいま、海外からの高い名声の中で、日本

32　「あの伝統論争の時に、ぼくが一番気に入らなかったのは、あれはもう全くの抽出、アブストラクトですよ。木造建築の枠組、スペース・フレーム的なストラクチュアだけを抽き出してきて、その形骸だけを鉄筋コンクリートで真似する、それが伝統の継承だなんていう、まことに浅薄皮相な、ね。」「ぼくはね、あの伝統論華やかなりしころからですよ、建築というものは、そんなエッセンスだけを漉すような単純なものではないんだ、と。例えば、お汁粉をつくるときには、絞った汁も絞りかすも一緒になったような田舎汁粉の味じゃないとだめなんだ、というふうに、思い始めたんです。」前掲注3、一七三―一七四頁

33　池辺陽「和風建築と現代のデザイン」『新建築』一九五五年六月号、新建築社、六六―六九頁

34　前掲注28

35　大江宏「古典の創造的昇華」『建築文化』一九五六年一月号、彰国社、六一―七頁

建築そのものにはきわめて貴重なものとともに、忌わしいものが少なからず同居しているさまに決して目を覆うべきでないと同時に、われわれの心の中のエッセンシャルなイメージを鋭く展開させるところに、日本建築の創造的役割を見出すべきであろう」と結論づける。

大江の態度は慎重かつ曖昧だが、主張の骨子は、近代建築の理念に基づいて日本の伝統建築を解釈し、評価しようとする建築界の動向に対する批判である。ここで大江がいう「雑物や、脂のようなもの」とは、堀口がサンパウロ日本館において抽象化し切らず一歩踏み留まった日本建築の諸要素、より具体的には伝統様式や装飾、あるいは他国文化との混淆の痕跡など、近代建築の理念によって不合理・不純として排除されてきた建築の諸要素を指していると考えられる。一九六〇年代以降、大江は堀口に見出した矛盾を、より意識的に建築へと盛り込む設計手法の模索を展開することとなる。

大江がブラジルで得たもう一つの重要な体験として、現地の建築学生たちとの交流がある。日本館の現場監理に携わるなかで、大江のホテルの部屋には毎晩サンパウロ大学の学生が来室し、大江は彼らとさまざまな話をした。持参した日本建築のスライドを見せると、学生たちは大きな関心を示したという。大江が学生たちとの対話の中で驚いたのは、彼らが頻繁に名を出す建築家がミースやル・コルビュジエではなく、フランク・ロイド・ライトであったことである。近代建築の受容の仕方が、世界的に一辺倒であるわけではないことを、大江はブラジルの学生たちとの交流で実感したのであった[36]。

## ヨーロッパで実見した建築の多様性

七月二七日、サンパウロ日本館の現場監理を終えた大江は、開館を待たずして西欧へと

36 大江宏「建築と私―法政大学最終講義」『大江宏＝歴史意匠論』南洋堂、一九八四年、三五―三六頁

37 前掲注13、一七頁

38 前掲注36、三四―三五頁

向かった。セネガルを経由しまずフランスへ、次いでイギリス、北欧へと渡り、イタリア、ギリシアへ南下するルートであった。

七月二八日から一週間、大江はフランスのパリに滞在し、ノートルダム大聖堂(図4―19)やパンテオン(J・J・スフロ、一七九二)、凱旋門、エッフェル塔、ルーブル美術館など主要な観光スポットを巡った。歴代王朝の威厳を誇示するかのような都市計画に好感を持てなかったものの、当初興味のなかったゴシック建築に、大江は感動した。大江にとって、自身の反応は意外であったという[37]。それまで学んだ建築史では、ゴシックは低い評価を与えられるのが常だったからである。

旅行前の大江の西洋建築に対する理解を基礎づけた重要な人物として、母方の伯父、澤木四方吉(一八八六―一九三〇)がいる。澤木は、慶應義塾大学美術史科の初代教授を務めた西洋美術史の研究者である。澤木の研究対象はルネサンス美術およびギリシア美術であった。大江は中学・高校の時分から澤木に、「文明は、とくに建築の美学は、ギリシアに始まってローマに受け継がれ、これが、アーリークリスチャン期からゴシックという暗い時代を経て、ルネサンスでけんらんたる華を開く」という話を聞かされていた[38]。当時としては一般的な歴史解釈と言ってよいが、ヨーロッパ留学での研鑽に裏付けられた澤木の知見を、大江は疑いもなく信じていたのであった。

パリを発った大江は、その後ロンドン、ストックホルム、コペンハーゲン、シュトゥットガルト、チューリヒを周遊しイタリアへ向かった。イタリアではミラノ、ヴェネツィア、フィレンツェ、ローマの諸都市を周ったが、ヴェネツィア(図4―20)を除いてイタリアには良いものがないと感じたという。大江は「暗い時代」の産物であるはずのゴシック建築

図4-19　大江撮影　ノートルダム大聖堂

図4-20　大江撮影　ヴェネツィア　サンマルコ広場

に感銘を受ける一方で、「けんらんたる華」と澤木がいうルネサンス建築には、その人間に対する威圧的な姿に失望し、反感すら覚えたのだった。これまで学んできた単線的な建築史と現実との乖離を目の当たりにし、大江は徐々に、自身の建築家としての方向性に疑問を抱き始めることとなった。

ところで、大江はパリ滞在中、近代建築にあまり興味を示しておらず、ジャン・ギンズバーグの集合住宅と、ル・コルビュジエのスイス学生会館（一九三〇）に足を運んだ程度であった。大江は大学生時代からル・コルビュジエに対して関心が薄く、彼との面会も設定しなかったようだ。帰国後もスイス学生会館については言及しておらず、写真も残されていない。大江はアメリカとブラジルで近代建築の成果と限界を十分知り得たと考え、過去の歴史的建造物に時間を費やすことを優先したのだろう。それでも、法政大学53年館の参照元としたであろうスイス学生会館を、大江はひと目見ておきたかったのかもしれない。

大江はローマで高瀬隼彦と別れたのち、一人ギリシアへ向かった。ギリシアでの大江の詳しい動向は不明だが、アテネに数日滞在したのち、帰国したものと思われる。大江はギリシアでの体験について多くを語っていない。しかしアテナイのアクロポリスは、この旅行で一番感激したものの一つであったという[39]。大江が残したアクロポリスの写真（図4―21～23）は、遠景・近景のあらゆる方角から撮影されたものが多数残されており、大江の関心の高さがうかがえる。これらの写真からは、パルテノンを単体としてのみ見るのではなく、プロピュライアやエレクテイオンとの関係性のなかで捉え、さらにはアクロポリスを囲むアテネの町と自然を包括した環境の総体として把握しようとする大江の眼差しが読み取れる。日光を二荒山域全体で評価する大江の姿勢は、遠くギリシアに至っても変わるこ

図4-21　大江撮影　パルテノン

図4-22　大江撮影　プロピュライアからパルテノンとエレクテイオンを望む

39　前掲注13

とはなかった。

九月初旬、大江は日本へ帰国した。法政大学の現場では55年館が竣工間近、旅行でもたらされた大江の心理的変化は、次の58年館の設計に反映されたものの、既定の計画の枠内で許される範囲の操作に留まった。大江が旅の体験を咀嚼し、実作での試行錯誤を本格的に開始するのは、一九六〇年代に入ってからである。

## 梅若能楽学院

「法政大学市ヶ谷キャンパス計画」の完成から二年後の一九六〇年、大江のもとに能楽堂の仕事が舞い込んだ。観世流シテ方能楽師の梅若六郎家が新たに能楽堂を建設することになり、設計者として大江が選ばれたのである。この時、大江は四七歳。海外旅行を経て近代建築の理念に疑問を抱き、進むべき方向性を模索していた大江にとって、日本の伝統と深く関わる能楽堂の設計は願ってもない機会であった。

### (1)　梅若家の悲願

まず設計依頼の経緯を確認したい。梅若家は戦前まで厩橋に居を構え、敷地内に能舞台[40]を所持していた。しかし一九四五年三月一〇日の東京大空襲によって、住居、舞台ともども焼失してしまう。一九四九年に東中野へ移住してからは、戦火を免れた多摩川能楽堂や染井能楽堂を借用していたが、二世・梅若実(一八七八―一九五九)の熱望により、自家の能楽堂を新設することとなった。[41]計画を主導したのは実の長男、五五世・梅若六郎(一九〇七―一九七九)である。厳しい金繰りの末、東中野の自邸を改築する方向で進めていたが、敷

図4-23　大江撮影　町とアクロポリス

40　梅若能舞台を設計したのは、建築家で能楽研究者でもあり、法政大学教授を務めた山崎楽堂(静太郎、一九〇七―一九七九)である。

41　梅若六郎玄祥『梅若六郎家の至芸―評伝と玄祥がたり』淡交社、二〇一〇年、五一―五二頁

地が住居専用地区であったために、能楽堂の建設は法的に不可能と判明、打開策の目処が立たぬまま、梅若実は一九五九年八月に没した。その後も梅若六郎夫妻は可能性を探るべく、東京都知事の特別秘書であった鈴木憲男に相談したところ、鈴木の尽力が得られてようやく、能を教習する学校としてであれば建設できる運びとなった。

能楽堂建設に光明が見えた一方、梅若六郎は設計者を誰にするか決めかねていた。そんな折、東中野の近所の人物から「私が紹介しましょう、その方のご尊父は水道橋の能楽堂を作った人ですから」と提案を受け、すぐ六郎の目の前で大江事務所に電話をしてくれたという。[42]「水道橋の能楽堂」とは、大江新太郎が設計した宝生会能楽堂（一九二八）を指している。[43]ここでもまた、亡き父が宏を導くこととなった。六郎は早速大江宏のもとを訪ね、能楽堂を学校として建設する計画を伝えた。大江は六郎の話を聞き、「全力で取り掛かろう」と思ったという。[44]幼少の頃から能に親しみ、これまで多くの学校建築を手掛けてきた大江にとって、梅若能楽学院はまさに全力を注ぐに相応しい仕事であった。こうして、梅若能楽学院の設計依頼は一日二日で慌ただしく決まったのだった。

一九六〇年四月五日、梅若能楽学院の設置認可申請書を中野区長宛に提出、同年一〇月より着工し、翌一九六一年八月に竣工した（図4―24〜26）。RC造三階建て、延床面積は一六五三平方メートル、構造設計は青木繁、施工は竹中工務店が担当した。同月四日の『毎日新聞』夕刊には、梅若能楽学院の完成を知らせる記事が掲載されており、この日本初の能の学校が「古い伝統を打ち破るものとして注目されよう」と伝えている。[45]

大江が本作で取り組んだ問題は大きく三点に集約できるだろう。第一に、学校としての能楽堂という過去に例のない建築をどのように計画するか。次に、伝統ある能舞台を一か

図4-24　梅若能楽学院　外観

42　梅若六郎、大江宏、鈴木憲男、茂木佐平治「座談会　新生梅若舞台記」『梅若』第一八一号、梅若会、一九七一年三月、一四頁

43　宝生会能楽堂については以下に詳しい。奥冨利幸『近代国家と能楽堂』大学教育出版、二〇〇九年

44　前掲注42

45　「梅若能楽学院が完成」『毎日新聞』一九六一年八月四日夕刊、三頁

図 4-25　梅若能楽学院　能舞台と見所

図 4-26　梅若能楽学院　2 階　ホール

ら設計するうえで何を拠り所とするか。そして、建築全体は能の伝統的な雰囲気を保ちながら、なお現代の作品としてまとめ上げる設計手法をいかにつくり出すか、である。

### (2) 学校としての能楽堂の計画

まず学校としての能楽堂の計画については、経緯で確認した通り便宜上の建て付けではあったものの、大江はこれを積極的に捉えようと試みた。大江は計画の方針を次のように語っている。

> 従来の閉鎖的な会員制のもの、私的な世界に閉じこもったものから開放して、より多く社会的なものへと発展の可能性を持つということに意味を感じたのです。ですからそうした拠点になるということが建築計画ないし敷地全体の中野計画の基点をなしているわけです。それで、外からの寄り付きもたっぷりとり、駐車場も大きく、外に開かれた庭も備え、ホワイエをたっぷりとって、演能の時間とそれ以外の時間も、十分楽しいスペースとするというようなことですね。[46]

大江はそれまで閉鎖的であった能楽堂を、学校という機能を契機として広く社会に開くことを考えた。決して広いとはいえない敷地のなかで、庭を備えたゆとりある外構計画とし（図4—24）、内部空間は一階・二階に連続するホール（図4—26）を広くとり、能の鑑賞のみならず、余暇の時間も楽しく過ごすことができる学び舎としての懐の深さをかたちにした。梅若能楽学院のホールは、法政大学58年館の学生ホールとの連続性が指摘できる。中

46 前掲注42、一六頁

図4-27　吹抜けと階段

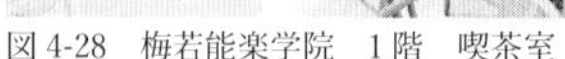
図4-28　梅若能楽学院　1階　喫茶室

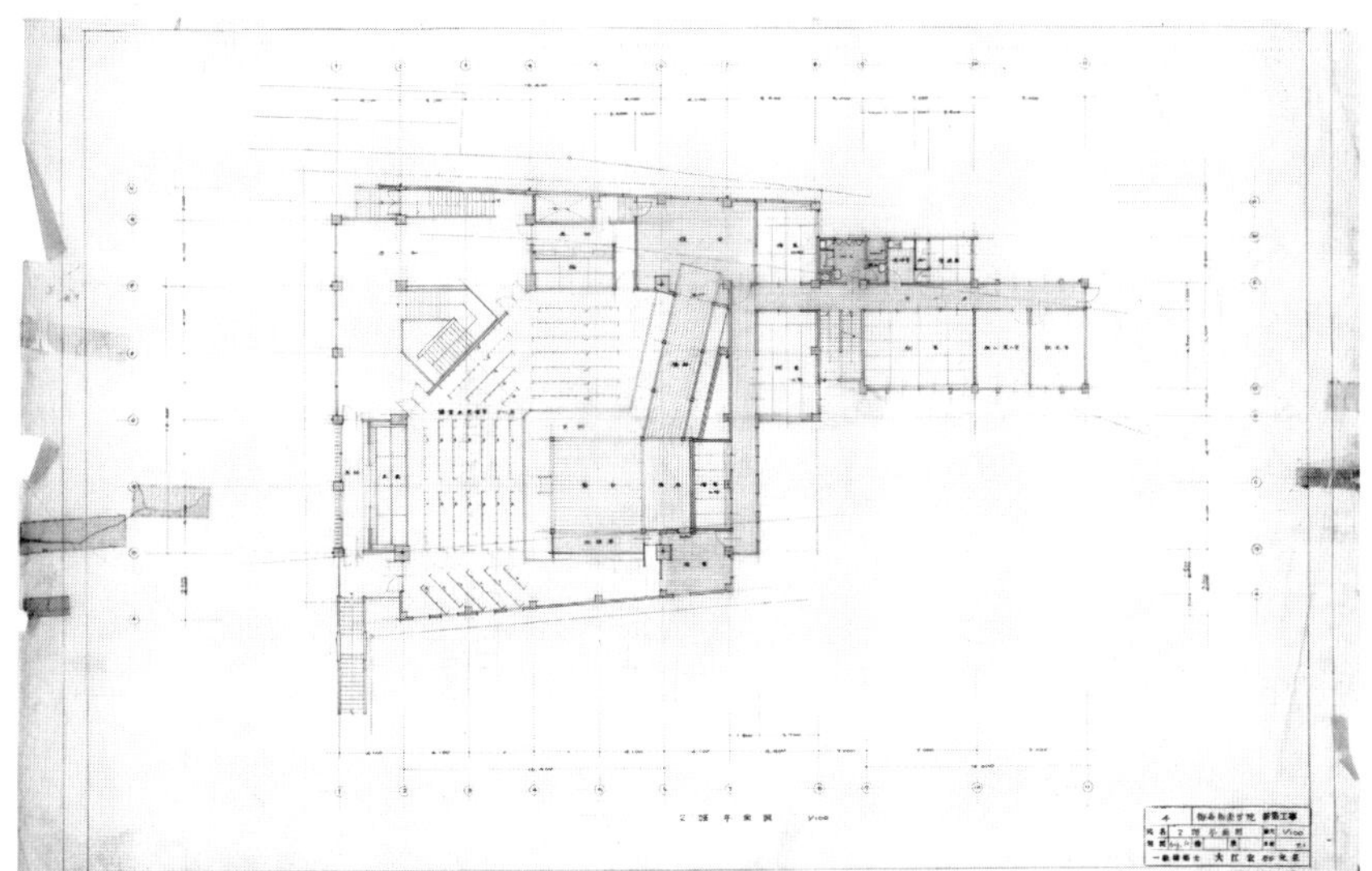

図 4-29　梅若能楽学院　2 階平面図

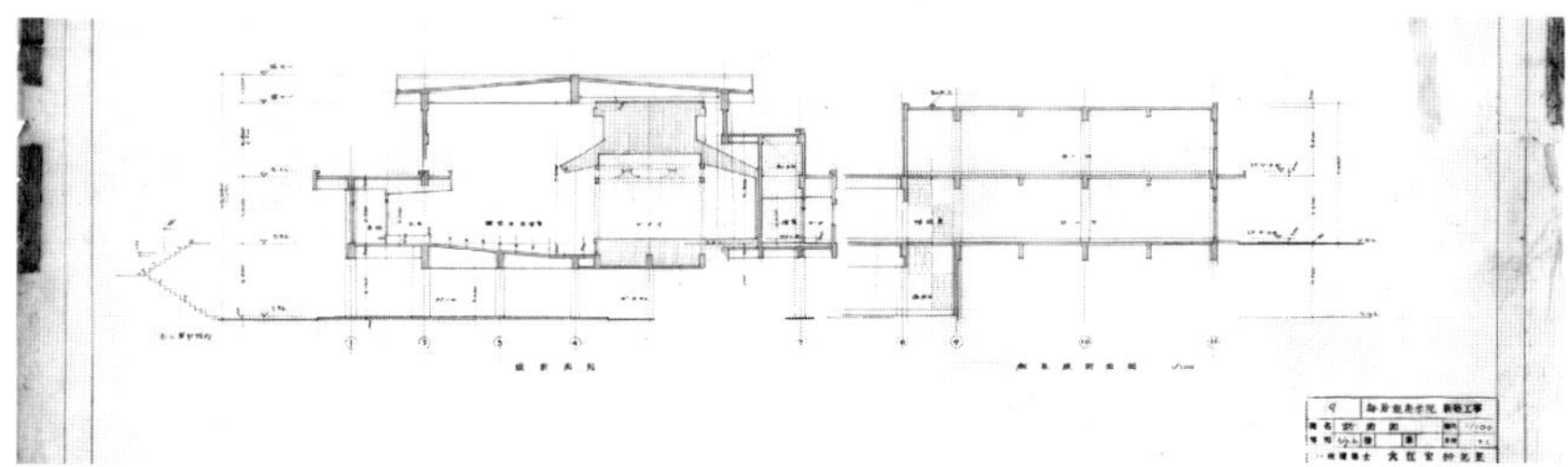

図 4-30　梅若能楽学院　断面図

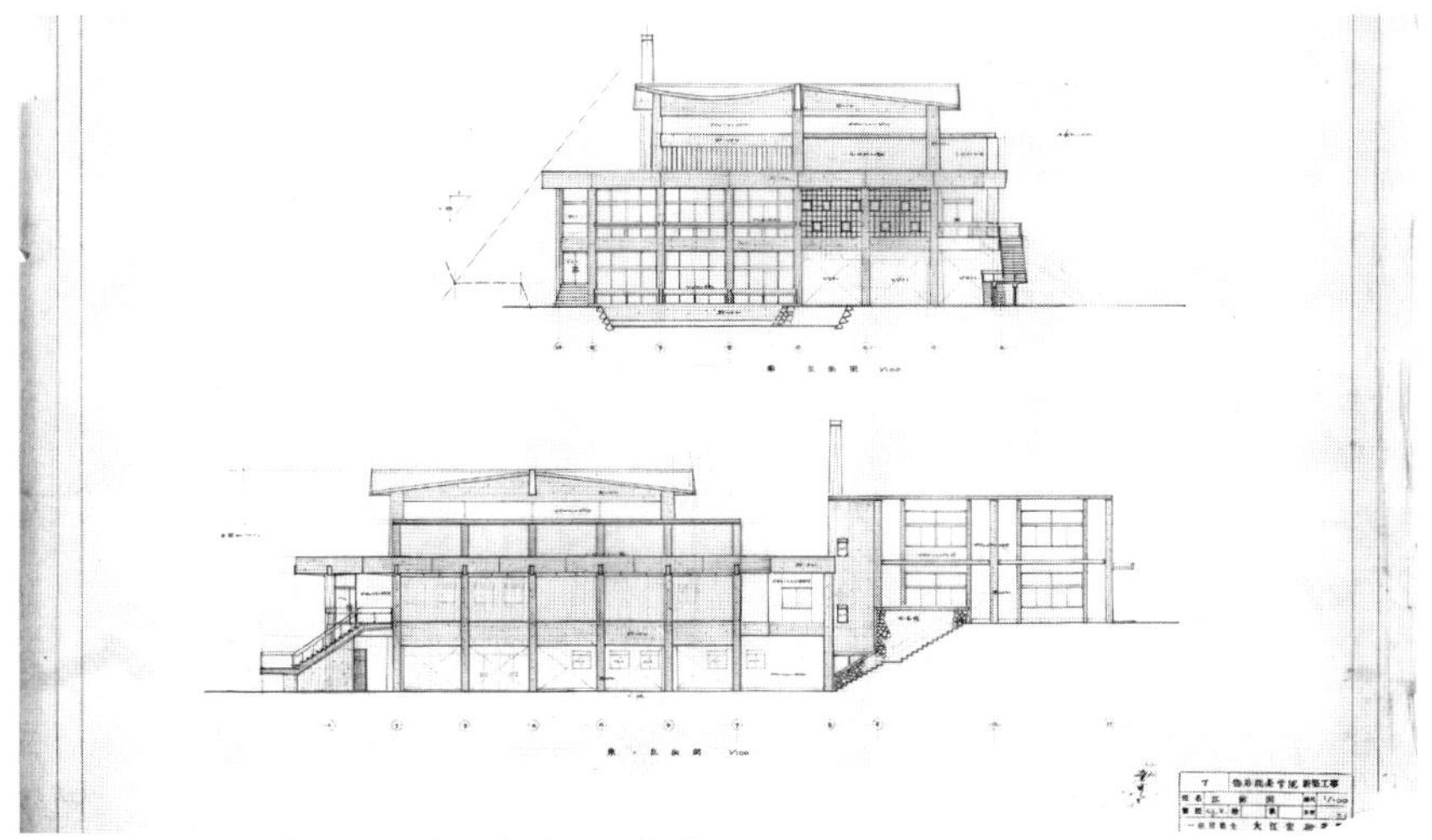

図 4-31　梅若能楽学院　立面図（上：南面、下：東面）

心に吹抜け（図4—27）を設けて上下階の視線を通し、周囲に人々の滞留の場を設ける空間構成、格天井や厚みのある木の手摺、大きな開口を介した庭との連続性、ピロティを介してホールへと至るシークエンスも、58年館とよく似ている。海外旅行を経て、58年館の設計変更に重ねられた思惟が、梅若能楽学院にも存分に投入されたのである。

梅若能楽学院の図面（図4—29～31）を見ると、大江は本作を大きく二つのボリュームに分けて計画したことが分かる。一方は能舞台と見所、ホールや喫茶室（図4—26）を中心とする演能・余暇空間であり、一方は教室や便所、機械室といった諸室がまとめられている。[47]教室は学校としての要求を担保しながらも、能の公演時には演者の楽屋として利用できるよう計画されている点に、大江の合理的な設計手腕が見て取れる。

### (3) 能舞台の設計

これまでの経験を活かすことができた基本計画に対して、大江にとって初めての挑戦となったのが、能舞台（図4—25）の設計であった。能舞台は一般的に、舞台と橋掛かり、鏡の間と大きく三つの要素で構成されている。能舞台の様式が定まったのは江戸時代初期とされているが、明確な経緯は明らかではない。[48]その様式も、舞台の大きさが京間三間四方を基準とされている他は、寸法やかたちに定型があるわけではない。例えば橋掛かりの長さや傾きは千差万別であり、舞台に架かる屋根もまた、入母屋や切妻、寄棟と多様である。[49]能舞台の建立は流派家柄によって厳しいしきたりがあるが、大江は能舞台を含む能楽堂全体を一つの調和した建築とするべく、舞台の設計も一切を任せてもらうよう、梅若家に願い出た。[50]橋掛かりと舞台の床の勾配、また橋掛かりの勾欄の高さなどは六郎の好みとし、

47　ルイス・カーンのサーブドスペースとサーヴァントスペースの概念を想起させる計画だが、大江自身は一九六〇年に東京で開催された世界デザイン会議でカーンの講演を聴講した際、この二元論に違和感を覚えたという。

48　松永直美、他「世阿弥以降の能舞台様式の変化と『序破急五段』の関係性の研究」『日本建築学会計画系論文集』第八一巻 第七二八号、二〇一六年一〇月、二三一七頁

49　大江新「図面から読む能楽堂」『カラー百科 見る・知る・読む 能舞台の世界』勉誠出版、二〇一八年、三二—三四頁

50　大江宏「能舞台」『近代建築』一九六一年一二月号、近代建築社、三九頁

また山本能楽堂の能舞台を手掛けた山田組社長の浜田豊太郎の助力も得ながら、大江は自身の身体を尺度としたプロポーション感覚を最終的な拠り所として、能舞台を設計したのだった。

能舞台には、懸魚や蟇股といった装飾的部材があるが、大江はこれらを、なだらかな輪郭線を描くフラットな面としてデザインしている（図4―32）。簡素ながらも品のある造形に、大江の近代的な美意識が見出せるだろう。大江はのちに銀座能楽堂（一九七三）を手掛けた際、蟇股について以下のように述べている。

ここに蟇股の写真がありますね、建築表現の秘密はこれに集約できると思うのです。これには僕のじかの血も息づかいも一旦全部否定されています。しかしこの風姿に収斂するのに、いったい何度試行錯誤が繰返されたことか。蟇股というのは昔からあるし、だれでも知っていますよ。しかしその通念を僕の中ですべて一遍溶解しなければならない。一遍全く否定して、そのうえで完全に姿だけを再現するわけです。そこで僕がこの蟇股にすべて集約されているという結果となる。(51)

大江がここで開陳した銀座能楽堂の設計過程の実相は、蟇股に限らず能舞台そのものの設計過程であるとみてよい。そして大江が初めて手掛けた能舞台である梅若能楽学院もまた、同様の過程を経たものと思われる。大江は能舞台を設計するにあたり、単に過去の伝統建築の引用や模倣をしたわけではない。あくまで蟇股という形式、ひいては能舞台という形式のみを抽出し、己の身体と感性に従って新たな造形をつくり出しているのである。(52)

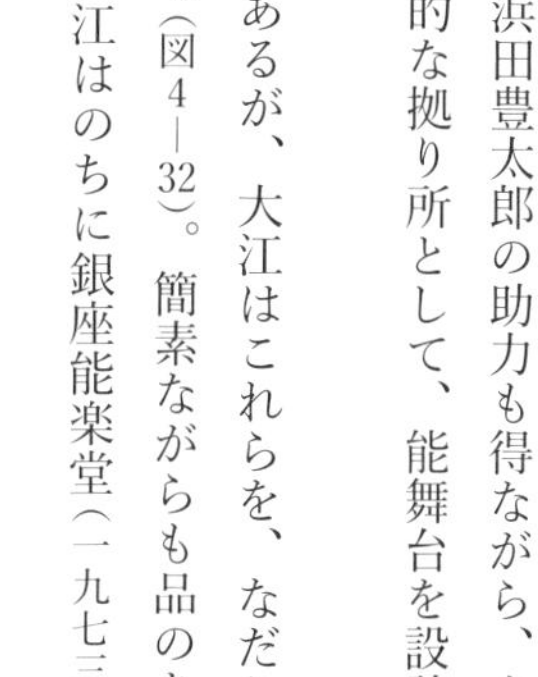

図4-32　梅若能楽学院　懸魚と蟇股

51　大江宏、武者英二「能・建築・文化」『建築文化』一九七三年六月号、彰国社、四三頁

52　当然ながら、梅若能楽学院の能舞台の寸法には外的条件も加味されている。現存する断面図（図4―30）を見ると、能舞台は入母屋屋根で構想されていたことが分かる。実現案はなだらかな切妻屋根である。断面図に書かれた寸法を確認すると、見所の最低床面から天井面までは八一〇〇ミリであるのに対し、実現した寸法は七三〇〇ミリであり、八〇〇ミリ低くなっている。能舞台は屋根の変更に加え、斗栱や水引といった軸組にも、高さを抑える工夫が随所に盛り込まれた。これらの設計変更は、本作の周辺環境が住宅地であることを考慮し、建築の高さを低く抑えることで景観を維持するためであったと考えられる。大江はその上で、自身の感性に従ったプロポーションを追求したのである。

合理主義の観点では恣意的とも捉えられかねないその感性はしかし、膨大な試行錯誤を通した自己否定の末に成立する必然として、能舞台のかたちは定められたといえる。

梅若能楽学院の竣工当時、この能舞台に言及する建築家や評論家はほとんどいなかった。そんななか、ただひとり大学の同級生であった入江雄太郎（一九一三－一九六三）が、「これは苦労したな」と一言言ってくれたことが、大江は有難かったという。[53]

### (4) 伝統と近代を統合する建築表現の模索

大江は梅若能楽学院を、能舞台と見所、またそれらを取り巻く諸空間が総体として調和した建築とすることを目指した。それも能の伝統的な雰囲気を損なうことなく、なお現代の建築であることを大江は重視した。ここで大江が選択した建築表現、それはRCの構造をベースに、木の化粧材を全面展開するというものであった。

木の化粧材による内装設計は、大江の建築作品のなかでは、すでに法政大学58年館の総長室や農林省大臣公邸三番町分庁舎（現：農林水産省三番町共用会議所別館、一九五六、図4－33、34）の和室[54]などで部分的に試みられてきたが、建築全体で採用されたのは梅若能楽学院が初である。梅若能楽学院の木造作は、RCの柱を二方向から挟む板、三角形に象られた一階喫茶室の天井、一階中央で階段を纏いながら屹立する木の壁、二階を覆う格天井など、各々は断片的で自己完結したかたちをもって、空間内部を浮遊している。RC打放し仕上げの外観に対し、木で彩られた内観が強い対比をなしており、ピロティからエントランス、階段を介して二階ホール、そして見所へと歩を進める人々に心理的変化をもたらすことが企図されている。

53　大江宏、磯崎新「伝統様式を再構築する姿勢と方法」『建築文化』一九八四年一月号、彰国社、三七頁

図4-33　農林省大臣公邸三番町分庁舎

図4-34　農林省大臣公邸三番町分庁舎　和室

外観に現れているRCの柱梁は木の架構を意識したプロポーションを持ち、能舞台を覆う屋根には四枚のHPシェルが載せられ、時代の流行にも対応した大江の抜け目のなさが見受けられる。四枚のうち一枚は、見所の五角形の平面形状にあわせて切断された断面が緩やかな曲線を描いており、どこか日本建築の屋根を想起させるのは興味深い（図4—31、35）。この切断されたシェル屋根の下には開口が設けられていて、能舞台と見所に自然光が入るようになっている。元来外部空間に置かれていた能舞台の姿が、ここに再現されているのである。自然光に照らし出された能舞台は幽玄と呼ぶにふさわしい佇まいであり、大江の集大成といわれる国立能楽堂（一九八三）でも味わえない魅力を湛えている。

RCの構造と木の造作によって伝統と近代を統合する試みは、今作において一定のレベルまで達成されたといえよう。しかし後年の大江作品と比べると、梅若能楽学院の木造作は場当たり的でやや乱雑であり、統一感に欠けるきらいがある。また、木造作によってさまざまな試みがなされた内部とは対象的に、外部はいまだ構造即意匠とする近代建築の理念からの影響から脱していないことが見て取れる。大江は今作以降、内と外に多様な素材や様式を用いながらも、対比の効果に頼らず曖昧に内と外を繋げていく設計手法の模索を深めていくことになる。大江の代名詞とも言われる〈混在併存〉の概念が打ち出されるのは、本作から約五年後のことである。

## (5)「間」

梅若能楽学院の雑誌発表時、大江は設計趣旨で[55]「間(ま)」の概念を取り上げた。[56] ともすれば神秘的にも響くこの言葉を、大江は能から茶、そして建築へと展開し関連付けながら、そ

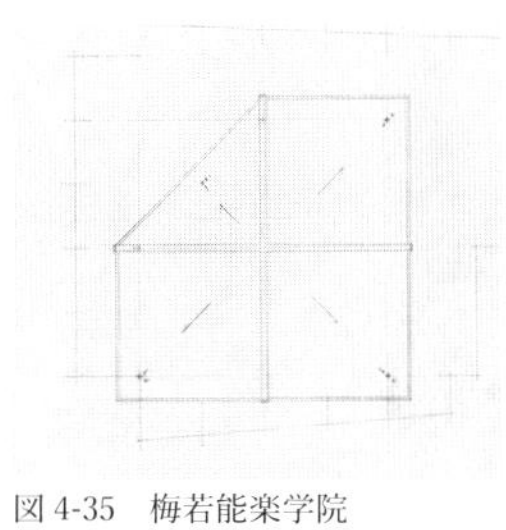

図4-35　梅若能楽学院 屋根平面図

54　農林省大臣公邸三番町分庁舎は、大江が堀口のサンパウロ日本館の設計過程を間近で見ていた頃に設計した作品である。本作はサンパウロ日本館から影響を受けたと見られる特徴が端々から感じられる。特に和室の天井は、サンパウロ日本館や八勝館御幸の間を想起させる趣向が凝らされた複雑な格天井をもち、大江が実作をもって堀口のなぞりを試みていたことがうかがえる事例として興味深い。

55　大江宏「H・P・シェル構造の能楽堂—梅若能楽学院」『建築文化』一九六一年一二月号、彰国社、四七頁

56　この初出以降、大江は「間」の概念を最晩年まで使い続けることとなる。大江が生涯にわたり「間」に込めた意味の広がりについては以下に詳しい。秦明日香、河内浩志、上野友輝「大江宏の記述における「間」の概念について」『日本建築学会計画系論文集』第八三巻 第七五三号、二〇一八年三月、二二〇三—二二一〇頁

の重要性を論じている。

内容を見てみよう。大江によれば、「間」は「時間的・空間的両方の意味を一緒に含」んでおり、能においては「非常に厳格」に取り扱われる概念であるという。オペラをはじめ西欧の演劇は、プロセニアム・アーチが舞台と観客席の空間を明確に二分しており、幕開けと同時に一挙に始まるのに対して、演能は舞台と見所の空間が立体的に絡み合っており、その始まりもまた、演者が橋掛かりから舞台へとゆっくり歩を進めることによって、徐々に移行する曖昧性をもっている（図4－36）。この「時間的に、あるいは空間的に移りゆく複雑な要素を統一して、ある見事な秩序がなり立っているさま」は「「茶」の作法」へと通じ、さらには「日本建築のなかに一貫して流れている秩序」でもあると大江は述べる。

秩序の担い手としての「間」は、「単純な値」で表すことができず、また同時に「毛一筋の差が忽ち全体の統一に破綻をきたす」ほどの厳密さをもつ。それは単なる抽象論ではなく、「肉体には極めて的確に直感することのできるような実在的な事実」であるという。そして「間」を生み出すものは「何代も重ねられた体験の集積」によって成立した「作法」であり、大江は建築におけるこの「作法」を重視したいと結論づけている。

大江がここで「間」を取り上げたのは、極めて意識的な戦略に基づくものであったといえよう。空間と時間を独立した概念として捉える西欧の伝統的思惟、その嫡子たる近代建築の理念からこぼれ落ちるものを捉え得る概念として、大江は「間」に着目したのである。「間」を認識可能とするのは客観的な数値ではなく主観的な感性によってだが、しかしその感性は、長い時間の経過のなかで身体に刻み込まれた「作法」に裏付けられている。ここでいう「作法」とは、ごく一部の人間に継承される伝統芸能のような所作に留まらず、

図4-36　梅若能楽学院　能舞台　橋掛かり

玄関で靴を脱ぐなど、広く人々の日常に息づくふるまいをも含意するとみてよい。そのふるまいはまた、人間が生活する建築のかたち、あるいは様式と密接に関わるものであり、この点において大江は徐々に、伝統様式への眼差しを強めていくのである。

## 乃木神社社殿

大江は梅若能楽学院と並行して、乃木神社社殿の設計を進めていた。本作もまた、大江が日本の伝統と正面から対峙する契機となった作品である。

乃木神社は、陸軍大将であった乃木希典（まれすけ）を祀る神社である。一九二三（大正一二）年創立、敷地は港区赤坂にある旧乃木邸の隣である。境内の建築は、大江新太郎、大江宏、そして宏の長男である大江新（一九四三―）が三代にわたり設計している。現存するのは、手水舎（新太郎、一九三四）、旧仮本殿（現・正松神社、宏、一九四八）、本殿・幣殿・拝殿（宏、一九六二）、乃木会館（宏、一九六八）、儀式殿・参集殿・宝物殿・社務所（新、一九八三）の五作である（図4―37）。これらのうち、大江宏設計によるものは、一九四八年の旧仮本殿、一九六二年の拝殿・幣殿・本殿、一九六八年の乃木会館である。すでに解体されている建築では、

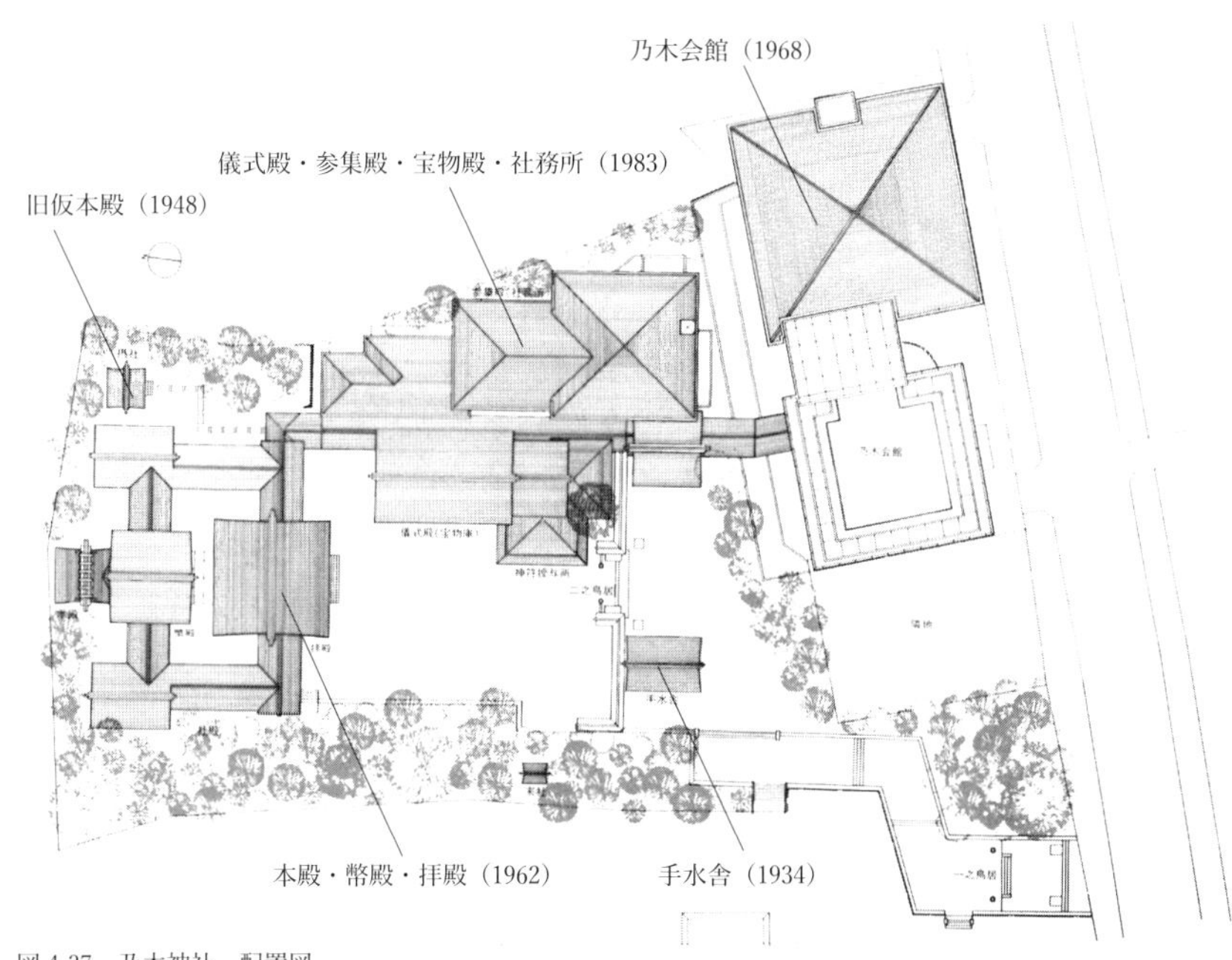


図 4-37　乃木神社　配置図

現在の儀式殿と同じ位置に建っていた一九五一年竣工の旧儀式殿も、宏の手による。

旧仮本殿と旧儀式殿は、大江自身生前にほとんど言及したことがなく、雑誌などでも発表されていない。これまで大江の独立後の処女作は法政大学53年館が挙げられるのが一般的であったが、実際はこれら二作のほうが先である。特に儀式殿は、後述するように大江の初心が込められた端正な作品であった。

## (1) 神社創立までの経緯

乃木神社創立までの経緯は、藤岡洋保による論文「乃木神社の建築様式」に詳しい。[57] ここでは藤岡の記述をもとに、大まかな経過を確認したい。

一九一二(大正元)年九月一三日、明治天皇の崩御を受けて、乃木夫妻は自邸で殉死した。翌十月三日に開かれた乃木大将追悼会で乃木神社創立が決議、一九一三年六月一三日に中央乃木会創立第一回総会が開かれ、当時の東京市長である阪谷芳郎が会長として選出された。中央乃木会は一九一八年三月三日に乃木神社創立を出願し、同年五月八日付で許可されている。設計者には、当時明治神宮造営局技師であった大江新太郎が選ばれた。寄付金不足もあり、まず第一期として本殿、神饌所、中門(図4―38)、社務所、二の鳥居が建設され、一九二三(大正一二)年に鎮座祭が執り行われた。中門の改築と手水舎の建設によってようやく境内が一つの完成をみたのは一九三四(昭和九)年(図4―51)、新太郎がこの世を去る前年であった。一九四一(昭和一六)年十月六日、宏は乃木神社の神前において、山羽まり(一九一八―一九九〇)と結婚した。[58]

57 藤岡洋保「乃木神社の建築様式」『みあとしたひて　那須野木神社鎮座の跡をたどる』乃木神社社務所、二〇〇一年、三一―三六頁

58 神代雄一郎「結婚の環境」『新建築』一九六八年四月号、新建築社、一四〇頁

図4-38　乃木神社(創建当時)

### (2) 仮本殿と儀式殿

一九四五(昭和二〇)年五月二五日、東京大空襲の火の手は赤坂にも届き、乃木神社の境内は手水舎のみを残して焼失した。新太郎亡き後、戦後の乃木神社再建を一任されたのは、彼の息子の宏であった。まだ資材も乏しい一九四八年、宏設計によって神明造のささやかな仮本殿(図4―39)が建てられた。この時、宏は三五歳であった。

続く一九五一年、同じく宏の設計により、儀式殿が竣工した(図4―40)。梁間三間、桁行五間の母屋に四面庇がまわる。母屋を覆う直線的な切妻屋根に対し、庇はわずかな反りが与えられた軽快な造形である。儀式殿に見られる薄くシャープな屋根、また四周に立つ細身の柱はともに、後年の大江建築にもしばしば見られる特徴である。

儀式殿落成を伝える一九五一年九月の新聞記事には、本作の意匠について「奈良朝様式に近代感覚をもり込み、新しい型を生み出している」と記されている。[59] このような専門的記述を記者独自で成し得たとは思えないため、大江宏自身が記者に語った内容である可能性もあるだろう。終生にわたり伝統と近代の統合を模索した大江の原点の一つとして、儀式殿は注目に値する作品である。

儀式殿に関する原図資料は、内観・外観の透視図一枚、平面図一枚、立面図二枚が残されている。透視図(図4―41)を見ると、実現案とは異なる特徴が見受けられる。庇を支える柱の四隅に、石積みによる高さ四尺の腰壁が描かれているのである。石が基壇のみならず壁として立ち上がり、木の柱と拮抗するかのような造形は、伝統的な社寺建築にはまず見られないため、大江独自の創意によるものと考えられる。木と石の併存状態は、のちに大江が手掛ける国立能楽堂の姿をも想起させる。腰壁の削除が予算によるものか、あるい

59　「乃木神社儀式殿落成」『読売新聞』一九五一年九月三〇日朝刊、四頁

図 4-39　乃木神社　旧仮本殿

図 4-40　乃木神社　旧儀式殿　(左奥に仮本殿が見える)

はその特異な意匠に横槍が入ったかは定かでないが、大江が社寺建築においても単に過去の模倣に留まらず、独自性を出そうと模索していたことが指摘できる。

旧儀式殿は現在の儀式殿建設時に解体されたが、その部材の一部は北海道芦別市の蘆別(あしべつ)神社に移され、いまも保存活用されている。主に同神社境内に新築された拝禮殿(はいらいでん)を構成する部材として使用されているほか、拝禮殿に使われなかった格子戸や欄間は倉庫に保管されている。いずれも保存状態はよく、往時の姿を想い描くに十分な量が現存している。特に祭壇上部に使用されていた欄間（図4―42、43）は、簡素ながらも細部まで丁寧につくり

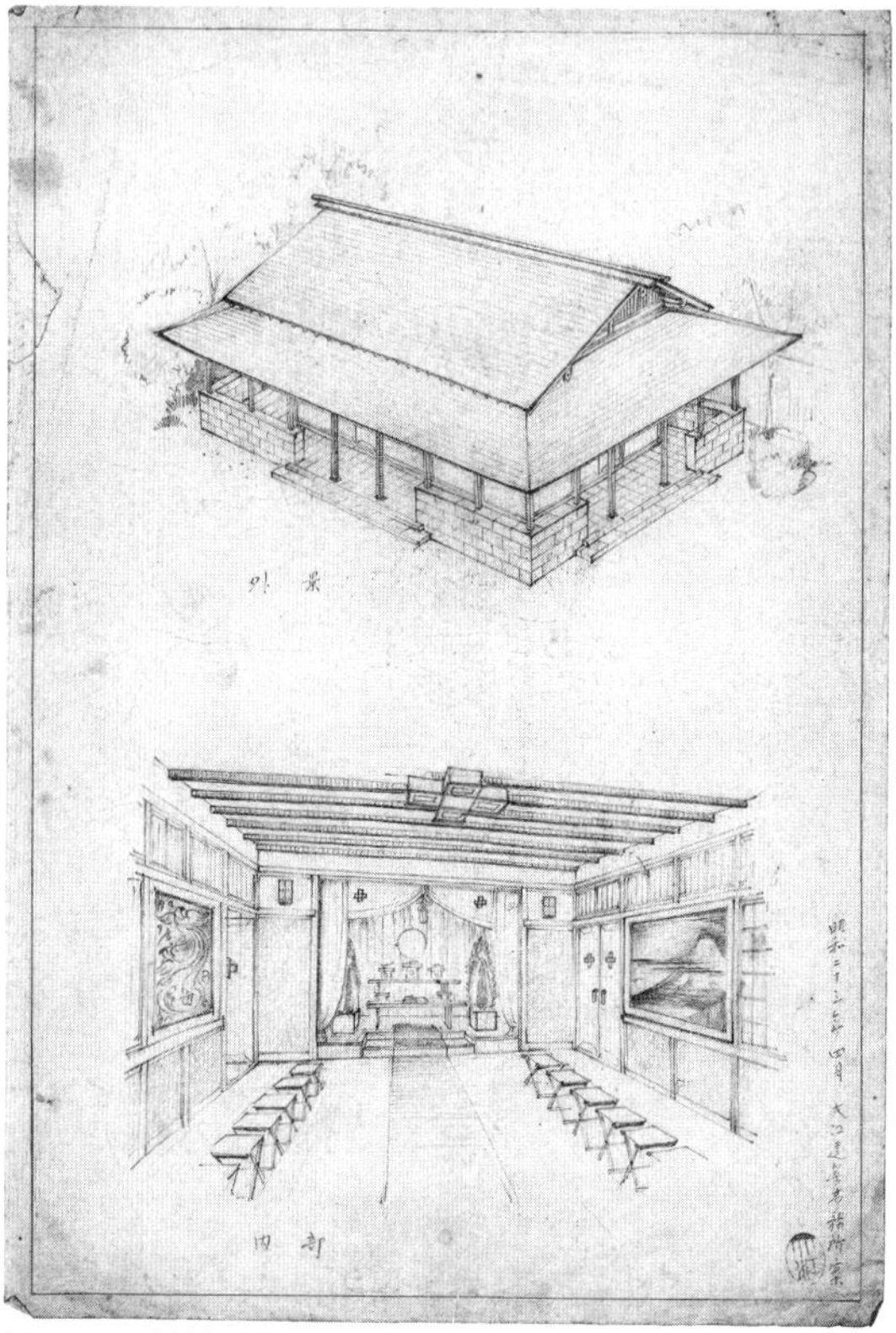

図 4-41　乃木神社　旧儀式殿　透視図

図 4-42　乃木神社　旧儀式殿　内観

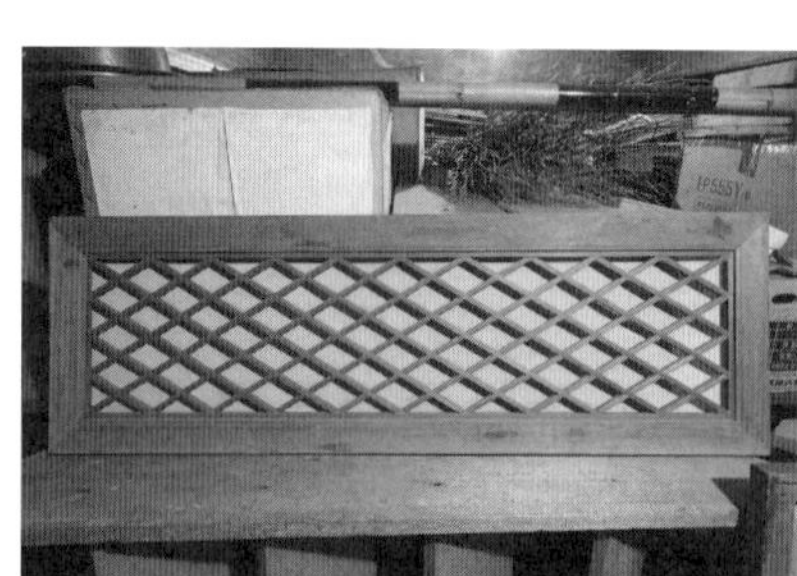

図 4-43　乃木神社　旧儀式殿　欄間

込まれており美しく、大江が本作に込めた熱量を感じることができる。旧儀式殿は、全体から細部に至るまで、大江の処女作と呼ぶに相応しい質を備えた作品であった。

### (3) 本殿・幣殿・拝殿

一九六二年、本殿・幣殿・拝殿が竣工した(図4―44、45)。仮本殿は、新たに吉田松陰と玉木文之進を御祭神とし、正松神社と名を変えて、境内の隅に移設された。

本殿(図4―46)の形式は神明造、拝殿と幣殿(図4―47)は切妻造とし、拝殿と幣殿を結ぶ回廊(図4―48)が渡されている。

本殿は仮本殿と同様に一間四方で小ぶりだが、千木と勝男木に加えて棟持ち柱を備えるなど、より神明造の特徴に倣った設計となっている。一方で、仮本殿にあった鞭懸と懸魚は省略されている。拝殿は神明造風の屋根をもつが、千木や勝男木はなく簡素な意匠である。平入で屋根勾配も強い本殿・拝殿に対して、幣殿は妻入、屋根勾配は緩やかであり、本殿・拝殿を相対化するような形態をもつ。幣殿の屋根勾配は回廊のそれと一致している(図4―50)。幣殿の柱は、四隅が円柱、その他の八本は角柱であり、二種の柱が併存している。円柱のみで構成される本殿・拝殿と、角柱のみの回廊とを統合する結節点としての役割を、幣殿は担っているのである。各社殿の床レベルをみると、拝殿の床面に対して幣殿が三尺、本殿が六尺ほど高く、断面構成においても幣殿が繋ぎを担っていることが分かる。

本殿・幣殿・拝殿に共通して見られる特徴として、その平面形態が挙げられる。意匠の異なる三つの社殿を統合する要素として、正方形が取り入れられているのである(図4―49)。一辺の寸法は、本殿・幣殿・拝殿それぞれ柱芯々で八尺、一八尺、二四尺と、比例関係

図4-45　大江宏　乃木神社遷座祭にて

図4-44　乃木神社　拝殿

を保ちながら連関している。乃木神社の平面に見られる正方形という強い形式は、大江が自身の建築を律する規範として、のちの作品の平面に多用していく特徴である。

乃木神社で特に注目されるのは、狭隘な敷地のなかで設けられた回廊であろう。本殿を敷地境界線ぎりぎりまで後退させ、幣殿と拝殿との「間」を可能な限り広く取り、さらに回廊で囲うことで、社殿内の領域を外部から隔絶し、神聖性を高める意図が読み取れる。このような狭い敷地であれば、本殿・幣殿・拝殿が一体化した権現造とすることで簡易に解けた可能性もあるが、そのような選択はしなかった点に、大江の回廊へのこだわりが感じられる。

回廊はまた、空間装置としての

図 4-47　乃木神社　拝殿・幣殿

図 4-46　乃木神社　本殿

図 4-48　乃木神社　拝殿・幣殿・回廊

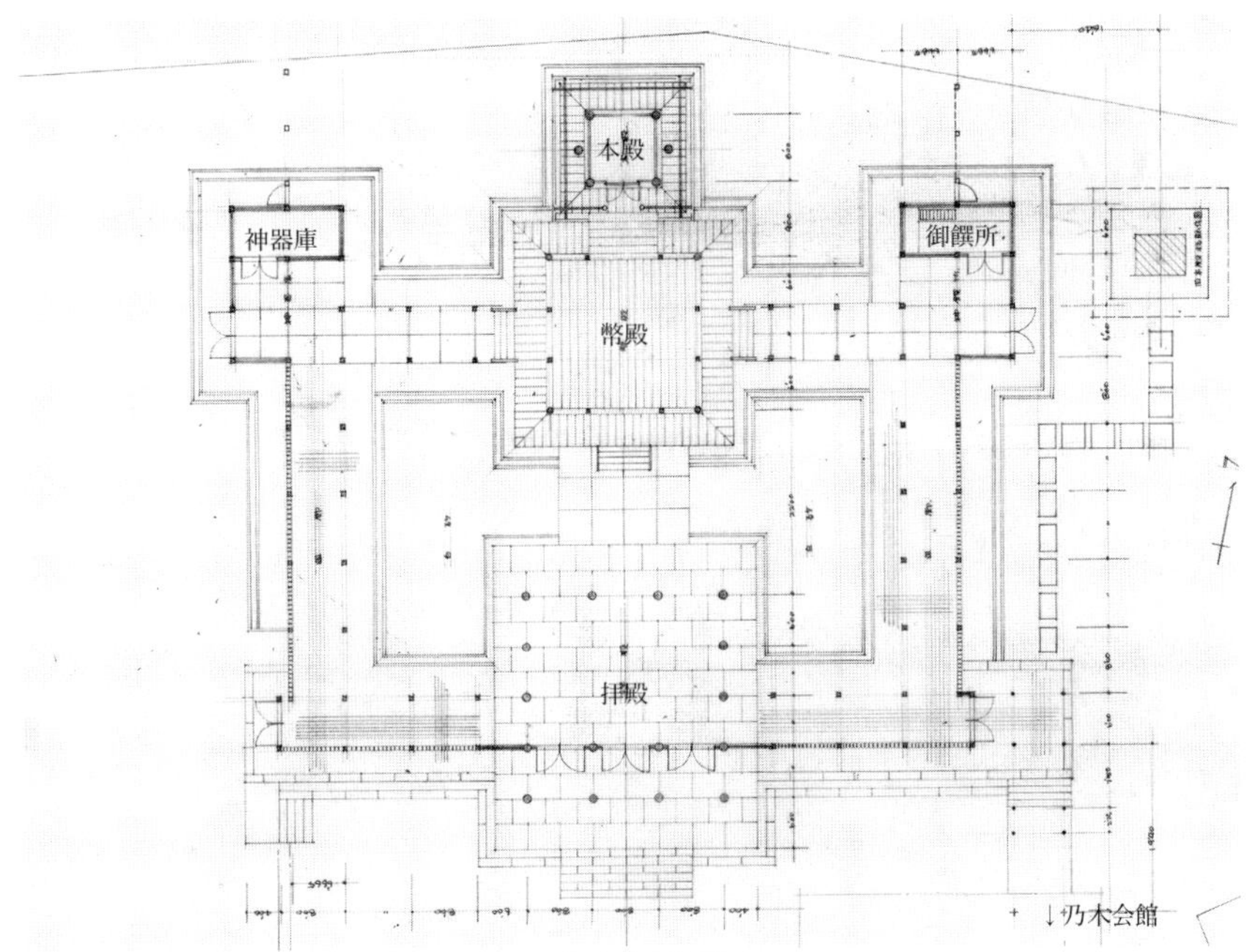


図 4-49　乃木神社　拝殿・幣殿・本殿　平面図　（一部筆者加筆）

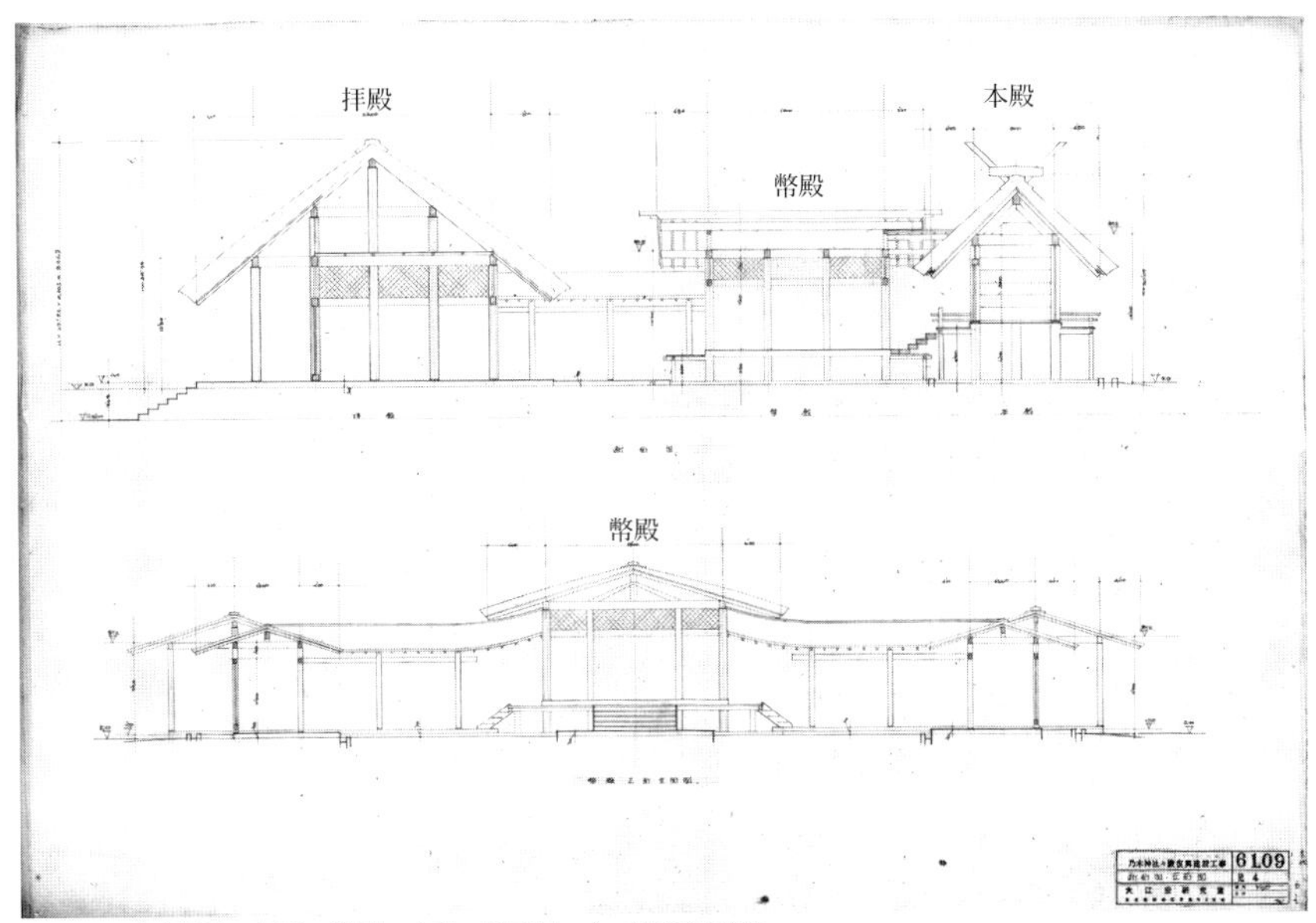


図 4-50　乃木神社　拝殿・幣殿・本殿　断面図　（一部筆者加筆）

みならず、御饌所と神器庫といった諸機能を巧みに包含している（図4―49）。乃木神社設計時点で、結婚式場である乃木会館の計画もすでに進められていた。乃木神社と乃木会館とはのちに渡り廊下で繋がることになるが、回廊はその接続部としての役目も見越して設計されていたと考えられる。回廊には、大江の「間（ま）」への強いこだわりと同時に、機能性を併せ持つ合理的な設計手腕が遺憾なく発揮されているのである。

ところで、神社は古今東西その形態が多種多様であり、ましてや近代に新しく神社を創立する際には、その建築様式をいかに決定するかが重要な問題であった。藤岡洋保によれば、大正時代に創立された乃木神社は、ここまで見てきた赤坂も含めて日本各地に五社あり、いずれもばらばらな様式を持つという。特に赤坂の初代乃木神社（一九二三、手水舎を除き焼失）と那須の乃木神社（一九一五、拝殿・本殿ともに現存）の二ヵ所はともに大江新太郎が設計しているが、その姿形は異なっており、いずれも設計者の意図が反映されている可能性が高いと藤岡は指摘している[60]。

宏が赤坂の乃木神社を手掛ける際にも、様式をどうするかという問題が去来したことは想像に難くない。焼失した父の社殿（図4―38、51）を参考とすることも、選択肢としてあっただろう。しかし結果を見れば、その意匠も、平面構成も、ほとんど踏襲されなかったとみてよい。一方で、新太郎が手掛けた那須乃木神社の拝殿（図4―52、53）を見ると、宏の拝殿と同じく神明造風の吹き放ちで、部分的にではあるが似た形式を持つ。大江が那須乃木神社に言及した文献は管見の限りないが、少なからず参考とした可能性はあるだろう。

宏の乃木神社拝殿と、新太郎の那須乃木神社拝殿を比較すると、ある宏の趣向が際立って見えてくる。すなわち縦方向のプロポーションへの希求である。まず新太郎の拝殿は、

図4-51　乃木神社（1934年の中門改築後）

図4-52　那須乃木神社　拝殿・本殿

60　前掲注57

61　前掲注3、一八八頁

架構が梁勝ちで柱は短く切断されており、全体的に重心が低くどっしりとした姿をしている。対して宏の拝殿の架構は柱勝ちで、妻面に見えている五本の円柱はいずれも屋根直下の棟木・母屋・軒桁まで真っすぐ伸びており、シャープな屋根とも相まって軽やかな佇まいである（図4―54）。新太郎の建築にはないこの軽快さを、大江は後年〈流麗軽妙〉の語で表現し、終生追求することになる。それは師である堀口捨己から得た教えでもあった。

堀口さんは、パルテノンの、あのドーリック・オーダーをいっぺん見てみたまえ、とおっしゃった。そういう重厚荘厳なものでは、いかに勝負したって、勝負しきれるものじゃない、というふうにおっしゃった。これを裏返すと、いわば流麗軽妙なものでこそ勝負ができるということでしょう(61)。

父・大江新太郎は、まさに「重厚荘厳」をもって日本の伝統と西欧の様式の統合を試みた建築家であった。対して子・大江宏は、父の方向性とは真逆の道をゆく。

宏は乃木神社において、伝統様式である神明造をベースとしながら、伊勢神宮とも、また新太郎の乃木神社とも異なる、軽やかで現代的な機能性も併せ持つ独自の様式建築を設計すべく格闘したのであった。それは単純な過去の模倣ではなく、一時的な新規性の追求でもない、伝統への真摯な眼差しに根ざした創造行為であったといえる。乃木神社で試行された縦方向のプロポーション、空間を統合する回廊、そして規範としての正方形の形式は、以降さまざまな大江作品で展開されていく。乃木神社は、木とRCの併存が試みられた梅若能楽学院とともに、大江の新たな展開を指し示す原型として重要な作品である。

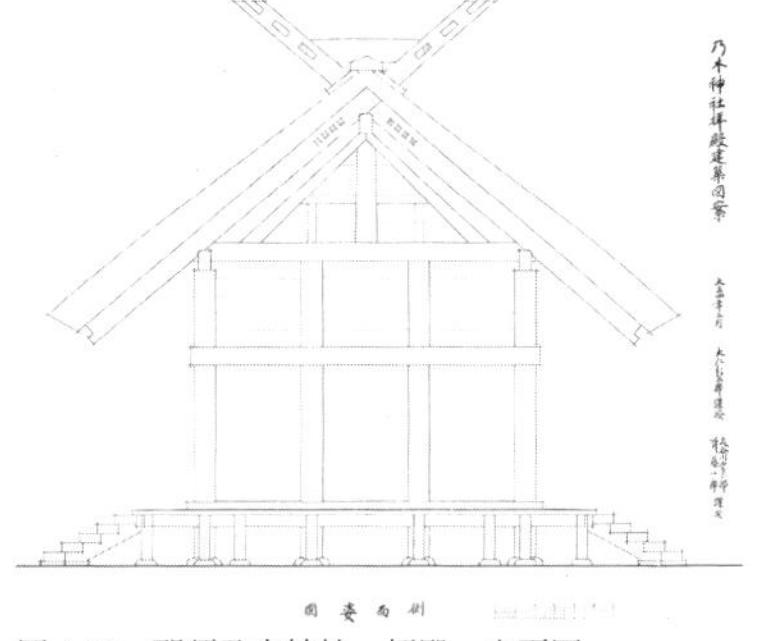
図4-53　那須乃木神社　拝殿　立面図

図4-54　乃木神社　拝殿　妻面

# 第五章　〈混在併存〉の展開と限界

## 疑念の果てに

大江は、一九五四年の海外旅行を契機として疑念を抱き始めた近代建築の理念と、伝統に根差した自身の体質とを同時に見据えながら、これらを一つの建築に表現し得る設計手法の模索を開始した。梅若能楽学院と乃木神社社殿は、その模索の嚆矢となる作品であった。一九六〇年代から、大江は設計と並行して論考を積極的に発表し、自身の建築観を世に問うようになる。一九六六年が初出となった〈混在併存〉の概念は、大江がそのような設計と論考を両輪とした思索を深めるなかで得た一つの仮説であった。

〈混在併存〉は、これまでさまざまな論者によって、大江の建築観や作品群を記述する際に多用されてきた。言うなれば大江の代名詞である。一方で、大江自身は一九七〇年代初頭から〈混在併存〉の語を用いることに難色を示し始め、果てには同語を「低俗な言葉」[1]と述べるに至っていたことは、これまで注目されてこなかった。[2]〈混在併存〉を、大江の建築観や作品群の代名詞という漠とした語感で捉えるのではなく、大江自身が〈混在併存〉に込めた意味を改めて検証し、かつ同語に対する大江の姿勢の変化の理由を考察することは、大江の建築観を解釈する上で重要である。

本章および第六章では、一九六〇年代から晩年までの大江の主要な建築作品と言説を取り上げ、両者を関連付けながら、大江の建築観の変遷を追っていく。

まず本章では、一九六〇年代から一九七〇年代前半の作品と言説を扱う。大江が法政大学58年館の設計変更(第三章)から梅若能楽学院や乃木神社社殿での思索(第四章)を経て、〈混在併存〉の概念を提示するに至る過程を明らかとし、その後の建築作品における多様な展開を通じて、大江自身が〈混在併存〉に込めた意味を再読したい。

1　大江宏、宮内嘉久「歴史意匠の再構築」『大江宏＝歴史意匠論』南洋堂、一九八四年、二〇四頁

2　管見の限りでは藤岡洋保が「大江は「混在併存」という語に満足していたわけではない」として、この点に言及している。藤岡洋保「香川県文化会館「混在併存」の原点」『建築文化』一九九三年一一月号、彰国社、一六一―一六八頁

## 「建築とカメラマン」

第四章でみたように、大江は一九五四年に発表した論考「古典の創造的昇華」のなかで、日本の伝統建築が海外から高い評価を得る理由は、「優れたカメラの目を通じて、（中略）日本の建築が含むさきの雑物や、脂のようなものは、多かれ少なかれ濾過され、昇華されて」紹介されてきたためであると指摘していた。ここで大江は、「優れたカメラの目」による建築の「濾過」を良しとしていないことは明らかである。

同様の問題意識は、梅若能楽学院を建設中の一九六一年一月に大江が発表した論考、「建築とカメラマン—村沢文雄氏黄綬褒章受賞を記念して」[3]において、村沢文雄[4]の写真に仮託しながら、より明快に提示されている。

内容を見てみたい。まず大江の論考には、村沢撮影による写真が六枚添えられている。なかでも、表題上部に最も大きく掲載されているのが、瑞巌寺を写した一枚である（図5—1）。構図は、御成玄関より入って本堂へと至る動線上にある火灯窓から、中庭を挟んで反対側の庫裏を望んだものである。人の歩みの時間に呼応して、瑞巌寺の空間を構成する諸要素が近景から遠景まで折り重なりながら移りゆき、眼前に現れるその佇まいが、一枚の写真に表現されている。

大江は村沢の仕事を、次のように述べている。

> 私はいつも村沢さんには他の写真家にない、何か異質なものを感じていたのだが、あるいはこの異質なものこそ実は建築において最も本質的なものではなかろうかと、この頃考えている。村沢さんの仕事のやり方は、建築の中にからみ合う複雑な性格を次々

図5-1　村沢文雄撮影　瑞巌寺

3　大江宏「建築とカメラマン—村沢文雄氏黄綬褒章受賞を記念して」『建築文化』一九六一年一月号、彰国社、七一—七二頁

4　村沢文雄（一八九四—一九七〇）は戦前から戦後にかけて活動した建築写真家である。戦前は、大江宏も在籍した文部省宗教局保存課で重要文化財建造物の記録写真撮影に従事し、戦後は文化財の他、雑誌『建築文化』の写真部長として、近代建築の撮影も手掛けた。大江は学生時分からすでに村沢と面識があったという。

に消去し、整理して最後に視覚的な尖鋭さだけをどぎつくクローズアップしようとするようなやり方ではない。むしろ建築が本来的に含む雑多な要素を、時としては相矛盾し合うような性格さえもそのままに受け入れようといった態度である。

大江は、多様な要素が互いに矛盾しつつも複雑に絡みあった状態こそが、建築の本質的な性格なのではないかと考え始めていた。大江は村沢の写真のうちに、そのような建築の性格が表現されていることを見出し、評価したのである。

大江が批判的に書く「視覚的な尖鋭さだけをどぎつくクローズアップしようとする」タイプの建築写真家として、石元泰博（一九二一―二〇一二）が挙げられるだろう。石元撮影による桂離宮の写真は、その多くが徹底して建築に含まれる諸要素を排除する方向性を見せている。例えば図5―2に示した一枚は桂離宮新御殿を写したものだが、屋根は全てトリミングされ、残された柱と壁、襖、そして芝庭は全て抽象的な線と面に還元されており、全体が一つの面的構成となっている。新御殿と正対するカメラの視点に人間らしいノイズは含まれず、写真から空間の奥行きは消去され、時間の移りゆきも感じられない。この写真には、捨象に基づく洗練が見出される一方で、桂離宮の実存からは遠く離れているようにも思われる。大江は、論考のなかで直接石元に言及しているわけではない。しかし、批判対象として石元が念頭に置かれていた可能性は高いと考えられる。

周知の通り、この有名な写真が収められたのは、大江の論考が発表される前年に刊行された書籍であり、フィリップ・ジョンソンが書評を書いた『桂 KATSURA 日本建築における伝統と創造』（造型社、一九六〇）である。著者は、石元、ヴァルター・グロピウス、そ

図 5-2　石元泰博撮影　桂離宮 新御殿東面と芝庭 1953, 54

図 5-3　丹下健三設計　香川県庁舎

して丹下健三の三名であった。第一章で確認したように、大江と丹下は大学時代からの同級生であり、共に辰野賞銅賞を受賞した良きライバルである。建築家として独立後も、二人は家族ぐるみで付き合う仲であった。当然、大江はこの書籍を手にしていただろう。

丹下は日本建築から木造のプロポーションを抽出し、RCで表現することで近代建築と伝統の統合を図った。その設計手法は、石元の写真の構成方法にも通じる、捨象に基づく洗練であったと言ってよい。丹下の代表作の一つである香川県庁舎（一九五八、図5―3）は、そうした洗練の極致としての建築であった。大江は香川県庁舎をおおいに評価する一方で[5]、その方向性には飽き足らない感情を抱いていたと思われる。先の大江の一文は、石元の写真と併せて、丹下の建築もまた、批判対象としていたのではないだろうか。

大江はこの論考から四年を経て、丹下の香川県庁舎と筋向いの位置に香川県文化会館を設計し、丹下・石元の路線とは異なる建築を、具体的なかたちをもって提示することになる。

5　大江は後年、山本忠司との対談のなかで、「ほんとに香川県庁舎は、彼の一番いい作品の一つだと思いますね。」と語っている。大江宏、山本忠司「対談　瀬戸内という坩堝の中で」『建築画報』一九七七年五月号、建築画報社、二〇頁

## 「"Casa de Mexico"―歴史的ビジョンについて」

乃木神社の翌年、大江はメキシコ大使館（一九六三、図5―4、5）を発表した。梅若能楽学院に引き続き、シェル屋根を大々的に採用している。ねじれた彫塑的なかたちをもつ柱や石貼りの壁、空間をフレキシブルに区切る屏風、部分的に設けられた木の格天井、シェル屋根の天井に張り巡らされた市松模様の布地など、多様な要素が互いに独立しつつ関係をもちながら、一つの空間を構成している。諸要素の関係性がやや乱雑であった梅若能楽学院と比較して、メキシコ大使館はシェル屋根や格天井など共通する造形言語を用いながらも全体的に整理され、抑制の効いた設計となっている。

図5-4　メキシコ大使館

注目したいのは、メキシコ大使館の雑誌発表時に添えられた大江の論考、「“Casa de Mexico”―歴史的ビジョンについて」[6]である。大江は文中でメキシコ大使館に一切触れておらず、全文にわたって当時の建築界の状況をこれまでになく厳しい論調で批判している。

大江は冒頭、日本社会が戦後復興期から脱した結果、建築設計と建築批評がともに低迷し、進むべき方向性を見失っているとの認識を示す。低迷から脱するためには「近代建築史の慎重な再検討、ひいては人類の文明史全体の根本的な再検討の中でこれからの文明や建築をどう見定めてゆこうかというような方向に対して、まずわれわれの地道なエネルギーが集中的に注がれねばならない」とし、新しい歴史観の確立が重要であることを主張する。それは「かつて飛び出した伝統論や民衆論など」のような「全く歴史的なビジョンを欠いた、偶発的な感覚論」や「思いつき的論」で成し得るものではなく、「文明論的な、ないしは文化論的な視野から分厚い世界史観」を着実に構築し、そのうえで得られる識見こそ、身に付けなければならないものの第一歩であると述べる。

大江によれば、「大方の近代建築論が犯した最大の過ち」は、「単純に近代建築史というとバウハウスだけだったり、またはモダーニズムを乗り越えるということは直ちにインターナショナリズムの否定であるといった、いかにも単細胞的な考え方」にあったという。続けて大江は、「ナショナルなものとインターナショナルなもの」、あるいは西洋と東洋を「単純な対立関係に置こうとした過去の概念を精算して、ぜひとも一つの秩序立った思考の中に両者の複雑な相関関係を統一しなければならない」と結論づけている。

要約すれば、大江はこの論考において、単線的な歴史認識や、優劣が含意された二項対立に基づき建築を理解することに対する痛烈な批判を展開したのである。

6 大江宏「“Casa de Mexico”―歴史的ビジョンについて」『建築文化』一九六四年一月号、彰国社、八九―九〇頁

図5-5　メキシコ大使館　内観

ここで重要なのは、大江が近代建築の理念を全面的に否定する姿勢はとっておらず、むしろ近代建築の短絡的な否定には厳しい目を向けている点にある。一九五四年の海外旅行で近代建築に疑念を抱いて以降展開された大江のさまざまな試みは、近代建築の功罪を慎重に見定める過程であったといえよう。

大江はこの論考から約二〇年後に手掛けた国立能楽堂（一九八三）の設計において、「モダニズムによって切り落とされてしまったもの、（中略）それをもう一度改めて復活させる」[7]ことを目的としつつ、「建築のモダニズムが生んだ大変貴重な功績である建築的エシックス、倫理観、建築のそういう非常に清冽な精神、そんなものを何としても貫き通していかなければならない」[8]との認識を示し、自身の建築観は近代建築の理念の延長線上にあると明言している[9]。実際、単線的な歴史観を批判しながら、同時に「ナショナルなものとインターナショナルなもの」の「統一」への強い希求を見せる大江の建築観は、ポストモダニズムの支柱の一つである相対主義と共通点をもちつつもやや異なる立場であり、普遍の真理を第一義とする近代主義の理念を正しく受け継いだものである。なお、後年の大江はポストモダニズムに対して批判的であった[10]。ポスト〇〇という表現自体が、大江にとって皮相浅薄と思えただろうことは、想像に難くない。

## 香川県文化会館

一九六五年、大江の代表作となる香川県文化会館（図5―6、7）が竣工した。この時大江は五二歳である。香川県文化会館は、美術や音楽などの芸術活動を支援する行政センターである。隣に数年早く竣工した総合会館[11]とあわせ、一体の建築として計画が進められた。

7　大江宏、藤森照信「キッチュの海とデザインの方法」『建築文化』一九八三年一一月号、彰国社、一二八―一二九頁

8　同右

9　「私はこの国立能楽堂も近代建築そのものだと思っています。ただ近代建築が一時その性格を特に強調明確化するために、その代償として置き去りにしてきたものがある。もう一遍それを拾い上げて、近代建築をより完全な建築に仕立て上げたい。だから境目というより、まだその延長上にある、という意識ですね。ここいらへんがポストモダニズムと呼ばれる概念とちょっと違う点だと思う。」大江宏「混在併存から渾然一体へ」『新建築』一九八四年一月号、新建築社、一六一頁

10　前掲注7

11　総合会館は事務室、会議室などを入れる管理センターとして計画された。現在はすでに解体されている。

香川県文化会館は大きく低層部と高層部の二つから構成されている。低層部はエントランスホールと展示スペース、高層部は檜舞台のある芸能ホールや和室、茶席といった一般公開部分にくわえ、研究室や実習室などの諸機能が収められている。現在、この高層部分には香川県漆芸研究所が入り、漆工芸を学ぶ研究生が日々鍛錬する教育の場となっている。

## (1) 香川県との関わり

香川県文化会館の設計者に大江を指名したのは、時の香川県知事、金子正則(一九〇七―一九九六)である。金子は一九五〇年から一九七四年までの二四年間にわたり県知事の職に従事した、名実ともに香川県の大ボスであった。金子は建築に対して造詣が深く、県庁舎を丹下健三に、図書館を芦原義信に依頼するなど、県の主要施設の設計者として新進気鋭の建築家を招聘する辣腕を発揮した。

浜口隆一が金子に尋ねたところによれば、金子は最初から、文化会館を大江に依頼すると心に決めていたという[12]。その理由は、金子が大江の梅若能楽学院を見たことにあった。伝統芸能と現代を結ぶ建築設計を成し得る建築家は大江以外にいないと、金子は梅若を見て確信したのだという。香川県文化会館は、金子が確信を得てから数年がかりで実現したというから、梅若能楽学院が竣工して間もなく、大江に打診があったものと思われる。

大江と香川県との関わりは、香川県文化会館から遡ること約七年、一九五八年頃に始まっている。香川県の建築課長である久保田秀稔から、高校建築に関する相談を受けたのがきっかけとなった。久保田と大江は共に、一九五五年から二年間、日本建築学会の機関誌『建築雑誌』の編集委員として協働した間柄である。大江は香川県立丸亀高等学校(一九六〇、

12 浜口隆一「香川県文化会館　伝統と現代文明の融合」『新建築』一九六六年七月号、新建築社、一四八頁

図5―8）を皮切りとして、石田高等学校（一九六二）、三豊工業高等学校（一九六四）を設計し、同時に香川県建築課の相談役として観音寺第一高等学校（一九六三）の設計に助力するなど、実作を通じて香川県の高校建築の基盤をつくり上げた。香川県文化会館は、そうした大江と香川県との関わりが、時間とともに深まり熟成した頃に生まれた仕事であった。大江は後年、山本忠司[13]との対談のなかで、香川県文化会館の仕事は自身にとって「かけがえのな

13　建築家（一九二三―一九九八）。京都工業専門学校建築科を卒業後、香川県建築課に就職、のち独立。代表作である瀬戸内海歴史民俗資料館（一九七三）で日本建築学会賞作品賞を受賞している。

図5-6　香川県文化会館

図5-7　香川県文化会館　ホールと展示室

図5-8　香川県立丸亀高等学校

いもの」であり、「一番建築をつくるのにふさわしい環境の中でつくらしてもらったという印象が、今なお強い」と語っている。[14] 讃岐という歴史ある地域、またその地に暮らす現代の人々との長年にわたる関わり合いのなかで、香川県文化会館の原型となるイメージは自ずと大江のうちに醸成されたのである。

### (2) 「和」と「洋」の〈混在併存〉

香川県文化会館は複数の建築雑誌で一斉に発表され[15]、そのうち『新建築』一九六六年七月号に掲載された論文が、〈混在併存〉の初出となった。[16]

論文の内容を見ていこう。冒頭、大江はまず日本における「洋風」と「和風」の問題を取り挙げている。両者は明治以来、「かなりはっきり分裂した形のまま今日も尚われわれの生活の日々に根強く併存」している一方、「公生活を代表する「洋風」は生産的であると同時に進歩的であり、私生活面を支える「和風」は非生産的であるとともに退嬰的である」といった観念が、「いつのまにか社会通念となっていった」ことに大江は疑問を呈する。

明治期に日本で発展した和洋館並列型住宅に象徴されるように、日本では西洋由来の建築や衣服、作法が公的な場にふさわしいものとされ、日本由来の様式は私的な場に用いられることが常であった。建築界で話題に上がる和風建築も、堀口捨己や吉田五十八（一八九四―一九七四）らによる数寄屋の住宅や料亭など、私的領分に関わる作品が大多数を占めていた。

このような状況に対して、大江は香川県文化会館の設計で「洋風」と「和風」を「同時に公私、あるいは表裏の対比をもって象徴される二つの相の間には、どれをもって先進、どれをもって保守とするような格差優劣は本来存しえないという前提に立ちもどり、これら

14　大江宏、山本忠司「対談 瀬戸内という坩堝の中で」『建築画報』一九七七年五月号、二〇頁

15　掲載誌は『近代建築』、『建築』、『建築文化』『新建築』の四誌。いずれも一九九六年七月号。

16　大江宏「混在併存」『新建築』一九六六年七月号、新建築社、一四四頁

二つの異質の要素が時に矛盾し、時に対立しあい、混在併存しつつ日々の生活を支えている日本の現実を、そのままに反映しようとするところに建築創造の意義をあらためて見出そうとした」と述べている。つまり大江は「和風」を、あらためて公的な場にふさわしいかたちで、建築に取り入れようと試みたのである。

「和風」の公的表現を見る前に、〈混在併存〉について確認したい。論文中、〈混在併存〉の語が使用されたのは、右に引用した一ヵ所のみである。見ての通り、文脈のなかでさり気なく使用されるに留まり、明確な定義がなされているわけではない。一方で、大江はここで使用した〈混在併存〉の意味について、七年後の一九七三年に発表された対談記事で詳しく言及している。少々長くなるが引用したい。

> 六〇年代中ごろのある時点で混在・併存という形で捉えようとするひとつの文明史観を私は本誌上に提起したことがあります。文明というのは、技術や、合理性の累積によって構成される単一の体系だけでは成立し得ない。かならずやそれに対立する今ひとつの価値体系、すなわち地域や、民族や、集落といったそれぞれに固有のヴァナキュラーな特質にもとづく非累積的な体系が併存することによって、はじめて文明は本格的に存立し得るのだという思想を根底とする史観の提起であったわけです。
> （中略）建築もまた決して単一、一律の体系の上に成り立ち得るものではなく、背反する二律の間にはげしく衝突し合う角逐、葛藤をそのままあらわに反映するところに、建築を本格的に支えるべき基盤があると考えたいのです。相互に離反し合う複数の体系の間にはげしく起こる角逐と葛藤、ある意味ではきわどい瀬戸際、しかしそれなる

がゆえに建築というものが現在的に存在し得る最大の拠点が、そのピークのところに求め得るということなのです。[17]

ここで〈混在併存〉とは、大きく二つの意味をもつと思われる。一つは歴史観としての〈混在併存〉、もう一つは設計手法としての〈混在併存〉である。前者は、文化や歴史、建築など、あらゆる現象に対して一元的な見方に拘泥せず、多元的な価値を認める視座であり、後者は一つの建築の中に複数の体系を積極的に取り込んでゆく設計手法であると考えられる。香川県文化会館は、歴史観としての〈混在併存〉に基づき、和風と洋風の角逐を「そのままあらわに反映」する設計手法としての〈混在併存〉が試みられた作品といえよう。

設計手法としての〈混在併存〉の具体的成果は、香川県文化会館のエントランスによく現れている（図5—9、10）。銅板葺きの屋根[18]の下、ここではRCと木が互いに独立しながら並立しており、両者はそれぞれ「洋風」と「和風」の象徴として等価に扱われているのである。RCと木の併存はすでに梅若能楽学院で試行されていたが、木はあくまでも二次的な存在であり、内部空間の各所でRCに付加されるに留まっていた。一方、香川県文化会館のエントランスではさらに一歩進み、木は独立した架構として構築され、建築内部のみならず外部へと貫通する大胆な構成となっている。

エントランスの木（赤松）の架構は、RCの躯体と比して人々に寄り添う尺度でありながら、その細く高いプロポーションと幾何学的構成によって、数寄屋建築とは異なる抑制された品のある佇まいである。ここに大江の意図した木の公的表現が実現されているといえよう。

三階の芸能ホールもまた、桧の柱や縦格子、桐の格天井に包まれた静謐な格調ある空間

17　大江宏、馬場璋造「建築家の原点を語る」『新建築』一九七三年四月号、二三五—二三七頁

18　実際は屋根ではなく、屋根の形を模した傾斜した壁である。これは建築家の浦辺鎮太郎（一九〇九—一九九一）が自作で「壁庇」と呼称し多用した設計手法であり、大江も浦辺から着想を得たものと思われる。

となっている(図5―11)。木はエントランスと同じく素木造りだが、格天井の裏に貼られた赤色の西陣織や、ほのかに緑がかった聚楽壁が空間に色彩を与え、エントランスと比較してやや艶やかな表情を帯びている。

四階談話室(図5―12)はより艶めかしい性格が強まっており、和室の入口には桧皮葺きの庇(現在は銅板葺きに改修されている)が付き、足元に敷かれた白洲や彫金の照明から漏れ出す光と相まって、和風の私的な別世界が生み出されている。エントランス、芸能ホール、

図5-9　香川県文化会館　エントランス

図5-10　香川県文化会館　ホールの木架構

図5-12　香川県文化会館　4階　談話室

図5-11　香川県文化会館　3階　芸能ホール

そして談話室、これら各室の機能によって、公的から私的へと木の表情を多彩に変える表現力の幅の広さは、まさに大江の面目躍如といったところであろう。

香川県文化会館で〈混在併存〉の具体的表現を担っている素材として、石もまた注目すべきものである。本作における石（御影石）は、低層部一階の内部空間をぐるりと囲む壁の化粧材として用いられ、線的要素であるRCの柱梁や木の架構と対比をなす面的要素として計画されている（図5─13、14）。この石壁は、内部空間を支える背景であるとともに、外観を強く特徴づけており、RC、木と並んで重要な存在である。石の壁面の仕上げは、エントランス前に置かれた石彫「おいでまあせ」の作者、流政之（一九二三─二〇一八）の指導によって職人が手掛けた。凹凸がありながらも粗雑ではないその仕上げは、のちに国立能楽堂の外壁に採用された花崗岩へと受け継がれていく。

### (3) 達し得なかった望み

大江にとって、香川県文化会館の仕事は「かけがえのないもの」であった。しかし、大江はその成果に、決して満足できてはいなかった。

本作の竣工から三年後、大江は次のように述懐している。

混在併存を何とかと、参議院の副議長公邸あたりもそれを意識して考え始めた。今度こそ文化会館でと思ったが、やはりそれが形に体験（ママ）できないわけです。そういう異質の要素の出合いみたいなところ、そういったものの中で、建築と人間との愛着を結付けてくれる一つのモチーフがなりたち得るというところまではわかっても、それを物

図5-13　香川県文化会館　外観

に表わそうと思うと……。だから文化会館はそれを望んで達し得なかった例です。[19]

大江が望みを達し得なかった理由、それは前節で確認した、「ナショナルなものとインターナショナルなもの」の「統一」が成し得なかったためと考えられる。より具体的にいえば、ＲＣと木、石といった各素材は、等価に並んではいても独立性が強く、相互の関係性が希薄であり、大江の理想とする〈混在併存〉のかたちには至らなかったものと思われる。

また、香川県文化会館における問題設定が、「洋風」と「和風」という二項対立を前提としていたために、大江が理想とする多元的構造を同作が持ち得なかったことも要因であろう。後述するように、大江は香川県文化会館の建設中に二回目の海外旅行へ赴いたが、その帰国直後、浜口隆一との対談で次のように語っている。

ただ日本と西洋というような二元対立的な段階での混在ということでなくて、もっとグローバルなものとして多元的にとらえなくてはいけないのではないかということになってくるのです。なにか地下茎を探っていくようなことになるわけですね。そういう多元的な世界観のなかで、建築とか、都市とかいうものがつくりあげられてきたいということを考えているわけです。[20]（原文ママ）

香川県文化会館は、大江が二回目の海外旅行へ旅立つ前に、すでに設計が終わっていた。旅行で得た知見が直接反映されるのは、本作に続く乃木会館（一九六八）などを始めとする作品群である。

19　大江宏、池辺陽、浦辺鎮太郎、吉阪隆正、桐敷真次郎「座談会２」『建築雑誌』一九六八年八月号、日本建築学会、五四九―五五〇頁

20　大江宏、浜口隆一「混在文明へのアプローチ」『新建築』一九六六年三月号、新建築社、一二一―一二四頁

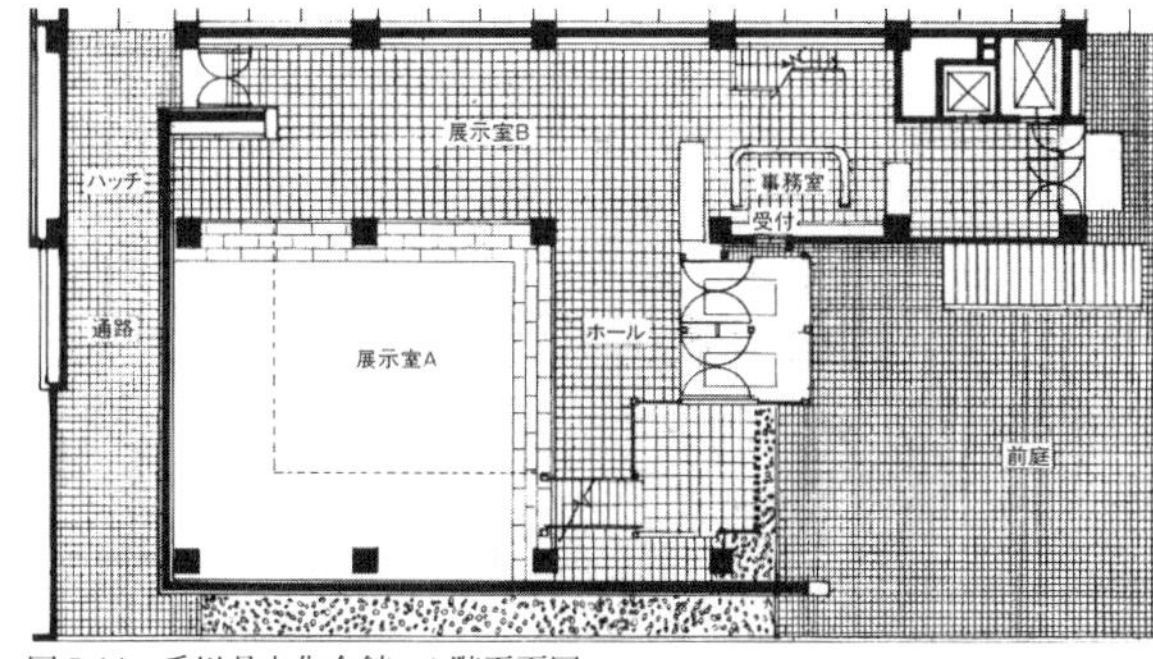

図 5-14　香川県文化会館　1 階平面図

## 第二回海外旅行

大江は第一回の海外旅行で抱いた自身の疑念を解消するため、一九六〇年頃から二度目の海外旅行の計画を練り始めた。[21] ようやく実現したのはその五年後である。香川県文化会館の設計を終えた大江は、一九六五年八月末から一二月初頭までの約三ヵ月間、法政大学工学部の海外留学制度を利用し、西欧から中近東をまわった。旅行には大江の次男である大江武（一九四四―）が同行した。大江親子が訪れた国は、滞在順に、ベルギー、イギリス、オランダ、ドイツ、スイス、イタリア、フランス、スペイン、トルコ、レバノン、シリア、イランの一二カ国である。宏はこの旅でも写真をよく撮り、加えて八ミリフィルムで撮影した映像も残している（図5―15）。武が執筆した日記には旅程が詳細に記録されており、これらの資料からは二人の旅行の様子が生き生きと伝わってくる。

大江は二回目の旅行で得たものについて、後年次のように述べている。

> 二度目の海外旅行は、前回の旅行での驚きを今度は、何らかの確信に変えるために、検証すべき課題をもって出かけたものだったのですが、たしかに結果として目的通りある確信を私にもたらしはしました。しかしその確信の内容たるや、事前にうすうすの予感はあったものの、およそ心安らぐような種類のものとはかけ離れた、とてつもない世界に足を踏み入れてしまって感じる類いのものでありました。
> 例えば地中海と一口に言っても、西地中海、中地中海、東地中海の世界ではそれぞれ全く異なる様相を呈していますし、更に東方のビザンチン、あるいはペルシャといった千差万別の多様な世界は、そこまでは行けませんでしたけれども、なお西域から中

21　大江宏「建築と私―法政大学最終講義」『大江宏＝歴史意匠論』南洋堂、一九八四年、三八頁

図5-15　ゴッタルド峠にて8mmフィルムで映像を撮る大江

図5-16　大江武 スペインにて

> 国へと限り無く存在している。そしてそれらの多様な世界では理路整然たるものとか起承転結などといったものとは無縁であり、そこには気の遠くなる程の時間を費した無数の偶然のただただあきれるばかりの累積だけがあるようにさえ見えて、しかもその上、いやむしろそれ故にこそ人間や文化と建築と強固なかかわりが厳然と感じとれ、物事の**能率**だとか、**速成速決**などここでは全く無意味なものとしてしか映らない――私がこの二度目の旅行で得た確信とはそういう確信だったのです。(22)（傍点は大江による）

大江が二度目の旅行で得た確信、それは大学で学んだ単線的歴史観からは漏れ落ちる「多様な世界」が無数に存在しており、その多様性はまた、悠久の時のなかで累積された偶然に基づきながらも、地域に根差し生きる人々に寄り添い、繋がり合う建築が等しく備える根源的な性格である、というものであった。〈混在併存〉とは、大江がこの旅で得た確信を、なんとか一語で表現しようと試みた言葉だったのである。

旅行中、特に大江が感銘をうけたのが、スペインで出会った数々のプレロマン建築であった。訪れた諸国のうち、スペインは滞在日数が四〇日間と突出して長く、大江が今回の旅で特に重視した国であったことが分かる。大江は長谷川堯（一九三七―二〇一九）との対談の中で、プレロマン建築について以下のように述べている。

> 本当にプレ・ロマンというのはランダムですね。プレ・ロマンを支えている要素というものは、決して一本体系のものではないです。ペルシアがあったりイスラムがあったり、そうかと思うとゲルマンがあったりラテンがあったり、もうそれはまことにラ

図5-17　大江撮影　サグラダ・ファミリア

22　大江宏「日本建築学会大賞　建築設計・建築論・建築教育における一連の業績」『建築雑誌』一九八八年七月号、日本建築学会、六六―六七頁

図5-18　大江撮影　アルハンブラ宮殿

ンダムです。混在、併存そのものが重なったようなかっこうですね。その点非常に魅力的です。それを一本化していくにつれて魅力を失っていくのが、ロマネスクからゴシックへの道筋だと思うんですけれどもね。[23]

大江は二度目の海外旅行以降、たびたびプレロマン建築に言及し、称賛した。大江にとってプレロマン建築は、自身が理想とする〈混在併存〉を体現した存在として見えたのである。中でも特に大江が惹かれたと述べているのが、九〜一〇世紀頃スペイン北部に建設された、サン・サルバドール・デ・バルデディオス教会(S.Salvador de Valdedios)である。

## サン・サルバドール・デ・バルデディオス教会のスケッチ

法政大学が発行する機関誌『法政』一九七七年一月号には、サン・サルバドール・デ・バルデディオス教会を主題とした大江のエッセイが掲載されている。[24] 大江によれば、この教会は「プレロマン期の建築特有のみ力(ママ)を最も強くもつもの」であり、「プレロマン建築の原型がほとんど完全に近いまでの姿で保たれていた」という。「極端に少なく、かつ小さい開口部、細部に表われた素朴な表現手法とともに全体に流れる豊かな浪漫性、三つの同筒(ママ)ヴォールトより成る背の高い身廊・側廊から生れる神秘なインテリアーなどすべてにプレロマンの特性が典型的に象徴されている」とし、非常に高い評価を与えている。

大江がこの教会に出会ったのは偶然であった。もともと大江は、サンタ・マリア・デル・ナランコ教会(Santa María del Naranco,図5—19)とサン・ミゲル・デ・リジョ教会(San Miguel de Lillo,図5—20)を見ようとオヴィエドに滞在していたところ、地元の建築好きの弁護士

23　大江宏、長谷川堯「父と子と」『建築をめぐる回想と思索』新建築社、一九七六年、五二—五三頁

図5-19　大江撮影　サンタ・マリーア・デル・ナランコ教会

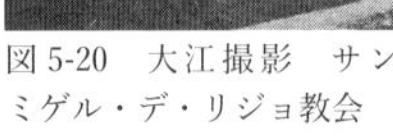

図5-20　大江撮影　サン・ミゲル・デ・リジョ教会

と出会い、彼がサン・サルバドール・デ・バルデディオス教会を案内してくれたのだった。未だ現地の情報が日本へ十分に伝わっていない状況のなか手探りで旅を続けていた大江にとって、この教会との邂逅は極めてロマンチックな体験であったに違いない。

先述のエッセイには、同作を描いた大江の自筆スケッチが掲載されている（図5―21）。右下には「Hiroshi Oe」とサインがある。その下には「26 aug.65」とあり、一九六五年八月

図5-21　大江自筆　サン・サルバドール・デ・バルデディオス教会のスケッチ

図5-22　大江撮影　サン・サルバドール・デ・バルデディオス教会

24　大江宏「私の画帳から④ S.Salvador de Valdedios」『法政』一九七七年一月号、法政大学、三二―三三頁

二六日に描いたことを示すと思われるが、実際の見学日は一九六五年一〇月二六日のため、大江の表記間違いであろう。ただし、同行した大江武によれば、旅行中の宏は常に写真を撮るのみで、スケッチを描くことはなかったという（移動中に加え宿泊の際も、ほとんど二人は一室で共に過ごしていた）。また長男の大江新の証言では、日常の宏は設計時にスケッチを描くことはあっても、その他の対象を描くことはなかったというから、このスケッチが旅行中に描かれたかは定かではない。少なくとも、このスケッチは現地で実物を見ながら描かれたのではなく、後日、大江自身が撮影した写真（図5―22）をもとに模写したものと見てよい。

ところで、スケッチと写真を見比べると、ある興味深い点に気づく。大江は教会それ自体を、決して忠実に描こうとはしていないのである。

先の引用の通り、大江はエッセイのなかで、サン・サルバドール・デ・バルデディオス教会を現実の存在として具体的に描写している。一方、エッセイに添えられたスケッチは、複数の点で現実と異なる創作が施されている。このスケッチ上でなされた創作には、歴史と向き合う際の大江の姿勢が、明快に表れていると思われる。以下では、現物の教会と大江のスケッチとの相違点を挙げながら、大江の意図を考察してみたい。

図5-23　修道院の門から見たサン・サルバドール・デ・バルデディオス教会

### (1)　前景の円柱とアーチ

一つ目の相違点は、スケッチ前景を枠付けている円柱とアーチである。実際には大江が描くような円柱とアーチは存在しておらず、教会堂に隣接して建つ修道院の門があるのみである（図5―23）。この修道院には二つの回廊があるが、これらの回廊越しに教会堂を望むことのできる視点は存在しない。また、大江が描いた円柱＆アーチと、隣接した修道院の回廊にある円柱＆アーチとは共通点が見られない。つまり大江の描いた円柱とアーチは、別の場所で見たものか、あるいは自身のうちで創作した大江好みの円柱とアーチを、同じく大江好みの教会堂にコラージュしたものと思われる。

### (2)　エントランスの庇と円柱

二つ目はエントランスの庇と円柱である。実際の教会のエントランスには庇はなく、また壁と繋がり一体となった円柱が、アーチを支えているのが特徴的である（図5―24）。一方、大江のスケッチではアーチを支える円柱は削除されており、代わりに壁から独立し、かつ付加された庇を支える円柱が新たに描かれ、円柱の下には組積壁の基壇がつくられている（図5―25）。その佇まいはどこか、第四章で見た乃木神社旧儀式殿のパース（図4―37）を想起させる。大江の建築作品において、壁と柱とが一体的な意匠として扱われたのは、東洋英和女学院小学部（一九五四）や法政大学55年館（一九五五）といった初期作品のみであり、以降の大江の柱はほとんどが壁からやや離れた位置で独立するようになる。柱が壁と接するとしても、素材の差異を明確に表現し、柱の独立性を損なうような意匠は採用されない。この柱の独立性に対する大江の趣向が、教会堂のスケッチにも投影されたと考えられる。

### (3)　棟飾りの削除

三つ目は棟飾りの削除である。現物のサン・サルバドール・デ・バルデディオス教会は、身廊の屋根に棟飾りが等間隔で配置されているが、大江のスケッチではこれらの装飾は削

図5-24　大江撮影　エントランス部分拡大

図5-25　大江自筆スケッチ　エントランス部分拡大

除されている。大江は一九六〇年代後半から、建築における装飾の重要性を明言するようになるが、上記の操作から、あらゆる装飾に対して肯定的というわけではなかったことが看取される。大江は屋根の形態に対し強いこだわりをもつ建築家であった。現物のサン・サルバドール・デ・バルデディオス教会がもつ棟飾りが、大江の理想とする屋根のあり方には蛇足と思われたのだろう。

### (4) ポルティコの付加

四つ目はポルティコが付加されている点である。大江のスケッチでは側廊の両サイドに、シンメトリーを形成するように片流れ屋根のポルティコが付属している。しかし実物では、正面右側のポルティコは確認できる一方、左側には存在していない。現状のファサードや平面図から、この教会堂ができた当初は身廊・側廊からなる単純な三廊式だったものが、後年右側面にワンスパン増築されたものと思われる。左側面のファサード(図5―26)には増築されたような形跡はなく、またかつて設けられていた開口部を示すアーチも石で閉ざされており、ここに右側のボリュームと同じような空間があったとは考えにくい。

この創作からは、大江のシンメトリーに対する愛着が見出せる。大江の建築群は、日本的なアシンメトリーに彩られているように見える一方、至るところにシンメトリーの造形が含まれている。最高裁判所庁舎設計競技案(一九六九、図5―27)や、晩年の作品である国立能楽堂(一九八三)などは、その好例である。

一方で、大江の好むシンメトリーは、人間を圧する権威主義的形態としてのシンメトリーではない点に注意したい。大江が描いた「國史館」のスケッチが、シンメトリー案か

図5-26　サン・サルバドール・デ・バルデディオス教会左側面

らアシンメトリー案へと変化していたように、また、大江の初期の代表作である法政大学55／58年館（一九五五／五八）の全体構成が、強い軸線を持つ完全なシンメトリーから複数のボリューム群によるアシンメトリーへと移り変わったように、大江は権威的な象徴性を帯びはじめたシンメトリーの形態を崩そうとする傾向にある。大江が好むシンメトリーとは、権威的意味付けが成される以前の、いわば原型としてのシンメトリーであると考えられる。「プレロマン建築の原型がほとんど完全に近いまでの姿で保たれていた」と大江が語るサン・サルバドール・デ・バルデディオス教会もまた、原型としてのシンメトリーにスケッチ上で変形されたものと考えられる。

大江がスケッチ上で行った以上四点の創作は、いずれも大江の実作を特徴づける建築形態と関係の深い箇所でなされていることが指摘できよう。大江はサン・サルバドール・デ・バルデディオス教会と対峙した時、教会を在るがままに見つめるだけではなかった。教会のイメージを時間的経過のなかで咀嚼しながら、自身の理想を混在させたうえで、己の糧としたのである。つまり大江が言及する際のプレロマン建築とは、実証的な知見に基づくものとは異なる、大江の心中で理想とする姿へと変様された、いわばロマン主義的存在であるといえよう[25]。

大江が、同時代の建築を指す一般的な言葉である「プレロマネスク」をほとんど使わず、あえて「プレロマン」と語るのは、「ロマン」という言葉が帯びる意味を重要視しているからに他ならないと思われる。先のエッセイでも「浪漫性」とあるように、大江は一九六〇年代以降、たびたび「ロマン」という言葉を使用する。例えば宮内嘉久との対談の中で、

図5-27　最高裁判所庁舎設計競技案　パース

25　建築史家の陣内秀信は、大江への追悼文（「地中海建築との出会いの意味」『住宅建築』一九八九年六月号、建築資料研究社、一三頁）において、大江がたびたび口にする「プレロマン」が「ネーミング自体、耳慣れないもの」としたうえで、「それはだが、実態を表わすというより、思索の過程での概念操作の産物であり、歴史家の実証的志向からは生み出しえない、モノつくりの直感からくるイメージの世界だといえよう」と指摘している。大江のロマン主義的ともいえる建築観の重要性を指摘する陣内の論考には、本書も貴重な示唆を得ている。

大江は「ロマン」について以下のように語っている。

いうまでもなく、実証という科学的方法そのものはきわめて大事にきまっているんですよ。ただ、科学としての歴史学を追求するのあまり、建築の匂いとか香りとか、ロマンまでも失っていった建築史になってしまっては絶対に困ると思うのね。(中略)ぼくがなぜ最初に伊東忠太のことから言い始めたかというと、とくに、あの「法隆寺建築論」、明治二六年(一八九三年)に書かれたその序文にある、法隆寺を通じて、北魏から、西域、ギリシアにまで至る壮大なロマンを展開しようとしたヴィジョンの迫力に打たれるからですよ。ぼくの二回目の旅行にしても、結局ぼくの抱いたモティーフの中には、伊東忠太の眼差しと重なるものがあったんです。(中略)歴史家たちも、われわれ建築家たちも、地下茎によってつながっている歴史の露頭に、なぜ触れようとしないのか。触れて、足で歩いて、なぜ壮大なロマンを想い描こうとしないのか、ということだなあ、一番言いたいところは。[26]

後述するように、大江は様式や装飾を自身の設計に盛り込む際、既往の事例を直接引用するのではなく、あくまで自身の内に抱いたイメージをもとに、その形態をつくり上げることを重視していた。また大江は、自身の設計に限らず他の建築家、例えば右記の伊東忠太やヴィオレ・ル・デュク(一八一四—一八七九)、そして角館の町並み(第六章後述)などを評価する際も[27]、実証に基づく歴史観や創作とは異なるロマン的魅力を持ち得ているかどうかを評価基準としていた。

26 前掲注1、二〇二—二〇七頁
27 大江宏、太田博太郎、神代雄一郎「いま、建築家は何を生かすべきか」『現代日本の美術〈第17巻〉』月報、小学館、一九七〇年一〇月
28 大江宏、磯崎新「伝統様式を再構築する姿勢と方法」『建築文化』一九八四年一月号、彰国社、三三—四〇頁
29 『別冊新建築 日本現代建築家シリーズ⑧大江宏』新建築社、一九八四年六月、二〇一頁

図5-28　千代田火災事務センター

大江は二度目の海外旅行に赴いた一九六五年頃、ヴィオレ・ル・デュクが気になり勉強したという[28]。ヴィオレ・ル・デュクは、ゴシック建築を構造合理主義の観点から解釈し、近代建築の理念の礎を築いた建築家の一人である。ゴシック建築の復元事業を数多く手掛けたことでも知られる人物だが、彼の復元は、必ずしも実証的根拠に基づくものではなく、一九世紀における合理的解釈のもと自身の理想を反映した創造的復元であったため、後年の研究者らからは建築のオリジナリティを尊重しない行為として批判の的となった。しかし大江は、このようなヴィオレ・ル・デュクの歴史に対する自由な姿勢を高く評価した。実証性を重視するあまり、ともすれば凍結保存とする近代以降の建築復元のあり方に、大江は懐疑的だったのである。そうした大江の価値観を踏まえると、大江が描いたサン・サルバドール・デ・バルデディオス教会のスケッチは、ヴィオレ・ル・デュクのような創造的復元を、自身の理想とするプレロマン建築に対して試みたものともいえるだろう。

ところで、大江設計による千代田火災事務センター（一九八一）には、教会のスケッチを想起させる空間が存在している（図5―28〜30）。同作の中心的空間であるロビーは、スケッチに描かれた教会の身廊と二段の側廊を抽象化したようなシンメトリーの断面形態をもっている。身廊部分頂部には教会（図5―31）と同じく二連アーチの開口が設けられ、二階にはアーチと円柱の回廊が設けられるなど、スケッチとの共通点が複数見出せるのである。千代田火災事務センターの設計期間は一九七六年一〇月から一九七八年六月であり[29]、スケッチが発表された時期と重なっている。大江のサン・サルバドール・デ・バルデディオス教会に対する憧憬は、スケッチ上の操作に留まらず、実態を伴った創造的イメージとして、実作に反映されていたと考えられる。

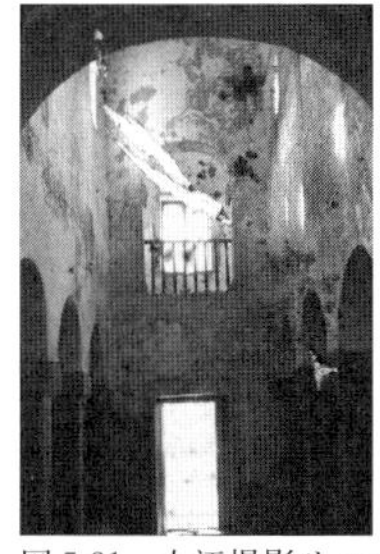
図5-31　大江撮影サン・サルバドール・デ・バルデディオス教会　内観

図5-30　千代田火災事務センター　ロビー

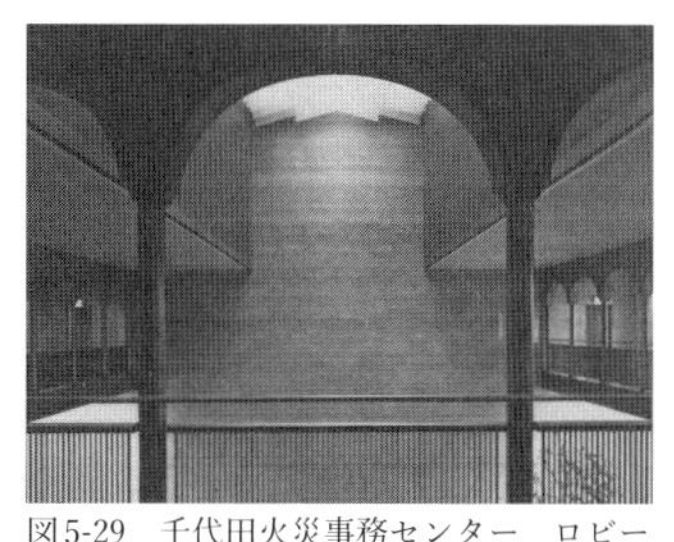
図5-29　千代田火災事務センター　ロビー

二回目の海外旅行から帰国した大江は、得られた知見に基づく建築作品を立て続けに発表していく。以降では主要な作品を取り上げ、その特徴を見ていきたい。

## 〈混在併存〉の展開：一九六六―一九七三

### 乃木会館

乃木会館（一九六八、図5―32）は、乃木神社に隣接して計画された結婚式場である。ＲＣ造（一部鉄骨造）の地上四階、地下二階建て、延床面積は四二五〇平方メートルである。乃木神社が完成した一九六二年から具体的な設計が始められ、一九六八年二月に竣工した。乃木会館の二階は回廊を介して乃木神社に接続されており、両者の一体的な利用が可能である（図5―34）。

乃木会館の平面は、二つの正方形ボリュームを縦動線コアが繋ぐ明快な構成である。二つのボリュームは一方が宴会場、もう一方は控室や和室などの諸室がまとめられている。立面は各棟でデザインが異なり、一見して一つの建物とは思えない。ここには乃木坂の閑静な町並みを崩さないよう、できるだけスケールを抑えようとした大江の配慮が感じられる。

乃木会館の外観には、海外旅行の影響が色濃く反映されている。例えば正面左手の控室棟のベランダを特徴づけるアーチはイスラム風であり、方形屋根を持つ右手の宴会場棟の白い壁は地中海の建築を想起させるスタッコ仕上げとなっている。二つのボリュームに統一感を生んでいるのは、壁面に共通して用いられた化粧煉瓦である。町並みと比較して、やや異質ながらも抑制の効いた佇まいは、結婚式場にふさわしい特異性と品性を併せ持っている。

図5-32　乃木会館

図5-33　乃木会館　1階ロビー

内部に入ると、一転して木による和風の世界が広がる。玄関ホールを進むと出迎えてくれる一階ロビー（図5—33）は、長押がまわる書院造風のインテリアでありながら、椅子式で利用できる絨毯敷きとなっており、格天井には乃木家の家紋をあしらった照明が空間を彩っている。[30] 四階の大宴会場にいたっては床が松の寄木張り、格天井と壁には色彩豊かな織物が張られるなど、大江が好んだ安土桃山時代を思わせる豪華絢爛な内装が施されている。

このように乃木会館には、内観と外観を通して多様な歴史的モチーフが積極的に盛り込まれているのである。香川県文化会館は、RCや木、石といった複数の素材を「洋風」と「和風」の象徴として等価に併存させながら、全体としては近代建築の構成の美学で統合されていた。対して乃木会館ではさらに進んで、様式と装飾の領域へと踏み込んでおり、その意匠は近代建築の理念からは明らかに逸脱した複雑な様相を呈している。

乃木会館の竣工パンフレットに収録された大江の解説文[31]では、大江が香川県文化会館で取り組んだ「洋風」と「和風」という二項対立から脱し、より多元的な〈混在併存〉による建築設計を希求していたことが読み取れる。

解説文をみてみよう。冒頭で大江は、「建築がもつ本来の精神的内容や、その人間的情感の方は建築の近代化や機械的機能の高度化とは反比例して、（中略）低下と希薄化の一途を辿ることになった」と述べる。その理由として、「専ら機械文明が進歩するためには、必ずしも過去の伝統的な文化の基盤を必要としないと考えられ、むしろ人間の精神や心にかゝわりあいの深いオーナメント的な要素はむしろ無役の虚飾として排除されてきたということが大きな原因の1つであった」との認識を示す。大江はここで、これまで「雑物や、脂のようなもの」として暗に示されるに留まった、様式と装飾の重要性を明言しており、そ

30　現在の乃木会館の内装は、幾度にわたり手が加えられているため、オリジナルの姿をほとんど留めていない。なお、図5—32左手のボリューム屋上前面にある塔屋も、大江事務所とは無関係に後年増築されたものである。

31　大江宏「乃木会館の構想について」『乃木会館竣工パンフレット』乃木神社、一九六八年二月、二頁

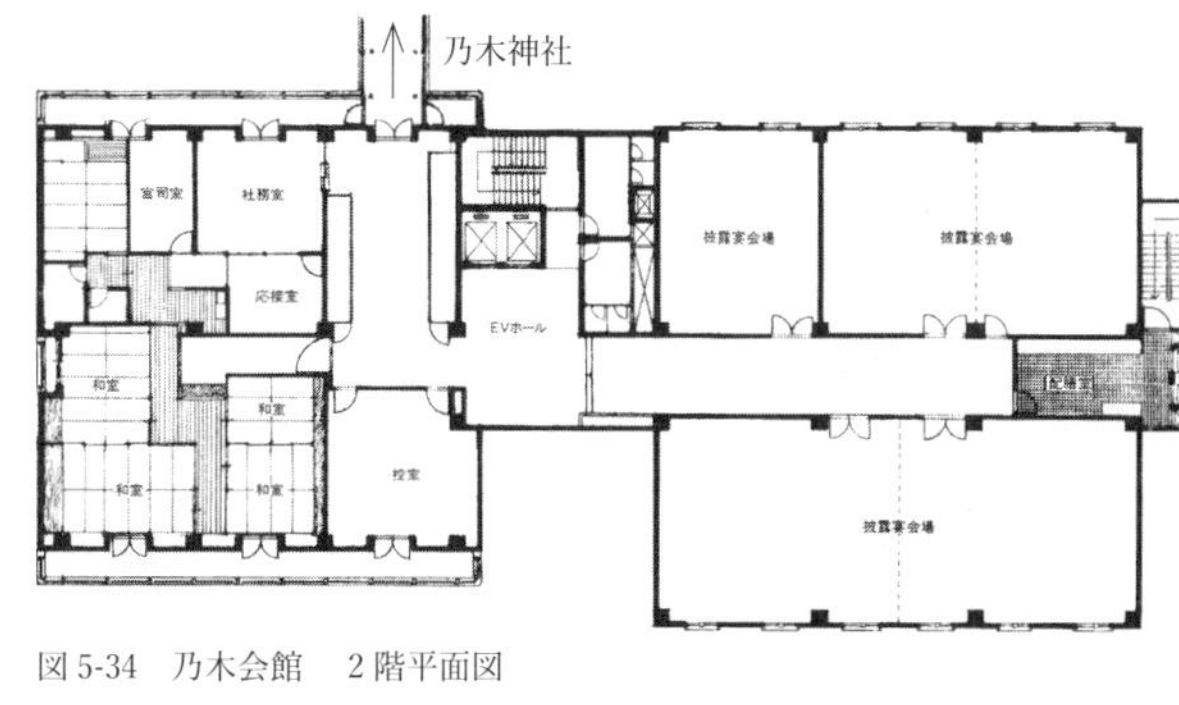


図5-34　乃木会館　2階平面図

れらが人々の「心」と深く関連する要素であることを主張している。

このような問題意識のもと、乃木会館では、「建物の内装外観を通じて洋の東西にこだわることなく、また時代の新旧を問わず、空間的にも時間的にもかなり異質の様式的要素をあるがまゝに自由に混用・併用して、そこに1つの現代的な統一と秩序の新鮮さを求めようとした」という。そのような設計をした理由は、「建築の本義をあくまでもその精神的内容と人間的情感におこうとした」ためであったと大江は述べている。

大江は、人間の理性よりも感性に訴えかける建築を目指した。建築が人々の感性に訴えかけるのは、歴史的に培われてきた様式や装飾を介してこそ成り立つと、大江は二回目の旅行を経て確信したのである。

この解説文以降、大江は多様な地域を出処とした様式と装飾への関心を積極的に表明するとともに、両者を包含した多元的な建築設計を志向してゆく。この志向の始点ともいえる乃木会館において、設計手法としての〈混在併存〉は、一応の完成をみたといえよう。

## マリアンハウス

マリアンハウス(一九六八、図5―35)は、汚れなきマリア修道会の日本管区本部がある敷地内に建てられた、女子高校生のための学生寮である。RC造の地上三階、地下一階建て、延床面積は二一一一平方メートルである。三棟の高層ボリュームには個室が九三名分収められ、これらを低層部が繋いでいる。低層部の中心には円柱で囲まれた中庭が設けられており、中庭の四周には回廊を介して食堂、図書室、娯楽室、和室が並び、学生寮のコミュニティの核をなしている(図5―36、37)。

図5-35　マリアンハウス

マリアンハウスの外観は、高層棟の赤い方形屋根と白い壁が落ち着いたコントラストを成し、緑豊かな環境のなかで映えている。玄関ポーチ（図5—38）はプレロマン建築に範を取った交差ヴォールトと柱からなり、建築の性格を決定づける重要なアクセントである。中庭も含めて、これらの造形は全体として修道院のイメージに連なるものであり、様式を介した建築と人間との呼応関係のあり方を模索した大江の設計手法の成果がここに見出せる。

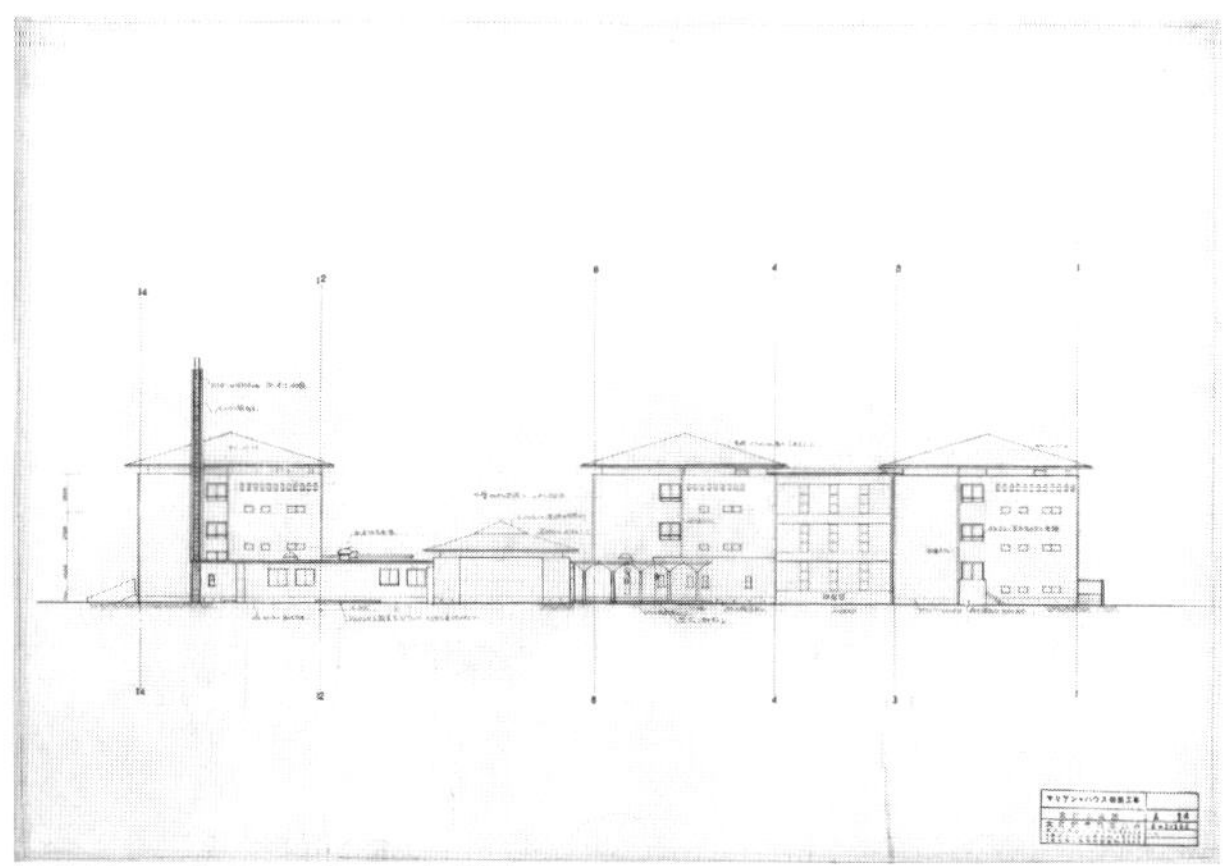

図5-36　マリアンハウス　立面図

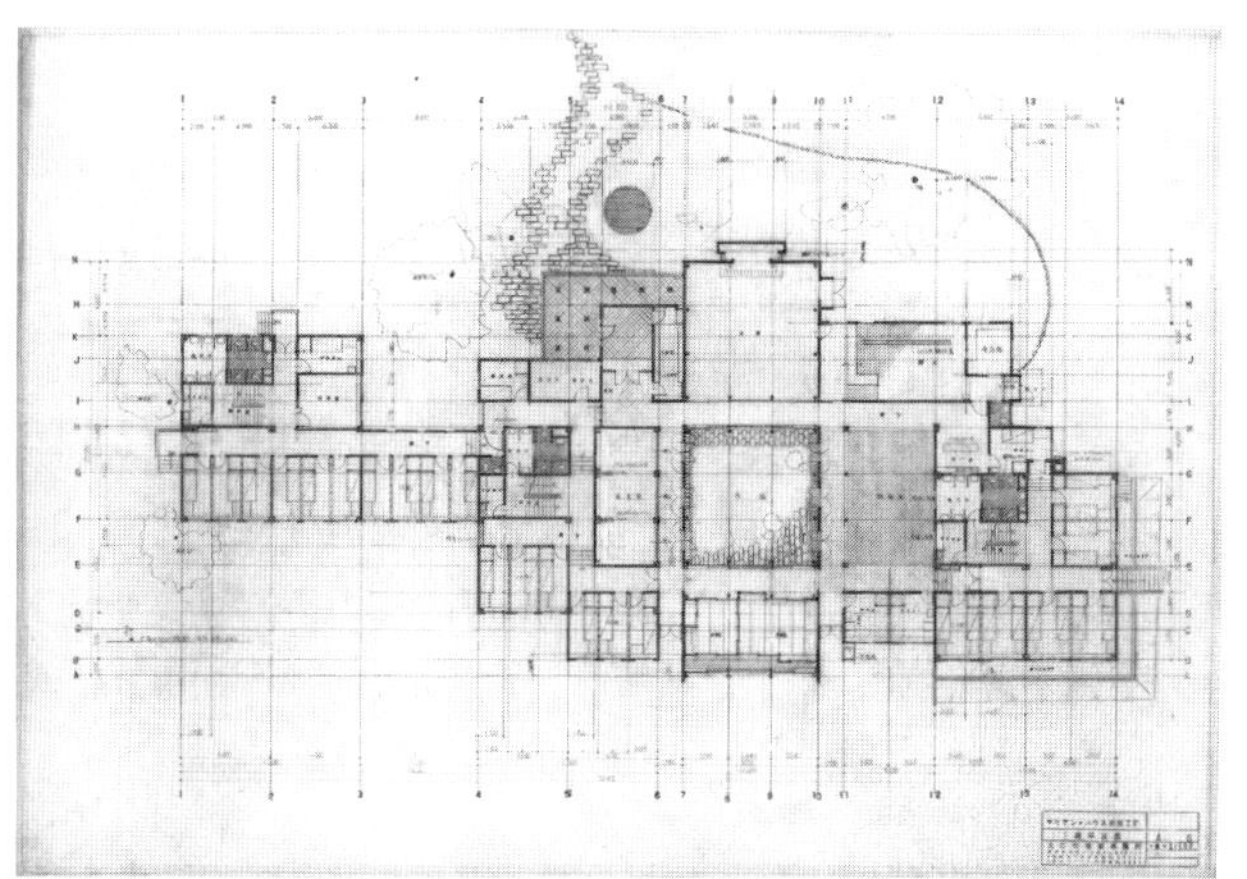

図5-37　マリアンハウス　1階平面図

図5-38　マリアンハウス　玄関ポーチ

## 普連土学園校舎

普連土学園校舎（一九六八、図5―39）は、フレンド派のキリスト友会婦人外国伝道協会によって設立された女子中学校の校舎である。普連土学園創立八〇周年記念事業の一貫として、既存の木造校舎を建て替えるかたちで建設された。白の袖壁と穿たれたアーチ、壁と対比的な赤い方形屋根、立面を彩る列柱、四芯アーチのような窓など、地中海建築とイスラム建築のイメージが随所に投影されている。乃木会館、マリアンハウス、そして普連土学園校舎はともに一九六八年竣工であり、ほぼ同時進行で設計が進められたため共通点が多く、三つ子のような存在である。

普連土学園校舎の教室は、八メートル四方の正方形を基本単位として、緩やかな傾斜地に中庭を取り囲みながら、雁行しつつ重層している（図5―40〜42）。教室棟は六つに細分化され、各棟のワンフロアがそれぞれ一つの教室であるため、学生は校舎のあらゆる場所から自身の教室の位置を視認しやすくなっている。各教室はまた、廊下やベランダ、屋上といった屋内外の中間領域によって相互に繋がり、校舎全体が豊かな回遊性をもつ（図5―43）。学校建築とは、ただ効率性を求めるのではなく、学生個々人の多様で自由なふるまいを重視すべきとする大江の思想が、本校舎の構成に体現されている。φ一八〇ミリの細い丸柱、教室の外壁に張られた化粧煉瓦、ワッフルスラブをそのまま現しとした天井など、空間が与える印象を細分化する操作が随所に加えられており、校舎全体が学生に優しく寄り添うスケールでまとめられている。

大江は本作のほかにも、山中湖寮（一九六〇）や講堂（一九六二）、体育館（一九七五）、特別教室（一九八二）を普連土学園のキャンパスに手掛けており、長きにわたり良好な関係を続

32 山中湖寮を除き、いずれも現存している。

図5-39　普連土学園校舎

けた。[32] 大江が没して以降、敷地内には他の建築家によって新しい校舎が増築されているが、いずれも円柱や白壁、煉瓦といった大江建築のモチーフを継承しており、キャンパスの統一感を維持しながら歴史が蓄積されている点は特筆に値する。このような継承が実現した要因としても、様式と装飾が担うメディウムとしての役割の重要性が指摘できよう。

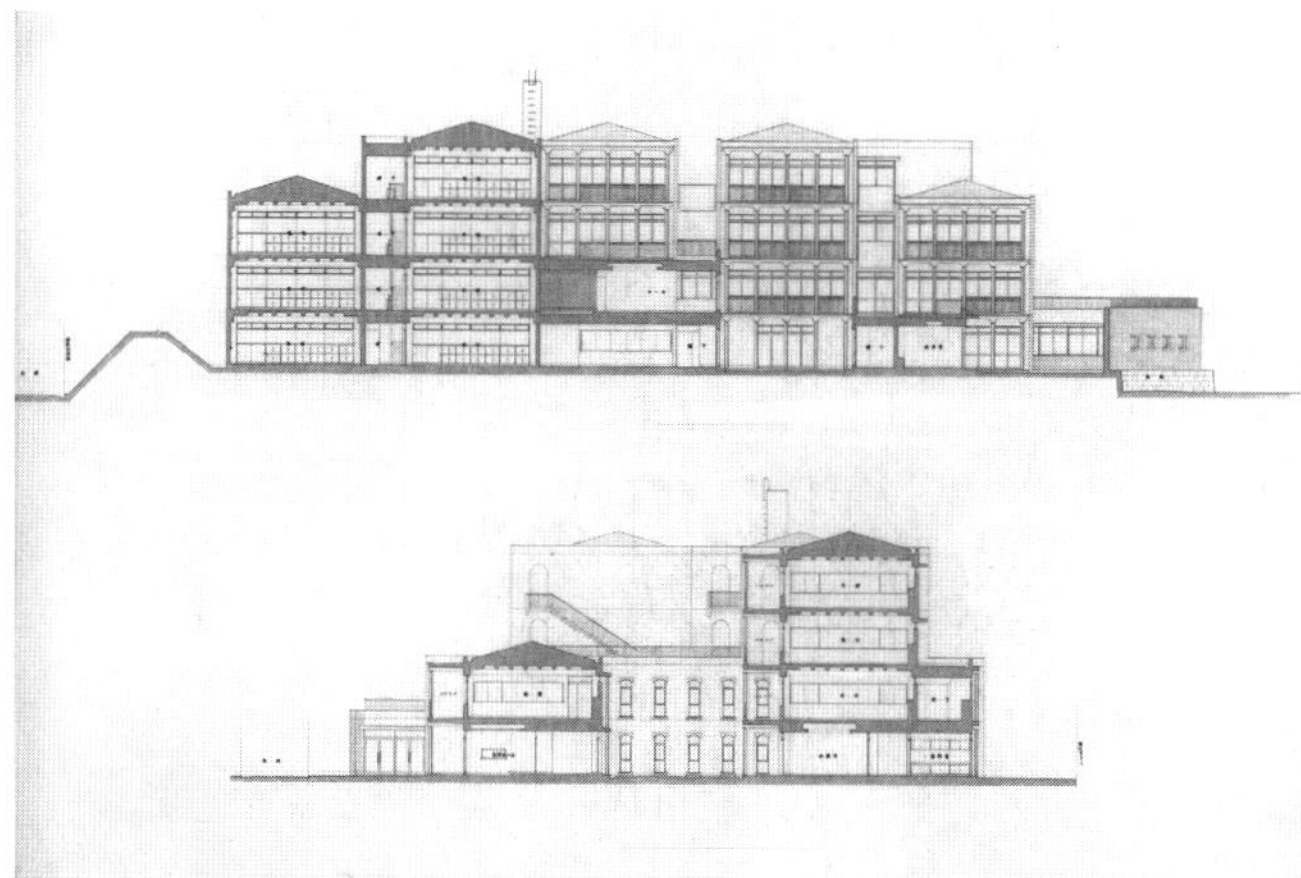

図 5-40　普連土学園校舎　断面図

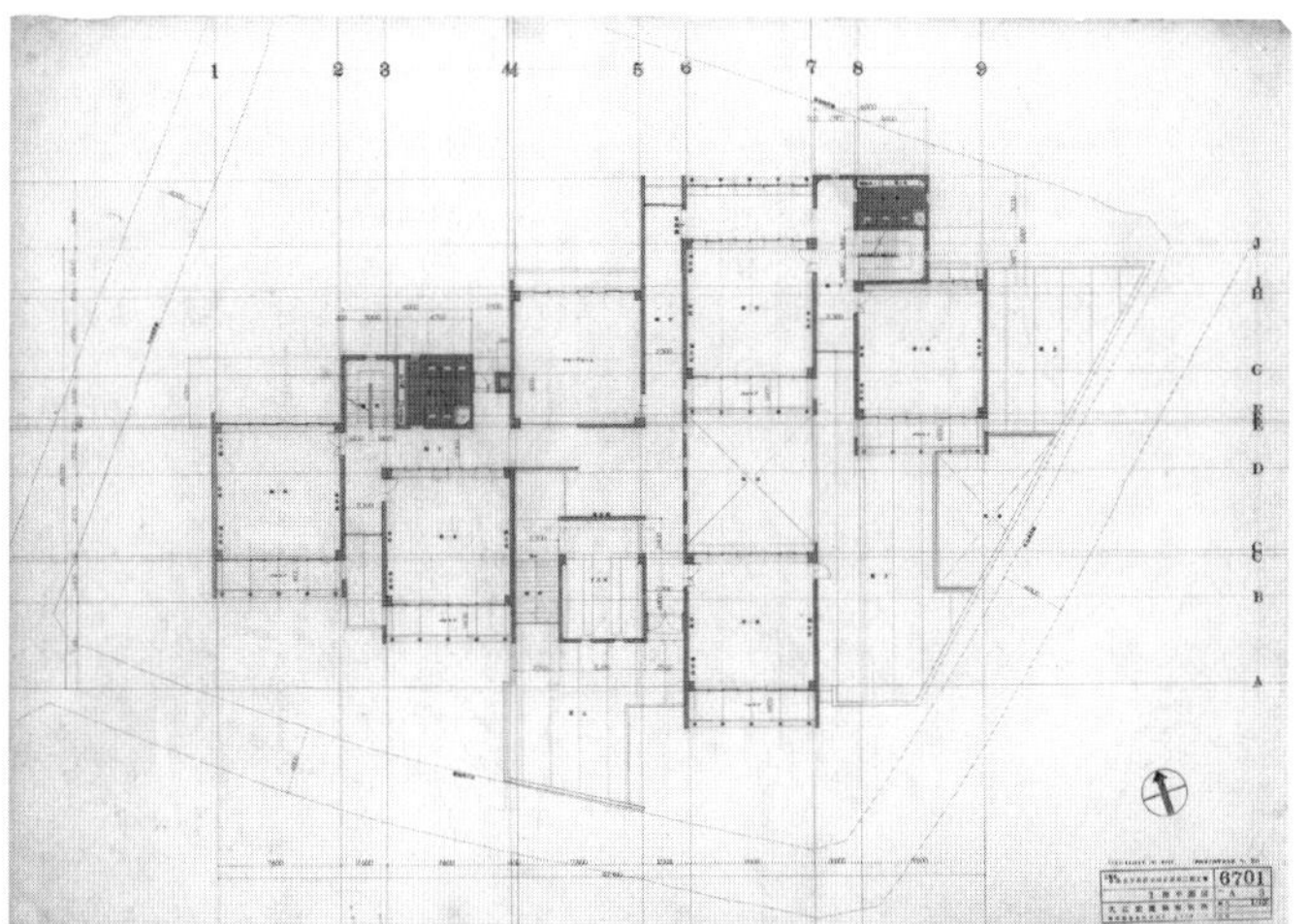

図 5-41　普連土学園校舎　2 階平面図

図 5-43　普連土学園校舎　中庭、屋上、ベランダ

図 5-42　普連土学園校舎　教室

## 東京讃岐会館

東京讃岐会館（一九七二、図5—44）は、香川県が運営する県民のための宿泊および交流施設である。地上一二階、地下一階、塔屋二階と、大江が手掛けたなかで最も高さのある作品である。宿泊用個室がある高層棟と、エントランスや食堂などがまとめられた低層棟の二ブロックからなる。さらに二棟が増築予定だったが中止となった（図5—47）。

一九七〇年代以降、大江は様式と装飾への関心をより強め、建物の各所に積極的に取り入れるようになる。東京讃岐会館では特に階段と手摺において装飾の趣向が凝らされた。高層棟の外観を特徴づけているのが、まさにこの階段と手摺である（図5—45、46）。通常の高層ビルでは目立たないよう設けられる非常階段を、大江は本作であえて正面に配置し、ファサードの主要な構成要素とした。マリアンハウスの玄関ポーチに似たアーチと柱が地上から屋上まで連続し、これが構造体として非常階段を支えている。手摺は正方形と円による簡素なデザインながら、どこかアラベスク模様を思わせる。低層棟のファサードにある楕円アーチもまた、イスラム風の意匠要素として目を引く。本作と前後して、大江はこの楕円アーチを好んで使用するようになっていく。

装飾的デザインは内部でも展開されている。大江デザインのシャンデリアが吊るされた玄関ホール（図5—48）では、吹抜けを旋回しながら上昇していく階段が空間に躍動感を生み、人々の心を踊らせ内部へと誘う役割を担っている。この階段の手摺子は、円と直線の組み合わせによるリズミカルな意匠をもち、空間をより華やかなものとするのに一役買っている。また、玄関ホールを抜けた先にあるロビー（図5—49）は二階にギャラリーが周り、ここにも繊細な装飾的手摺子が並んでいる。天井にはきらびやかなアルミルーバーが格子

図5-45　東京讃岐会館　非常階段と楕円アーチ

図5-44　東京讃岐会館

状に張り巡らされていて、拡散された蛍光灯の光が室内に優しく降り注ぐ。そして信楽焼の青い陶板と赤い化粧煉瓦が張られた壁が、この光に呼応して空間に落ち着いた彩りを添えている。

いずれの装飾的要素も、あくまで人々が感受する空間のムードを仕立て上げる役割に徹しており、決して自己主張し過ぎていない点は重要である。大江の建築は、八〇年代に隆盛した多くのポストモダニズム建築が陥ったような、商業主義に阿った様式と装飾の過度な濫用とは一線を画している。あくまでも人間の心の機微を第一義とした建築観が、大江の用いる様式と装飾には込められているのである。

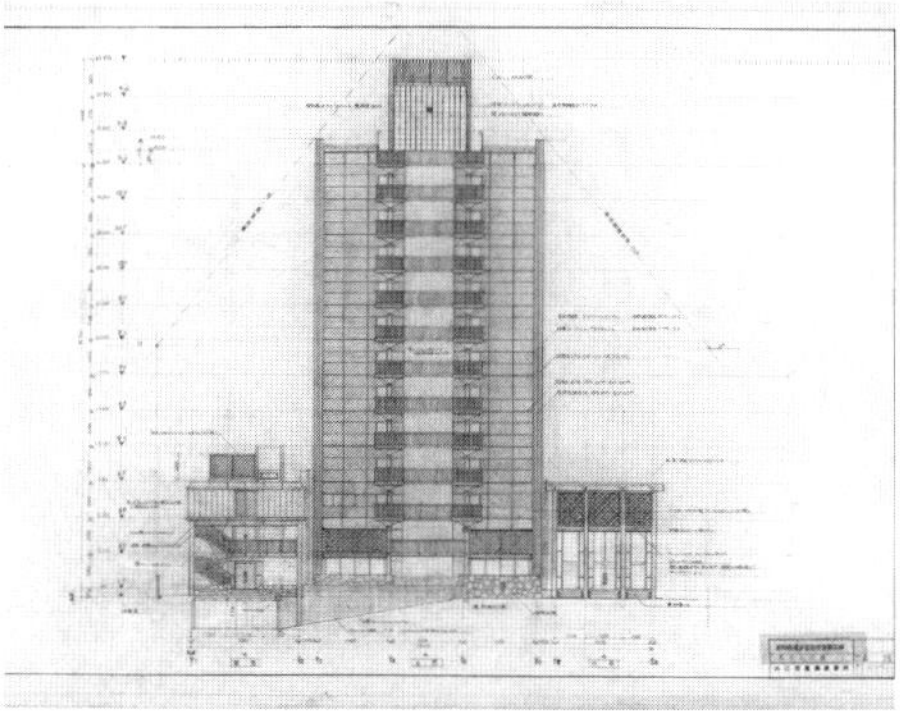

図 5-46　東京讃岐会館　立面図（初期案）

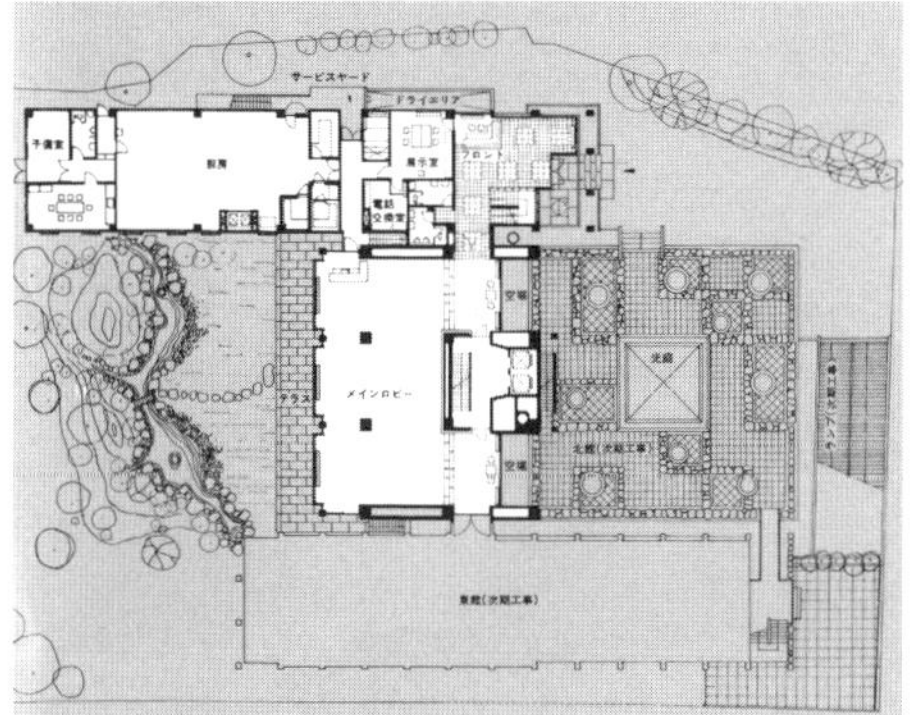

図 5-47　東京讃岐会館　1 階平面図（グレー部分：増築予定だった 2 棟）

図 5-49　東京讃岐会館　ロビー

図 5-48　東京讃岐会館　玄関ホール

## 茨城県公館・知事公舎

茨城県公館・知事公舎（一九七四）は、その名が示す通り茨城県知事の公的社交施設兼私的住まいであり、公館としての洋館と和館（図5―50、51）、そして公舎の三棟が並列する形式を採っている。洋館と和館が並列する形式は明治時代に我が国で発展したもので、皇族や政府高官、地方高官の官舎に採用されたのち、民間の上流階級の私邸へと普及した。本作は、明治由来の高官官舎の歴史に連なるよう計画されているのである。

西洋の瀟洒な文化を享受しながら、慣れ親しんだ日本の日常に憩う生活のあり方は、明治から大正、昭和へと時代が移りゆくなかで、広く人々の心を掴んで離さなかっただろう。各地に残る洋館が醸し出すロマンチックな気配は、現代の我々にとってもなお魅惑的である。理性ではなく感性の領分に訴える力が、様式と装飾には確かにある。

茨城県公館は、感性に訴える気配の担い手としての様式と装飾が、建築のあちらこちらで〈混在併存〉している。まず目を引くのは洋館のファサードである。石張りの壁と併び立つ円柱、ベランダを彩る手摺、庇の連続ヴォールトなど、明治期のコロニアル様式を連想させつつも独自性のある構成である。このファサードには、先に見た最高裁判所庁舎設計競技案（図5―27）のイメージが継承されたと見てよい。庇の連続ヴォールトは内部にも貫入しており、内外の連続性を担保している（図5―54）。ホールにはシャンデリアが下がり、階段と中二階に張り巡らされた手摺子が、空間全体に楽しげなリズムを生んでいる。

茨城県公館は、東京讃岐会館以上に装飾的要素が多いが、しかしいずれも抑制が効いており気品が感じられる。ここで強調しておきたいのは、大江は決してアナクロニズムに陥っていたわけではないということである。大江はあくまでも本作を、現代の建築として設計

図5-51　茨城県公館・知事公舎　和館

図5-50　茨城県公館・知事公舎　洋館

していた。たとえば、エントランスから階段を介して二階へと至るシークエンスの空間構成や、ボリュームの相互貫入による全体の構築方法などをみれば、本作の根底に、近代建築の手法が正しくあることが読み取れる。茨城県公館・知事公舎は、近代建築の理念に則りながら、なお様式や装飾による建築の補完を目指した大江の思想が、鮮やかに体現されている。

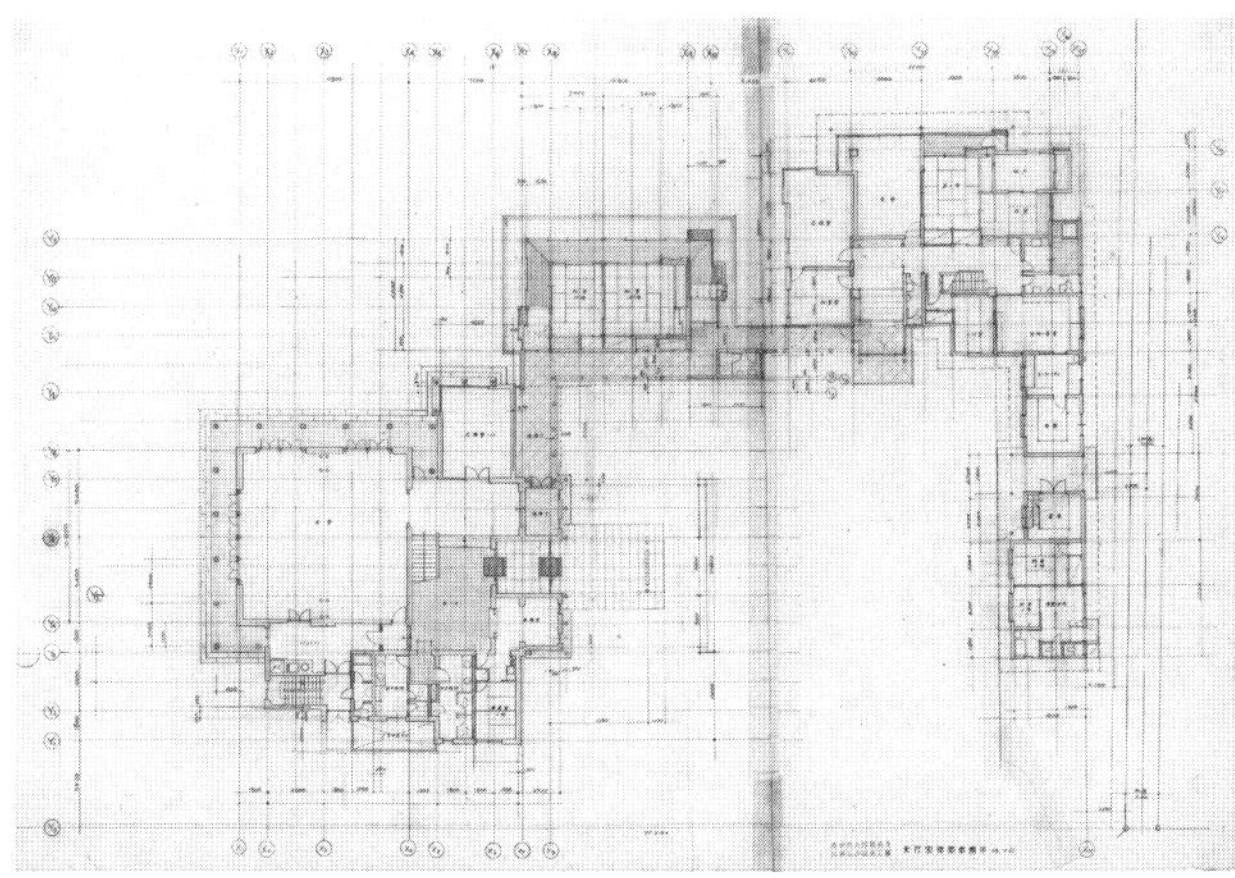

図 5-52　茨城県公館・知事公舎　1 階平面図

図 5-53　茨城県公館・知事公舎　洋館　立面図

図 5-55　茨城県公館・知事公舎　洋館　手摺子

図 5-54　茨城県公館・知事公舎　洋館　ホール

## 香川県立丸亀武道館

旅行から帰国後の大江は、ここまで見てきたような、どちらかといえば地中海の影響が色濃い作品を手掛けるのと並行して、和風の建築作品もまた、数多く設計した。九十八叟院（一九六八、図5―56）、料亭胡蝶（一九六九）、ウォーナー博士像覆堂[33]（一九七一、図5―57）、銀座能楽堂（一九七三）などがそれである。なかでも一九七三年に竣工した香川県立丸亀武道館は、香川県文化会館で打ち出した、RCと木を等価に扱う設計手法の、一つの完成形といえる。

丸亀武道館は丸亀高等学校の敷地に隣接して建てられた。細長い不定形の敷地を巧みに活かし、管理棟、道場棟（剣道場と柔道場からなる）、そして弓道場が中庭を囲むように配置されている（図5―58、59）。雁行しながら各棟を結ぶ廊下は利用者の心理を徐々に変化させる効果をもち、ここに大江の「間」の思想が具現化されている。

大江は本作で、讃岐地方に残る紺屋や庄屋などの民家をモチーフとした。それらは都市のものとも、田舎のものとも異なるが、両者に関連した中間的なものとして「現代に通じるひとつの感覚」をもつと大江は考えたのだという[34]。都市と田舎の中間が現代的であるという大江の価値観は、新型コロナ禍を経て都市のあり方が改めて問い直されている現代にこそ示唆に富むものである。

丸亀武道館の内部は、香川県文化会館と同様、RCの構造と木の造作がやや間隔を空けて併存しているのが特徴である（図5―60、61）。一方で、香川県文化会館と異なるのは、RCと木が対比的な存在としては扱われておらず、両者の統一性が重視されている点にある。丸亀武道館のRCは、表面に型枠の木目が浮き上がり、プロポーションはより細長

図5-56　九十八叟院

図5-57　ウォーナー博士像覆堂

33　ウォーナー博士像覆堂については以下を参照。種田元晴、石井翔大「大江宏の屋根「ウォーナー博士像覆堂」と「日本武道館」設計案」『二〇二一年度日本建築学会大会学術講演梗概集』建築歴史・意匠、二〇九―二一〇頁

34　『別冊新建築　日本現代建築家シリーズ⑧　大江宏』新建築社、一九八四年六月、一四九頁

く木のそれに近づいており、細部には木架構の貫材や木鼻を模した表現がなされているのである（図5―62）。大江は、一九五〇年代の伝統論争の頃、木のプロポーションのみを模したRCによる建築表現がすなわち伝統の継承であるとする丹下の主張に批判的であった。大江は本作において、丹下の手法をある面では踏襲しつつも、木と調和し得るRCの表現手法を徹底して追求しており、大江の一過性ではない伝統表現への真摯な姿勢が看取される。

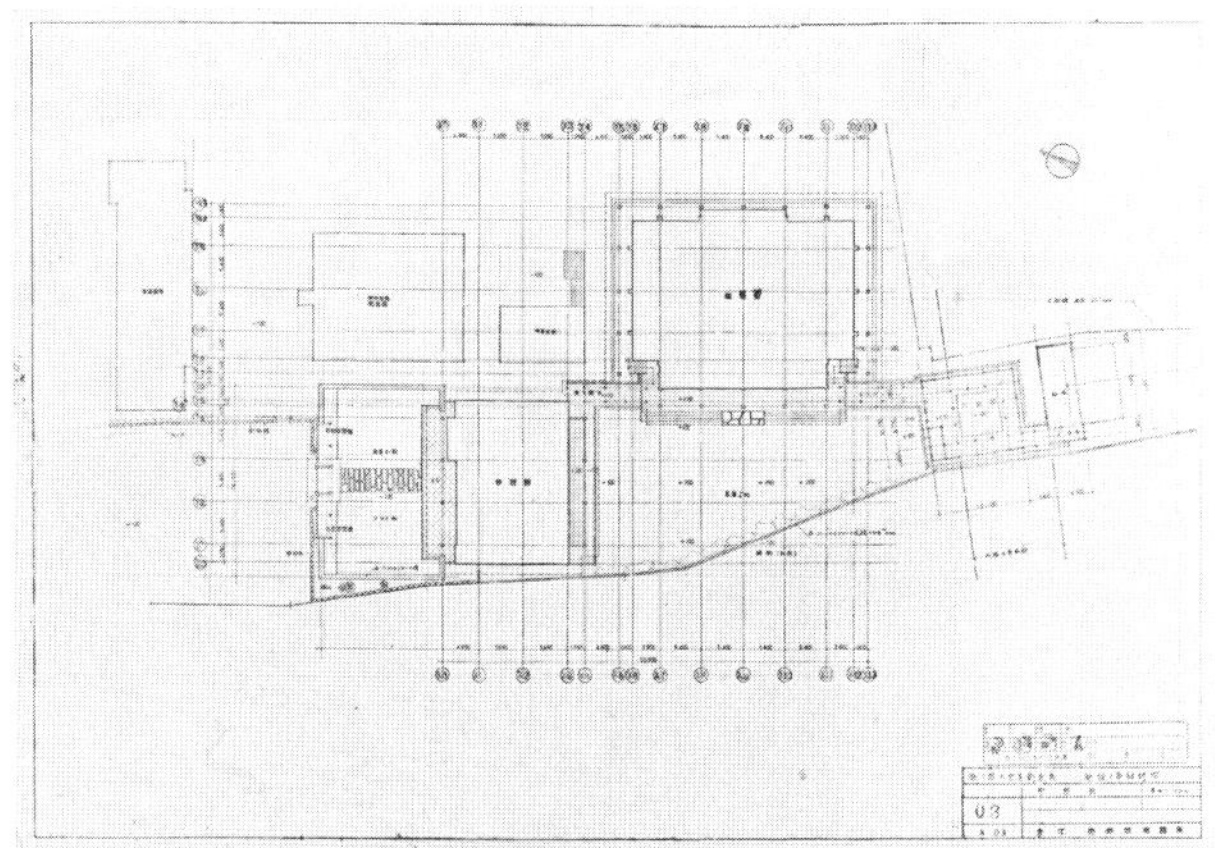
図5-58　丸亀武道館　1階平面図

図5-60　丸亀武道館　玄関ホール

図5-59　丸亀武道館　道場棟と中庭

図5-61　丸亀武道館　道場棟2階　剣道場

図5-62　丸亀武道館　道場棟の木鼻

一九六〇年代から一九七〇年代前半までの大江の主要な建築作品を見てきた。二度の海外旅行を経た大江の作風は、〈混在併存〉の概念のもと、洋の東西を問わず、古いものも新しいものも等価に扱い、自身のイメージの赴くままに自由な展開を見せていた。大江と同年代を生きた建築家たちは、彼の作風の多様性に戸惑いを隠せなかっただろう。しかし大江は、決して奇を衒っていたのではない。大江は一貫して、建築に接する人々を、大衆や民衆といった抽象的概念で捉えるのではなく、あくまで個の存在として尊重し、一人ひとりの心と呼応する建築設計を目指した。それぞれの建築作品に刻まれた表現の多様性は、大江が、近代建築が失った人間と建築との繋がりを再び取り戻そうと思索し続けた、その結果であった。

大江は、人間と建築とを繋ぐものとして、様式と装飾の復権を図った。それは古き良き過去に戻ろうなどという退嬰的な姿勢では全くない。むしろ徹底的に冷めた眼で現在を見据え、近代建築の功罪を慎重に見定めたうえで見出した結論である。

〈混在併存〉とは、大江が、建築も含めて人間が生み出したあらゆる文化の本質を一語に表現しようとした言葉である。それは同時に、人間そのものの本質を指す言葉でもあっただろう。私たち人間は、ただ一本の道に従う生き方などやりきれない。「雑物や、脂のようなもの」がない人生に喜びなどない。無数の寄り道をしながら、捨てるのではなく拾うことの価値を尊び、過去から未来まで思いを馳せながら、振り返って現在の新たな道を見出し、歩いてゆく。そんな人間の在るべき姿を、大江は建築を通して表現したのではないだろうか。

図5-63　大江宏（59歳、1972年）

# 第六章

# 〈整合性〉から〈恣意的必然性〉へ

## 〈混在併存〉からの脱却と〈整合性〉の追求：一九七三―一九八三

香川県文化会館以降、大江の建築作品は多様な展開を見せた。近代建築の理念を基底としながら、その禁欲的な教条主義に縛られない自由な表現手法の豊かな広がりは、大江が二度の海外旅行を経て深めた思索の成果であった。一方で、大江はその成果に未だ満足せず、果てには自身が発した〈混在併存〉という言葉に嫌悪感すら示すようになる。

大江の言説に変化が見え始めるのは、一九七三年六月、銀座能楽堂（一九七三）の雑誌発表時に添えられた武者英二との対談記事(1)からである。ここで大江は次のように述べている。

> 「混在・併存」の思想は、六〇年代後半で一応僕なりの結論、とはいうものの、これだけでは話ははじまらない、これだけでは受身の形であって積極的にアクティビティーをもとめるわけにはいかない、というあたりが、僕にとってこの七〇年代から、今の時期なのです。

〈混在併存〉からの脱却を志向し始めていることを思わせる同様の言説は、国立能楽堂の建設が始まる一九八〇年頃まで断続的に見出される(2)。一九八〇年一一月に発表された記事(3)に至ると、大江は〈混在併存〉がそもそも自身の案出した言葉ではなく、当時の『新建築』編集長であった馬場璋造（一九三五―二〇二一）の命名によるものとの認識を示し始める(4)。

大江はなぜ、〈混在併存〉の語を批判的に語るようになったのか。この点について示唆を得られる言説が、一九七八年八月の鈴木博之（一九四五―二〇一四）との対談記事(5)である。同記事中、大江は〈混在併存〉について以下のように言及している。

1　大江宏、武者英二「能・建築・文化」『近代建築』一九七三年六月号、近代建築社、四〇―四七頁

2　例えば、長谷川尭との対談（大江宏、長谷川尭「父と子と」『建築をめぐる回想と思索』四五頁）では「矛盾ということばを使うかわりに、ややことばの純度は落ちて、次元は下がる気がするけれども、併存あるいは混在ということばを、生な、いやなことばですが、わざわざ使っているにすぎないのです」と述べている。また一九七七年一〇月のインタビュー記事では「どうも適切な言葉じゃないが、「併存混在」の原理と言っているんです。あらゆる異質の体系はそれぞれに葛藤しながら、一つの高次の全体を構成しているということです。それが常に、建築の体系の本質だということです」と述べている。大江宏「建築体系の独自性は分解できない総合性に」『日経アーキテクチュア』一九七七年一〇月一七日号、日経マグロウヒル社、一九頁

3　大江宏、石井和紘「併存混在としての日本文化」『新建築』一九八〇年一一月号、新建築社、一四三―一四七頁。なお、石井が本対談の感想を述べている文章は以下に収録されている。石井和紘『建築家の発想―私の師匠たち』鹿島出版会、一九八二年、二四四―二五〇頁

4　藤岡洋保によれば、〈混在併存〉の由来に関して馬場璋造に確認した際、以下のような返答があったという。「かなり前のことなので記憶があまり鮮明ではないが、大江先生が設計した参議院副議長公邸を『新建築』で

併存混在していさえすればよろしいということであったら、それは、どうしようもなくなっちゃう。ところが、併存混在の中に極めてかっきりした、きれいな統一ができるかといったら、僕には、まずその能力はないわけね。（中略）要はそう安直に秩序や整合は追えるものではないということです。

大江が〈混在併存〉を批判的に語るようになった理由は、〈混在併存〉がもつ二つの意味のうち一方、すなわち設計手法としての〈混在併存〉に限界を見出し、さらなる発展を志向し始めたためと考えられる。

右記の引用文中、大江が〈混在併存〉と対置させている言葉が、「秩序や整合」である。特に後者、〈整合性〉は、大江が国立能楽堂の設計に取り組み始めた頃から事務所内でたびたび口にし、同作の竣工前後に発表された言説でも頻出する言葉であり、大江にとって、〈混在併存〉という語からは漏れ落ちる重要な概念であったと考えられる。

本章の前半では、まず〈混在併存〉を乗り越えるべく〈整合性〉を追求したと見られる角館町伝承館と国立能楽堂の二作品を取り上げ、〈整合性〉に込められた意味とそのかたちを読み解く。

後半は、これまで看過されてきた最晩年の大江の作品と言説を取り上げる。一九八三年竣工の国立能楽堂は、建築家・大江宏の到達点であるとしばしば言及されてきた。しかし、大江は一九八九年に亡くなる直前まで設計活動を継続しており、国立能楽堂以降も新たな展開を志していた。本章の最後では一九八八年に発せられた大江の言葉、〈恣意的必然性〉に着目し、最晩年の大江の建築観を考察したい。

紹介するとき大江先生と浜口隆一先生との対談を組んだ。編集長として陪席しながら大江先生の話を聞いていて、大江先生のおっしゃるのは要するに「混在併存」ということなんですね、と言ったおぼえがあり、そのすぐ後に香川県文化会館を『新建築』で紹介するときにその「混在併存」をそのままタイトルに使ったように記憶している……。「混在併存」のネーミングをしたのはもしかしたら自分かもしれないけれども、その考え自体は大江先生のなかですでにかたちをなしており、「混在併存」はあくまでも大江先生のものだ……。」藤岡洋保「香川県文化会館「混在併存」の原点」『建築文化』一九九三年一一月号、彰国社、一六一－一六八頁。

なお、筆者含め数名で馬場氏に同様のインタビューを行ったところ、「あれは私ではなく大江先生の発案した言葉である」との返答であった。日時：二〇一五年三月九日（月）一四－一六時、場所：Tea House TAKANO（神田神保町）、出席者：馬場璋造（編集者）、大江新（建築家、法政大学名誉教授）、小川格（編集者、南風舎）、種田元晴、石井翔大

5　大江宏、鈴木博之「建築と意匠」『季刊カラム』六九号、新日本製鐵株式会社、一九七八年八月、一五－一九頁

## 角館町伝承館

角館町伝承館（一九七八、現：角館樺細工伝承館、図6―2）は、角館の伝統的工芸品である樺細工の振興と、周辺地域をふくむ観光拠点となることを目的とした公共施設である。大江は本作で、これまで試みてきたことを全て盛り込もうと志したという。[6] 本作は設計手法としての〈混在併存〉の集大成であると同時に、〈整合性〉追求の端緒でもあった。

6　『別冊新建築　日本現代建築家シリーズ⑧　大江宏』新建築社、一九八四年六月、一六五頁

### (1)　重伝建地区の中心点

秋田県の角館は、重要伝統的建造物群保存地区に指定された最初の町の一つである。真っ直ぐ伸びる幅員の広い道を挟んで黒塀と武家屋敷が立ち並び、枝垂れ桜が折り重なる典雅な町並みは、しばしば「小京都」と呼ばれる（図6―1）。

角館が重伝建地区に指定された一九七六年には、この地で継承されてきた樺細工が、伝統的工芸品に指定された。角館町はこれを受けて、樺細工の振興を目的とする伝統産業会館の建設を計画した。時を同じくして、秋田県もまた、東北新幹線の開通を見越して観光拠点となる施設を角館に建てることを立案し、両者を統合した建築計画が進められることとなった。一九七七年初めには、重伝建地区のほぼ中心にある小学校跡地を敷地とすることが決定された。

この施設の設計者に大江が選ばれたのは、重伝建地区の制度を担う文化庁が、建築史家の神代雄一郎（一九二二―二〇〇〇）に相談し、神代が大江に話を持ちかけたためである。角館町伝承館の建設は一九七七年八月に始まり、翌年一一月には竣工しているから、極めて急ピッチで設計と建設が進められたことがうかがえる。[7]

図6-1　角館の町並み

7　以上の経緯については以下の記事を参照した。神代雄一郎「角館―伝承と観光」『建築文化』一九七九年一月号、七三―七六頁

図 6-2　角館町伝承館

## (2)「小京都」に込められたロマン

敷地決定後まもなく、大江は神代の案内で角館に赴いた。町にはまだ雪が残る季節であった。初めて角館を訪れた大江はこの地に不思議な魅力を感じた。京都に似ていながら、しかし京都そのものではない。それは「京都を理想化して―京都を遠くに描いた憧れみたいなもの」であり、「日本文化の中心みたいなものを、東北の辺境につくろうとしたロマンみたいなもの」が、角館から感じられたのだという(8)。大江はこの時、角館が「小京都」と呼ばれる所以となった歴史を知っていたわけではなかった。直感的に、この町に込められた先人たちのロマンを看取したのであった。

「小京都」角館の発展は、一六五六（明暦二）年に佐竹義隣（よしちか）が居を構えたことに始まる。義隣は京都に生まれ、のちに佐竹家の養子になった人物である。また義隣の子、義明は、正室に右大臣三条西実条の孫娘を京都から迎えた。遠い地へ嫁入りする娘が寂しくないよ

8　大江宏、太田博太郎、神代雄一郎「いま、建築家は何を生かすべきか」『現代日本の美術〈第17巻〉』月報、小学館、一九七〇年一〇月

図 6-3　角館の武家屋敷　青柳邸

う、両親は京都の枝垂れ桜の苗木を三本持たせたという。こうした佐竹北家と京都とのゆかりが、現在に至るまで角館の町並みの基底をなしている。

角館はまた、西洋画の手法を取り入れた秋田蘭画の創始者であり、『解体新書』の挿絵を描いた武士、小田野直武を生んだ地でもある。そうした角館の和と洋の混在する歴史が、大江の心をさらに強く惹きつけたのである。

### (3) 多様なイメージの包含

大江は、京都へのロマン香る角館の町並みに大いに触発されて、角館町伝承館の設計に取り組んだ。結果つくり出されたかたちは、この地域の歴史、意匠と呼応する多様なイメージを包含したものとなった。

角館町伝承館の外観を特徴づけるのは屋根である。大江は、屋根が空間と密接な関係をもつことを終生重視していた。本作では、萱葺の入母屋造、ロマネスク教会、蔵造、こみせの庇などを想起させるさまざまなかたちの屋根が併存している（図6―4）。これらの屋根は街路からも黒塀越しに望むことができ、特に入母屋造の屋根は観光拠点としてのアイコンの役割を果たしている。複数の屋根が折り重なる意匠はまた、角館の町並みにもよく馴染んでいる。たとえば角館の代表的な武家屋敷の一つである青柳邸（図6―3）は、萱葺屋根の母屋と二棟の蔵を結ぶように種々の屋根が連なり全体をなしているが、こうした構成を、角館町伝承館もまた継承しているのである。

角館町伝承館のプランは、観光案内ホール、各種研修室、角館の歴史を展示する資料室、樺細工の工芸品を販売する物産展示室といった諸機能が混在している。機能の多様性

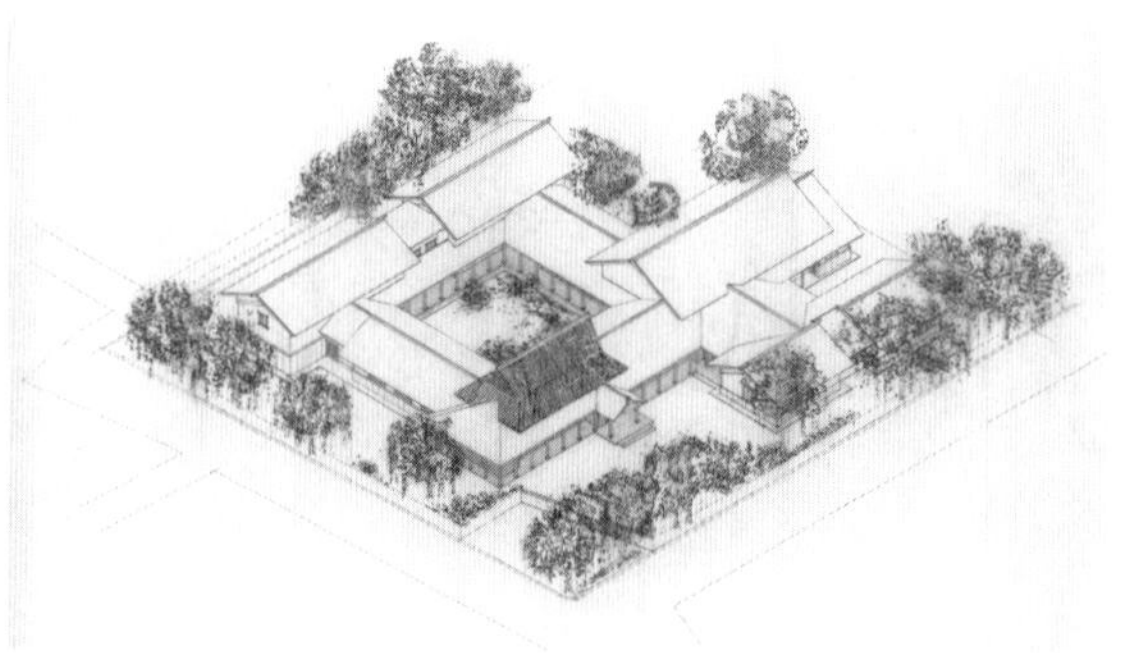

図6-4　角館町伝承館　透視図（初期案）

が、屋根の多様性にも反映されているわけである。既存の樹木を可能な限り残すよう、諸室は木々を避けたアシンメトリーの配置となっているが、平面の中心に置かれた正方形の

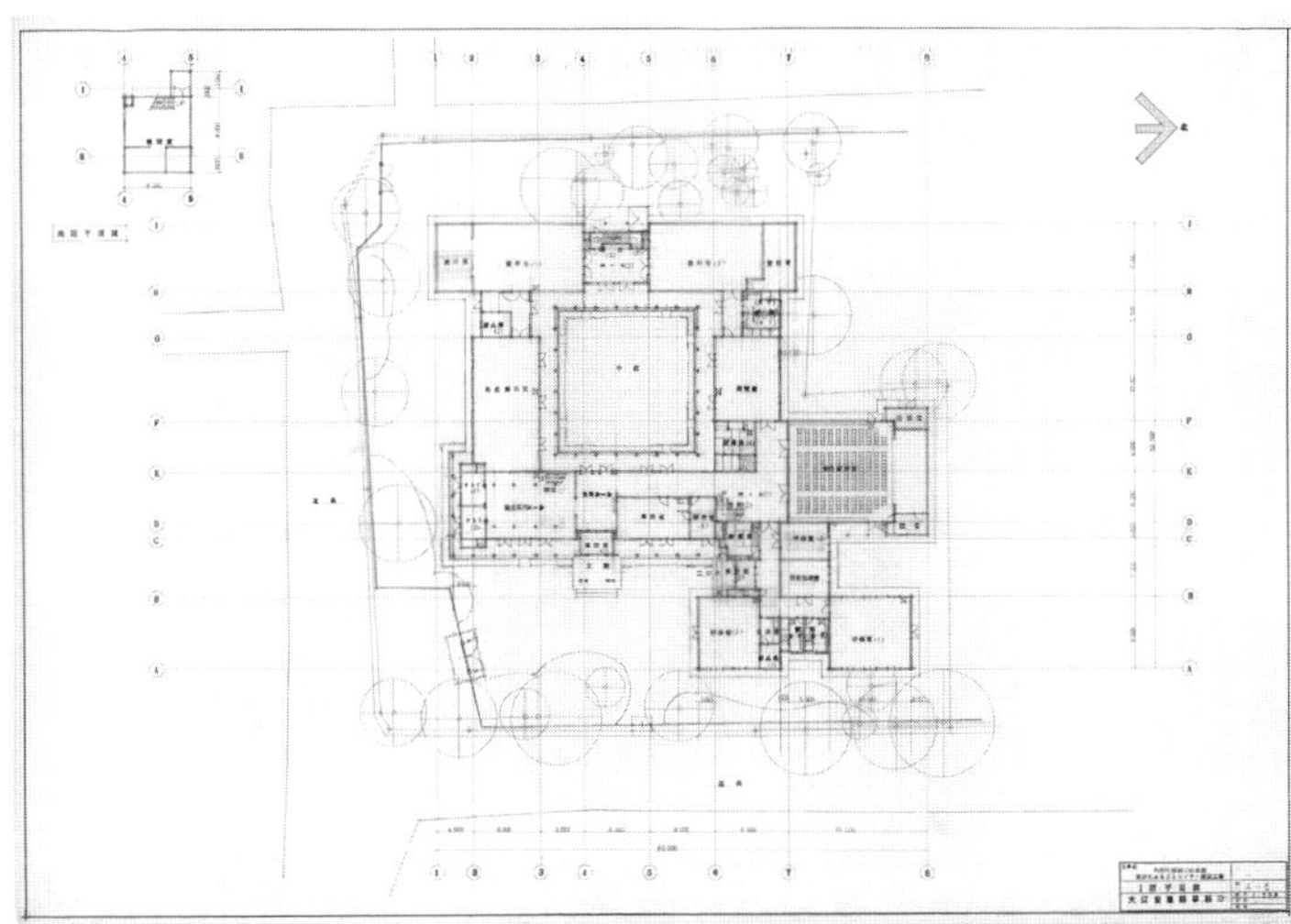
図 6-5　角館町伝承館　1 階平面図

図 6-6　角館町伝承館　中庭

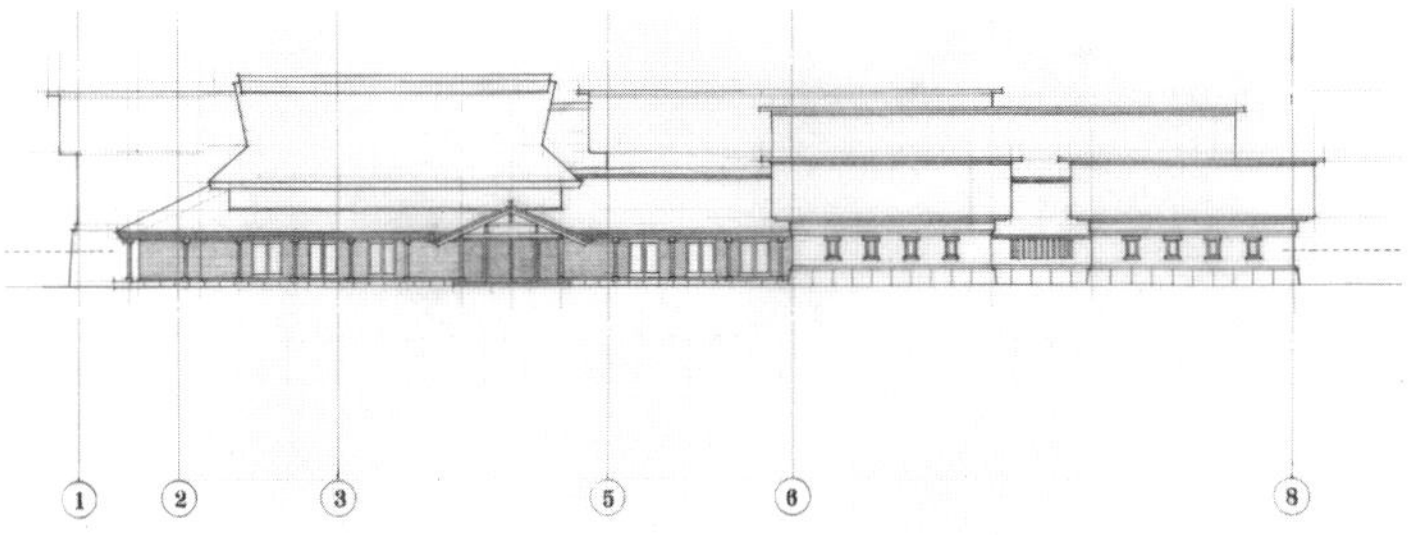

図 6-7　角館町伝承館　立面図（初期案）

中庭と回廊による強い形式のもと統一されている（図6―5、6）。回廊は壁と床に煉瓦タイルが張られ、軒先には丸みを帯びた柱頭と礎盤をもつプレキャストコンクリートの円柱が立ち並ぶ西洋風の佇まいである。柱頭の上に目を向けると、水平に走るプレキャストコンクリートの繰形が回廊全体を引き締めると同時に、西洋風の軒下空間と和風の屋根とを巧みに接続している。この繰形はメインファサードでも用いられており、扁平アーチの鎧戸がリズミカルに並ぶベランダの庇と、ロマネスク風の屋根を戴くベネチアンウィンドウをモチーフとした玄関ポーチとに連続性を与える重要な役割を果たしている（図6―2）。

### (4) 大江自筆スケッチ―玄関ポーチと観光案内ホール―

ところで、入母屋造の屋根に貫入するかたちでその存在をやや強く主張する玄関ポーチは、初期案では木造で和風の控えめな意匠であったことが、現存する透視図と立面図から確認できる（図6―4、7）。興味深いのは、この玄関ポーチを描いた大江自筆スケッチ（図6―8）が二点残されている点である。大江は一九五〇年代以来、設計の際にスケッチを自身で描くことはごく稀だったが、角館町伝承館や伊勢神宮内宮神楽殿（一九七八）、国立能楽堂といった一九七〇年代以降の主要作品では、所員からの提案を待たずして、自らの手で建築のイメージを積極的に打ち出すようになる。[9] そうして描かれた角館町伝承館の玄関ポーチは、大江が本作で特にこだわり設計した箇所の一つであったとみてよい。

スケッチに描かれ、そして実現したものは、大江が一回目の海外旅行で魅せられた、あの双子柱とアーチであった。かつてフィリップ・ジョンソンのゲストハウスで目にしたであろう双子柱とアーチの組み合わせを、大江はここでようやく実現したのである。しかし

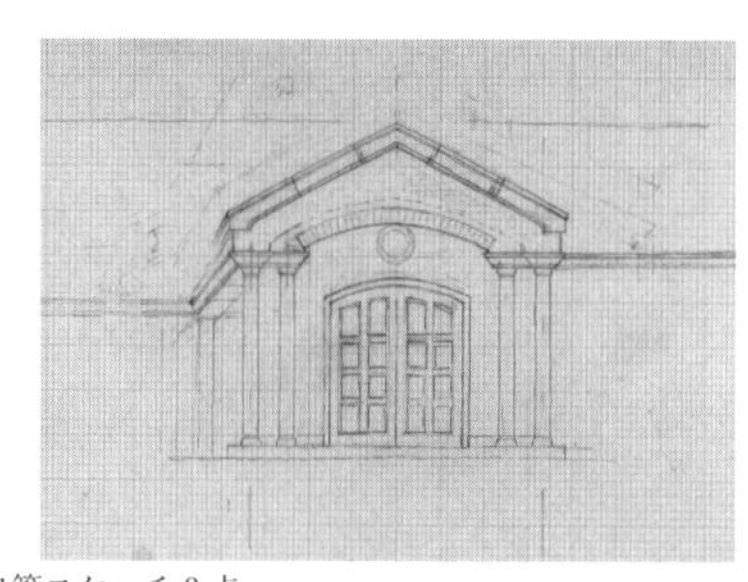

図6-8　角館町伝承館　玄関ポーチ　大江自筆スケッチ2点

その姿はジョンソンの寝室のように徹底して抽象化されたかたちではなく、あくまで様式の具体的なイメージを帯びている点に、大江の独自性が見出せる。

大江のスケッチが残されているもう一つの空間が、観光案内ホールである（図6―9、10）。観光案内ホールは、本作のなかでも特に様式が複雑に混在している。外観は和風の入母屋屋根で覆われ、その下には円柱と鎧戸が特徴的な西洋風かつ東北地域固有のこみせをも想起させるベランダが付く。両者の間を取りもつように設けられた半円型の窓もまた、外観の重要なアクセントである。

ホール内部に入ると、様相はさらに一変する。天井にはイギリスのハンマービーム構法から範をとられた架構があり、その架構を几帳面が施された細い木の柱が受けて並び立つ。

9　梅崎星果、澁谷榮一、倉田茂二、渡部英彦、小松崎常夫、寄藤靖弘、小俣冨歩「座談3・設計担当者が語る大江宏の設計の進め方」『別冊新建築　日本現代建築家シリーズ⑧　大江宏』新建築社、一九八四年六月、一三七頁

図6-9　角館町伝承館　観光案内ホール

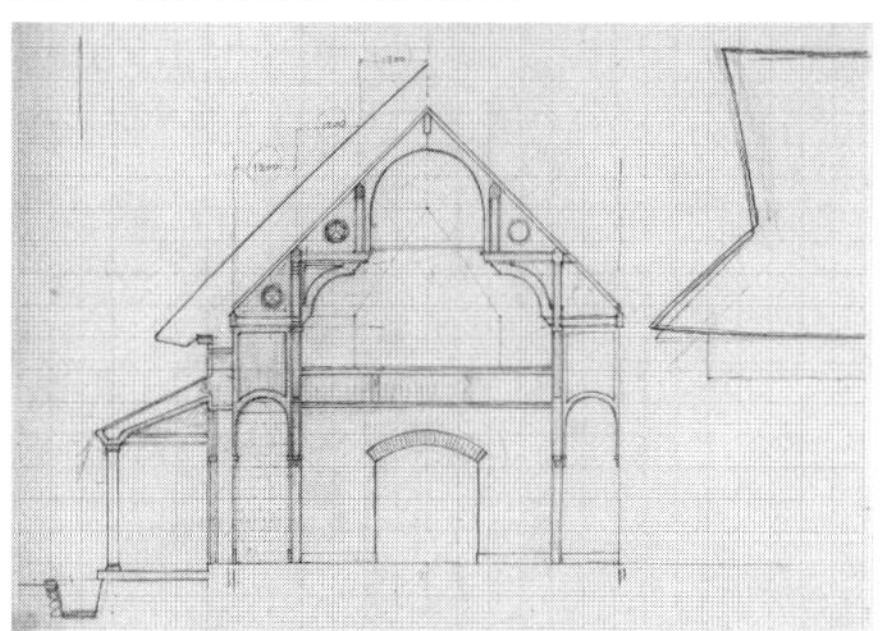
図6-10　角館町伝承館　観光案内ホール　大江自筆スケッチ

図6-11　角館町伝承館　桜の透かし彫り

柱間は軽快な白壁とアーチが取り結び、白壁に施された桜をモチーフとする透かし彫りは、外観を特徴づける半円窓からの光を受けてほのかに浮き上がる（図6—11）。角館町伝承館の観光案内ホールは、多様な様式と装飾が内観と外観の双方で複雑に混在しながら、かつ個々の独立性を保ちつつ、一つの空間にまとめ上げられているのである。

大江はかつて乃木会館でも同様に、多様な様式と装飾を一つの作品に盛り込むことを志向した。しかし結果として、乃木会館は主要な内観が和風、外観が洋風と、内外で意匠が明確に分裂した状態に留まっていた。一方、角館町伝承館は内観外観の境目を越えて、より複雑かつ一体的な設計が達成されており、なおかつそのかたちは町並みとの親密な呼応関係を持っている。まさにこの点において、本作は設計手法としての〈混在併存〉の到達点を示す作品であったといえる。

## (5) 〈混在併存〉の域を脱し得たもの

角館町伝承館の発表当時、大江は本作を自身の言葉では語っていない[10]。一方、大江は後年、本作の成果を次のように自己評価している。

この頃から私が考えはじめたことは、既に現代において建築は、厳然たる一体を成し、ボリュームをもったエタニティ（未来永劫）な存在ではあり得ないのではないか、という疑念がありました。むしろ一度、積木細工のようにバラバラに解体する必要があり、それを再構成したとき整合性のあるものができないかという考えです。レンガのアーチと4本の柱から構成される正面玄関のモチーフは、南ヨーロッパのべ

10　角館町伝承館が発表された雑誌四誌中三誌（『建築文化』一九七九年一月号、『近代建築』一九七九年二月号、『新建築』一九七九年三月号）には、大江の言説は添えられていない。残る一誌（『日経アーキテクチュア』一九七九年一月一八日号）も、編集者執筆の解説文の中で、インタビューに答えた大江の言葉が少々引用されるに留まっている。

ネティアンウィンドウを、屋根は日本の農家の茅葺き屋根を、内部の観光案内ホールの天井はイギリスのハンマービーム構法をそれぞれ原型としています。エレメントはバラバラですが、相互貫入し、ある種の統一感をもっている、混在併存の域を脱し得たものだと密かに自負しています。[11]

角館町伝承館によって、大江は「混在併存の域を脱し得た」と自負していた。その理由は、「積木細工のようにバラバラに解体」した建築的要素を「再構成」し、「統一感」をもつ「整合性のあるもの」を創造するという大江の目的が、本作で達成されたためであった。

ここで大江がいう〈整合性〉とは、二回目の海外旅行の帰国直後に大江が語った、「互いに矛盾し合い、混乱をひきかかえ乍ら、より多元的な可能性を求め、より高次の統一へ到達してゆこうとするのが建築や都市の本性であるとは考えられないだろうか[12]」との言葉にある、「高次の統一」を実現するために建築が帯びるべき性質を指す概念と思われる。ただ複数の要素がばらばらに混在し併存するのではなく、多元的でありながら尚そこに「高次の統一」を生み出す〈整合性〉が、大江の求めるものであったと考えられる。

角館町伝承館では、異質な要素を併存させた上で大江の理想とする〈整合性〉が実現された。対して国立能楽堂では、同質の要素を入れ子状に折り重ねていくことで〈整合性〉を追求する試みがなされていく。

### (6)　もう一つのイメージ

最後に、角館町伝承館に込められたもう一つのイメージについて言及したい。第一章で

11　『別冊新建築 日本現代建築家シリーズ⑧ 大江宏』新建築社、一九八四年六月、一六五頁

12　大江宏「現代建築のこと、伝統のこと」『建築』一九六六年二月号、青銅社、五五―五七頁

述べたように、大江は大学生時代、岸田日出刀の『過去の構成』から強い影響を受けており、それは卒業設計の立面構成に現れていた。興味深いのは、同様の影響が、卒業設計から四〇年を経て設計された角館町伝承館にも見出せる点にある。

大江が文部省技手時代に描いた「國史館」のスケッチ群のなかに、興味深い一枚がある。注目したいのは、スケッチの裏に書かれたメモである（図6―12）。ここに列挙された一〇項目のうち[13]、「靖国神社、新配置」と「北京歴史博物館内庭」の二項を除く八項は全て『過去の構成』で取り挙げられた写真の内容と一致している[14]。一〇項目は、メモ冒頭に記されている「配置―廻廊と内庭」をキーワードとして集められたものであり、大江が「國史館」を構想する上で「廻廊と内庭」が一つの重要なテーマであったことがうかがえる。

これら一〇項目のうち、大江が特に惹かれていたのが、「奈良の家」と考えられる。「國史館」のスケッチ群には、「奈良の家」を描いたと思われる絵が三点確認でき（図6―15〜17）、その構図から、いずれも『過去の構成』に収められた岸田撮影の「奈良の家」（図6―14）を模写しつつ、若干の創作を加えたものと思われる。先のメモを見ると、「奈良の家」の下には「屋根と塀」と書かれているから、大江が特に注目していた箇所が、屋根と塀のかたちであったことが読み取れる。大江は生涯にわたり屋根の重要性を説いたが、若き日の大江もまた、多様な屋根が折り重なる「奈良の家」の姿に、感化されるものがあったのだろう。

面白いのは、角館町伝承館を町から見た佇まいが、まさに岸田撮影の「奈良の家」とよく似ているのである（図6―13）。先述の通り、本作において屋根は重要な役割をもっていた。外構では角館の町並みを律する黒塀を継承しており、また塀に連なる新築の門（図6―18）は、かつて佐竹北家の武家屋敷にあった門を一枚の写真から復元したものである。大江は

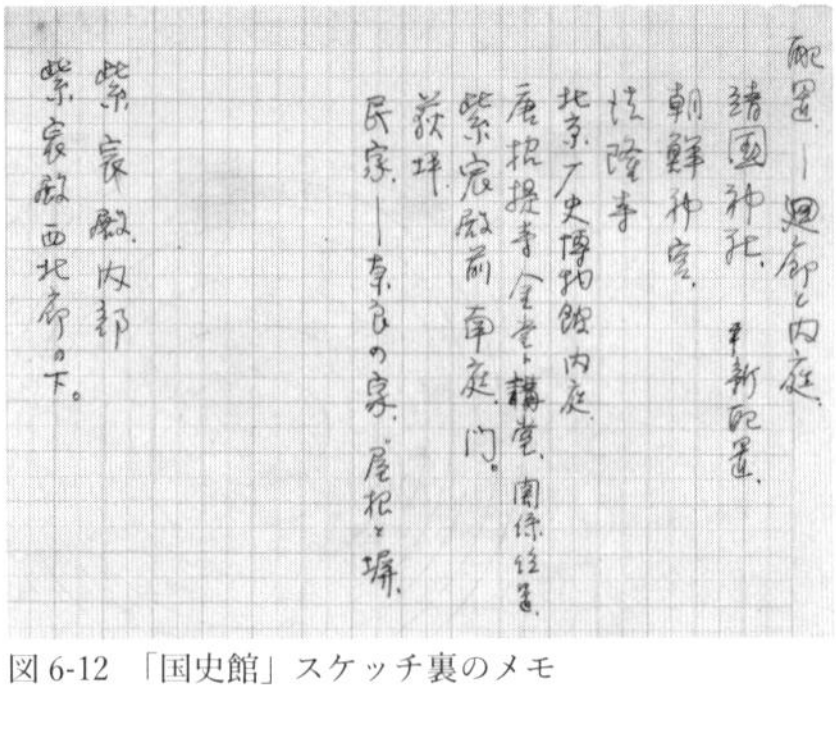

図6-12 「国史館」スケッチ裏のメモ

13 メモの内容は左記の通り。
配置―廻廊と内庭.
靖國神社、新配置.
朝鮮神宮.
法隆寺
北京歴史博物館内庭.
唐招提寺金堂ト講堂、関係位置.
紫宸殿前南庭、門.
萩坪
民家―奈良の家、屋根と塀.
紫宸殿内部
紫宸殿西北廊の下。

14 岸田日出刀『過去の構成』相模書房、一九三八年

本作で、屋根に加えて塀にも強いこだわりを込めていた。「奈良の家」の屋根と塀がもたらしたイメージが、この角館町伝承館に重ねられていたとみてよいだろう。

角館町伝承館は、大江が〈混在併存〉の域を脱したと自認する重要な作品であった。本作が大江にとって特別な作品となった理由の一つは、若き二〇代の大江が「奈良の家」に感銘を受け、「國史館」の構想にそのエッセンスを盛り込もうとするも実現が叶わず、以後約四〇年にわたり内に秘めてきたイメージを実現し得た、その感慨にあったのではないか。

図 6-13　角館町伝承館

図 6-14　岸田日出刀撮影「奈良の家」

図 6-15　大江自筆スケッチ　奈良の家

図 6-16　大江自筆スケッチ　奈良の家

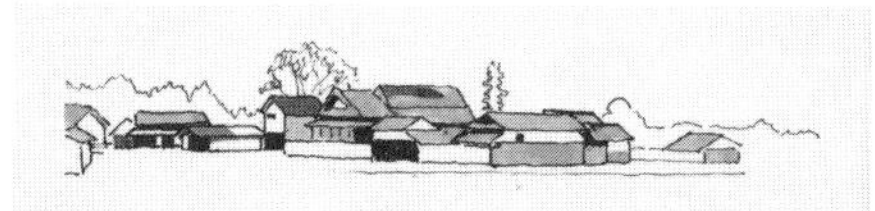
図 6-17　大江自筆スケッチ　奈良の家
この図のみ、初版の『過去の構成』(構成社書房、1929 年)掲載の「奈良の家」の模写

図 6-18　角館町伝承館　門

## 国立能楽堂

国立能楽堂（図6—19、20）は、その名の通り能や狂言の公演を催す国立の施設である。本作は公演の他、調査研究や資料の収集保存展示、後進の育成など多様な機能が求められた。大江宏齢七〇の作品であり、自他ともに集大成と位置づけられる。角館町伝承館に続き、大江は本作で〈整合性〉の追求を徹底した。

### (1) 国立劇場設立の機運

我が国では明治期から戦後に至るまで、国立劇場の必要性がたびたび議論に上がっていた。[15] 西欧諸国に比肩するべく、国立劇場は自国の文化を誇示する手段の一つとして重要と考えられていたのである。国立劇場設立の機運がようやく具体的に高まったのは一九五六年に遡る。同年、国立劇場設立準備協議会の設立が閣議決定され、一九五九年には同協議会が「国立劇場設立基本要綱」を答申、主に四つの劇場施設の計画が打ち出された。内容は、第一劇場（歌舞伎などの古典芸能）、第二劇場（歌劇などの現代芸能）、第三劇場（文楽などの小劇場向き芸能）、そして能楽堂（能、狂言）である。答申はその後修正され、まず第一劇場に該当する国立劇場が一九六六年に開場した。しかし、その後能楽堂設立の動きは長らく滞っていた。敷地の選定や予算の確保が難しかったこと、また能楽の各流派が自前の能楽堂を所持していることから、国立能楽堂の建設は緊急性がないと判断されたためであった。それでも、能楽協会や日本能楽会といった諸団体からの再三の要望を受け、やっと実現の兆しが見え始めたのは、一九七四年の芸術文化専門調査会能楽部門の発足からである。

一九七六年、国立能楽堂設立準備調査会が設立された。同調査会は複数の分科会から構

15 国立能楽堂設立までの経緯については以下を参照した。『国立劇場設立基本要綱』国立劇場設立準備協議会、一九五九年六月／文化庁文化部文化普及課「第二国立劇場の設立準備」『文部時報』第一一五八号、文部省、一九七三年十一月一〇日／西野春雄「能界展望（昭和四八・四九年）」『能楽研究』二巻、能楽研究所、一九七六年二月、九八頁／西野春雄「能界展望（昭和五〇年）」『能楽研究』三巻、能楽研究所、一九七七年三月、一四七頁／片桐登「能界展望（昭和五一・五二年）」『能楽研究』四巻、能楽研究所、一九七八年七月、一八五頁／「国立能楽堂一五日に開場　流派の枠超える運営に」『毎日新聞』一九八三年九月一三日東京朝刊、五頁一段目

図 6-19　国立能楽堂

図 6-20　国立能楽堂　広間

成されており、建築を担当する施設部会には、内山正、小木曽定彰、金春信高、谷口吉郎、野村万蔵、藤岡通夫、村野藤吾、山本学治といった面々が名を連ねた。一九七七年七月、調査会により「国立能楽堂（仮称）の基本構想」が作成され、設計者にはすでに能楽堂を二作手掛けた実績をもつ大江宏が選ばれた。大江は一九七七年一一月から一九七九年一二月までの二年間にわたり国立能楽堂の設計に取り組み、一九八〇年五月に着工、一九八三年九月に竣工した。総工費四五億九千万円の国家プロジェクトであった。

### (2) 堂・祠・居

国立能楽堂は、大江が建築家として独立以来初めて受けた、国家をクライアントとする仕事であった。自ずとそれは、国とは何か、そして国を表す建築とは何か、という困難なテーマと向き合うことを意味する。

大江は当然、国家権力を建築によって表象するなどといったことは考えない。大江は終生、そうした権力と対峙する立場を取り続けた建築家である。大江は一九七三年から一九七六年まで、前川國男の後を引き継ぎ日本建築家協会会長を務めた。在任期間中は時の内閣総理大臣であった田中角栄と建築家の職能の自立性をめぐり直接議論するなど、大江は一貫して国家権力に阿るようなことはしなかった[16]。

大江は、国家としての日本ではなく、「くに」[17]としての日本、すなわち日本の土着性に基づき蓄積されてきた文化の根源に在るなにものかを、国立能楽堂で表現しようと試みた。「大江がいう「くに」とは、支配者側からみた国ではなく被支配者にとっての国、そして「大和王権支配以前の「くに」」を指している。それは『古事記』や『日本書紀』があえて隠そう

16　法政大学の教育の場でも大江は姿勢を変えず、学生紛争のさなか工学部長として一人大衆団交に臨むなど、いたずらに権力を振りかざすのではなく、学生との対話を重視した。青木繁によれば、大江は学生紛争の折、学内における暴力行為の咎で退学処分になった学生のリーダー格であった建築学生を何度も自宅に招き、彼の将来についてアドバイスを尽くしたという。青木繁「大江先生との出会い、そして別れ」『法政』一九八九年六月号、法政大学、一五頁

17　大江は「くに」について、次のように述べている。「私は「くに」と言うときには、いつも天明、寛政、文化、文政の、ああいうようなものが露頭になっているような、その母胎、それを国として描くわけですね。」大江宏、神代雄一郎「気配の美学」『風声 京洛便り』第一八号、風声同人、一九八四年八月、四〇―四一頁

とした、「いわばプレ日本とでも言うべき」「日本の本当の母国」[18]であると、大江はいう。

ここで大江がいう「プレ日本」は、第五章でみた「プレロマン」とも通じる大江の建築観がよく表れた言葉であると思われる。大江はその膨大な知識と見識に基づきながら、しかし実証的な歴史認識に縛られた伝統を継承しようという意識はなく、あくまで自身の内に醸成された日本という「くに」のイメージを、国立能楽堂に盛り込もうとしたのである。

そこで大江が設計の手掛かりとしたのが、「堂・祠・居」という概念であった。

大江によれば、「堂」は寺院、「祠」は神社、「居」は書院造がそれぞれ属する概念だが、しかしそれらのみを指すものではないという。神代雄一郎は、大江との対談のなかで「堂・祠・居」の具体的な例を挙げるよう幾度も問うているが、大江は明言していない[19]。

大江が語る「堂・祠・居」は、寺院や神社、書院造という形式に収斂する以前の、日本建築の原型を言い表そうとした言葉であると思われる。それは「プレ日本」の含意するものとも通じているが、しかし単に原初に還るといった意味合いではなく、あくまで今日に至るまで日本の建築文化の正統を根底で担い、支えてきた概念として捉えられよう。

大江は、日本建築の正統を重視した。そして、正統と対をなす崩しを、大江は嫌った。正確にいえば、崩しは大江にとって正統をより自由で新たな境地に導くうえで至上の価値をもつが、しかし正統を踏まえないままに建築の主軸に据えるべきものではなかった。例えば数寄屋や茶室は崩しであり、大江に言わせればこれらは「居」の概念に含まれず、日本建築の正統をなすものではなかった[20]。大江は、いつしか和風建築といえば数寄屋を指すようになった建築界の状況に批判的であった[21]。香川県文化会館から始まった和風の公的表現の模索には、そうした数寄屋偏重の社会状況に対する批判が込められていたのである。

18　同右

19　大江宏、神代雄一郎「気配の美学」『風声 京洛便り』第一八号、風声同人、一九八四年八月

20　同右

21　大江は藤森照信との対談のなかで次のように述べている。「僕は人にはあまり言いたくないんですけれども、僕にはどこか、和風というと数寄屋あるいは茶室ということになっているのが、ちょっと気に入らないところがあるわけです」。大江宏、藤森照信「キッチュの海とデザインの方法─新しい規範の所在は─」『建築文化』一九八三年十一月号、彰国社。なお、大江新によれば、宏は吉田五十八の建築をたびたび批判していたという。一方で、堀口捨己の数寄屋は、正統を踏まえた別格のものとして高く評価していた。

大江は、「堂・祠・居」の概念がもつ日本建築の正統を継承しようとした。そのうえで、大江は「堂・祠・居」の格から一歩踏み出す新たな現代の建築を、国立能楽堂で模索したのだった。

## (3) 斜めの軸線

大江は自身の内に湧くイメージを、六分方眼紙に次々に描いた。その範囲は単なるスケッチに留まらず、平面図から立面図、矩計図、ディテールにまでおよび、いずれも明確なかたちと寸法を伴っていた（図6―22、24）。その精緻さは所員が考える隙もないほどであり、基本設計の図面（図6―21、23）や実施案と比較しても、大江自筆の図面からほぼ大きな変更を加えられることなく実現していることが分かる。大江は、本作が自身のキャリアで特別な位置を占めることを自覚し、並々ならぬ情熱を注いだのだった。

国立能楽堂の平面構成は、斜めの軸線が全体を貫いている。敷地北側の角地に設けられた門から、広く取られた前庭を通り玄関に至る伸びやかなアプローチが、その序曲である（図6―25）。玄関ホール（図6―27）に入ると、正面に大江が手掛けた庭（図6―29）があり、右手に能舞台へと導く渡り廊下がある。庭の外周に沿いつつ雁行する廊下を進むと、広縁（図6―30）を経て広間（図6―20）に出る。五角形の平面形状をもつ広間には擬宝珠の載る欄干が添えられた階段があり、これを四段上がると明かりが落とされた歩廊（図6―31）が二手に分かれ、能舞台の見所（図6―34）へと至る。この斜めの軸線による

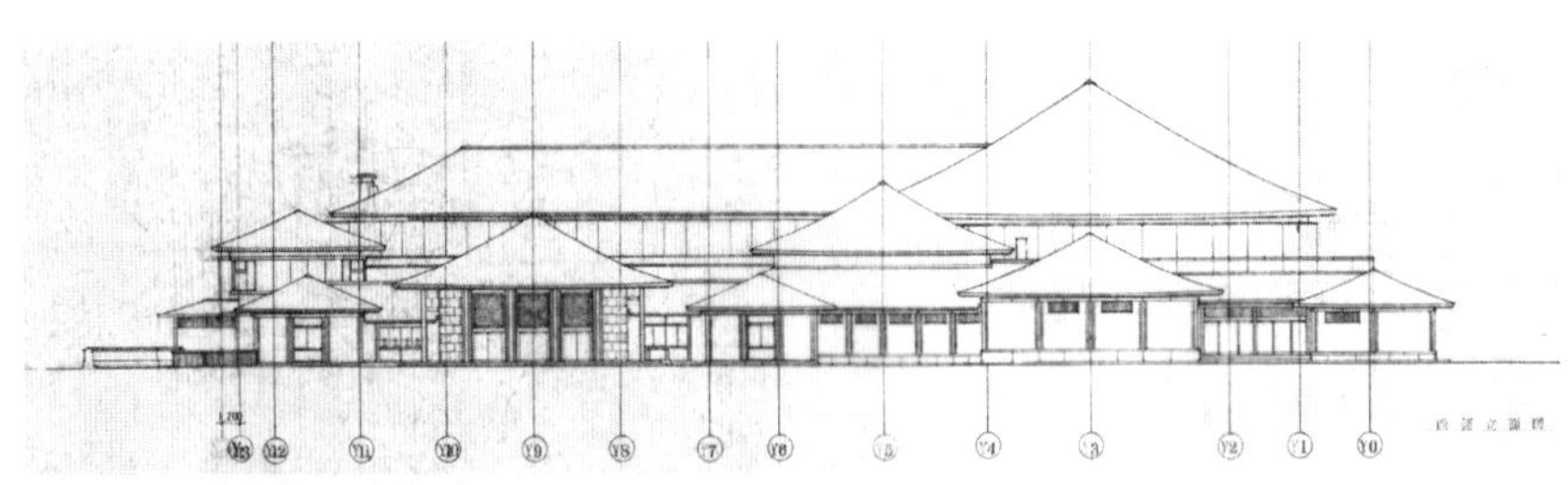

図 6-21　国立能楽堂　西側立面図

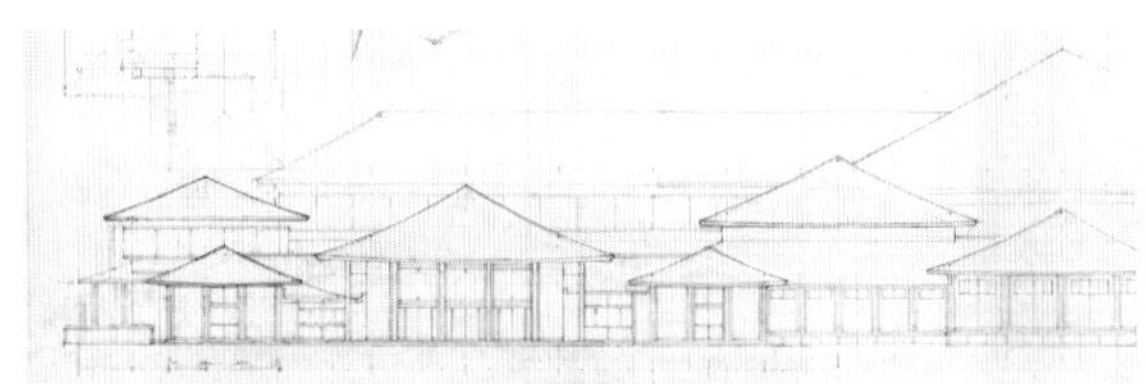

図 6-22　国立能楽堂　大江自筆　西側立面図

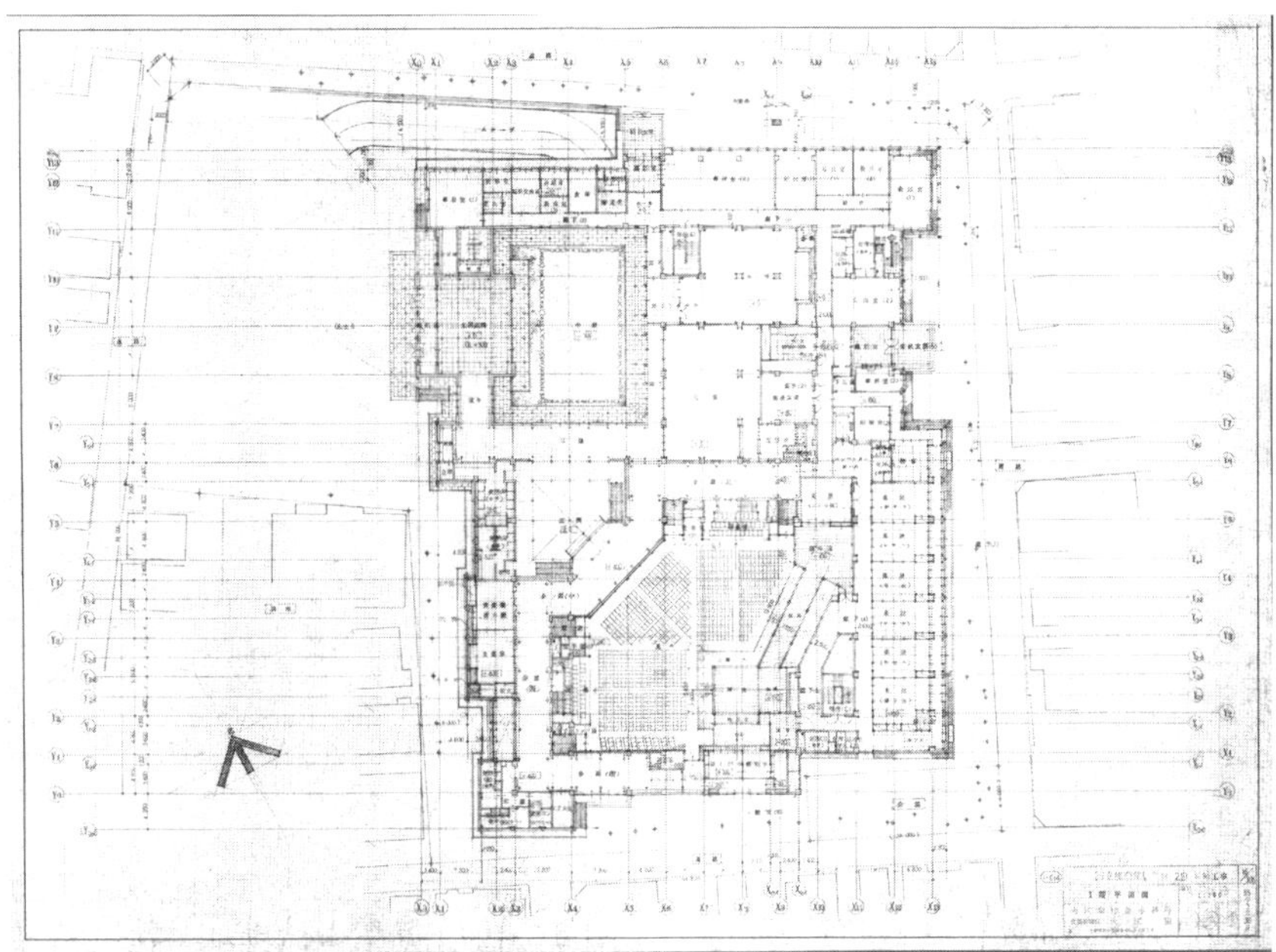

図 6-23　国立能楽堂　1 階平面図

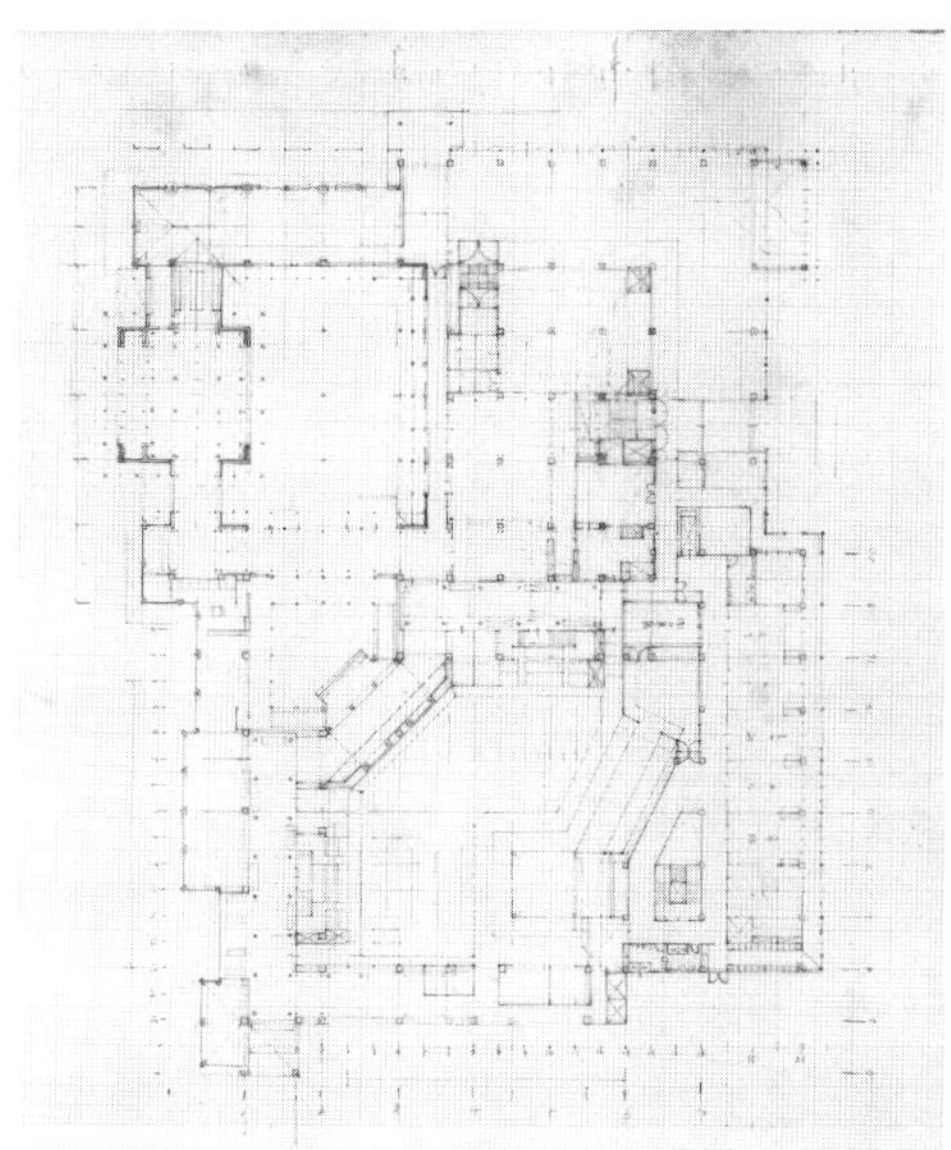

図 6-24　国立能楽堂　大江自筆　1 階平面図

図 6-25　国立能楽堂　門、斜めの軸線

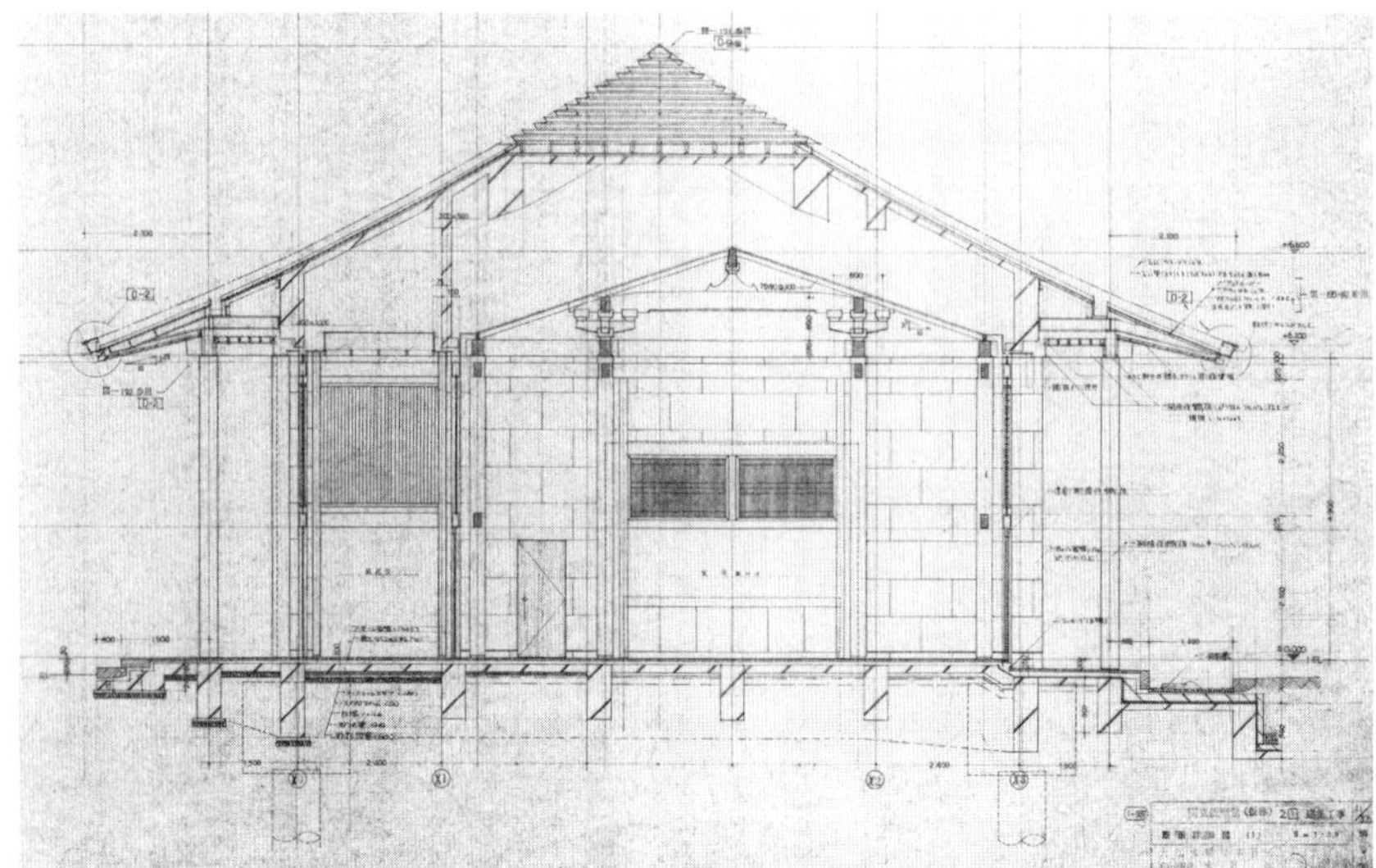
図 6-26　国立能楽堂　玄関ホール　断面詳細図

図 6-27　国立能楽堂　玄関ホール　　　左手：庭　正面：渡り廊下　右手：入口

図 6-29　国立能楽堂　庭

図 6-28　国立能楽堂　入口

空間構成は、能舞台の構成とも呼応したものである。鏡の間から現れた演者が、斜めに伸びる橋掛かりの上をゆっくりと歩み、舞台へ至る頃には場の空気を一変させているように、見者もまた、斜めの軸線によって日常から非日常の空間へと導かれ、徐々にその心も移ろいゆく。人々の心理的変化を重視した大江の建築観が、国立能楽堂の斜めの軸線には込められている。

## (4)　入れ子構造、重層する屋根

断面詳細図(図6―26)が明快に示すように、国立能楽堂は外部から内部に至るまで、さまざまな素材が折り重なる入れ子構造となっている。用いられる素材の種類は、これまでのどの大江作品よりも多彩である。

玄関ホールを見てみよう。まず外観(図6―28)はコールテン鋼の円柱が並び立ち、その柱芯から一二〇〇ミリセットバックした位置に花崗岩が張られたRC壁が配され、内部空間を規定している。建物内部に進むと、花崗岩の壁の面(つら)からさらに三〇〇ミリ内側の位置に柱芯をもつ木架構が張り巡らされている。国立能楽堂は基本的に三〇〇ミリがモジュールとなっており、水平方向の主要な寸法は徹底してこの倍数で定められているのである。

このような躯体と木造作の入れ子状の構成は、かつて香川県文化会館や丸亀武道館でも見られた手法だが、国立能楽堂では玄関ホールから渡り廊下、広縁、広間、歩廊を経て見所に至るまで、同手法が隅々まで徹底されている。

入れ子状に折り重なる空間を覆う屋根もまた、二重構造となっている。水取りを担う機能上の屋根の上に、かたちを担う意匠上の屋根が重ねられているのである。

図6-30　国立能楽堂　広縁

図6-31　国立能楽堂　歩廊

意匠上の屋根は、明度の異なる三色の四〇ミリ角のアルミ製水平ルーバーが、一五〇ミリピッチで並んでいる（図6―32）。このルーバーの高さを微調整することによって、屋根の照りと反りの曲線がつくり出されている。

屋根は間取りを象徴するという大江の言葉[22]どおり、国立能楽堂は空間ごとに屋根が架けられ、互いに重層している。玄関ホール、広間、見所の主要な三つの空間には大小の方形屋根が架かり、これらを寄棟屋根が繋ぐ。それぞれの屋根が描く曲線は微妙に異なっており、しなり棒を用いた大江のフリーハンドによって全て決められたという。水平ルーバーによる造形は、異なる曲線をもつ屋根の折り重なりを自在につくり出す上で合理的な選択でもあった。他にも、軒裏（図6―33）には垂木を思わせる凹凸が付けられたGRC成形パネルが張られるなど、新しい材料を巧みに用いながら、日本建築のイメージを帯びさせる工夫が随所に施されているのである。こうした屋根の表現は大江の独創であり、大江が伝統建築の規範に縛られず、現代ならではの自由な造形を志向したことが読み取れる。

## (5)〈整合性〉の確立

国立能楽堂の雑誌発表時に添えられたインタビュー記事[23]において、大江は〈混在併存〉からの脱却を志向し始めて以降、自身がたどり着いた結論を述べている。やや長くなるが引用したい。

最低限の必要条件として、いろいろなものを切り棄てるのではなくて、そのまま並立し合わなければものごとはすべて成り立たないという現象を指していってきたのが混

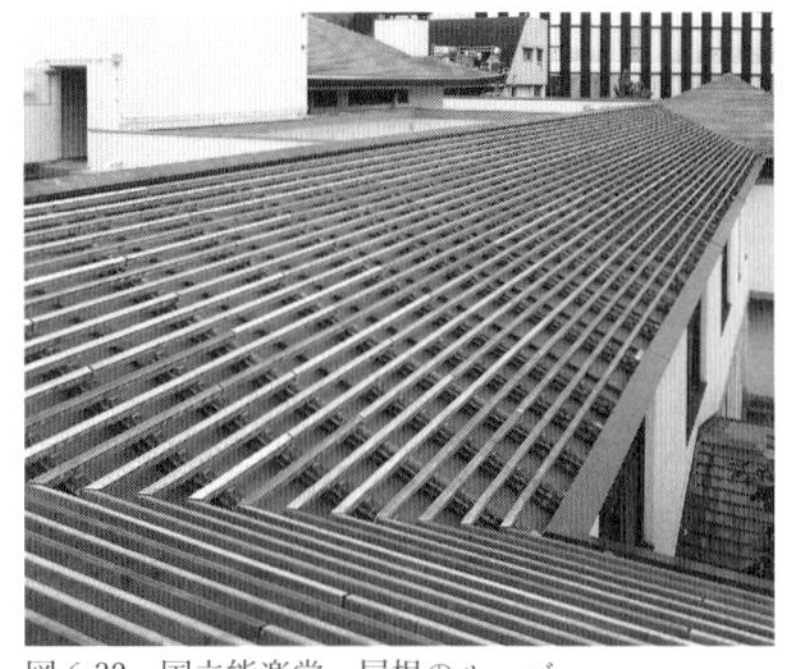
図6-32　国立能楽堂　屋根のルーバー

図6-33　国立能楽堂　軒裏

図 6-34　国立能楽堂　能舞台と見所

在併存で、もはやその並立状態がシステマティックに保たれていかなくてはいけないという段階ですね。今まで混在併存といってきたなかで、自分では密かに志してはいたけれどもなかなかうまく表現できなかった部分もあったわけで、それがこの段階になって、たんなる無秩序の混在併存ではだめなんだということが、ようやくいえるようになってきたのではないかということです。それぞれの相関性を与えるなんらかのシステムが発見されなければならない。（中略）ですから混在併存状態を再構成して形にまとめあげることこそが建築である。これが結論かな。

本言説で大江は、〈整合性〉に込められた意味を詳述していると思われる。

22　大江宏「間と気配に基づく空間構成」『別冊新建築　日本現代建築家シリーズ⑧　大江宏』新建築社、一九八四年六月、一七頁

23　大江宏「混在併存から渾然一体へ」『新建築』一九八四年一月号、新建築社、一六一頁

すなわち〈整合性〉とは、多様な建築的要素が並立した「混在併存状態」を、「それぞれに相関性を与えるなんらかのシステム」により「再構成」することで創造された建築のもつ性質であると考えられる。ここで大江がいう「なんらかのシステム」とは、「間」や「野物と化粧」といった概念から、空間と屋根の一対一対応の構成、中庭と回廊による統合、正方形の形式、入れ子構造、連続する柱などの造形言語、さらには国立能楽堂における三〇〇〇ミリモジュールに至るまで、あらゆる次元の設計手法が含意されているだろう。

〈整合性〉とは、〈混在併存〉を全面的に否定するものではなく、両者は互いに補完関係にある概念であるといえる。多様な素材を入れ子状に重ね合わせ、またそのなかに枓栱や蟇股、擬宝珠といった装飾を併存させながらも破綻なくまとめ上げ、総体として日本建築の正統を継承しながら、しかしどの時代にも存在しなかった現代の建築をつくり出す。国立能楽堂には、大江が追い求めた〈整合性〉、そして創造のあるべき姿が見事に具現化されている。

国立能楽堂が竣工した翌年の一九八四年、七〇歳の大江は長年勤めた法政大学を定年退職した。教育と設計を両輪とした活動が、ここで一つの大きな区切りを迎えたのだった。

### 〈整合性〉の超越：一九八三―一九八九

大江は、近代建築の補完を目指して長年続けてきた思索の成果を国立能楽堂に全て盛り込み、自身でも納得のいく〈整合性〉の表現を成し遂げた。一方で、大江は「解決を急ぎすぎた」、「もう少し疑問のままに置いておきたかった」との想いに駆られることになる。[24] 大江にとって国立能楽堂は、一つの達成であると同時に、次なる設計への大きなハードル

24 大江宏「わが軌跡を語る」『別冊新建築 日本現代建築家シリーズ⑧ 大江宏』新建築社、一九八四年六月、一九三頁

図6-35 晩年の大江宏（72歳、1985年）

でもあった。

大江の言葉に変化が見えるのは、一九八七年、大江が没する二年前に発表されたインタビュー記事[25]においてである。大江はかつて〈混在併存〉を否定したのと同じように、今度は〈整合性〉に対しても満ち足りない想いを抱き始めたことが、次の一節からうかがえる。

能楽堂の場合も、どうしても整合性から抜け出せなかったわけです。少しそういうことで、装飾の分析をやってみようと思っているんですけどね。多装飾であるかどうかということよりは、装飾性の本来の性質ね。

大江はこの記事のなかで、建築には「優れて人間の生活に深い関係をもち得るもの、それも便利さとか効率が高いとかいうようなものとはまったく関係のない、人間と深く関わるものがなければならない」と語り、「それは整合性とか起承転結まったく矛盾を起こさないところをもって最高の特質とするような性質のものとはまるで違う渾沌の世界、これはまったく違う世界」、「建築のデザインの中心とは何かということを一言で言えと言われたら、ぼくは渾沌と、そう答えるよりしようがない」との認識を示している。

大江は一九八〇年代末、それまで追い求めた〈整合性〉ではなく、より曖昧模糊とした〈渾沌〉の建築を模索し始めた。そしてまた、これまでも取り組んできた装飾の本質を、改めて問い直した。装飾は、施主もつくり手もが共に夢中になり、素材から素材へと移りゆきながらどこまでも拡張し、時には過剰にもなる、そんな「軽さ」をもっている。その「軽さ」は、日本では遊行、遍歴、修験などに現れており、「建築の深い裏で、強い大きなエネルギーに

25　大江宏、小谷部育子「建築に中心はあるか」『建築雑誌』一九八七年一二月号、日本建築学会、一〇—一三頁

なっている」ように、大江には思われた。後述するように、修験道の開祖とされる役小角(えんのおづぬ)は、大江の血筋とも無関係ではない。晩年に向かうにつれ、大江は修験の世界を強く意識するようになり、実作にも反映されていく。

大江は国立能楽堂以降も、コンスタントに作品を発表し続けた。先述のインタビューを受けた頃、大江は結果的にキャリア最後の遺作となった住宅、大塚文庫(一九八九)を設計中であった。大塚文庫は、国立能楽堂に体現されたような〈整合性〉とは異なる、より自由な「軽さ」をもっており、大江のさらなる展開を予期させた作品として注目に値する。

本章の後半は、国立能楽堂以降の主要な作品を取り上げ、大江が最晩年に追い求めた建築とはなんだったのかを見ていく。最後に、大江が亡くなる前年、自身の建築観を一語に込めた〈恣意的必然性〉を取り上げ、その意味を検証する。

### 宇佐神宮宝物館・参集殿

大分県の宇佐神宮は全国四万余社の八幡宮の総本宮であり、その由緒は六世紀まで遡る。伊勢、出雲と並び上代有数の神域であった宇佐、その中心の神宮境内に建てられた宝物館・参集殿(一九八五、図6—36、37)は、展示と収蔵、集会の機能が収められた複合施設である。境内には、戦前に大江が文部省で設計した神武天皇聖蹟顕彰碑の一基が残されており、宇佐神宮と大江は実に四四年ぶりの関わりとなった。宝物館・参集殿の敷地は、大鳥居から本殿へと延びる表参道に面した初沢池の畔にある。この池は元から敷地にあったもので、これを取り囲むようにして各棟が配置されている(図6—38)。本作は方形、寄棟、入母屋とさまざまな屋根が緩やかに連続し、軒の描く曲線は水平方向に伸びやかで、宇佐の地形

図6-36　宇佐神宮　参集殿

とも呼応した佇まいである。宇佐神宮宝物館・参集殿は、大江が国立能楽堂を手掛けた直後に設計した作品であった。そのため、設計手法は基本的に前作を踏襲した入れ子構造でまとめられている。外観はコールテン鋼の柱と石張りの壁が据えられ、内部は木の架構が連続する、といった具合である。一方で、本作には国立能楽堂と異なる特徴も見出すことができる。それは立面の多様性である（図6―39）。国立能楽堂の場合、同質のかたちがスケールを変えて折り重なりながら全体が構成されていた。一方、宇

図 6-37　宇佐神宮　左より参集殿、収蔵庫、宝物館

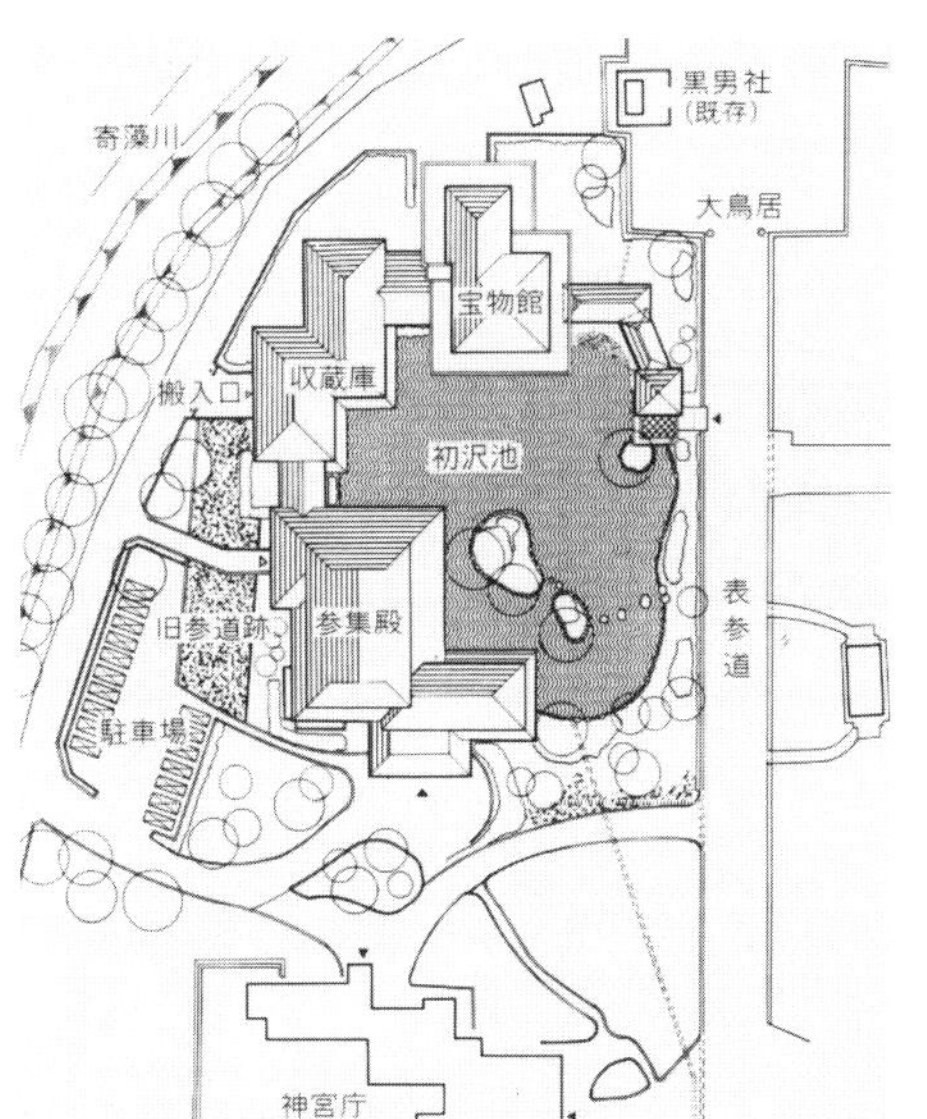


図 6-38　宇佐神宮宝物館・参集殿　配置図

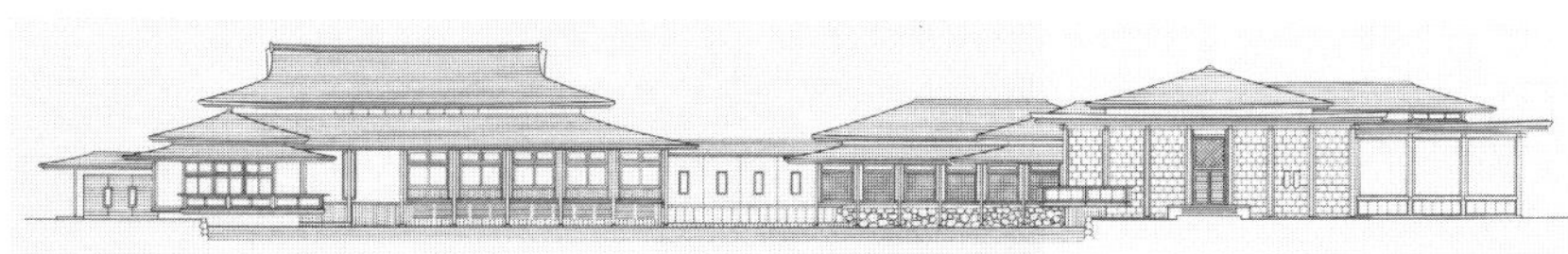

図 6-39　宇佐神宮宝物館・参集殿　東立面図

佐神宮宝物館・参集殿は屋根の形状が端的に示すように、各棟は素材が同質ながら、そのかたちは全て異なっているのである。国立能楽堂と同様の〈整合性〉を担保しながら、総体としてより自由な構成を模索していることが、本作の立面構成からうかがえる。

大江は国立能楽堂も、そして宇佐神宮宝物館・参集殿も、ともに現代の素材を用いながら日本の伝統的イメージを継承することを目指した。ここで重要なのは、大江がこれらの建築にかたちを与える際、日本の過去の伝統建築から直接的な引用はせず、あくまで自身の内にあるイメージのみを拠り所としている点にある。

国立能楽堂発表時に行われた磯崎新（一九三一―二〇二二）との対談の中で、大江は「「様式なき様式」という段階から、もう一段具現化された様式というものを「もの」の「かたち」として具象化する必要がある[26]」と述べ、様式に対する自身の問題意識を提示している。第四章でも触れたように、大江が師と仰ぐ堀口捨己は自身の建築観の中心に「様式なき様式」を据えており、「建築設計の前には様式はないのである。しかし建築の後にその形は何らかの形をもつであろう。それゆえにそれは「様式なき様式」である[27]」と主張していた。しかし大江は、堀口が豪語するような、無から有を生むという発想には否定的であった。創造の根源には必ずやつくり手の原体験や原風景が込められている。大江はそのように考えていたのである[28]。

一方で、大江は数多のポストモダニズム建築に見られるような、過去の先行例を具体のまま自身の設計に引用することもまた、同時に否定した。宇佐神宮宝物館・参集殿発表時のインタビュー記事[29]のなかで、大江は様式の扱い方に関して次のように述べている。

ここで行なったことは、具体的なモティーフとして様式を取り入れるということでは

26　大江宏、磯崎新「伝統様式を再構築する姿勢と方法」『建築文化』一九八四年一月号、彰国社、三五頁

27　堀口捨己「一　様式なき様式（昭和十三年大島測候所の工事を終って）」『堀口捨己作品・家と庭の空間構成』鹿島研究所出版会、一九七八年、一一頁

28　「設計ということは、自分の原体験、ないしは原風景を明確なかたちに具現化してゆく過程にほかならない。この過程をあるいは創造とよんでもよいであろう。いずれにしても無から有を生ずるなどということはありえないので、未だかつて例のないことを生みだすのが独創であるというようなことではないのである。必ずやその根源にはそのひと固有の原体験なり、原風景がもとになって創造が行なわれるのである。」大江宏「日本料理店をつくる心構え」『店舗と建築』一九八〇年五月号、建築資料研究社、五四―五五頁

29　大江宏「佇まいの建築」『新建築』一九八五年一一月号、新建築社、一九四―一九五頁

30　国立能楽堂発表時、大江は以下の様に述べている。
「大江　文禄・慶長なんていう概念は、全然念頭になかった。特定の時代には拘束されていません。
磯崎　別にそういうことは考えられないと見ていいのですか。
大江　意図的には考えないね。ただ人間ですから、何らかの歴史的なものにひっかかるのは

ありません。一見するとそれは、いかにも日本にかつてあったような気がする、しかし、ひとつとして、かつてのものをそのまま当て嵌めたわけではないのです。つまり復古ではないんですね。そこにはいつの時代かのイメージが潜在していますが、具体的には何時代のどの建物というものはありません。

国立能楽堂、そして宇佐神宮宝物館・参集殿で大江が見せる特定の引用元を否定する姿勢は、〈混在併存〉の域を脱しようと志向し始めていた一九七五年の言説にも見出せる。[31] では、何を拠り所として、「もう一段具現化された様式」はイメージが潜在した「かたち」として実現されるのか。大江によれば、それは自身の「身体」であるという。大江は「身体」もまた、様式や装飾、「心」と同じく、近代主義によって切り捨てられた重要な概念と捉えていた。[32]

全然ルールがないかというと、決してそうではなく、そこにはそれをつくる人間が身体で感知する比例関係があるわけです。それはつくる人間の身体がルールになる、というところまでいかないと、できないでしょうね。[33]

大江の主張は、ただ利己的に自由気ままな造型を行ってよいという意味でないことは言を俟たない。あくまで建築の基盤となる「原理・規範」、そして「身体」を律する「所作」[34]を踏まえながら、なお可能な限りの自由さをもって、身体と心が直接希求するイメージの具現化を志向すべきであると、大江は主張しているのである。

当然だと思うが、少なくとも自分の意識としては、そういうものにすがるとか、頼るとかいうようなことはありませんし、一応その辺はふっきっているつもりです。そのかわり、大斗肘木などは生のままでもってくるわけです。
磯崎　そのままというのは——あれも時代によってさまざまに変わっていますね。どこかに、モデルがございますか。
大江　ないんですね。
磯崎　すると、桝肘木という「形式」を使うわけですね。
大江　そうそう、その「形式」は生のままもらう。」前掲注26、三七頁

31　「村松　それから、普通ですとプレロマンのアーチというのはどうのこうの、ディテールはどうなっているのが正しいのかと厳密に限定してまいりますでしょう、そういうチェックはなさいますか。
大江　それはやらないですね。自分の心の中にいままでの体験でいつの間にか、あれはポピュラーなプレロマンだ、あれはポピュラーなイスラムだ、あれはポピュラーな書院造りだというものが形成されているわけですね。もうそれだけに頼っていくのです。」大江宏、村松貞次郎「対談 人間と建築・その14 血脈をつくることの葛藤—間の存在が建築のありようを規定する」『新建築』一九七五年一月号、新建築社、一六五頁

32　「近代の思潮は、論理的思考や科学的分析に乗らないもの、それだけでは決着のつかないものは切り捨ててきた。それこそが近代的であり合理的であるとし、その限られた枠

ここで、第四章で取り上げた、大江が伝統論争に対して自身の立場を表明した一文を改めて確認したい。大江は、「われわれはいま、海外からの高い名声の中で、日本建築そのものにはきわめて貴重なものとともに、忌わしいものが少なからず同居しているさまに決して目を覆うべきでないと同時に、われわれの心の中のエッセンシャルなイメージを鋭く展開させるところに、日本建築の創造的役割を見出すべきであろう」と説いていた。この一文には、本章で確認してきた大江の志向が、すでに示されていたといえよう。すなわち、大江が一九五〇年代以降一貫して求め続けたのは、己の身体と心に基づき展開される建築のイメージを重視する、いわばロマン主義的建築観であった。ここでいうロマン主義とは、一八世紀西欧に興った文学や絵画などの諸芸術の潮流を指す狭義の意味ではなく、個々人の感性に基づく憧憬や欲求、夢といった諸概念を創造の中心に据える立場という広義の意味である。理性ではなく感性で捉えられる領域、近代建築が「雑物や、脂のようなもの」として切り捨ててきた建築の豊かさを、大江は「間」や「気配」、「艶」といった言葉を通して、建築に再び取り戻そうとした。一方で、大江にとってロマン主義を希求することが、即近代主義の排斥とはならない点に注意したい。

> 私は決して神秘主義者ではなくラショナリストです。神秘主義というか、神秘のベールで覆ってしまうことは、駄目にしてしまう要素です。むしろ神秘主義といわれることに屈辱さえ感じます。気配には高度の神秘性がありますが、建築を具体的につくる方法の中に魔法使いのように神秘という方法があるはずがありません。方法はあくまでもラショナルですが、一方で私が標榜しているものは、そこに生まれてくる艶っぽ

のなかだけで物を処理しようとしてきた。しかし実際素朴に考えてみて、すべて直接希求するもとはつねに身体であり、感覚であり、情念なのである。」前掲注28

33 前掲注29

34 「建築の創造性は「原理」、「規範」、それに最終段階の職能的「作法」あるいは個人的「所作」という三つの位相を連ねて初めて成立つのである。単なる「原理」の発見は建築創造とはなりえないことはいうまでもなく、それが社会的普遍化の道程を経たうえで「規範」として実証され、さらにこれが高度に累積された職能的技能の決定的な裏付けを得た時に、初めて建築的創造過程が終結する。建築が備えなければならぬ基本的な資格は、原理のうえに普遍性、永続性、それに蓄積された職能的技能が得られればじめて全うされる。」大江宏「書院造りと工匠の系譜」『ディテール』一九七〇年冬季号、彰国社、二四頁

35 『別冊新建築 日本現代建築家シリーズ⑧ 大江宏』新建築社、一九八四年六月、一八頁

さとか色気で、時にはおどけさえも必要です。また俗悪な放縦はいけないけど、やはり放縦さはぜひ必要です。(35)

大江は、あくまでラショナリストであると自認していた。近代主義とロマン主義、両者に等価に立脚した多元的建築観を、大江は志向していたのである。

図 6-40　大濠公園能楽堂

### 大濠公園能楽堂

大江が手掛けた最後の能楽堂が、福岡県の大濠公園能楽堂（一九八六、図6―40）である。本作も、国立能楽堂の設計手法を踏襲した入れ子構造である。国立能楽堂と比較して、本作は使い手がより自由に回遊できる平面計画であるのは興味深い。玄関を入るとすぐ正面に広間（図6―41）、その周囲には床レベルが少し上げられた広縁がまわり、木の縦格子を介して四周から自然光が優しく入り込む滞留空間となっている。各室は対角線上に雁行配置されており、間隙には小さな庭が広がる（図6―42）。国立能楽堂全体が醸し出す張り詰めた緊張感が、大濠公園能楽堂にはない。肩肘をはらず、より気軽に能を楽しめる雰囲気に包まれている本作の平面にもまた、〈整合性〉からの脱却の試みが見出せよう。

図 6-41　大濠公園能楽堂　広間

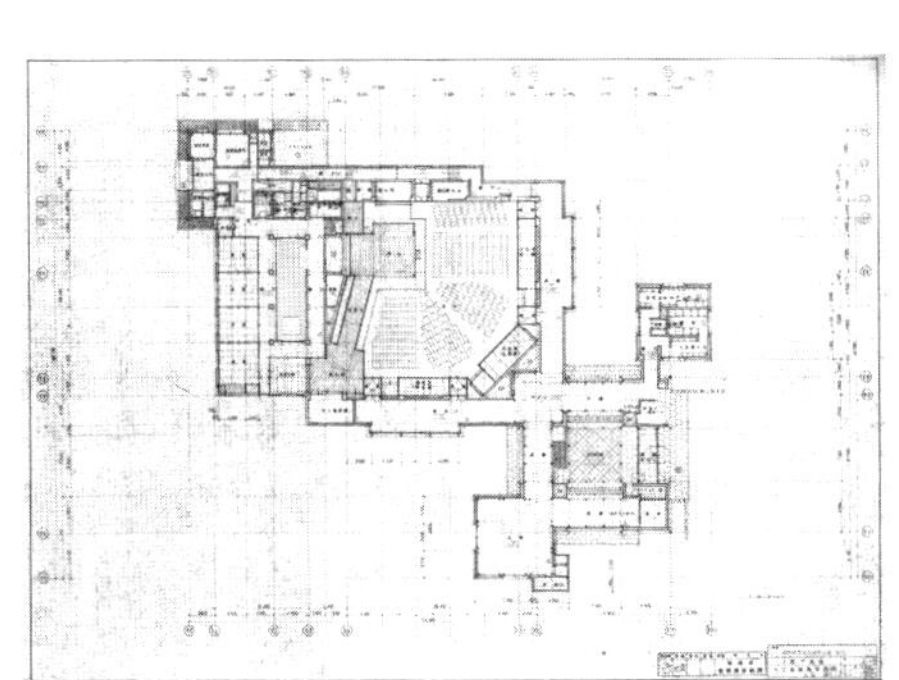
図 6-42　大濠公園能楽堂　1階平面図

図 6-43　高山屋台会館

## 高山屋台会館

高山屋台会館（一九八八、図6―43）は、岐阜県高山市の桜山八幡宮境内にあり、高山祭で用いられる屋台の保存・展示を行う博物館として計画された。本作を特徴づけるのはその断面である。

背の高い屋台を収める展示室は一〇メートルの天井高をもち、展示室の外周には一階から二階にかけてスロープが螺旋状に走っている（図6―44～48）。人々は歩を進めながら、さまざまな方向、高さより展示物を鑑賞できる。敷地のレベル差を活かした動線計画によって、鑑賞を終えたあとは二階から直接境内に戻ることが可能である（6―45）。

気積の大きい展示室を内包するため、外観も必然的に大きなボリュームとなるが、大江は折り重なる屋根

図 6-45　高山屋台会館　2 階出口

図 6-44　高山屋台会館　吹抜け

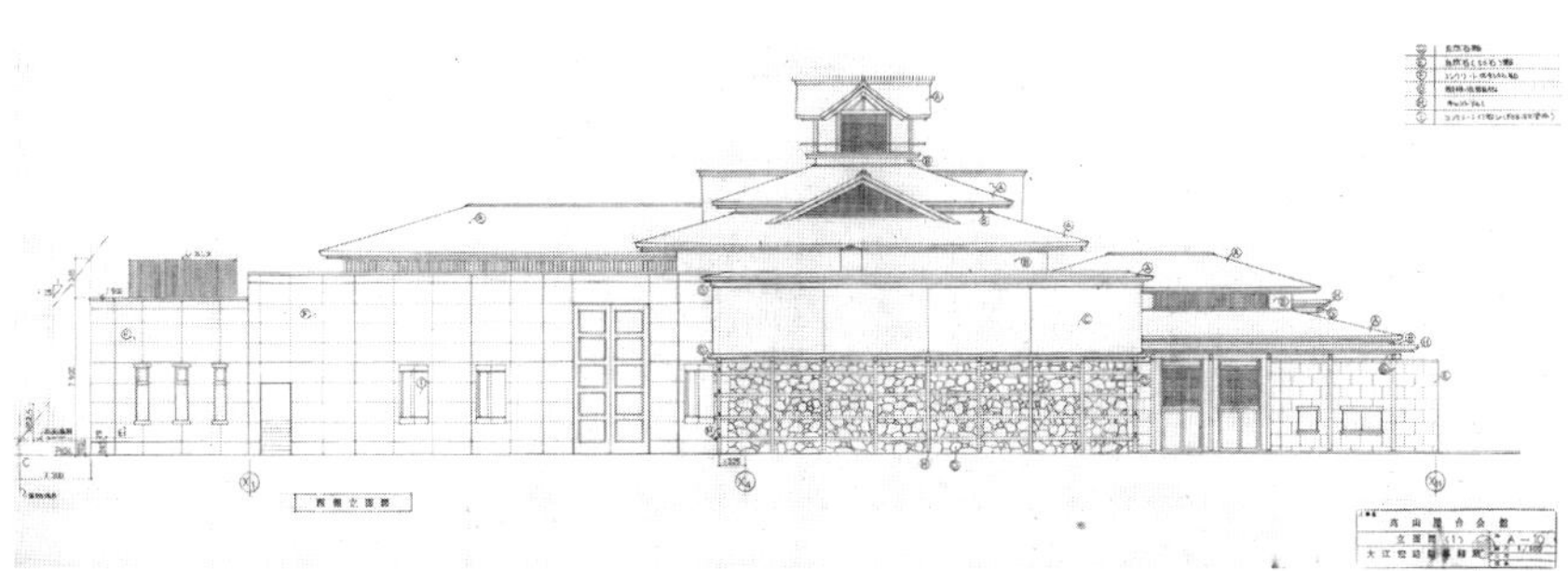

図 6-46　高山屋台会館　立面図

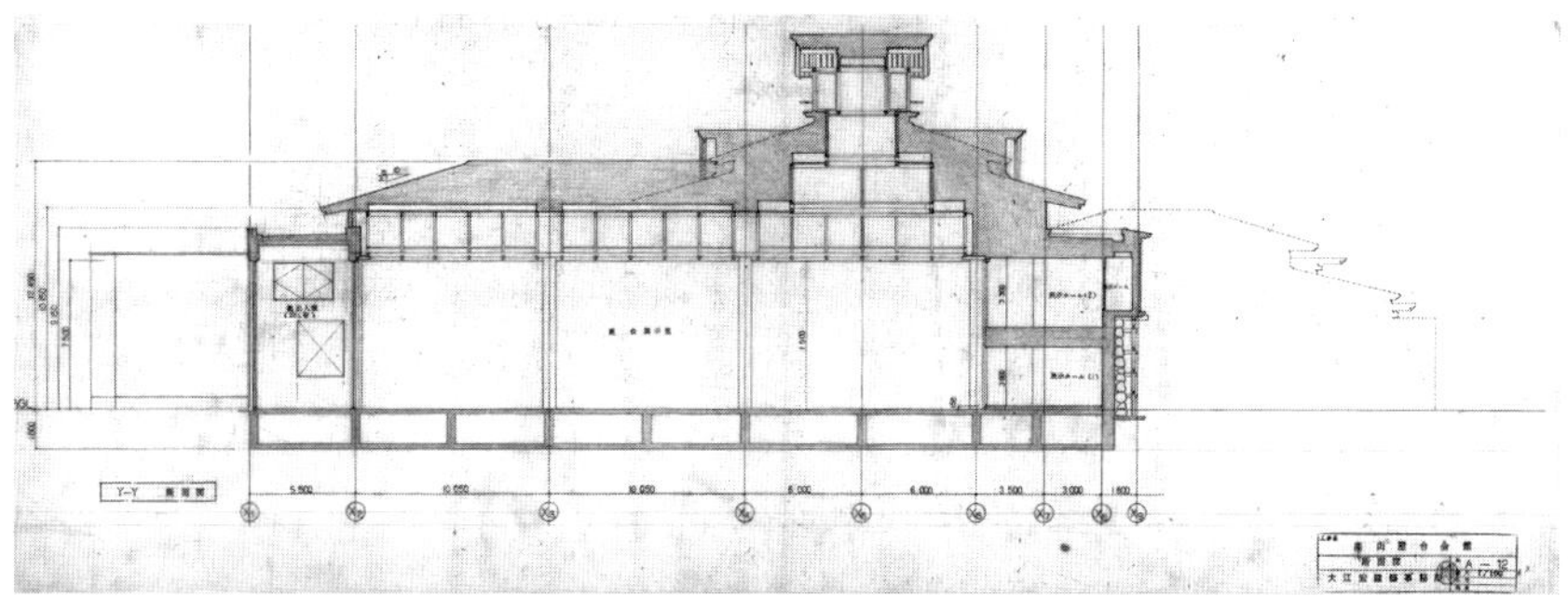

図 6-47　高山屋台会館　断面図

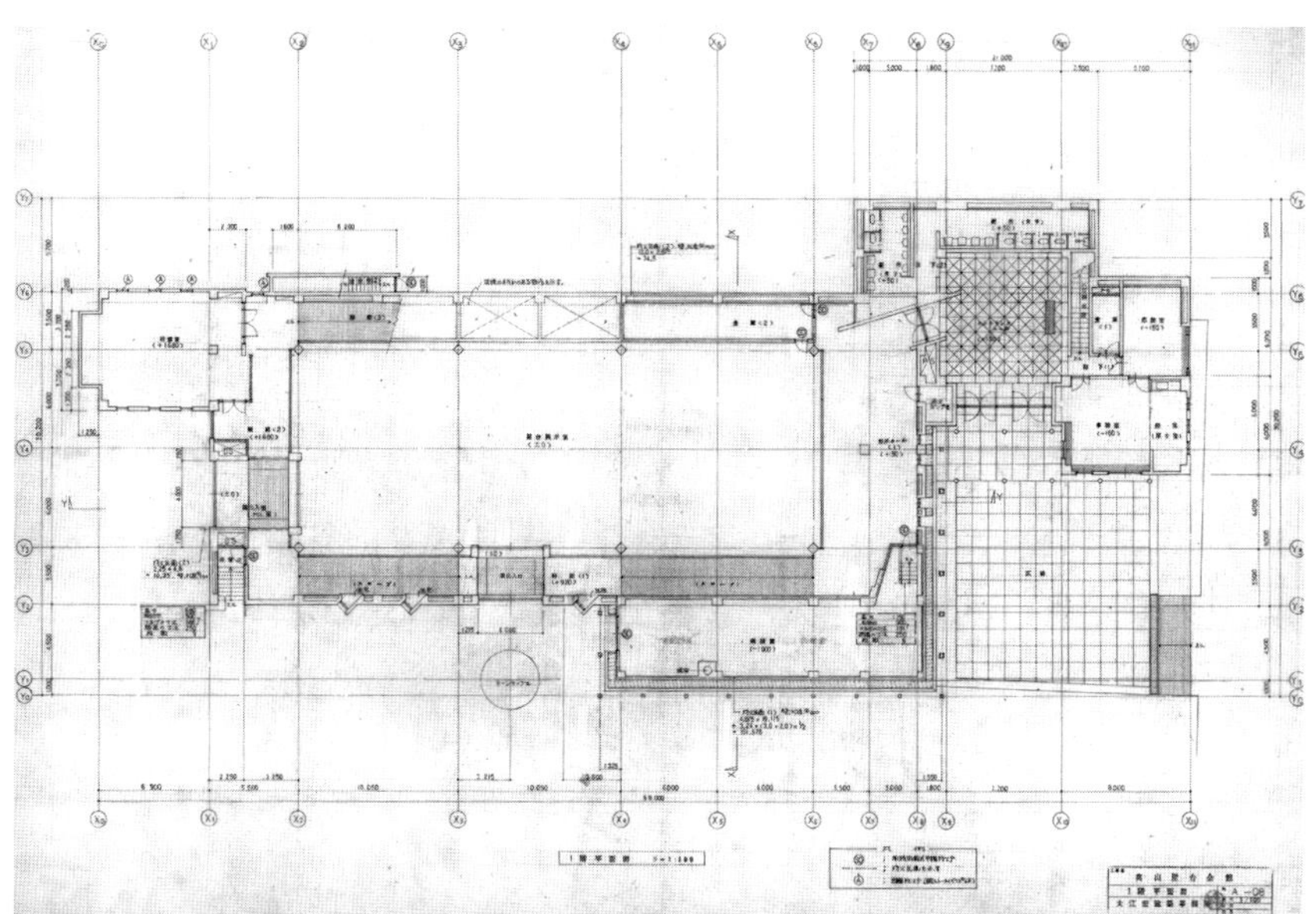

図 6-48　高山屋台会館　1 階平面図

と、懸造（かけづくり）を想起させる木架構を外観に纏わせることで、建物と周辺環境のスケールを合わせる工夫を施している。屋根の頂部に載る物見櫓は、安土桃山時代の天守閣や飛雲閣の第三層を想起させると同時に、父・大江新太郎が描いた建國二六〇〇年記念塔のスケッチ（図6―49）にも似ているのは興味深い。新太郎はこのスケッチを、亡くなる一ヵ月前に病床で描いた。宏は、寝ながら絵を描くことができる台を父のために拵えた。命尽きるまで建築家であろうとする父の姿を、宏は間近で見ていたのだった。父が最後に夢みたイメージを、大江は本作に投影させたのかもしれない。

もう一つ高山屋台会館で注目したいのは、外観に用いられた懸造（図6―50）である。三佛寺投入堂（なげいれどう）をはじめ、山岳信仰と関係の深い社寺にたびたび用いられる懸造の形式を、大江は本作に取り込んだ。大江は、都を中心とする平地の文化と、修験道が根付く山岳の文化とが互いに影響を与えながら併存してきた日本の伝統を重視し、建築に表現することを試みたのだった。

周知の通り、修験道は能楽とも関係が深く、物語の展開で山伏が重要な役割を果たす曲は多い。例えば『葵上』では、光源氏の正妻である葵上に嫉妬し呪い殺そうとする六条御息所の生霊を、名の知られた山伏が法力によって退散させる。平地で起った人智を超える問題を、山岳の修行で得られた力が解決するというモチーフは、明治政府により修験道の廃止命令が出されるまで広く人々に受け入れられたものであった。

大江の父である大江新太郎は、大江広元まで遡る大江氏の血筋を父にもち、そして母（宏の祖母）は、賀茂の社家岡本家の出身であった。賀茂氏は、修験道の開祖といわれる役小角を生んだ氏族である。宏は、平地と山岳の両方に連なる血筋をその身に受けており、宏

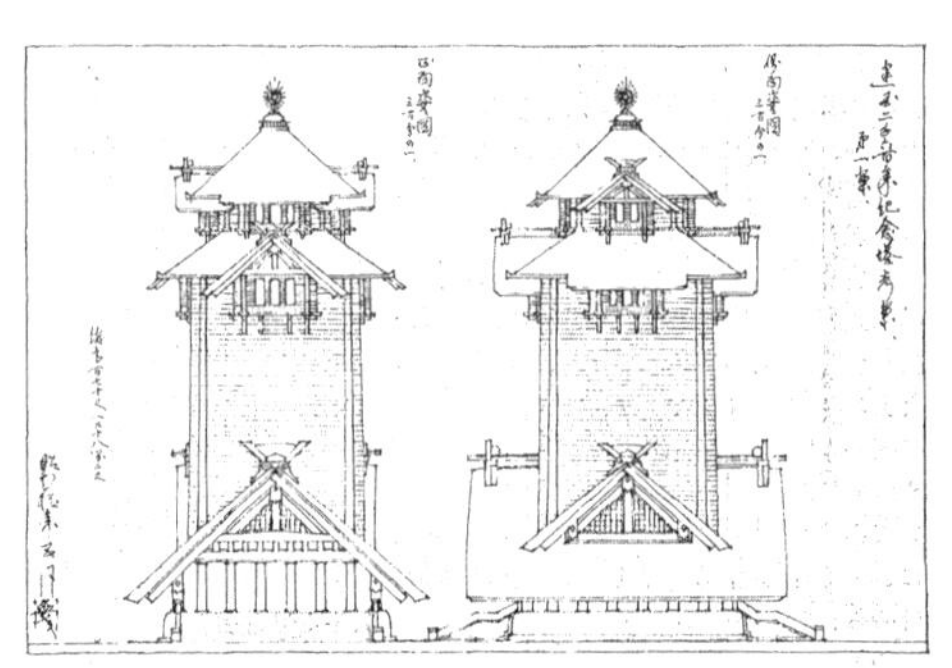
図6-49　大江新太郎作　建國二六〇〇年記念塔案

図6-50　高山屋台会館　懸造

自身も晩年に向かうにつれて、そのことを強く意識するようになった。

神代雄一郎は、大江と堀口捨己が修験道について熱く語り合う場面を目にしていた[36]。それは堀口の喜寿を祝う会へ向かう車中だったというから、一九七二年のことであろう。大江もまた、当時を振り返り次のように語っている。

あの頃ぼくはね、修験道の、役行者とか、久米仙人とか、久米舞とかね、そういうものに心が向いていた。お天道さまが全部を照し出している世界と、この役行者をシンボルとする世界と、両方を持たなきゃあ、われわれの仕事は……という程度の意識を持ち始めた最初の頃なんですよね。だからもう夢中になってぼくは、堀口先生に修験道の話を伺った。談山神社とかね、葛城の話を食い下がって伺ったの。その基は、やっぱり日光にあるんですよ[37]。

大江の父、新太郎が修復を手掛けた日光東照宮。その日光信仰の起源である、勝道上人の開山に始まる日光修験。日光修験からは、修験道の開祖・役小角に繋がり、さらに役氏の血脈は賀茂氏へと遡る。かつては大和朝廷に仕え、都市的性格を纏った大江氏の血と、出雲に起源を持ち、山岳信仰の土着的性格を帯びた賀茂氏の血が、日光を介し大江宏の身体に脈打っている。日本の文化の表裏をなす二つのルーツを、大江宏は同時につかみ、自身の建築に表現しようとしていたのである。

平地の文化と山岳の文化に対する大江の眼差しを知れば、大江の建築のかたちに、横と縦が同居していることも理解されるだろう。大江の建築は、縦のプロポーションが強いと

36　神代雄一郎「花は残るべし（風姿花伝）―大江宏論補遺―」『住宅建築』一九八九年六月号、一〇頁

37　大江宏、神代雄一郎「気配の美学」『風声　京洛便り』第一八号、風声同人、一九八四年八月、三八頁

たびたび言及される。日本建築が横、つまり水平性を特徴とするのに対し、大江の建築はその枠から外れているのではないか、という指摘である。[38] しかし大江に言わせれば、日本建築＝横とするのは一面的な理解であり、縦もまた、懸造を始めとして日本建築が伝統的にもっていた特性であった。

ぼくは、つねに横と縦と。だからうちの連中が一番苦労するのはそこなんです。横と縦で苦労するんですよ。一般の建築事務所じゃね、横なら横でいっちゃえばいいんですよね。(中略)元来、横と縦と両方によってできているのがものだと思うわけで、だからいつも縦はないがしろにしないし、横もないがしろにしないという……。[39]

横と縦の併存は、中宮寺御厨子から始まり、法政大学、乃木神社、角館町伝承館や国立能楽堂、そして高山屋台会館に至るまで一貫して見出せる大江建築の特徴である。遺作となった大塚文庫もまた、横と縦を共に備えた、大江らしさが凝縮した作品となった。

38　筆者は以前、大江宏の建築について相田武文と対話した際、相田からこのような指摘を受けた。村野藤吾や吉田五十八が横の水平性をうまく使いこなしているのに対して、大江は縦が強すぎ、プロポーションが上手くないとの指摘であった。上手いかどうかは別として、縦を取り入れているのは大江の意図通りであり、一元的な建築を嫌う大江らしさが縦のプロポーションにも現れているといえる。

39　前掲注37、三三―三四頁

## 大塚文庫

大塚文庫(一九八九、図6―51)は、個人宅に併設されたギャラリーである。所蔵コレクションを展示するほか、貸しスペースとして講演会や茶会、句会、コンサートなど、地域に根付いた芸術活動の場として利用されている。地下一階地上二階(＋月見台)のＲＣ造(一部木造)、延床面積約三〇八平方メートルである。

図 6-51　大塚文庫　東側外観

図 6-52　大塚文庫　北側立面図

### (1) 大正ロマン

施主の大塚正夫（一九一五―一九八九）は、一九三五年に神戸高等商業学校を卒業して野村證券株式会社神戸支店に入社、頭角を現し三九歳の若さで取締役に就任、一九五九年からは東洋信託銀行の立上げに尽力し、のちに同社の取締役副社長、会長を歴任した。大塚は趣味が多く、特に絵画や焼き物、映画の鑑賞を好み、土曜の午後は幾度となく銀座の画廊やデパートの展覧会をめぐった。人と酒を愛し、明るく大きな声で、常にユーモアを忘れない人物であった。[40]

大塚は私設ギャラリーをもつことが長年の夢であった。設計依頼を受けた大江と大塚は共に大正生まれの二歳違いであり、生きた時代を共有していた。二人は最初の打ち合わせからすぐ共鳴し、本作は「大正ロマンでいこう」と意気投合したという。[41]

国立能楽堂以降、〈整合性〉から抜け出すことを志向していた大江にとって、「大正ロマン」は重要な意味をもっていたと思われる。幼少期を過ごした大正、それは日光と対を成す、大江の重要な原風景であった。洋風レストランでの食事、正月に浅草の映画館で観る年に一度の西部劇、また平和記念東京博覧会の建物群や帝国ホテルでのクリスマスパーティーを、大江は愛した。西洋と日本の文化が混在し、個人の自由を尊ぶロマン主義に満ちた「大正ロマン」を、大江は大塚文庫のイメージの源泉としたのであった。

### (2) おどけと崩し

そうして設計された大塚文庫は、内観外観ともに、これまで大江がつくり上げてきた設計手法の総決算といった様相を呈している。

40 大塚正夫については以下を参照。『人を愛し 酒を愛した男 ここに眠る 追悼 大塚正夫』大塚文庫、一九九一年

41 大塚文庫の現オーナーである佐山吉孝氏の証言による。佐山氏は大塚の長女、美智子氏の夫であり、大江事務所との打ち合わせは主に佐山氏が出席された。佐山ご夫妻への聞き取り日時は以下。二〇一七年六月一日（木）一四時―一六時、場所：大塚文庫、出席者：佐山吉孝、佐山美智子、小川格（編集者、南風舎）、石井翔大

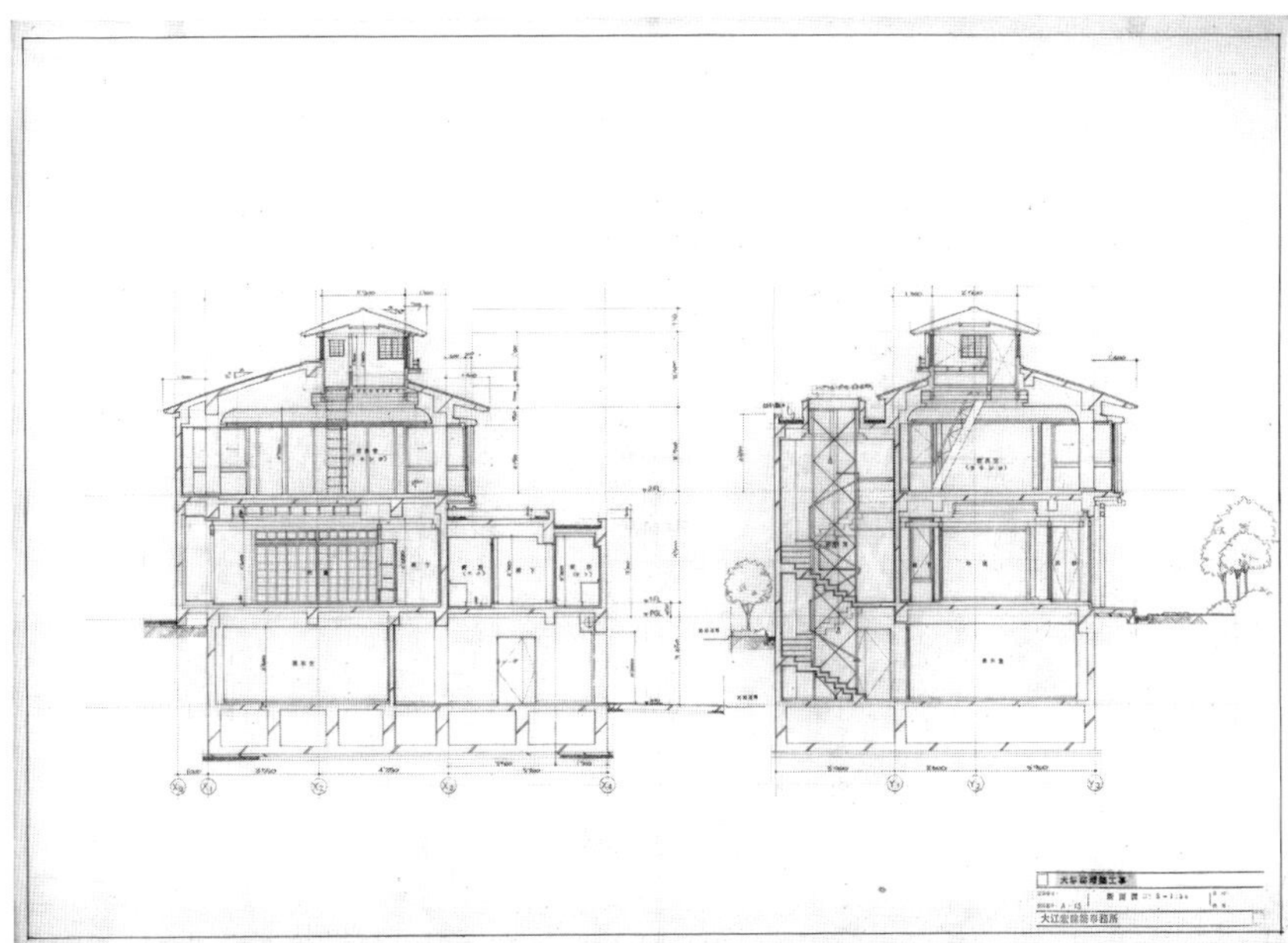

図 6-53　大塚文庫　断面図

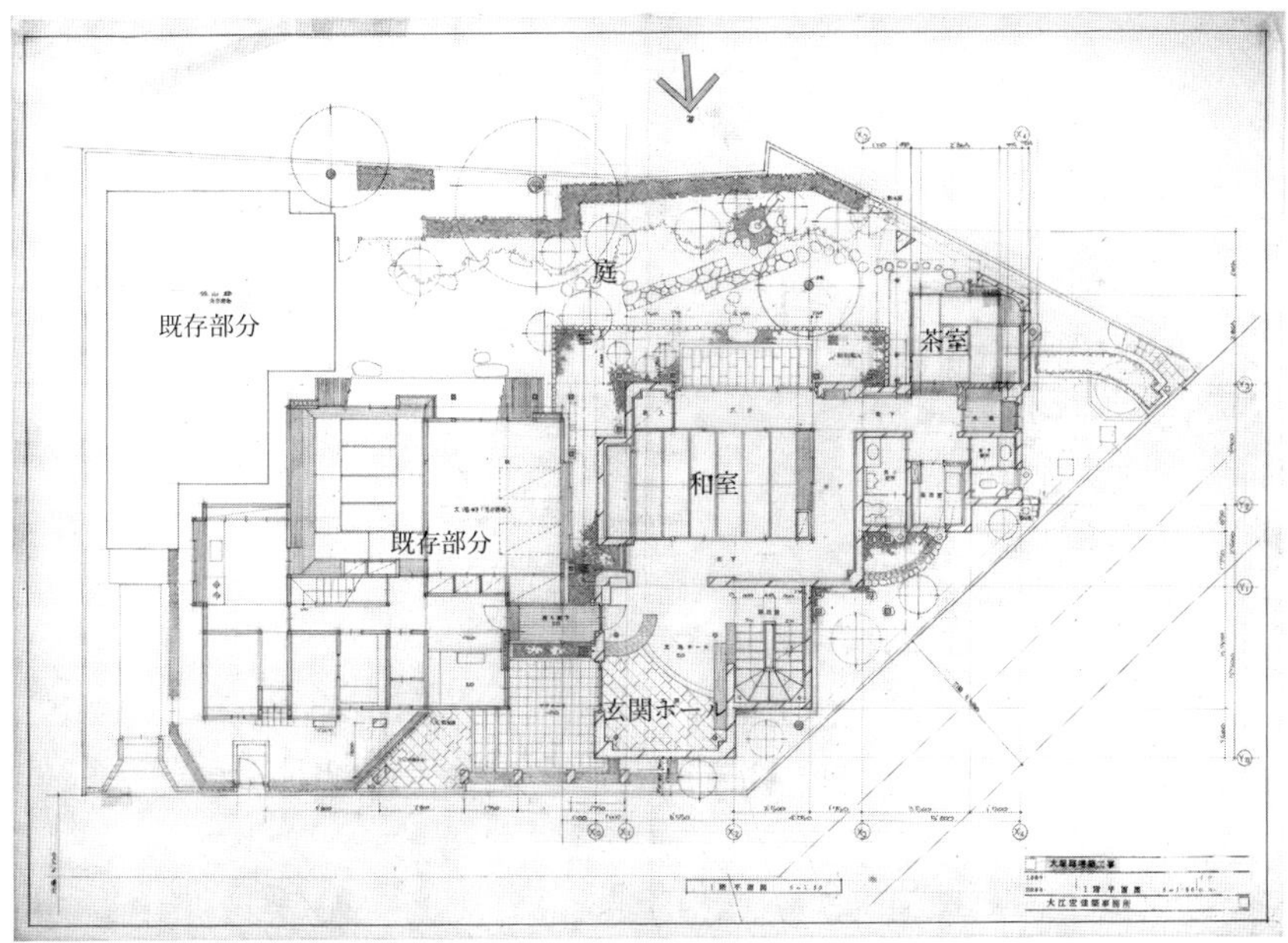


図 6-54　大塚文庫　1 階平面図（一部筆者加筆）

敷地は丘の頂部から西へなだらかに下がる斜面地である（図6―52）。敷地内には大塚の自邸とその娘夫妻の邸宅が既存建物としてあり、大塚文庫はこれら二棟と庭を共有しながら隣接する位置に建てられた（図6―54）。

外観から見てみたい。まず目を引くのは、高山屋台会館に続いて導入された懸造である（図6―55）。小叩き仕上げのRC壁を覆うように、地下一階から地上一階までの二層分を懸造が立ち上がり、コールテン鋼の円柱で囲まれた二階ラウンジを支えるかのような表現となっている。

ラウンジの開口部は黒のスチールサッシュと白のパネルによるコントラストが効いており、法政大学55／58年館のカーテンウォールをも想起させる。ラウンジにはなだらかな反りの銅板葺き屋根が架かり、屋根の上からは、高山屋台会館に引き続き、木造の可愛らしい月見台が、ぽこりと顔をのぞかせている。東側の外観は、RC壁に穿たれた、装飾的な意匠の異なる二つの窓とガレージがどことなく人の笑う顔に見えて興味深い。ここには先に引用した、建築には時におどけも必要であると大江がいうところの「おどけ」が感じられる。あるいはユーモアを忘れなかった大塚の人柄が、立面に反映されたのかもしれない。

内部へ進んでみよう。北側に設けられたアプローチ（図6―56）は、RCの門が敷地内外の境界を明示し、斜めの動線と数段のステップによって、コンパクトながらも訪れる人々の心理的変化を生み出している。壁の小叩き仕上げ、また庇と玄関周りに施されたイスラム風の装飾要素がRCに豊かな表情を与え、内部への期待感を高めている。大塚文庫と既存の大塚自邸はこのアプローチを共有しており、両者の玄関扉は互いに向かい合っている。二つの建物は玄関こそ別々だが、扉の真横に設けられた渡り廊下によって接続されて

図6-55　大塚文庫　懸造

図6-56　大塚文庫　アプローチ

おり、内部で行き来可能である。

玄関ホール（図6―57）へ入ると、大塚文庫の外観と呼応するかのような彫刻「笑う少女」（作：北村西望）が、人々を出迎える。折り上げ天井には交差ヴォールトが架かり、イスラム風の幾何学模様の絹織物が張られている。ホールの四隅には壁からやや離れて円柱が立ち、空間を引き締めている。足元をみると円弧を描くステップが設けられ、脇のカウンターもまた、円弧が用いられているのに気付く。大塚文庫で興味深いのが、この円弧の多用である。これまでの大江建築では、円柱やアーチなどに曲線が見られることはあっても、水平方向に伸びる円弧が空間に現れることはなかった。大塚文庫で円弧が最も象徴的に用いられているのが、後述する二階ラウンジである。大江がこれまでとは異なるより自由な建築設計を展開しようとしていたことが、この円弧の多用にも表れている。

一階平面図を見ると、玄関ホール、和室、茶室が雁行配置されており、国立能楽堂と同様、アプローチを始点とした斜めの軸線が建物全体を貫いている。

玄関ホールに入るとすぐ正面に見えるのが和室（図6―58）である。この和室もまた、これまでの大江建築とは趣が異なっている。まず壁と天井は縁が切れていて光を透過し、障子と飾り棚は室礼のような軽やかさで和室を仕切っている。障子を全て開け放てば玄関ホールから庭へと連なる一体的な空間へと変貌するフレキシブルな設計である。大塚文庫の

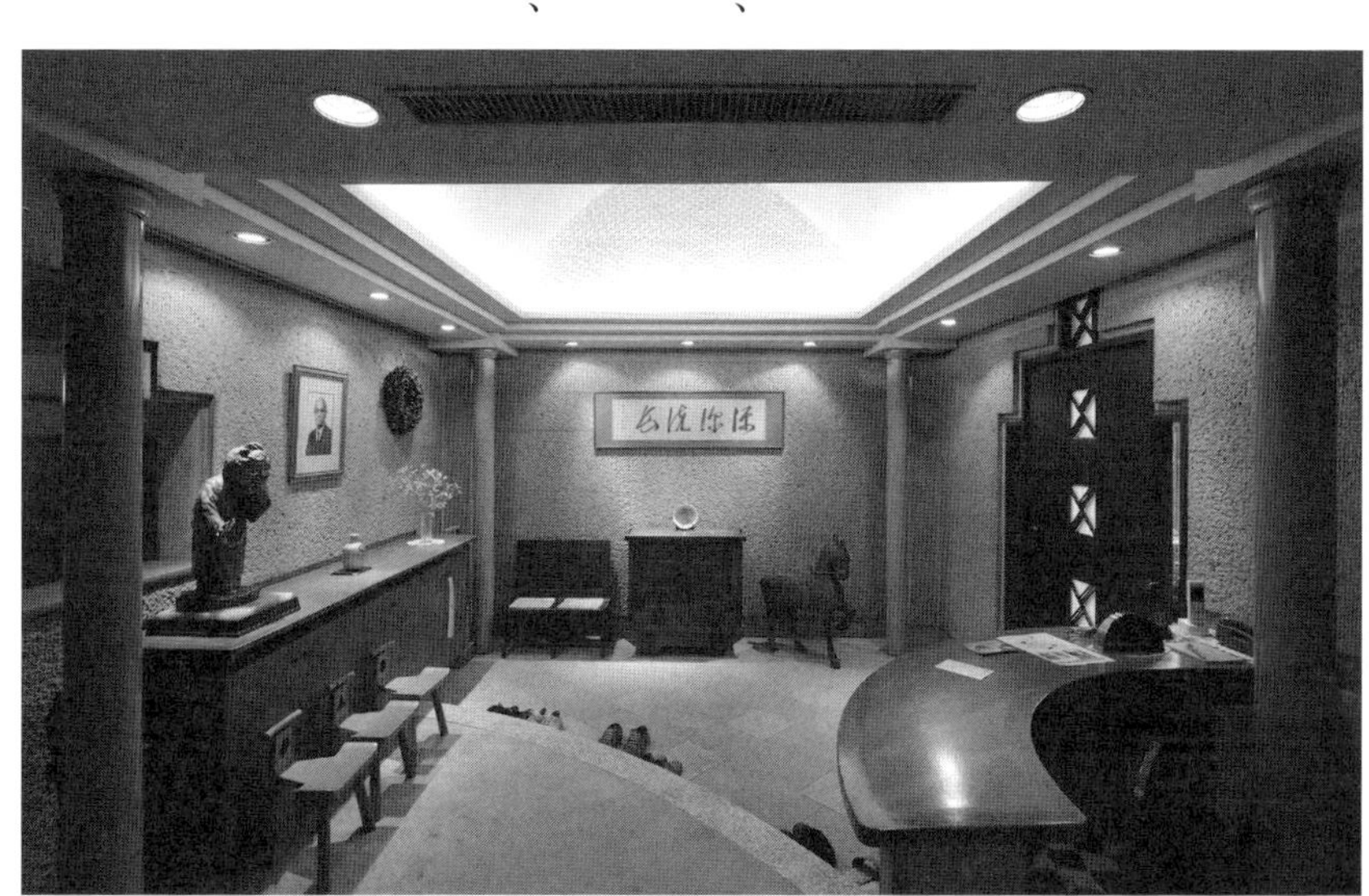

図6-57　大塚文庫　玄関ホール

和室は、これまで大江が探求した「堂・祠・居」といった日本建築の正統を貫く概念からはやや外れた、むしろ数寄屋に通じる崩しの表現が模索されているように思われる。一方で、大江の崩しは歯止めのない自由奔放さとは異なり、あくまで品格と抑制が効いている点は重要である。

茶室（図6—59）はRC躯体の内側に入れ子状に挿入されており、内部は丸柱と丸桁が現しの質素な意匠をもつ。茶室からは庭を長手方向に見通すことができ、床と庇、障子で限定された視界のなかで静謐な時間が流れている。庭に出て大塚文庫の外観を見返すと、ここにもささやかながら懸造的な木の架構が取り付き、張り出したラウンジを支える表現がなされており、大江の懸造への強いこだわりを見出すことができる（図6—60）。

二階へは玄関ホール脇の階段室（図6—61）から上がるが、この階段室から、一階とは雰囲気ががらりと変わっていく。階段室の中心には、地下から天井までスチールフレームが立ち昇っており、天井にはトップライトが設けられている。壁は白で塗られ、天井から降り注ぐ光を淡い紫色のカーペットが反射し、空間全体が微かに色づいた艶やかさを帯びている。階段室を経て二階に上がると前室があり、それに面して書庫とラウンジがある。このラウンジと、その先にある富士見亭が、大塚文庫のクライマックスとなる場である。

### (3) あそび

二階のラウンジ（図6—62）は、南西方向に遠く富士山まで届く眺望に恵まれており、約八メートル×七メートルの広さを持つ。友人知人を招き酒を楽しむことを好んだ大塚らしさが偲ばれる空間である。

図6-58　大塚文庫　和室

図6-59　大塚文庫　茶室

ラウンジを強く特徴づけているのが、白の折り上げ天井に穿たれた真円である。大塚文庫の設計が始まってから、大江はたびたび体調を崩しては聖路加国際病院に入退院を繰り返していた。それでも、大江はかつての父と同じ様に、病床に図面を広げては所員を呼び、指示を出し続けた。大江が最後に検討していたのが、この真円の位置であったという(42)。

真円を見上げると木の架構が力強く縦横に走り、その先に一つの丸窓が見える（図6―63）。階段を上がると、富士見亭と名付けられた月見台に出る（図6―64）。富士見亭の一角に設けられた障子を開け放てば、柱一本を残し空間は外界と一体となり、心地よい風が通りゆく。

ここまで見てきたように、アプローチから始まり和室や茶室、階段室、ラウンジを経て富士見亭へと至る大塚文庫の空間の変化は極めて多彩である。人の足取りに呼応しながら横へ縦へ軽やかに流転するさまは、乃木会館の〈混在併存〉とも、国立能楽堂の〈整合性〉とも異なる、大江の新たな境地が示されているように思われる。

ここで着目したい言葉が、大江の語る「あそび」である。

大江によれば、建築の創造には「原理・規範・所作」が不可欠である一方で、それ以上に重要なのが「あそび」であるという。

> 最後にここでどうしても指摘しなければならないことは、「あそび」についてである。真にあそびうる能力、本格的にあそぶことのできる資格こそは、建築創造の根源をなす決定的要素である。さきに述べたさまざまな条件は、いずれもその周辺を支える客観的条件であるが、それに対してこれは建築創造の核心的条件である(43)。

図6-60　大塚文庫　庭と木架構

図6-61　大塚文庫　階段室

42　「大江宏が遺した作品。OheIZM」『ノギビト』二〇一六年秋冬号、乃木会館、九頁

43　大江宏「ものつくりの正体」『建築文化』一九七五年四月号、彰国社、五一頁

図 6-62　大塚文庫　ラウンジ

図 6-64　大塚文庫　富士見亭

図 6-63　大塚文庫　富士見亭への階段

大江がいう「あそび」とは、「より広く、より高次に開かれてゆく自由の上にしか求めえない素養[44]」であり、「原理・規範・所作」に求められる研鑽と洗練の上になされる収斂とは真逆の方向性をもつ。大塚文庫は、まさに収斂とは異なる自由な拡散の豊かさ、しかし決して乱雑ではない高次の統一が、ここに達成されている。「堂・祠・居」の概念に基づく正統の追求の到達点が国立能楽堂ならば、「崩し」と「あそび」による自由への探求の集大成が、大塚文庫といえるのではないだろうか。

矛盾を自身の建築に積極的に包含しながら、より高次の統一によって新たな現代の建築を創造する。大江が二度の海外旅行を経て自身の建築観を磨き上げた末に掲げたこの志は、国立能楽堂で集大成を見たのではない。国立能楽堂以後も、なお継続して模索が続けられていたのである。その模索は宇佐神宮宝物館・参集殿の立面、大濠公園能楽堂の平面、高山屋台会館の断面を経て、この大塚文庫に結実したのである。

大江宏は、大塚文庫の設計に並々ならぬ執念を傾けた。大塚文庫の着工は一九八八年四月、建設は宇佐神宮宝物館・参集殿を担当した佐伯建設のチームを大分県から呼び寄せ、大江が思い描く建築の実現を、彼らに託した。工事は当初の予定より遅れ、竣工を迎えたのは一九八九年二月一六日であった。大江はその頃すでに病床を離れること叶わず、大塚文庫の姿を見ることのできぬまま、同年三月三日、この世を去った。享年七五であった。

大塚正夫は、長年の夢であった私設ギャラリーで、家族や客人たちとの豊かな日々を享受した。しかし、大塚文庫の竣工から一ヵ月ほど経った頃、元より崩していた体調が急変し入院、七四歳の誕生日を迎える二日前の一九八九年三月二七日、その生涯を閉じた。

44　前掲注43

## 〈恣意的必然性〉

大塚文庫が着工した一九八八年、大江は日本建築学会大賞を受賞した。「建築設計・建築論・建築教育における一連の業績」が評価されたものであった。この時『建築雑誌』で発表した原稿[45]が、実質的に最後の大江の言説となった。[46]〈恣意的必然性〉が発せられたのは、この原稿においてである。

内容を見てみたい。大江はまず冒頭、幼年期から一九六五年頃までに辿った自身の変転を概観している。大江によれば、二回目の海外旅行から帰国直後は、「多様な世界では理路整然たるものとか起承転結などといったものとは無縁であり、そこには気の遠くなる程の時間を費やした無数の偶然のただただあきれるばかりの累積だけがあるようにさえ見え」ていたという。また「ひところ私はよく**混在併存**という言葉を口に致しましたが、それは丁度その時期の私にとってのやむにやまれぬ状況の産物であった」（傍点は大江による）と述べる。続けて大江は、現在の自身の建築観を、以下のように述べている。

> 変転の末に辿りついた建築観を敢えて一言で言うとすれば「建築をそのより高い成果として結実させる最大唯一の決定要因は**恣意的必然性**とでもいうものである」というものです。
> 「恣意的必然性」という用語が本当に相応しいのかどうかの自信はあまり無いのですが、つまり言わんとするところは、建築が人々の営みの高い成果として結実する時、必ずしもそれらが必然性から導かれているとは限らず、むしろそういうケースは極くまれにしか無いが、しかしかと言って単なる偶然の寄せ集めかと言えば決してそうで

45　大江宏「日本建築学会大賞 建築設計・建築論・建築教育における一連の業績」『建築雑誌』一九八八年七月号、日本建築学会、六六―六七頁

46　大江自身の署名がある最後の言説は、大江宏「次代への手紙」『INAX REPORT』七八号、INAX、二頁、一九八八年一〇月だが、一つ前の言説である前掲注45の原稿を簡略化した同内容のものであるため、本書では後者を実質的に最後の言説として取り上げる。

はない。考え得る可能性追求への膨大な試行錯誤と、それとは一見正反対の、何の理由も無しに止めどなく湧き出してくる造形的・創作的好奇心、これら二つの夥しい累積の結晶として建築が生まれるのではないかということなのです。[47]（傍点は大江による）

〈恣意的必然性〉とは、「考え得る可能性追求への膨大な試行錯誤と、それとは一見正反対の、何の理由も無しに止めどなく湧き出してくる造形的・創作的好奇心」、換言すれば、「原理・規範・所作」と「あそび」、あるいは近代主義とロマン主義、これら両者に等しく基づく思索の「夥しい累積の結晶」としての建築を成立させる、その根本原理を一語に言い表そうとした言葉であるといえる。

客観の収斂と主観の跳躍、そのどちらが欠けても建築は成り立ち得ない。私たちの生きる現代は往々にして前者が優位となり、後者に基づく夢やイメージ、ロマンは不要なものとして看過されてしまう。大江は『新建築学体系　第一巻　建築概論』の冒頭に寄せた論考「総論」のなかで、次のように述べている。

本来建築は、現実を生きる人間としての個々人がその知識や感性の総体を働かせることによって作り上げられている。にもかかわらず、建築をもっぱらその社会的活動の側面からこれを分析しようとする立場から見ると、途端に客観的存在としての建築の在り方なるものの方に押しつぶされてしまい、論理が転倒する。（中略）その結果、客観と主観の比較のなかでついには客観的なるもの――つまりは技術が優先するといった単純な図式が考えられてしまったりする。（中略）しかし技術が客観性の上に構築さ

47　前掲注45

れており、建築もまた結果的には客観的存在としての確固たる地位を占めているからといって、建築の本質すべてがその客観性の中に宿ると思い込むことは極めて危険である[48]。

大江が最後まで希求した装飾の本質には、客観的な技術に基づきながらも、尚ものをつくる人の喜びがあり、イメージの自由な飛躍による「あそび」が込められている。その「あそび」はまた、つくり手と使い手の間に共感を呼び起こす。大江が装飾を追い求めたのは、そうして生まれた恣意の持つ豊かさを、建築に再び取り戻そうとしたからではないだろうか。

大江宏と大塚正夫が共に思い描いた「大正ロマン」、そこに込められた「あそび」に触れるとき、一人の人間がその内に強く抱いた恣意が、同時に他者と共有し得る普遍性を帯びることの意義を感じずにはいられない。それは大江が好んで引用した世阿弥の言葉、「離見の見」にも通じるだろう[49]。「離見の見[50]」とは、主観と客観との往還のなかで初めて生じる創造の尊さを説いている。大江が最晩年に自身の建築観を一語に込めた〈恣意的必然性〉とは、果てなく多様な他者と共感する可能性を見出そうとする、そんな願いを込めた言葉だったのではないか。

建築家の全人格を賭けた恣意こそは、建築の新たな可能性を開き、やがて必然となる。大江の問いかけは、現代を超え未来へと届き得る射程をもっている。

48 大江宏「総論」『新建築学体系 第一巻 建築概論』彰国社、一九八二年、一一―一二頁

49 「離見の見というのは単なる客観性でなく、見所同心の見、我見でなく、見所の人達の目を背中に受けることで見えてくるものですね。自分と見者との間で成り立つ関係が建築にも言えると思います。」大江宏「建築家の世界」『ひろば』一九八五年四月号、近畿建築士会協議会、一一頁)

50 「見所より見る所の風姿は、わが離見なり。しかれば、わが眼の見る所は我見なり。離見の見にはあらず。離見の見にて見る所は、すなはち見所同心の見なり。その時は、わが姿を見得するなり。(中略)さるほどに、離見の見にて、見所同見となりて、不及目の身所まで見智して、五体相応の幽姿をなすべし。」世阿弥「花鏡」『風姿花伝・花鏡』たちばな出版、二〇一二年、二四一頁

# あとがき

大江宏を研究することになったのは、法政大学市ヶ谷キャンパスに立つ大江の建築が失われようとした時、学生として居合わせた、そんな偶然による。長く保留されていた55／58年館の建て替え計画が再び動き出したのが二〇一〇年。建築学科教室や建築同窓会が大学の判断に異議を唱え、それぞれに保存の可能性を探るなか、筆者の指導教員であった安藤直見教授は大学所蔵の青焼き図を全てスキャンし、「何かできることはないか」と、そのデータを筆者に渡された。校舎に込められた建築家の理念を、図面と言説から読み解き、その現代的意義を考察する。そうしてまとめた修士論文は、本書の第三章の原型となっている。

修士論文に取り組むなかで、実作以上に強く惹かれたのが、大江の言葉であった。単一の価値ではなく多元的価値を求め、安易な統合ではなく豊かな矛盾を建築に包含することの重要性を説く大江の建築観は、筆者には身体の実感をもって、強く訴えるものがあった。幼少期を日本とアメリカで過ごした私的境遇が、どこか大江の思想とも繋がってくるように思えた。この建築家は、正面からぶつかるに値する存在だ、そう確信した。博士課程の研究では、自ずと大江の作品と思想をより深く理解することに関心が向かった。

戦前から晩年に至るまでの大江の活動を、残された資料をもとに紐解いていく作業は、大江の謦咳に接する経験をもち得なかった筆者にとって、ひとりの先達のまだ見ぬ生涯を追体験する楽しさと喜びがあった。また同時に、大江の建築観は、現代にこそ広く世に問う価値があると思えた。

残念ながら、大江の著作は全て絶版となっており、古本市場にはあまり出回らず、日本近代建築史のなかで言及されることも稀である。そうした現状のなかで、大江の言葉が広く人々の目に触れる機会をつくれないかと思い立ち、研究の傍ら、ＳＮＳのTwitter上で大江の言葉を自動で発信し続けるアカウント（@Hiroshi_OHE）を作成した。

運営開始から早一一年が経過しようとしているが、現時点で二〇〇〇名を超える方々にフォローいただき、建築界隈では少し名の知られた存在となった。最近、学部一年でこのアカウントを知り、四年生になって卒業設計のテーマに大江宏の建築を取り上げたという学生にも出会えた。大江の言葉が現在もなお瑞々しい力を湛えていることを、改めて実感している。

大江の言葉を発信するのと同時に、大江の作品の魅力を広く伝える活動も続けてきた。55／58年館の保存再生を目的とした有志団体「法政大学55／58年館の再生を望む会」（代表：岡崎浩司氏、その後「55／58きおくプロジェクト」（代表：大江新氏）に改組）の一員として、また一個人としても、55／58年館をはじめとする大江建築の見学会やレクチャーをたびたび催した。参加してくださった学生や、建築を専門としない方々の感想をリアルタイムで聞く経験は、大江の建築の魅力を再発見できる貴重な時間であった。

法政大学55／58年館は、二〇一九年に惜しくも解体された。筆者の研究の原点である本作を、しっかりと記述し、そして記録することが、本書の大事な動機の一つとなっている。同作を扱う第三章が、他の章と比べてややアンバランスな構成となっているのもそのためである。どうかご容赦願いたい。なお、55／58年館の代替として市ヶ谷キャンパスに新築された校舎がはらむ問題については、『建築雑誌』二〇一九年七月号掲載の論考で批判したので、ここでは繰り返さない。

本書は、二〇一八年に法政大学へ提出した博士論文「大江宏の建築観の変遷に関する研究」をもとに、その後の知見を盛り込み大幅に加筆修正のうえ、二〇二二年度法政大学大学院優秀博士論文出版助成金を受け刊行するものである。本書では、筆者が惹かれた大江の建築観、そして人生観を、大江自身の言葉がもつ豊かさを損なわないままに、可能な限り分かりやすく記述することを心掛けた。また、昨今各地で次々に解体されつつある大江の建築作品の価値と魅力を、図面と写真を通じて伝えられるよう努めた。本書によって、大江宏という建築家が生涯で成した仕事の全容、また日本近代建築史上で果たした役割をわずかでも描き出すことができているならば幸いである。

本書が完成するまでに、多くの方々のお世話になった。学部四年の頃からの恩師である法政大学の安藤直見教授は、ときに音信不通になりがちな筆者を常に暖かく見守ってくださり、研究者としての心構えから具体的な研究方法に至るまで、多岐にわたりご指導いただいた。筆者も加えていただいた共著の執筆過程で目の当たりにした、最後の最後まで粘り強く原稿に手を入れ続ける安藤先生の姿勢が、本書に取り組む際にも大きな道標となった。

同じく法政大学の大江新名誉教授は、もうひとりの指導教員といってもよいほど学ばせていただいた。研究への助言はもちろんのこと、大江宏の長男として先生が継承された大江建築アトリエ所蔵の未発表資料を、筆者に惜しみなく提供くださった。これらの一次資料が、本書の重要な基盤を成している。

博士論文の副査を担当いただいた法政大学の陣内秀信教授（当時）、高村雅彦教授、修士論文の副査を引き受けていただいた富永讓教授（当時）、大江宏の助手を務めた崔康勳先生にも、数多くのご教示をいただいた。また、東京大学大学院の加藤道夫教授（当時）、東京工業大学の藤岡洋保名誉教授、東京理科大学の坂牛卓教授、法政大学の渡邉眞理教授（当時）からは、貴重なご意見を賜った。東京大学の藤井恵介教授（当時）と角田真弓氏には、東京大学大学院工学系研究科建築学専攻が所蔵する大江宏の卒業論文と卒業設計の閲覧に際して便宜を図っていただいた。

大江宏のご子息である大江武氏には、第二回海外旅行に関する証言や資料を快く提供いただいた。

法政大学教務助手の藤本貴子氏には、大江資料の整理とデータ化に際して協力いただいた。

全ての方のお名前を挙げることはできないが、法政大学で大江宏に直接学ばれた諸先輩方、また大江の事務所に在籍された元所員の方々には、生前の大江を知るうえで貴重なお話の数々をうかがった。

この三年間、大江宏が師と仰ぐ堀口捨己がその礎を築いた明治大学理工学部建築学科に籍を置けたことは、ともすれば法政大学内部での視野に留まってしまいがちな大江宏研究をより俯瞰的に考える貴重な機会となった。このような契機を与えてくださった明治大学の青井哲人教授に、心より御礼申し上げる。

二〇一一年に立ち上げた「大江宏研究会」のメンバーである種田元晴氏、根岸博之氏、高道昌志氏、谷森亮佑氏にも感謝申し上げたい。先輩方に混ざり大江宏について議論する日々はとても楽しく、多くを学ばせていただいた。東京讃岐会館での一泊二日の合宿、香川県での大江建築を巡る旅が懐かしい。本会の活動が、二〇一三年に法政大学で開催された大江宏生誕百年記念イベント「大江宏・考」に繋がったことを、ここに付言しておきたい。

大江新先生、種田元晴氏、そして編集者の小川格氏とともに二〇一四年から始めた「大江宏を考える会」もまた、得難い鍛錬の場であった。月二回のペースで五年間にわたり読書会を続けた日々の糧が、本書の随所に盛り込まれている。特に文化学園大学准教授である種田氏の存在は筆者にとって大きく、同じ安藤直見研究室出身で常に一歩先を行く先輩として目標にしてきた。本書にも貴重なご意見をいただいた。本会の活動期間を通して、参加メンバーの四名全員が単著を世に出すことになった。会合は現在も続いており、今後は大江宏をテーマとした共著を出版する予定である。

小川格氏には、この一年間、原稿の最初の読者として貴重なご意見の数々を賜った。日々の締切を守ることができない怠惰な筆者を、時に優しく、時に厳しく、叱咤激励し導いてくださった。小川氏のご指導がなければ、本書を書き上げることは叶わなかった。

遅れに遅れる原稿の進捗のために、厳しいスケジュールのなか編集いただいた南風舎の八木聡子氏と平野薫氏、また本書を担当いただいた鹿島出版会の渡辺奈美氏、装幀を手掛けていただいた渡邉翔氏にも、厚く御礼申し上げる。

最後に、長い学生生活を続けた筆者を支えてくれた両親と妹に、心より感謝したい。

二〇二三年一月　　大江宏生誕一一〇年の記念すべき年に

石井翔大

# 大江宏　年譜

| 西暦 | 和暦 | 年齢 | |
|---|---|---|---|
| 一九一三 | 大正二 | | 六月一四日、父・大江新太郎、母・きくじ（雅号：菊路）の長男として、秋田市にて生まれる。生後一ヵ月ほどで父の赴任地、日光山輪王寺の安養院に移る。 |
| 一九一六 | 大正五 | 三 | 父・新太郎が携わっていた日光東照宮および二荒神社の大修繕工事監督の任を終えたのを期に、東京の赤坂台町に転居。数ヵ月後、小石川原町へ転居。 |
| 一九一八 | 大正七 | 五 | 東京女子高等師範学校（現・お茶の水女子大学）付属幼稚園に入園。 |
| 一九二〇 | 大正九 | 七 | 成蹊小学校に入学。同級に後藤一雄、二学年下に吉武泰水がいた。 |
| 一九二三 | 大正一二 | 一〇 | 平和記念東京博覧会開催。第一会場メインゲートの「浪漫的なイメージ」に強く惹かれる。 |
| 一九二六 | 昭和元 | 一三 | 成蹊小学校を卒業。成蹊高等学校尋常科へ進学。 |
| 一九三〇 | 昭和五 | 一七 | 成蹊高等科へ進級。 |
| 一九三四 | 昭和九 | 二一 | 成蹊高等学校を卒業。東京帝国大学を受験するも不合格。 |
| 一九三五 | 昭和一〇 | 二二 | 東京帝国大学工学部建築学科に入学。同級生に、丹下健三、浜口隆一、一級上には、薬師寺厚、立原道造、留年組の入江雄太郎らがいた。六月、父・新太郎逝去（享年五九）。 |
| 一九三六 | 昭和一一 | 二三 | 「故大江新太郎先生一周忌追悼会」開催。「江流会」第一回総会および「江流会展覧会」に参加。 |
| 一九三八 | 昭和一三 | 二五 | 東京帝国大学を卒業。卒業論文「建築平面」、卒業設計「工作文化研究所」。丹下健三、浜口隆一と共に辰野賞銅賞を受賞。卒業後大学院へ進学するが、数ヵ月後に文部省宗教局保存課へ就職。紀元二六〇〇年奉祝記念事業の「神武天皇聖蹟の調査保存顕彰」と「國史館の造営」に従事した。 |

| | | | |
|---|---|---|---|
| 一九三九 | 昭和一四 | 二六 | **尾崎咢堂邸** |
| 一九四〇 | 昭和一五 | 二七 | **中宮寺御厨子「花御堂」** |
| 一九四一 | 昭和一六 | 二八 | 文部省を辞し、三菱地所建築部入所（技師長兼常務取締役・藤村朗の推輓）。三菱地所では、工場や寮のほか、朝鮮平壌市の「三菱製鋼迎賓館」を設計。一〇月六日、山羽まりと結婚。 |
| 一九四二 | 昭和一七 | 二九 | **自邸** |
| 一九四六 | 昭和二一 | 三三 | 敗戦後の不安定な社会状況の中、三菱地所退社。弟の透・修と共に大江建築事務所設立。新宿歌舞伎町再開発計画などに携わる。 |
| 一九四八 | 昭和二三 | 三五 | 法政工業専門学校建設科教授に就任。大江建築事務所を大江宏研究室と改称。大学時の師、平山嵩の口添えで建設科（建築＋土木）の創設メンバーに加わる。 |
| 一九五〇 | 昭和二五 | 三七 | 法政工業専門学校建設科が法政大学工学部建設工学科に昇格。大江は助教授に就任。 |
| 一九五一 | 昭和二六 | 三八 | 「法政大学市ヶ谷キャンパス計画」に着手。 |
| 一九五三 | 昭和二八 | 四〇 | 教授に昇格。**法政大学53年館** |
| 一九五四 | 昭和二九 | 四一 | 三月、サンパウロ日本館（堀口捨己）の現場監理とヴェネツィア・ビエンナーレ日本館敷地確認のため海外出張。併せて北南米、ヨーロッパ一四ヵ国を約半年間にわたって旅行。「例の会」発足（大江宏のほか、丹下健三、武基雄、川合正一、芦原義信、浅田孝）。**東洋英和女学院小学部** |
| 一九五五 | 昭和三〇 | 四二 | 『建築雑誌』編集委員（二年間）。**法政大学55年館** |
| 一九五六 | 昭和三一 | 四三 | **農林省大臣公邸三番町分庁舎／法政女子高等学校特別教室／茂木邸** |
| 一九五七 | 昭和三二 | 四四 | **浜本邸／第1三木ビル** |
| 一九五八 | 昭和三三 | 四五 | 日本建築学会理事、『建築雑誌』編集委員長（一九五七年三月号〜一九五九年二月号）。**法政大学58年館** |

| | | | |
|---|---|---|---|
| 一九五九 | 昭和三四 | 四六 | 日本建築家協会理事、企画委員長。日本建築学会賞選考委員。「法大計画」により文部大臣芸術選奨および日本建築学会賞作品賞受賞。**東洋英和女学院短期大学校舎・講堂／東洋英和女学院追分寮** |
| 一九六〇 | 昭和三五 | 四七 | メキシコ建築家協会名誉会員。「法大計画」により日本建築業協会賞受賞。**香川県立丸亀高等学校／東洋英和女学院小学部講堂／追分の山荘・母屋／藤井ビル** |
| 一九六一 | 昭和三六 | 四八 | 日本建築学会評議員。**梅若能楽学院** |
| 一九六二 | 昭和三七 | 四九 | 工学博士学位を東京大学より受く。博士論文『大学の成立と発展—大学の計画を導く理念の探究』。大江宏研究室を大江宏建築事務所に改称。目白に事務所を置く。**乃木神社社殿—本殿・幣殿・拝殿／法政大学62年館／鎌倉の家／追分の山荘・家族寮** |
| 一九六三 | 昭和三八 | 五〇 | **在日メキシコ大使館 カサ・デ・メヒコ／普連土学園講堂** |
| 一九六四 | 昭和三九 | 五一 | 「浪速藝術大学（現・大阪芸術大学）」コンペ審査員。**第2三木ビル** |
| 一九六五 | 昭和四〇 | 五二 | 法政大学海外留学制度により、地中海圏諸地域および中近東諸国を旅行。**香川県文化会館／実践女子学園日野寮／参議院副議長公邸／丸亀高等学校体育館／柴田邸／殖産住宅八幡野計画** |
| 一九六六 | 昭和四一 | 五三 | **河野邸／実践女子学園常盤寮／実践女子学園教養部校舎** |
| 一九六七 | 昭和四二 | 五四 | 日本建築学会建築教育委員会大学部会長。堀内清治、飯田喜四郎、桐敷真次郎、石井昭を中心として地中海建築研究会が発足。メンバーは、河原一郎、田島学など。**尾鷲市立体育文化会館**<br>設計事務所を目白より原宿へ移す。 |
| 一九六八 | 昭和四三 | 五五 | **乃木会館／マリアン・ハウス／普連土学園校舎／九十八叟院（平櫛田中邸）／香川県住宅供給公社志度団地** |
| 一九六九 | 昭和四四 | 五六 | 設計事務所を原宿より有楽町へ移す。**料亭・胡蝶** |
| 一九七〇 | 昭和四五 | 五七 | 法政大学工学部長（任期は七二年まで）。プラン70同人（前川國男、白井晟一、武者英二、稲葉武司ほか）。<br>日本建築家協会副会長に就任。 |

| | | | |
|---|---|---|---|
| 一九七一 | 昭和四六 | 五八 | 健康上の理由で工学部長を辞任。**ウォーナー博士像覆堂／殖産住宅東京支店** |
| 一九七二 | 昭和四七 | 五九 | 日本建築学会審査第二部会長。中央建築士審査会委員。**東京讃岐会館／田中千代学園短期大学** |
| 一九七三 | 昭和四八 | 六〇 | 日本建築家協会会長就任（七六年まで）。**銀座能楽堂／香川県立丸亀武道館／香川県観音寺市住宅地区改良計画** |
| 一九七四 | 昭和四九 | 六一 | 丸亀武道館により毎日芸術賞受賞。**茨城県公館・知事公舎** |
| 一九七五 | 昭和五〇 | 六二 | 「風声同人」誕生。メンバーは、岩本博行、大江宏、神代雄一郎、白井晟一、前川國男、宮内嘉久、武者英二。同人誌『風声 京洛便り』第零号は一九七六年一〇月刊。 |
| 一九七六 | 昭和五一 | 六三 | **苦楽園の家** |
| 一九七七 | 昭和五二 | 六四 | 文化財保護審議会専門委員。 |
| 一九七八 | 昭和五三 | 六五 | **伊勢神宮内宮神楽殿／角館町伝承館** |
| 一九七九 | 昭和五四 | 六六 | **醍醐寺宝聚院収蔵庫／石上神宮社務所・鎮魂殿・神庫** |
| 一九八〇 | 昭和五五 | 六七 | 「入札をしない建築家の会」参加。**千代田火災岐阜支店／千代田火災事務センター** |
| 一九八一 | 昭和五六 | 六八 | 「丸亀武道館他一連の作品」により日本芸術院賞受賞。母・きくじ逝去（享年九二）。**豊顕寺客殿・書院・庫裡／横須賀パイロット・ビル** |
| 一九八二 | 昭和五七 | 六九 | 法政大学創立百周年記念事業「ローマ・東京国際シンポジウム」の議長を務める。日本建築学会名誉会員。**普連土学園特別教室** |
| 一九八三 | 昭和五八 | 七〇 | 「大江宏の会」発足。**国立能楽堂／千代田火災小田原研修センター／乃木神社儀式殿・参集殿・宝物殿・社務所** |

| | | | |
|---|---|---|---|
| 一九八四 | 昭和五九 | 七一 | 一月二一日、法政大学工学部講堂にて最終講義「建築と私」、シンポジウム「歴史と創造」を開催（大江宏・鈴木博之・藤森照信・石山修武・陣内秀信）。法政大学を定年退職と共に兼任講師着任、名誉教授となる。『大江宏＝歴史意匠論』出版。 |
| 一九八五 | 昭和六〇 | 七二 | 日本芸術院会員。勲三等旭日中綬章叙勲。国立能楽堂により建築業協会賞受賞。<br>**茨城県科学博関連茶店「双宜庵」／宇佐神宮宝物館・参集殿** |
| 一九八六 | 昭和六一 | 七三 | 法政大学兼任講師退任。大江宏＋「歴史意匠の会」始まる（日本建築家協会クラブ）。<br>**福岡県立大濠公園能楽堂／富山県入善町民会館** |
| 一九八八 | 昭和六三 | 七五 | 日本建築学会大賞受賞「建築設計・建築論・建築教育における一連の業績」。<br>**角館町平福記念館／高山屋台会館／香取神社社殿—参集殿・社務所・神楽殿・神輿庫／三渓記念館** |
| 一九八九 | 平成元 | | 三月三日、聖路加国際病院にて逝去。享年七五。「大江宏先生を偲ぶ会」がホテル・ニューオータニで開催、「追悼 大江宏展」がギャラリー・間で開催。<br>**大塚文庫** |

年譜作成にあたっては、以下の文献を参照した。

- ・「大江宏年譜」（作成：根岸博之、監修：崔康勲）『大江宏・考』法政大学デザイン工学部建築学科、二〇一三年、三一—三七頁
- ・「大江宏年譜」（作成：崔康勲）『大江宏＝歴史意匠論』南洋堂、一九八四年、二七一—一五四頁

# 主要参考文献

## 大江宏の著書、言説、作品発表記事


大江宏『大江宏＝歴史意匠論』大江宏の会、一九八四年

大江宏『別冊新建築 日本現代建築家シリーズ⑧　大江宏』新建築社、一九八四年

大江宏『大江宏対談集　建築と気配』思潮社、一九八九年

大江宏『建築作法―混在併存の思想から』思潮社、一九八九年

大江宏『大学の成立と発展―大学の計画を導く理念の探究』東京大学博士論文、一九六一年

大江宏他『新建築学体系　第1巻　建築概論』彰国社、一九八二年

大江宏、大江透「少住宅試作二題」『建築世界』一九四三年二月号

大江宏「大学院について」『法政』一九五二年八月号

大江宏「法政大学大学院」『新建築』一九五三年三月号

大江宏「法政大学設計要旨」『建築文化』一九五三年三月号

大江宏「設計者のことば」『建設情報』一九五三年三月号

大江宏「法政大学大学院の設計に就て」『建築雑誌』一九五三年四月号

大江宏「ガラスのスパンドレル」『建築技術』一九五三年五月号

大江宏「法政大学大学院」『国際建築』一九五三年八月号

大江宏、吉武泰水、大内兵衛、中川秀秋「座談会 気持よく学ぶには 学校建築について」『法政』一九五三年五月号

大江宏「法政大学校舎実施案」『新建築』一九五四年四月号

大江宏「東洋英和女学院小学部」『国際建築』一九五四年一一月号

大江宏「ブラジルのSENAI」『新建築』一九五四年一二月号

大江宏「東洋英和女学院小学部の設計について」『建築文化』一九五四年一二月号

大江宏「大学の建築」『法政』一九五四年一二月号

大江宏、堀口捨己、吉村順三「座談会 欧米の近代建築と各国の伝統」『国際建築』一九五四年一一月号

大江宏「色彩雑感」、「建築教育と建築家」『建築文化』一九五五年一月号

大江宏「サンパウロの日本館」『国際建築』一九五五年二月号

大江宏「法政大学五五年館」『新建築』一九五五年五月号

大江宏「法政大学五五年館」「法政大学の建築」『建築文化』一九五五年三月号

大江宏「法政大学新校舎について」『国際建築』一九五五年四月号

大江宏、前川國男、金子勇次郎「討論例の会、第一回建築公開討論会建築家とは」『建築文化』一九五五年一一月号

大江宏「古典の創造的昇華」『建築文化』一九五六年一月号

大江宏「大学の環境と建築」『法政』一九五六年四月号

大江宏「M邸」「ある公邸」『新建築』一九五六年一一月号

大江宏「民衆と建築家」「茂木さんのすまい」『建築文化』一九五六年一一月号

大江宏、森田茂介「対談　建築学の学び方一～三」『法政』一九五六年七～九月号

大江宏、大高正人、神代雄一郎、丹下研究室、西山研究室、浜口隆一、森田茂介、山本学治他「シンポジウム　建築設計家として民衆をどう把握するか」『建築文化』一九五六年一一月号

大江宏「堀口捨己の人とその建築」『建築文化』一九五七年一月号

大江宏「学校建築の反省」「法政女子高校特別教室」『建築文化』一九五七年四月号

大江宏「三木ビル」『国際建築』一九五八年二月号
大江宏「三木ビルディング」『建築文化』一九五八年三月号
大江宏「鮮やかにあらわれる創造力」『法政』一九五八年五月号
大江宏「法政大学五八年館」「設計要旨」『国際建築』一九五八年一一月号
大江宏「五八年館の完成にあたって」『新建築』一九五八年一二月号
大江宏「法政大学の設計について」『建築文化』一九五八年一二月号
大江宏「設計要旨」『五八年館　竣工記念パンフレット、大成建設、一九五八年
大江宏「法政の環境と建築」『法政』一九五九年五月号
大江宏「東洋英和女学院信濃追分寮」『新建築』一九五九年六月号
大江宏、竹山謙三郎、西山夘三、池辺陽、丹下健三、田辺員人「座談会　モデュラー、コーディネーション」『建築雑誌』一九五九年二月号
大江宏、大江菊路、大江修他「人物風土記 永遠の建築を追求した優雅なる情熱家　大江新太郎」『建築士』一九六〇年三月号
大江宏「東洋英和女学院小学部講堂」『建築文化』一九六〇年一〇月号
大江宏「建築とカメラマン　村澤文雄氏黄綬褒賞受賞を記念して」『建築文化』一九六一年一月号
大江宏「香川県立丸亀高校」『建築文化』一九六一年七月号
大江宏「能舞台」『近代建築』一九六一年一二月号
大江宏「H・P・シェル構造の能楽堂—梅若能楽学院」『建築文化』一九六一年一二月号
大江宏「建築の本質」『建築文化』一九六二年九月号
大江宏「追分の山荘」『新建築』一九六三年一〇月号
大江宏「CasadeMexico　在日メキシコ大使館」『新建築』一九六四年一月号
大江宏「"CasadeMexico"—歴史的ヴィジョンについて」『建築文化』一九六四年一月号
大江宏「カサ・デ・メヒコ」『建築』一九六四年一月号
大江宏「時代の変遷に伴う建築家像」『近代建築』一九六四年五月号
大江宏「第2三木ビル」『近代建築』一九六四年六月号
大江宏「教育の責任」『国際建築』一九六五年一月号
大江宏「現代建築のこと、伝統のこと」『建築』一九六六年二月号
大江宏「書斎拝見　創造への情熱」『法政』一九六六年二月号
大江宏「参議院副議長公邸」『新建築』一九六六年三月号
大江宏、浜口隆一「対談　混在文明へのアプローチ」『新建築』一九六六年三月号
大江宏「柴田邸」『近代建築』一九六六年三月号
大江宏「永遠の世界」『建築東京』一九六六年六月号
大江宏「混在併存」「香川県文化会館」『新建築』一九六六年七月号
大江宏「香川県文化会館」『建築文化』一九六六年七月号
大江宏「書評　ヨーロッパ空間創成の歴史『空間としての建築』を読んで」『国際建築』一九六六年一一月号
大江宏「尾鷲市立体育文化会館」『新建築』一九六七年一一月号
大江宏、浜口隆一、丹下健三、吉村順三、芦原義信、大髙正人、伊藤要太郎、神谷宏治、黒川紀章、剣持勇、小林保治、河合健二、金子正則、綾田整治、流政之「シンポジウム　建築と都市の開発」『新建築』一九六七年三月号
大江宏「乃木会館の構想について」『乃木会館竣工パンフレット』乃木神社、一九六八年二月
大江宏「乃木会館」『新建築』一九六八年四月号
大江宏「乃木会館」『建築文化』一九六八年四月号
大江宏「マリアン・ハウス」『新建築』一九六八年五月号
大江宏「普連土学園新校舎」『新建築』一九六八年八月号
大江宏、池辺陽、浦辺鎮太郎、吉阪隆正、桐敷真次郎「座談会　日本建築の将来」『建築雑誌』一九六八年八月号
大江宏「建築家フィリップ・ジョンソン」『現代建築家シリーズ　フィリップ・

ジョンソン』美術出版社、一九六八年

大江宏「画一化時代」『建築東京』一九六九年三月号

大江宏「九十八叟院」『新建築』一九六九年四月号

大江宏「地下に甦った自然料亭胡蝶」『新建築』一九六九年一一月号

大江宏「倫理感の回復を」『新建築』一九七〇年一月号

大江宏「書院造りと工匠の系譜」『ディテール二三』一九七〇年冬季号

大江宏「ウォーナー博士像覆堂」『新建築』一九七一年三月号

大江宏、梅若六郎、鈴木憲男、茂木佐平治「座談会　新生梅若舞台記」『梅若』第一八一号、梅若会、一九七一年三月

大江宏「混在併存への志向　殖産住宅東京支店」『新建築』一九七一年八月号

大江宏、前川國男、堀内清治、飯田喜四郎、石井昭、平良敬一、宮内嘉久「座談会　課題としての地中海建築」『SD』一九七一年三月臨時増刊号

大江宏「日本建築家協会第二回大会　大会が問うべき主題は何か」『建築家』一九七二年春号

大江宏「建築教育に思うこと」『公共建築』一九七二年五月号

大江宏「西洋建築史の再検討　ヨーロッパ建築史観、序」『建築雑誌』一九七二年九月号

大江宏、藤井正一郎「対談　ヨーロッパ史における建築と建築家の職能」『建築家』一九七二年秋号

大江宏「東京讃岐会館」『新建築』一九七三年四月号

大江宏「銀座能楽堂」「能における神性と離見建築の空間と表現について」『建築文化』一九七三年五月号

大江宏「銀座能楽堂」『近代建築』一九七三年六月号

大江宏「建築設計職能の社会的基盤」『建築東京』一九七三年六月号

大江宏「銀座能楽堂」「演者と見者」『新建築』一九七三年八月号

大江宏、岩井要、大谷幸夫、斎藤孝彦、吉阪隆正、前川國男、藤井正一郎「座談会　ヨーロッパ史における建築と建築家の職能」『建築家』一九七三年冬号

大江宏、小川行夫、前川國男「パネル・ディスカッション　建築・心・手」『建築家』一九七三年秋号

大江宏、神代雄一郎「対談　なぜ空間構成か　堀口捨己と流政之の庭をめぐって」『SD』一九七三年三月号

大江宏、馬場璋造「対談　建築家の原点を探る」『新建築』一九七三年四月号

大江宏、武者英二「対談　能・建築・文化」『近代建築』一九七三年六月号

大江宏「丸亀武道館」『新建築』一九七四年一月号

大江宏「香川県立丸亀武道館」『建築文化』一九七四年一月号

大江宏「私の好きな装飾」『ディテール四〇』一九七四年春季号

大江宏「日本建築家協会第四回大会会長基調講演　ピュージンからラスキンを経てモリスに結実する系譜への再認識」『建築家』一九七四年春号

大江宏「吉田五十八氏を悼む」『日本建築家協会ニュース』第三八三号、一九七四年四月一五日

大江宏「建築の社会性と建築教育」『建築雑誌』一九七四年一〇月号

大江宏「茨城県公館」『新建築』一九七四年一一月号

大江宏「様式と装飾」『建築文化』一九七四年一一月号

大江宏、神代雄一郎「対談　日本の現代建築と木 大江宏の作品をめぐって」『SD』一九七四年一月号

大江宏「ものつくりの正体」『建築文化』一九七五年四月号

大江宏、村松貞次郎「対談　人間と建築血脈をつくることの葛藤—間の存在が建築のありようを規定する」『新建築』一九七五年一月号

大江宏、長谷川堯「父と子と」『建築をめぐる回想と思索』新建築社、一九七六年

大江宏「天神社と地祇社」『新建築』一九七六年六月号

大江宏「建築設計の〝質〟を忘れた独禁法」『中央公論』一九七六年六月号
大江宏「苦楽園の家」「間取り」『建築文化』一九七六年一二月号
大江宏、藤井正一郎、宮内嘉久「座談会　白井晟一の建築世界を語る」『SD』一九七六年一月号
大江宏「野物と化粧　苦楽園の家」『ディテール五一』一九七七年冬季号
大江宏「私の画帖から4　St. Salrador de Valdedios」『法政』一九七七年一月号
大江宏「私の画帖から5　能舞台の仕組み」『法政』一九七七年二、三月号
大江宏「混在文明へのアプローチ」『建築雑誌』一九七七年四月号
大江宏、村野藤吾、森田慶一、谷口吉郎、浦辺鎮太郎、山口廣、平井聖、長谷川堯、横尾義貫「学会創立九〇周年記念講演会　近代建築の歩みを聞く」『建築雑誌』一九七七年四月号
大江宏「床の間と座敷」『ディテール五三』一九七七年夏季号
大江宏「森井先生を偲んで」『建築雑誌』一九七七年七月号
大江宏「原点としての卒業設計」『建築知識』一九七七年七月号
大江宏「建築体系の独自性は分解できない総合性に」『日経アーキテクチュア』一九七七年一〇月号
大江宏、山本忠司「対談　瀬戸内という坩堝の中で」『建築画報』第一一二号、一九七七年五月
大江宏「建築学科の創成と形成」『法政大学工学部三十五年史』法政大学工学部同窓会、一九七八年一一月
大江宏、鈴木博之「対談　建築と意匠」『カラム』第六九号、一九七八年八月
大江宏「伊勢神宮内宮神楽殿」『建築文化』一九七九年一月号
大江宏「角館町伝承館」『建築文化』一九七九年一月号
大江宏「角館町伝承館」「伊勢神宮内宮神楽殿」『近代建築』一九七九年二月号
大江宏「和風の表現技法」『商店建築』一九七九年二月号
大江宏「角館町伝承館」『新建築』一九七九年三月号
大江宏「醍醐寺宝聚院収蔵庫」『建築文化』一九七九年五月号
大江宏「醍醐寺収蔵庫」『近代建築』一九七九年五月号
大江宏「小能林宏城急逝弔辞」『新建築』一九七九年七月号
大江宏「建築写真の本領」『建築雑誌』一九七九年一〇月号
大江宏、宮内嘉久「小対話篇ある青春―建築的風景一九三〇年代」『風声京洛便り』第八号、一九七九年一一月
大江宏「角館町伝承館」『日経アーキテクチュア』一九七九年一月八日号
大江宏「建築に歴史軸を」『アプローチ』一九七九年冬号
大江宏、田口武一、穂積信夫、槇文彦、茶谷正洋、香山壽夫、近江栄「座談会　設計教育の可能性」『建築雑誌』一九七九年年報
大江宏、磯崎新、宇野英隆、近江栄「座談会　建築家教育はどうあるべきか」『建築雑誌』一九七九年七月号
大江宏、太田博太郎、神代雄一郎「月報　座談会　いま、建築家は何を生かすべきか」『原色現代日本の美術一七巻』小学館、一九七九年
大江宏「日本料理店をつくる心構え」『店舗と建築』一九八〇年五月号
大江宏、石井和紘「対談　併存混在としての日本文化」『新建築』一九八〇年一一月号
大江宏「推薦のことば」『ミノル・ヤマサキ建築作品集』販促用冊子、淡交社、一九八〇年
大江宏他「座談会　教えるものと学ぶもの」『建築を教えるものと学ぶもの』鹿島出版会、一九八〇年
大江宏「石上神宮　神庫・鎮魂殿・参集殿」『建築文化』一九八一年一月号
大江宏、武者英二「対談　併存混合としての日本建築と現代建築」『建築雑誌』一九八一年二月号
大江宏、山口廣「対談　近代数寄屋 鍵は一九三〇年代にある」『建築雑誌』

一九八二年七月号
大江宏「Proportionについて」『ディテール七五』一九八三年冬季号
大江宏「能舞台と能楽堂」『月刊、文化財』一九八三年九月号
大江宏、藤森照信「対談　キッチュの海とデザインの方法 新しい規範の所在は」『建築文化』一九八三年一一月号
大江宏「国立能楽堂」「混在併存から渾然一体へ」『新建築』一九八四年一月号
大江宏「国立能楽堂」『建築文化』一九八四年一月号
大江宏「国立能楽堂のディテール」『ディテール七九』一九八四年冬季号
大江宏「追分の冬」『法政』一九八四年一月号
大江宏「国立劇場能楽堂」『和風建築』第一九号、一九八四年二月
大江宏「乃木神社」「社殿の設計とその背景」『新建築』一九八四年三月号
大江宏「乃木神社―本殿・幣殿・拝殿、儀式殿・参集殿・宝物庫」『建築文化』一九八四年三月号
大江宏、磯崎新「対談　伝統様式を再構築する姿勢と方法」『建築文化』一九八四年一月号
大江宏、内田祥哉「対談　国立能楽堂のディテール 能の構成、建築の構成」『ディテール七九』一九八四年冬季号
大江宏、神代雄一郎「対談　気配の美学」『風声京洛便り』第一八号、一九八四年八月
大江宏、村松貞次郎「対談　ものづくりの初心」『季刊アプローチ』第八七号、一九八四年九月
大江宏「村野藤吾先生の御逝去を悼む」『ひろば』第二四九号、近畿建築士会協議会、一九八五年一月
大江宏「建築作品の存在意義　昭和三〇年代をかえりみて」『建築雑誌』一九八五年二月号
大江宏「手法としての間」『KAWASHIMA』一九八五年六月号
大江宏「宇佐神宮宝物館・参集殿」「佇まいの建築」『新建築』一九八五年一一月号
大江宏「宇佐神宮宝物館・参集殿」『建築文化』一九八五年一一号
大江宏「建築家に聞く結界としての手摺」『構法計画パンフレット七手摺』日本建築学会編、彰国社、一九八五年
大江宏、狩野忠正「対談　建築家の世界 大江宏氏」『ひろば』第二五二号、近畿建築士会協議会、一九八五年四月
大江宏「大濠公園能楽堂」『新建築』一九八六年六月号
大江宏、神代雄一郎「対談　現代建築と「間」」『日本の美術二四四　日本建築の空間』至文堂、一九八六年六月
大江宏「前川國男先生に捧げるレクイエム」『追悼前川國男』前川國男建築設計事務所、一九八七年
大江宏、鬼頭梓、宮脇檀、大谷幸夫「座談会　前川國男の建築家像と新団体」『燎　一つの栞』No.1、通算第二号、一九八七年六月
大江宏、小谷部育子「対談　建築に中心はあるか」『建築雑誌』一九八七年一二月号
大江宏「角館町平福記念館」「保存開発こそ都市の再生の原点」『新建築』一九八八年六月号
大江宏「日本建築学会大賞　建築設計・建築論・建築教育における一連の業績」『建築雑誌』一九八八年七月号
大江宏「高山屋台会館」『新建築』一九八八年一〇月号
大江宏「次代への手紙」『INAXREPORT』No.78、一九八八年一〇月
大江宏「三溪記念館」『新建築』一九八九年六月号
大江宏「三溪記念館」「大塚文庫」『建築文化』一九八九年六月号

### その他の文献（五十音順）

青木繁「大江先生との出会い、そして別れ」『法政』一九八九年六月号

五十嵐太郎『日本建築入門』筑摩書房、二〇一六年
生田勉『杳かなる日の 生田勉青春日記 一九三一～一九四〇』麥書房、一九八三年
池原義郎『光跡 モダニズムを開花させた建築家たち』新建築社、一九九五年
池辺陽「和風建築と現代のデザイン」『新建築』一九五五年六月号
石井和紘『建築家の発想—私の師匠たち』鹿島出版会、一九八二年
磯崎新『見立ての手法 日本的空間の読解』鹿島出版会、一九九〇年
磯崎新『建築における「日本的なもの」』新潮社、二〇〇三年
磯崎新、藤森照信『磯崎新と藤森照信のモダニズム建築談義』六曜社、二〇一六年
井上章一『アート・キッチュ・ジャパネスク—大東亜のポストモダン』青土社、一九八七年
梅若六郎『まことの花』世界文化社、二〇〇三年
梅若六郎玄祥『梅若六郎家の至芸—評伝と玄祥がたり』淡交社、二〇一〇年
大内兵衞『現代・大学・学生』法政大学出版局、一九六七年
大江新「大江宏の初期作品—大串純夫邸、尾崎咢堂邸、自邸、三菱製鋼迎賓館」『住宅建築』二〇一四年一〇月号
大江新太郎「希臘羅馬時代のフハーニチュアー」『建築雑誌』一九〇五年七月号
小川格『日本の近代建築ベスト50』新潮社、二〇一二年
奥冨利幸『近代国家と能楽堂』大学教育出版、二〇〇九年
奥冨利幸「大江新太郎の満洲調査—近代日本の建築の将来を見据えて」『危機における共同性』風媒社、二〇一二年
小能林宏城『遺稿 小能林宏城』小能林宏城遺稿集刊行会、一九八一年
樫村芙実、光井渉「設計競技応募案からみた1930年代における日本趣味建築の意匠的展開 「日本万国博覧会建国記念館設計競技」を中心として」『日本建築学会計画系論文集』第八〇巻 第七一五号、日本建築学会、二一〇一—二一〇九頁
霞五郎編『お濠に影をうつして(法政大学八十年史)』法政大学、一九五八年
片桐登「能界展望(昭和五一・五二年)」『能楽研究』四巻、能楽研究所、一九七八年七月
勝原基貴、大川三雄「講義原稿「意匠及装飾(形体篇)」(昭和12年)にみる岸田日出刀の建築造形理念 —昭和初期の墓碑・銅像台座の作品と忠霊塔の造形意匠に対する言説に敷衍して—」『日本建築学会計画系論文集』第七八巻第六九四号、日本建築学会、二〇一三年一二月、二五九七—二六〇四頁
勝原基貴、大川三雄「岸田日出刀著『オットー・ワグナー』の出版経緯とその意義について」『日本大学理工学部学術講演会論文集』、二〇一三年、五七一—五七二頁
川添登『建築家・人と作品 下』井上新書、一九六八年
ジークフリート・ギーディオン著、太田實訳『新版 空間 時間 建築1』丸善、一九六九年
岸田日出刀『過去の構成』構成社書房、一九二九年
岸田日出刀『過去の構成』相模書房、一九三八年
岸田日出刀『日本建築史』雄山閣、一九三二年
木島安史『半過去の建築から』鹿島出版会、一九八二年
倉方俊輔「大江宏—ディテールによる矛盾の様式化」『ディテール一九五』二〇一三年冬季号
Koolhaas, Rem and Ulrich Obrist, Hans, *Project Japan Metabolism Talks...*, TASCHEN, 2010
神代雄一郎「結婚の環境」『新建築』一九六八年四月号

神代雄一郎「角館―伝承と観光」『建築文化』一九七九年一月号

神代雄一郎「花は残るべし(風姿花伝)―大江宏論補遺―」『住宅建築』一九八九年六月号

後藤一雄「内的風景 大江君と私のことなど」『燎 一つの栞七号』燎同人、一九八九年

坂真哉「建物の用途に基づいた規制について―住宅を中心として」『住宅総合研究財団研究論文集』三三巻、住総研、二〇〇七年

佐々木宏『真相の近代建築 数奇な運命の建築家たち』鹿島出版会、二〇一二年

澁谷榮一、小川淳、川向正人「大江宏 噛んで噛んで噛みしめて味わい出てくる日本的なるもの」『素顔の大建築家たち01 弟子の見た巨匠の世界』建築資料研究社、二〇〇一年

フィリップ・ジョンソン「近代の終焉」『建築』一九六二年五月号、青銅社

フィリップ・ジョンソン著、横山正訳『フィリップ・ジョンソン著作集』A.D.A. EDITA Tokyo、一九七五年

陣内秀信「地中海建築との出会いの意味」『住宅建築』一九八九年六月号

鈴木博之「現代日本の建築」『日本の現代建築[1958～1983]』講談社、一九八四年

世阿弥「花鏡」『風姿花伝・花鏡』たちばな出版、二〇一二年

種田元晴『立原道造の夢みた建築』鹿島出版会、二〇一六年

種田元晴、石井翔大「大江宏の屋根―「ウォーナー博士像覆堂」と「日本武道館」設計案」『二〇一一年度日本建築学会大会学術講演梗概集』建築歴史・意匠、日本建築学会、二〇一一年九月、一〇九―一一〇頁

丹下健三『一本の鉛筆から』日本経済新聞社、一九八五年

丹下健三、藤森照信『丹下健三』新建築社、二〇〇二年

丹下健三「大東亜建設記念営造計画 競技設計一等入選案」『建築雑誌』一九四二年一二月号

丹下健三、浅田孝、大谷幸夫「廣島計画」『新建築』一九五四年一月号

丹下健三他「先生を想う(第一座談会)」『岸田日出刀 上』相模書房、一九七二年

丹下健三、藤森照信「コンペの時代」『建築雑誌』一九八五年一月号

丹下健三、聞き手 藤森照信・松葉一清「焼け野原から情報都市まで駆け抜けて」『建築雑誌』一九八六年一月号

崔康勲「「法政大学大学院」における「近代」の意味：建築家・大江宏の言説に関する方法論的研究 その1」『日本建築学会計画系論文集』第五二五号、三〇七―三一二頁、日本建築学会、一九九九年一一月

崔康勲「「サンパウロ日本館」における「堀口捨己」の意味：建築家・大江宏の言説に関する方法論的研究」『日本建築学会計画系論文集』第五三九号、二八三―二八八頁、日本建築学会、二〇〇一年一月

崔康勲「「法政大学五八年館」における「設計変更」の意味：建築家・大江宏の言説に関する方法論的研究」『日本建築学会計画系論文集』第五四六号、二八三―二八八頁、日本建築学会、二〇〇一年八月

崔康勲「「サンパウロ日本館」をめぐる「論争」の意味：建築家・大江宏の言説に関する方法論的研究」『日本建築学会計画系論文集』第五五三号、三一一―三一七頁、日本建築学会、二〇〇二年三月

崔康勲「「法政大学への遺言」における「建築」の意味：建築家・大江宏の言説に関する方法論的研究」『日本建築学会計画系論文集』第五八一号、二〇三―二〇九頁、日本建築学会、二〇〇四年七月

富永讓「「インタヴュー」伝統とモダニズム―大江宏の言葉から」『建築と日常』No.3-4合併号、長島明夫、二〇一五年

西澤建義『藪睨み能舞台―近代能楽側面史』図書新聞、二〇一〇年

西野春雄「能界展望(昭和四八・四九年)」『能楽研究』二巻、能楽研究所、一九七六年

西野春雄「能界展望(昭和五〇年)」『能楽研究』三巻、能楽研究所、

一九七七年
日本建築学会編『建築論辞典』彰国社、二〇〇八年
秦明日香、河内浩志、上野友輝「大江宏の記述における「間」の概念について」『日本建築学会計画系論文集』第八三巻 第七五三号、二〇一八年三月、二二〇三―二二一〇頁
羽生修二『ヴィオレ・ル・デュク―歴史再生のラショナリスト』鹿島出版会、一九九二年
浜口隆一『ヒューマニズムの建築』雄鶏社、一九四七年
浜口隆一「香川県文化会館　伝統と現代文明の融合」『新建築』一九六六年七月号
浜口隆一「戦時の評論活動」『建築雑誌』一九八五年一月号
浜口隆一『再刊・ヒューマニズムの建築』建築ジャーナル、一九九五年
日埜直彦『日本近現代建築の歴史―明治維新から現代まで』講談社、二〇二一年
藤井正一郎、山口廣編『日本建築宣言文集　復刻版』彰国社、二〇一一年
藤岡洋保『表現者・堀口捨己―総合芸術の探求―』中央公論美術出版、二〇〇九年
藤岡洋保「昭和初期の日本の建築界における「日本的なもの」―合理主義の建築家による新しい伝統理解―」『日本建築学会計画系論文報告集』第四一二号、日本建築学会、一九九〇年六月、一七三―一八〇頁
藤岡洋保「乃木神社の建築様式」『みあとしたひて　那須野木神社鎮座の跡をたどる』乃木神社社務所、二〇〇一年
藤岡洋保「香川県文化会館「混在併存」の原点」『建築文化』一九九三年一一月号
古川隆久『皇紀・万博・オリンピック―皇室ブランドと経済発展』中央公論社、一九九八年
文化庁文化部文化普及課「第二国立劇場の設立準備」『文部時報』第一一五八号、文部省、一九七三年十一月一〇日
堀勇良『日本近代建築人名総覧』中央公論新社、二〇二一年
堀口捨己『堀口捨己作品・家と庭の空間構成』鹿島研究所出版会、一九七八年
堀口捨己「さんぽうろ・いぴらぷえら公園の日本館設計について」『国際建築』一九五三年一二月号
堀口捨己「数寄屋造と現代建築について　サンパウロ日本館の写真にそえて」『建築文化』一九五六年一月号
前川國男「競技設計審査評」『建築雑誌』一九四二年一二月号
松井昭光監修、本多昭一著『近代日本建築運動史』ドメス出版、二〇〇三年
松隈洋『建築の前夜　前川國男論』みすず書房、二〇一六年
松隈洋「法政大学（大江宏）学校建築に託したこと」『再読／日本のモダンアーキテクチャー』彰国社、一九九七年
松﨑照明『山に立つ神と仏―柱立てと懸造の心性史』講談社、二〇二〇年
松永直美、矢吹信喜、亀山勇一、福田知弘「世阿弥以降の能舞台様式の変化と『序破急五段』の関係性の研究」『日本建築学会計画系論文集』第八一巻 第七二八号、二〇一六年一〇月、二三一七頁
峰岸隆『日本の回廊、西洋の回廊―美と祈りの空間』鹿島出版会、二〇一五年
宮内嘉久『少数派建築論―一編集者の証言』井上書院、一九七四年
吉田研介、東風亘「日本武道館」『建築設計競技選集 1961-1985』メイセイ出版、一九九五年
マーク・ラムスター著、松井健太訳『評伝フィリップ・ジョンソン　20世紀建築の黒幕』左右社、二〇二〇年
和辻哲郎『和辻哲郎日本古代文化論集成』書肆心水、二〇一二年
「伊勢神宮の模型ローマへ奉遷　盟邦の熱望に應へて」『読売新聞』

一九三九年六月二九日朝刊
「大江宏が遺した作品。OheIZM」『ノギビト』二〇一六年秋冬号、乃木会館
『大江宏・考』法政大学デザイン工学部建築学科、二〇一三年
『カラー百科 見る・知る・読む 能舞台の世界』勉誠出版、二〇一八年
『紀元二千六百年祝典記録 第1巻 第一冊(上)』ゆまに書房、一九九九年
『紀元二千六百年祝典記録 2巻 第一冊(下)』ゆまに書房、一九九九年
『紀元二千六百年祝典記録 第15巻 第八冊(上)』ゆまに書房、二〇〇二年
『紀元二千六百年祝典記録 第16巻 第八冊(下)』ゆまに書房、二〇〇二年
『紀元二千六百年祝典記録 別巻』ゆまに書房、二〇〇二年
『現代建築』一九三九年八月号
「国立能楽堂15日に開場 流派の枠超える運営に」『毎日新聞』一九八三年九月一三日東京朝刊
『国立劇場設立基本要綱』国立劇場設立準備協議会、一九五九年
「座談會・新日本工作文化建設の爲に」『現代建築』一九三九年二、三月号
『東京大学百年史 部局史 三』東京大学出版会、一九八七年三月
『日本建築の自画像 探求者たちのもの語り』香川県立ミュージアム、二〇一九年
『日本の建築[明治大正昭和]8 様式美の挽歌』三省堂、一九八二年
「日本萬國博の建國記念館設計圖案懸賞募集規定發表さる」『建築雑誌』一九三七年九月号
「日本萬國博覧會國記念館懸賞設計當選圖案」『建築雑誌』一九三七年一二月号
「乃木神社儀式殿落成」『読売新聞』一九五一年九月三〇日朝刊
「19 花御堂」『大和いかるが 中宮寺の美』中宮寺門跡、一九八八年
『人を愛し 酒を愛した男 ここに眠る 追悼 大塚正夫』大塚文庫、一九九一年
法政大学百年史編纂委員会『法政大学の一〇〇年〈1880-1980〉』法政大学、一九八〇年
法政大学百年史編纂委員会『法政大学百年史』法政大学、一九八〇年
『HOSEI UNIVERSITY BULLETIN』法政大学、一九七九年
法政大学法信会編纂委員会『働きつつ学びつつ』法政大学法信会、一九六七年
『堀口捨己の「日本」:空間構成による美の世界』彰国社、一九九七年
「和歌山県庁舎設計者 増田八郎の履歴書」『和歌山県立文書館だより』第五五号、二〇一九年七月

図4-9　『国際建築』1955年11月号、国際建築協会

図4-11　『芸術新潮』2009年6月号、新潮社（撮影：筒口直弘）

図4-12、13
Johnson, Philip and Nakamura, Toshio, *GLASS HOUSE*,The Monacelli Press, 2007

図4-15～17、19～23
大江建築アトリエ所蔵

図4-24　『建築文化』1961年12月号、彰国社（撮影：村沢文雄）

図4-29～31、35
大江建築アトリエ所蔵

図4-37　『別冊新建築 日本現代建築家シリーズ⑧　大江宏』新建築社、1984年

図4-38　筆者所蔵

図4-39、40、42、45
乃木神社所蔵

図4-41、49、50
大江建築アトリエ所蔵

図4-51、52　筆者所蔵

図4-53　那須乃木神社所蔵

図5-1　『建築文化』1961年1月号、彰国社（撮影：村沢文雄）

図5-2　©高知県、石元泰博フォトセンター、高知県立美術館所蔵

図5-5　『建築文化』1964年1月号、彰国社（撮影：村沢文雄）

図5-14　『別冊新建築 日本現代建築家シリーズ⑧　大江宏』新建築社、1984年

図5-15～20、22、24
大江武氏所蔵

図5-21、25
『法政』1977年1月号、法政大学

図5-23、26
安藤直見氏撮影

図5-27　大江建築アトリエ所蔵

図5-28～30
『建築文化』1981年1月号、彰国社（撮影：彰国社写真部）

図5-31　大江武氏所蔵

図5-33　『別冊新建築 日本現代建築家シリーズ⑧　大江宏』新建築社、1984年（撮影：新建築写真部）

図5-34　『別冊新建築 日本現代建築家シリーズ⑧　大江宏』新建築社、1984年

図5-36、37、40、41、46
大江建築アトリエ所蔵

図5-47　『新建築』1973年4月号、新建築社

図5-52、53、58
大江建築アトリエ所蔵

図5-63　大江新氏所蔵

図6-4、5、7、8、10、12
大江建築アトリエ所蔵

図6-13　小松崎常夫氏撮影

図6-14　岸田日出刀『過去の構成』相模書房、1938年

図6-15～17、21～24、26
大江建築アトリエ所蔵

図6-35　大江建築アトリエ所蔵

図6-38、39
『建築文化』1985年11月号、彰国社

図6-42、46～48、52～54
大江建築アトリエ所蔵

図6-49　『日本の建築［明治大正昭和］8　様式美の挽歌』三省堂、1982年

## 図版出典（特記無きものは筆者の撮影・作図による）

口絵ⅰ、ⅱ下、ⅲ下
大江建築アトリエ所蔵

口絵ⅴ下
大江武氏所蔵

図1-1、2 大江新氏所蔵

図1-4 筆者所蔵

図1-5 『新建築』1967年12月号、新建築社（撮影：新建築写真部）

図1-6、7 大江新氏所蔵

図1-8 『杳かなる日の 生田勉青春日記 1931～1940』麦書房、1983年

図1-11～25、28、30、32～33
東京大学大学院工学系研究科建築学専攻所蔵

図1-34 岸田日出刀『過去の構成』相模書房、1938年

図1-35 大江新氏所蔵

図2-1 大江建築アトリエ所蔵

図2-2 『紀元二千六百年祝典記録 第15巻第8冊（上）』ゆまに書房、2002年

図2-5～13
大江建築アトリエ所蔵

図2-15 『建築雑誌』1937年12月号、日本建築学会

図2-16、17
大江建築アトリエ所蔵

図2-18 『建築雑誌』1937年12月号、日本建築学会

図2-19 『建築雑誌』1942年12月号、日本建築学会

図2-20、21
大江建築アトリエ所蔵

図2-22 ©F. L. C./ADAGP, Paris & JASPER, Tokyo, 2023 X0133

図2-23～27
大江建築アトリエ所蔵

図2-28 『国際建築』1931年6月号、国際建築協会

図2-29～33、35～39
大江建築アトリエ所蔵

図2-40～43
大江新氏提供

図2-45、46
大江新氏所蔵

図2-49 Wikimedia Commons

図3-1～2、4
『法政大学の一〇〇年』法政大学史センター（提供：HOSEIミュージアム事務室）

図3-3 大江新氏提供

図3-5 『法政大学58年館竣工パンフレット』大成建設

図3-6 『別冊新建築 日本現代建築家シリーズ⑧ 大江宏』新建築社、1984年（撮影：平山忠治）

図3-7、8
『建築文化』1953年3月号、彰国社

図3-9 大江建築アトリエ所蔵

図3-10 『建築雑誌』1953年4月号、日本建築学会

図3-11、12
大江建築アトリエ所蔵

図3-13、14
『建築文化』1955年3月号、彰国社（撮影：村沢文雄）

図3-16 『法政大学55年館竣工パンフレット』大成建設

図3-17、19～22
大江建築アトリエ所蔵

図3-23 『建築雑誌』1942年12月号、日本建築学会

図3-24 丹下健三、藤森照信『丹下健三』新建築社、2002年

図3-25 『法政』1956年4月号、法政大学

図3-26～28
大江建築アトリエ所蔵

図3-29、34
『新建築』1958年12月号、新建築社

図3-30 『建築文化』1958年11月号、彰国社（撮影：村沢文雄）

図4-1～3
大江建築アトリエ所蔵

図4-4 Koolhaas, Rem and Ulrich Obrist, Hans, *Project Japan Metabolism Talks...*, TASCHEN, 2011

図4-5、7、8、10
大江建築アトリエ所蔵

図4-6 大江新氏所蔵

## ナ行



## ハ行



## マ行



## ヤ行



## ラ行



## ワ行

# 人名索引

## ア行



## カ行



## サ行



## タ行

〈著者略歴〉

**石井 翔大**（いしい しょうた）

一九八六年東京都生まれ。二〇〇九年法政大学工学部建築学科卒業。二〇一八年同大学院デザイン工学研究科建築学専攻博士後期課程修了。博士（工学）。一級建築士。法政大学デザイン工学部建築学科教務助手、明治大学理工学部建築学科助教を経て、二〇二三年四月より日本文理大学工学部建築学科助教。
専門は近代建築史。二〇二一年日本建築学会奨励賞受賞。共著に『建築のカタチ：３Ｄモデリングで学ぶ建築の構成と図面表現』（丸善出版）など。

**恣意と必然の建築**
大江宏の作品と思想

発行　二〇二三年三月二〇日　第一刷

著者　石井翔大
発行者　新妻 充
発行所　鹿島出版会
〒一〇四—〇〇六一
東京都中央区銀座六—一七—一　銀座6丁目ＳＱＵＡＲＥ 七階
電話 〇三—六二六四—二三〇一
振替 〇〇一六〇—二—一八〇八八三

編集制作　南風舎
装丁　渡邉 翔
印刷　壮光舎印刷
製本　牧製本


ISBN 978-4-306-04700-6　C3052



本書の内容に関するご意見・ご感想は左記までお寄せ下さい。
URL: https://www.kajima-publishing.co.jp/
e-mail: info@kajima-publishing.co.jp